미쳤거나
천재거나

The Man of Genius

미쳤거나 천재거나

천재를 위한 변명, 천재론

체자레 롬브로조 지음 | 김은영 옮김

일러두기

1 『미쳤거나 천재거나』의 번역의 저본은 월터 스코트의
1891년 영문 번역본 『The Man of Genius』를 따른다.

2 『The Man of Genius』의 이탈리아어 원서는 1888년에 출간된
『L'uomo di genio in rapporto alla psichiatria』이다.

즐겨라, 천재들을 구경하는 재미

아주 예전에 〈뷰티풀 마인드A Beautiful Mind〉라는 영화가 개봉된 적이 있었다. 그때 큰 인기를 얻었는데, 나 역시도 실화를 바탕으로 한 영화의 스토리가 너무 흥미로워 보는 내내 스크린에서 눈을 뗄 수 없었다. 그런데 올해 5월 24일, 이 영화의 실제 주인공이자 노벨경제학상을 받은 수학자 존 내쉬와 그의 부인이 교통사고로 사망하면서 다시 이 영화가 화제로 떠올랐다.

그 당시 이 영화를 보면서 천재의 운명에 대해 나는 궁금증이 생겼다. 뛰어난 능력 뒤에 따라오는 병증, 그건 피할 수 없는 그들의 숙명일까……. 우리가 잘 알고 있는 니체도 그렇고, 쇼펜하우어도 그렇고 많은 위대한 천재들이 정신적으로 문제가 있었다는 이야기를 책에서 줄곧 들어 왔다. 또 우리가 살아가는 이 시대에도 머리는 아주 뛰어난 것 같은데, 도덕적으로 문제가 많은 사람들이 종종 매스컴을 탄다. 우수한 재능과 도덕성, 그 사이에는 어떤 메커니즘의 비밀이 숨어 있는 걸까.

이러한 궁금증을 풀기 위해서 몇 해 전부터 '천재'나 '천재성'에 대한 책을 기획하기 시작했다. 물론 그 전부터 이 주제로 책을 출판해야겠다는 생각은 품고 있었지만, 실천으로 옮기지는 못했고, 몇 해 전부터 구체적으로 마음을 먹었다. 천재에 대한 알파에서 오메가까지 뭔가 속 시원히 밝혀줄 그런 조밀한 내용의 책을 출판하고 싶었다.

그러던 중 도서관과 중고 서점을 뒤지면서 이 기획에 영감을 주는 책을 찾다가 바로 체자레 롬브로조의 이 책을 발견했다. 보자마자 뭔가 섬광 같은 특별한 느낌이 다가왔다. 그런데 내가 찾은 것은 '천재론'이라는 이름으로 아주 오래 전에 출판되었고, 지금은 절판이 되어 버린 한자투성이의 책이었다. 그것도 일본어 번역본이었다. 아주 오래 되었으니 그럴 만하다. 그 당시는 모두 일본판을 재번역해서 들여온 일들이 허다했으니 말이다. 그런데 무엇보다도 이 책이 바로 내가 찾던 천재에 대한 아주 특별한 이야기를 들려줄 수 있었던 것이다. 내가 오랫동안 궁금해왔던 천재나 천재성의 실체에 대해 아주 조밀한 정보를 줄 수 있는 바로 그런 책이었다. 천재에 대한 비밀의 문을 열어주고 있었다. 뭔가 아주 재미있고, 특별하고, 독특한 읽을거리를 찾고 있던 독자들에겐 큰 선물이 될 것이라고 생각한다.

_'천재'라는 운명의 양면성을 역사에서 읽다

어쩌면 천재라는 존재는 인간의 또 다른 종족이 아닌가 싶은 생각도 들 만큼 보통 사람들에겐 특이한 대상이다. 과일도 뛰어난 품종이 있고, 개마저도 뛰어난 품종이 있다. 능력의 차이는 분명히 존재한다. 인간도 마찬가지일 것이다. 보통 사람들보다 월등히 뛰어난 두

뇌를 가진 사람들도 현실적으로 존재하고, 그들을 천재라고 부르고 있으니 말이다. 그들의 능력은 역사적으로 볼 때 빛났고, 때로는 인류에게 기여한 점도 컸다.

하지만 그들의 삶은 행복하지 못했다. 왜냐하면 천재성과 함께 오는 다양한 병적 증상 때문이다. 그 기괴한 인생의 메커니즘이 구체적으로 궁금해지는 것은 나뿐만이 아닐 것이다. 이런 궁금증은 누구나 한번씩 해보았을 것이다. 한편, 이 책에는 우리가 단편적으로만 알고 있던 역사 속 위대한 인물들의 숨겨진 이야기들이 나온다. 뛰어난 능력자인 줄만 알았던 그들의 타고난 재능 뒤에는 숨은 메커니즘이 있었던 것이다. 왜 대다수의 천재들은 뛰어난 능력이 있는데도 불행해야만 했을까.

그런데 왜 예전의 역사와 인물들을 되돌아 봐야 하는 걸까. 그것은 인류의 역사와 인간의 행태가 패턴이 있기 때문이다. 반복되는 그 패턴 속에서 우리는 과거의 이야기와 역사를 통해 현재와 미래의 해답을 얻을 수 있는 것이다. 이 책을 읽으면서 우리는 과거의 미치광이거나 천재의 모습들에서 현재의 그 누군가, 자신 혹은 유명인들의 모습과 대비시켜 보는 재미도 맛볼 수 있다. 이 책에 나오는 천재적인 인물이나 미치광이들의 특성 중 어떤 점은 닮고, 또 어떤 점은 아닌지 비교해 보는 것도 흥미로운 이 책의 사용법이 될 수 있다.

한편으로는 우리가 이 책을 계속 읽어 나가다 보면, 저자는 이 책에서 '미치광이'와 '광기'라는 의미에 대해 부정적으로만 사용하고 있지 않다는 것을 알 수 있다. 오히려 광기에 대한 개념을 요즘의 '창의성'으로 바꿔 놓아도 무방할 정도의 이야기도 많이 있다. 그래서 이 책은

'천재를 위한 변명'을 해주고 있지 않나 하는 생각이 들 정도다.

　또 다른 한편으로는, 이 책을 읽다 보면 현재 주변에서 만나고 있는 다양한 인간 군상들을 보다 더 잘 이해할 수 있다. 또 텔레비전에 나오는 유명 인사들의 돌발 행동이나 이상 행동의 메커니즘을 이해하는 데에도 보다 큰 역사적 배경이 되어줄 수도 있다.

　『미쳤거나 천재거나』에서는 그 누구도 피해갈 수 없다. 우리가 잘 모르는 사람들도 많지만 우리에게 친숙한 이름인 뉴턴, 쇼펜하우어, 루소, 파스칼, 소크라테스, 심지어 중국 당나라 시대의 시선詩仙이라 불린 이태백 등도 이 범주 안에 들어온다. 저자가 때로는 재미있는 소설처럼 그들의 기행을 늘어놓는 이야기에 푹 빠지지 않을 수 없다. 미쳤거나, 천재거나 역시 그들은 그 둘 중 하나다.

　이 책을 통해 끝으로 드는 생각은, '신념과 광기의 경계선은 무엇일까' 하는 것이다. 이 책을 보면 그 두 가지가 아슬아슬하게 줄타기를 하는 것처럼 보이는 사례들도 많다. 역사 속 인물들이 추구한 것들이 어떻게 보면 신념 같다가도 또 어떻게 보면 자신의 생각에 광기를 담은 채 집착한 것일 수도 있다. 이 책은 우리가 아무 생각 없이 그냥 받아들였던 역사 속 유명인들에 대한 고정관념의 틀을 해체하고, 다양한 시선을 던져 준다. 또 현재 우리가 살고 있는 이 시대의 사람들을 바라보는 평범한 기준에도 '생각의 망치'를 제공해 준다. 그 누군가는 미쳤거나 천재거나! 자, 우리는 이제부터 그저 관객 입장에서 재미있게 즐기면 된다.

디오니소스
프로젝트

책읽는귀족은
『미쳤거나 천재거나』를 세 번째 주자로
'디오니소스 프로젝트'를 이어간다.
'디오니소스'는 니체에게 이성의 상징인
아폴론적인 것과 대척되는 감성을 상징한다.
'디오니소스 프로젝트'는 고대 그리스 신화에서는
축제의 신이기도 한 디오니소스의 특성을
상징적으로 담아내려는 시도로,
우리의 창조적 정신을 자극하는 책들을 중심으로
디오니소스적 세계관에 의한, 디오니소스적 앎을 향한
출판의 축제를, 한 판 벌이고자 한다.
니체는 디오니소스를 통해
세상을 해방시키는 축제에 경탄을 쏟았고,
고정관념의 틀을 깨뜨릴 수 있는 존재로
디오니소스를 상징화했다.
자기 해체를 통해 스스로를 극복하는 존재의 상징이기도 한
디오니소스는 마치 헤르만 헤세의
"새는 알에서 나오려고 발버둥 친다. 알은 새의 세계다.
태어나려고 하는 자는 하나의 세계를 파괴해야 한다"는
의미와 맞닿아 있다.
이제 여러분을 '디오니소스의 서재'로 초대한다.

머리말

매우 과장되고 모순된 성격의 천재들

──────

새로운 개정판을 내면서 기존에 출간되었던 책의 내용을 이렇게 많이 걷어 냈던 적은 일찍이 없었다. 처음 책을 낼 때에 완전히 생각이 무르익지 못했기 때문에 이후에 많은 부분에 있어서 수정이 이루어졌고, 발전시킨 내용도 있다. 그런데도 아직 최종판에는 이르지 못했다는 생각이다.

천재라는 것이 특별한 병적 상태라는 생각은 늘 내 머리 언저리를 맴돌고 있었다. 하지만 언제나 이를 떨쳐버리고는 했다. 더욱이 오늘날에는 확실한 실험 결과라도 있지 않은 이상 단순한 생각만으로는 아무런 가치를 가지지 못한다. 사산된 아기들의 경우처럼 세상에 모습을 드러내는 순간 이내 사라져버리고 만다. 나는 천재들에게서 선천적 정신이상의 형태를 보여주는 다양한 퇴행적 징후들을 발견할 수 있었다.

하지만 당시에는 퇴행이론이 지나치게 확대 해석되었고, 아직은 뚜렷한 개념이 서지도 않은 상태라 선뜻 이에 대한 주장을 내세우지 못했다. 현상을 인정하면서 그로 인한 필연적 결론은 외면하고 있었던 셈이다. 사실 인간이 도달할 수 있는 최고 수준의 정신 능력을 소유한 인물들을 천치나 범죄자들과 연계하려는 생각에 공포를 느끼지 않을 사람이 있을까?

하지만 최근의 기형학 연구 결과들을 보면 격세유전적 퇴행의 현상들이 늘 실제적인 퇴행으로 나타나는 것은 아니라는 것을 알 수 있다. 그보다는 발달이나 진보가 어느 한 방향으로 편중되면서 다른 쪽에서 이에 대한 보상을 치르는 결과로 나타나는 현상이라고 할 수 있다. 파충류들은 우리보다 갈비뼈의 수가 많다. 네발짐승들과 유인원들의 경우는 우리보다 근육이 발달해 있고, 우리에게는 없는 조직인 꼬리가 있다.

우리는 이러한 신체적 기능들의 퇴화라는 보상을 치르고, 지적으로 우월한 능력을 얻었던 것이다. 이렇게 보면 천재를 퇴행으로 보는 이론에 대한 반감은 금방 사라진다. 마치 거인들이 그 높은 신장에 대한 대가로 자손을 갖지 못하며, 근육도 부족하고 지적으로도 우둔한 모습을 보이는 것과 마찬가지로, 사상계의 거인들은 그들의 탁월한 지적 능력에 대한 대가로 퇴행적 특질과 정신병이 생긴 것이다. 이런 이유로 퇴행의 징후들은 미치광이들보다도 천재들에게서 더 흔하게 나타난다.

_ 역사가들은 심리학자와는 거리가 멀었다

그런데다가 이 이론은 이제 확실히 궤도에 진입했다. 천재에 대한 나의 연구 결과에도 완전히 부합하는 터이기 때문에 나로서는 더 이상 이를 외면하기가 힘들다. 더욱이 이를 통해 나 혼자 발전시켜온 생각들을 확인받은 것도 사실이다. 최근에 발견된 퇴행의 특징들이 그 확인의 근거가 되어 주었다. 그리고 천재들이 가진 문제를 설명하려고 시도했던 기존의 이론들이 오류를 드러냄에 따라 한층 확신을 더하게 되었다.

따라서 졸리가 "천재에게 광기가 있다는 주장은 논할 필요조차도 없다. 강하다는 것이 약점이 될 수 없고, 건강한 것이 병은 아닌 것이다. 그리고 그 가설들 속에서 언급된 사례들은 오직 특이한 경우들일 뿐이다"라고 말하는 것은 지나친 확신의 표현이라고 하겠다. 착란이나 간질 발작의 경우 힘의 강도가 세면 병증도 깊은 경우가 많다는 것을 의사들은 잘 알고 있다. 또한 천재의 광기에 관한 사례들이 예외적인 경우라는 반론은 지속적으로 다양한 사례들이 축적되고 있다는 점에서 쉽게 물리칠 수 있다.

지적인 능력 면에서는 흠잡을 데 없는 천재들이 많은 것이 사실이다. 하지만 그들은 애착과 감정적인 측면에서 뚜렷하게 결함을 보이고 있다. 비록 아무도 이에 대해서 주의하지 않았고, 그래서 기록으로 남겨놓지 않았지만 말이다. 최근에 이르기까지 역사가들은 단순한 연대기 작가의 기능을 했을 뿐 심리학자와는 거리가 멀었던 것이다. 그들은 우리에게 영웅과 제왕의 모험적이고 화려한 역사를 전달하는 데 진력하고, 많은 사람들의 눈에 중요하게 보이는 전쟁에 대해서는 시시콜콜히 기록하며 열심이었지만, 심리학적인 측면에 대해서는 전연 도외시하고 있었다.

_자연에는 온전히 개별적인 사건이란 없다

　　역사가들은 천재와 그 가계에 나타나는 정신적 결함이나 퇴행적인 특징들에 대해서는 거의 아무런 정보도 남기지 않았다. 더욱이 천재들은 허영심 때문에 여간해서는 자신들에게 약점이 되는 사실들을 드러내지 않았다. 리슐리외는 간질발작의 순간을 오직 한 번 노출시켰을 뿐이다. 그 한 번이 없었더라면 누가 감히 그의 병을 추측이라도 할 수 있었겠는가? 베르티와 마요르의 최근 출간작들이 없었다면 카보우르가 두 번씩이나 자살을 기도했다는 것을 누가 믿으려고 하겠는가? 텐이 심리학적 이해를 통해 더욱 깊이 있는 역사 연구가 가능하다는 것을 이해하지 못했더라면, 나폴레옹의 패덕광적인 특징들은 알려지지 못한 채 묻히고 말았을 것이다.

　　칼라일의 아내는 자신이 학대받았던 기록을 남겼다. 그렇게 할 수 있는 아내들은 많지 않다. 솔직히 말해서, 그런 기록이 있다고 해도 이를 출판하는 남편 역시 흔치 않다. 많은 사람들이 유명한 화가인 아이오소스키를 천사 같은 존재라고 여겼다. 그는 수백 명의 빈민들을 구휼했다. 하지만 그는 자신의 아내와 아이들이 굶어 죽도록 방치했던 인물이기도 하다.

　　여기서 짚어 두고 싶은 점은, 천재들에게서 볼 수 있는 도덕적 결함과 간질병적 증세가 정신이상의 형태라는 것이다. 하지만 정신의학자의 눈에는 분명한 사실이라 하더라도 일반적으로 확인하기에 어려운 형태이기 때문에 사람들에게 종종 부정되기도 한다. 여전히 많은 사람들이 바이에른의 루드비히 국왕이 정신병이 있었다는 것을 의심하고 공공연히 부정한다.

또한 자연에는 온전히 개별적인 사건이란 없다. 각각의 특징적인 사례들은 자연법칙을 이루는 수많은 사례들 중의 하나일 뿐이다. 따라서 일부 위대한 천재들에게 광기의 존재를 확인했다면 다른 천재들에게도 정도의 차이는 있을 테지만 정신병적 소인이 있으리라 상정할 수 있다.

_일반적 재능과 천재성은 다르다

천재는 라파엘로나 모차르트의 경우처럼 영재성을 보이는 경우가 있다. 그리고 때로는 알피에리처럼 늦되는 경우도 있다. 하지만 이것은 천재가 신경병으로 인한 것이기 때문이다. 신경병이라는 것이 우연한 환경적 요인을 계기로 발현되는 것이기 때문에 늦게라도 발병할 수 있다. 또한 신경병이라는 것은 대뇌피질에 자극을 받아서 생기는 것으로 그 위치에 따라서 그 병증의 양상이 조금씩 달라진다.

헤일즈는 예술에 있어서의 천재성에 대해 논문을 작성해서 격찬을 받은 적이 있다. 이 논문 속에서 그는 천재성이라는 것은 일상생활의 연장선에 있는 것이라고 말한다. 우리가 글을 쓰고 있는 한, 우리 모두 어느 정도의 천재성을 지니고 있다는 것이다. 하지만 브륀테에르가 이에 대한 매우 적절한 반론을 제기했다. 그렇다면 왜 특정한 사람만이 위대한 화가나 위대한 시인이 되는 것인가? 또 천재들은 특정한 재능면에서는 과도하게 발달해 있는 반면에, 그밖의 방면에서는 오히려 지체된 모습을 보인다고 많은 철학자들이 인정한 적이 있는데, 이것은 어떻게 된 일인가?

천재는 괴물과 같은 존재라고 말하는 사람들도 있다. 그렇다고 하자. 하지만 괴물이라 할지라도 기형학의 법칙상에서 움직이는 것이다. 브륀테에르는 애디슨이나 포프와 같이 재능은 있으나 천재성을 지니지 못한 인물들이 있고, 스턴과 같이 천재적이면서 재능은 없는 인물들도 있다고 말한다. 이 두 가지 사실은 전혀 모순적이지 않다. 일반적인 재능의 결여는 천재에게 나타나는 특징의 하나라고 할 수 있다. 신경병으로 인해서 상식적인 면에서 결함을 드러내는 것이다. 또한 특정한 분야로 치우친 발달 때문에 다른 쪽으로 지체되는 현상이 나타나는 것이다.

따라서 이는 나의 주장을 무너뜨리는 것이 아니라 오히려 확인시켜 준다. 분명 일반적 재능과 천재성은 다르다. 악덕이 죄가 되는 것은 아닌 것과 마찬가지다. 한쪽에서 다른 쪽으로 변화해가는 것은 가능하다. 하지만 모든 자연 현상에서 볼 수 있는 것처럼 그 변화는 연속의 법칙을 따른다. 단계에 따른 변화가 이루어질 뿐 비약하는 법은 없다.

_ 미치광이는 미개인들에게는 공포와 경외의 대상이다

이 책 속에서 천재성과 재능을 혼동해서 쓰는 것은 사실이다. 서로 간에 차이가 없어서가 아니다. 단지 악덕과 범죄 사이에 선을 긋는 것과 마찬가지로 천재성과 재능의 경우도 그 사이의 경계가 모호하기 때문이다. 과학의 천재이면서 교육과 여건이 받쳐 주지 못한 인물은, 일반적인 재능을 가졌을 뿐이지만 훌륭한 환경의 도움을 받은 인물보다 성과적 측면에서 오히려 뒤떨어지는 경우가 있을 수 있다.

하지만 여기서 말해둘 점은, 천재성이 없이 그저 남보다 조금 더 나은 재능을 가진 이들에게서도 여전히 천재들에게서 찾아볼 수 있는 비정상적인 특질들을 찾아볼 수 있다는 점이다. 그들은 가장 위대한 천재와 마찬가지의 병리학적 반응을 경험하고, 후손에게 자신들의 퇴행적 특징을 유전시키기도 한다. 또한 흔한 경우는 아니지만 신경병과 정신병을 가진 조상을 두기도 한다. 이는 재능이라는 것이 천재성과 마찬가지로 대뇌피질의 자극으로 나타나는 것이기 때문이다. 단지 자극의 영역이 국소적이며 자극의 강도가 확실히 약할 뿐이다. 정말 정상인이라고 할 사람들은 글과 배움을 가까이 하지 않는다. 그들은 땀 흘려 일하고 그 과실을 먹는 사람들이다.

하지만 인간 정신의 최고봉이라고 할 존재들을 퇴행의 결과로 보거나 천치 또는 미치광이와 동류로 취급하는 것에 대해서 우리는 본질적으로 거부감을 느낀다. 그렇지만 자연의 경우도 같은 흙덩이에서 쐐기풀에서부터 장미에 이르기까지 다양한 식물을 내놓고 있지 않은가? 식물학자가 이 때문에 비난을 받는 일은 없다. 또한 그러한 조합이 일단 존재하고 있는 이상 식물학자가 그것들에 대해 관찰하고 기록을 남기는 것이 범죄도 아닐 것이다. 거부감이라는 것은 그저 정서일 뿐 이성과는 별개다. 더구나 인류가 오랫동안 공유해온 정서도 아니다. 인류는 이미 오래 전에 이 책에서 말하고 있는 것과 완전히 부합하는 결론에 이르렀던 것이다. 우리는 고대 언어에서 이를 미루어 짐작할 수 있다. 산스크리트어와 히브리어에서는 미치광이와 예언자가 같은 단어이다. 또한 속담에서도 이를 볼 수 있다.

"미친 이와 어린 아이는 예지력이 있다."

"아이와 바보는 진실을 말한다."

"미치광이가 현자를 가르친다."

"얼간이가 명언을 내놓기도 한다."

미치광이는 미개인들에게는 공포와 경외의 대상이어서 그 사회에서 지배적 권위를 행사하기도 한다.

_천재는 절대로 이미 다져진 길을 택하지 않는다

현대사회에서도 여전히 그와 같은 믿음이 보존되고 있다. 하지만 천재에게는 불리한 측면으로 적용되는 경향이 있다. 천재들은 생전에 명성을 누리지 못하고 때로는 자유의지와 생존에도 위협을 받았다. 그리고 죽고 난 후에야 이를 보상하듯 기념비를 세우기도 하고 온갖 헌사를 바치는 것이다. 왜 그렇게 되는 것일까? 경쟁자들의 질투나 평범한 시기심만으로는 설명이 되지 않는다. 그 이유는 천재들이 요령이라고는 없는데다가, 중용의 미덕도 갖추지 못하고, 실생활에서 어리숙한 면모를 보이기 때문이다.

비스마르크와 같이 위대한 정치가들은 예외지만, 그밖의 천재들은 대체로 세상 사람들이 수긍하고 사회생활에 도움이 될 만한 미덕들을 결여한 경우가 많다. 프랑스의 오래된 격언 중에는 "요령이 좋은 사람이 천재보다 가치가 있다"라는 말이 있다. 미라보가 말한 대로, "강한 열정이 없으면 요령을 피우는 것이다. 그리고 오직 열정적인 사람만이 위대하게 될 수 있다." 요령이라는 것은 이미 잘 다져진 길 위를 가는 것이다. 천재는 절대로 이미 다져진 길을 택하지 않는다. 그런 이유로 보통 사람들이 위대한 인물들을 미치광이 취급하는 것이다. 하지만 내가 여기서 시도하는 것처럼 이러한 일반적인 통설을 이론으로 발전시키려 하면 또 먹물깨나 먹은 부류들이 아우성을 쳐댈 것이다.

먹물깨나 먹은 부류들은 요령과 상식이 지나치게 많은 사람들이다. 또한 진리라는 것은 모두가 걸어가는 길을 통해서 도달할 수 없다는 것을 모르기 때문에 그 상식과 요령이 위대한 진리를 무너뜨리는 역할을 한다는 것을 모른다. 그렇기 때문에 그들은 "당신이 위인들에게서 발견했다고 하는 이러한 결함적 요소들은 천재가 아닌 사람들에게서도 역시 찾을 수 있는 것이다"라고 말하는 것이다. 물론 맞는 말이다. 하지만 천재들의 비정상적 특징은 양적으로나 질적으로 보통 사람들의 경우를 압도하는 것이다. 무엇보다도 그들 성격상의 모순되는 면 때문에 다른 경우와 구별된다.

_진리가 유용해야 할 필요는 없다

요리사들도 허영심이 있다. 하지만 스스로 신이라고 믿는 정도의 허영은 부리지 않는다. 귀족의 경우 자신이 중세 영웅의 자손이라고 떠벌리고 다니지, 조각가라고 자랑하고 다니지는 않는다. 우리 모두는 때로 건망증이 있을 수 있다. 하지만 자기 이름까지 잊어버린 채 자기의 업적에 대해서만 특별한 기억력을 발휘하거나 하지는 않는다. 미켈란젤로가 수도사에게 퍼부은 독설은 사실 누구나 할 수 있다.

하지만 그런 후에 다시 거금을 헌납해서 수도원을 살찌우는 일을 하지는 않는다. 요컨대 천재들은 성격적 특징이 매우 과장되고 모순된 형태로 나타나고, 이 점이 그들의 가장 비정상적인 면모다.

이러한 연구들은 유용성이 부족하다고 지적하는 사람들도 있다. 이에 대해서는 텐의 말을 빌어서 진리가 유용해야 할 필요는 없다고 대답하겠다. 더욱이 이 연구 결과들을 적용해서 실용적으로 쓰인 예가 적지 않다. 일단 위대한 역사적 순간에 중추적인 역할을 담당했던 종교 지도자들의 이해하기 어려운 광기어린 행각에 대해서 설명을 제공해 준다. 또한 미치광이들의 작품을 분석한 결과가 문학과 예술상의 천재들의 작품을 연구하는 데 있어서 새로운 분석과 비평적 시각을 제공해 주기도 한다.

무엇보다도 이러한 자료를 통해서 형벌상의 잘못된 문제를 해결할 수도 있다. 현재는 이성이 온전히 달아나버린 사람에게만 미치광이라는 판정을 내리고 이에 한해서 법적 책임을 면제해 준다. 그리고 수천 명의 무책임한 존재들을 사형대로 보내는 것이다.

마지막으로 이러한 연구들을 통해서 서광증이 단지 흥미로운 정신병적 현상에 그치는 것이 아니라, 특별한 형태의 정신병이며 병적 충동이 표면적으로 드러나지 않기 때문에 더욱 위험하다는 것을 알 수 있었다. 종교적인 광기에 사로잡힌 이들과 마찬가지로 역사에 남을 큰일을 벌이고자 하는 욕망이 강하다는 것을 알게 되었던 것이다.

_체자레 롬브로조

Contents

기획자의 말 즐겨라, 천재들을 구경하는 재미 **005**
머리말 매우 과장되고 모순된 성격의 천재들 **010**

Part 1 천재, 그 비밀의 코드 천재의 특징 **023**

'진실'이라는 종교 문제의 역사 **025**
천재와 광인의 어디쯤 천재와 퇴행 **031**
축복과 재앙의 사이에서 천재에게 잠복해 있는 신경병과 정신병 **082**
천재의 그림자 천재와 광기 **127**

Part 2 천재성, 베일을 벗다 천재성의 원인 **183**

천재성, 날씨와 왈츠를 기상 조건이 천재에게 미치는 영향 **185**
천재성은 기후를 타고 기후가 천재에게 미치는 영향 **209**
DNA와 천재성 인종과 유전이 천재성과 광기에 미치는 영향 **230**
천재의 또 다른 이름, '약골' 질병이 천재에게 미치는 영향 **255**
영리하지만 쓸모없는 아이 문명과 기회가 미치는 영향 **259**

Part 3 천재성과 광기의 이중주 미치광이 천재들   **273**

광기의 날개에 문학을 싣고 문학계의 미치광이 천재들   **275**

광기와 예술이 손을 잡으면 미치광이들의 예술   **300**

독특하고 '낯선' 사람들 문학계와 예술계의 반미치광이들   **343**

인류의 진보에 기여한 천재들 정치계와 종교계의 미치광이들과 반미치광이들   **389**

Part 4 정상인 듯 정상 아닌 듯한 천재들
종합 : 천재들의 퇴행적 정신 상태   **493**

17가지 특성이 눈에 띄네 미치광이 천재들의 특징   **495**

틀 속에 넣을 수 없는 그들 정상인 천재에게서 발견하는 미치광이 천재와의 유사성   **519**

영감의 섬광 속에서 천재의 간질병적 속성   **527**

광기에 굴복하지 않은 천재들 정상인 천재들   **550**

자연이 우리에게 주는 가르침 결론   **559**

옮긴이의 말 천재를 바라보는 색다른 시각   **564**

Part 1

천재, 그 비밀의 코드

천재의 특징

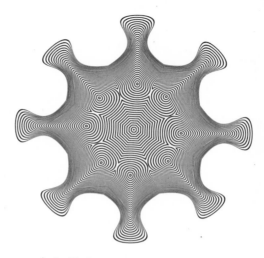

'진실'이라는 종교 문제의 역사

아리스토텔레스 - 플라톤 - 데모크리토스 - 펠릭스 플라테
- 파스칼 - 디드로 - 근대 천재론자들

● 우리의 평범함을 가리고 있는 섬세하고 화려한 장막을 분석의 가위라는 칼날로 찢어버리는 것은 슬픈 일이다. 진실이라는 종교는 가혹하다. 생리학자들은 사랑을 간단히 암술과 수술의 결합이라고 말하고, 인간의 사고를 분자운동의 결과라고 설명하는데 주저함이 없다. 심지어 그 앞에 무릎을 꿇어도 부끄럽지 않을 천재적인 존재를 범죄자라는 틀에 가두거나 정신적인 기형으로 분류하거나 다양한 광기의 소산이라고 치부해버리기도 한다.

그런데 이런 불경한 모독행위는 전적으로 의사들이 주도하는 것만도 아니고 현대 회의주의의 소산인 것만도 아니다. 한때 철학의 아버지로 추앙받던 저 위대한 아리스토텔레스도 이미 이와 유사한 견해를 피력한 적이 있다.

많은 이들이 머리에 생긴 울혈로 인해 시인이 되고, 예언자가 되고, 무당이 된다. 시라쿠스의 유명한 마르쿠스처럼, 광기에 사로잡혀서 훌륭한 시를 내놓은 이들이 치료를 받고 나면 더 이상 아무것도 써내지 못하는 것이다.

시와 정치학과 예술에서 두각을 나타내는 인물들을 보면 에섹스처럼 우수와 광기에 젖어 있거나 벨레로폰처럼 사람 만나기를 꺼리는 경우가 많다. 요사이에도 그러한 특징을 찾아볼 수가 있는데, 소크라테스, 엠페도클레스, 플라톤의 경우나 시인들 중 많은 경우가 그러하다.

_신에게 받은 은혜 비범한 재능의 대가

플라톤은 『파이돈』에서 다음과 같이 말하고 있다.

광증은 악마가 쓰인 것이 아니다. 오히려 어떤 경우는 신에게 받은 매우 큰 은혜이다. 델파이와 도도나의 무녀들은 광기에 휩싸여서 수많은 그리스 시민들에게 신탁을 전달해준다. 그들이 제정신일 때는 별 소용이 없는데 사실 아무 쓸모가 없다는 것이 맞다.

신들이 사람들에게 치명적인 전염병을 돌게 해서 고난을 내릴 때면, 신에게 광기의 은사를 입은 이가 그 전염병을 퇴치할 묘약을 대령해낸다. 또한 단순하고 순수한 영혼이 뮤즈가 내리는 광기의 은사를 입게 되면 영웅의 서사를 읊으며 후세를 위한 교훈을 남기게 되는 것이다.

데모크리토스는 보다 명시적인데 그는 정신이 나가지 않고서는 훌륭한 시인이 될 수 없다고 믿었다.

"헬리콘 산(그리스 신화에서 아폴론과 예술의 여신인 뮤즈가 사는 산 – 옮긴이 주)에서 데모크리토스의 시(詩)들을 추방하라."

이러한 사실들이 잘못 해석되고 또 일반의 속설까지 겹친 결과로 미치광이를 오히려 신의 은총을 받은 이로 떠받드는 고대의 미신이 생겨났을 것이다. 이는 역사를 통해서도 확인할 수 있다. 때로는 헤브라이어나 산스크리트어와 같은 언어에서도 그 자취를 찾아볼 수 있는데, 이 언어들의 단어들에서 광기와 예언의 개념이 혼재되어 사용되는 경우도 간혹 있다.

펠릭스 플라테는 특출한 재능을 보이는 인재들이지만 정신이 멀쩡하지 못한데다가 비정상적으로 칭찬을 갈구하거나 그밖에 이상하고 온전치 못한 행동을 하는 사람들을 본 적이 있다고 말했다. 그는 궁정에서 활동하는 건축가, 성공한 조각가, 빼어난 음악가 등을 그 예로 들었다.

그 후 파스칼이 극단의 지성은 극단의 광기와 맞닿아 있다는 것을 다시 언급하면서 자신을 그 예로 든 적이 있다. 디드로 또한 다음과 같이 썼다.

음침함과 우울함은 신이 내린 비범한 재능의 대가라는 것이 나의 추측이다. 이러한 괴팍한 기질을 지닌 사람들은 간간히 그 신들린 모습을 보여주는데 주기적인 발광을 거쳐서 때로는 정신 나간 생각을 또 때로는 숭고한 사상을 잉태해내는 것이다. 그들은 물론 영감을 받았다고 믿겠지만 사실은 미친 것이다.

발작 전에는 일종의 비인간적인 냉정함을 보이는데, 그들 스스로는 이를 타락한 인간의 상태라고 간주했다. 내재된 격동이 발현되면 이러한 무기력으로부터 깨어나게 되는 것으로 그들은 신이 현신해서 자신들을 움직인 것이라고 생각했다. …… 천재와 광인은 참으로 한 끗 차이에 불과하다는 것이다! 마귀가 쓰였다든가 신들렸다든가 하는 이들은 모두 다소간 이러한 징후를 보이고 있다. 그 횟수나 난폭함의 정도에 차이가 있을 뿐이다. 세상은 이런 사람들을 감옥에 가두기도 하고 사슬로 매어두기도 하고 동상을 세워 찬미하기도 한다.

광기와 고도의 지성이 공존하는 다양한 인물의 예를 다음에서 찾아볼 수 있다.

에카르, 『한 미치광이가 쓴 광기, 혹은 발랑시엔(지역 이름 - 옮긴이 주)의 미치광이들에 관한 작은 참고 문헌』

들레피에르,『미치광이의 문학사』(1860).

포르그,〈르뷔 드 파리〉(1826).

작자 미상,『베들럼의 스케치』(런던, 1873).

다른 한편으로는 환각에 시달리고 편집광적인 모습을 보인 천재들의 예를 보여주는 저서들도 있다.

레뤼,『소크라테스의 악령』(1836)과『파스칼의 부적』(1846).

베르가,『타소(이탈리아 시인 – 옮긴이 주)의 우울증』(1850).

롬브로조『카르다노(이탈리아 수학자 – 옮긴이 주)의 광기』(1856).

_광기의 씨앗 노이로제

레뷔에 – 파리스의『정신적 작업에 종사한 사람들의 생리와 위생』(1856)은 공정한 저술로 그 증거적인 가치를 더욱 높이 평가할 수 있겠다. 진실 안의 믿기지 않는 일면들에 흥미를 가졌던 모로는〈병적인 심리학〉(1859)이라는 그의 논문 속에서 천재는 누구나 노이로 제에 시달리고 있으며 진짜 정신이상자인 경우도 많다는 사실을 밝히고 있다. 비록 방법론적인 정밀함은 결여되어 있지만, 매우 방대한 양의 조사를 거쳐 나온 결론이었다.

마찬가지로 쉴링은〈정신의학적 문학〉(1863)이라는 논문 속에서 같은 주장을 펼쳤다. 하겐도 최근까지〈천재와 정신병자의 관계〉(베클린, 1877)라는 논문 속에서 그 비슷한 논지를 증명하려고 애썼고, 위르겐-마이어의 경우도 비록 간접적일 망정 〈천재와 재능〉(학술지 〈국제심리학 저널〉에 실림, 1879)이라는 논문 속에 그런 내용을 담았다. 이 두 저자는 천재의 생리를 밝히려고 시도했다. 그렇게 해서 나온 결론은 일찍이 이탈리아 제수이트교도 베티넬리가 직관으로 얻어낸 것과 같은 것이다. 베티넬리는 이미 잊혔지만 『광기의 예술』(밀라노, 1769)이라는 책을 저술했다. 라데슈타크는 『천재와 광기』(브레슬라우, 1884)를 내놓았지만 별다른 기여를 했다고 할 수는 없는데, 사실 이미 앞서 나온 내용을 짜깁기한 것에 불과하기 때문이다.

최근의 저자들 중에서는 우선 타르노브스키와 튜기노바를 주목할 만한데, 이들은 필자의 저서를 러시아어로 옮기면서 러시아 문학사에서 많은 자료를 새로 보강해 넣었다. 막심 뒤 캉은 『문학적 회고』(1887)라는 흥미로운 저서를 냈는데, 현대 프랑스 작가들 중 얼마나 많은 이들이 비극적인 광기의 씨앗을 품고 있었는지를 담고 있다.

라모스 메히아가 저술한 『아르헨티나의 역사적 위인들에게서 볼 수 있는 정신병』(부에노스아이레스, 1885)을 보면, 남미의 위대한 공화주의자들 거의 대부분이 술꾼이거나 신경쇠약증이 있거나 정신질환자였다는 것을 알 수 있다. 테발디는 『이성과 광기』(밀라노, 1884)를 저술하면서 광기의 문학에 새로운 활기를 가져왔다. 마지막으로 날카로운 사상가이며 대단한 문필가로 이름을 떨친 피사니-도시 역시 예술과 광기의 연관성에 관한 매우 흥미로운 논문을 발표했다. 이는 마치 본 저자가 『삼인의 호민관』(1889) 속에서 광기와 반(反)광기가 정치판에서 어떤 양상으로 발현되는지 그려낸 것과 유사하다.

천재와 광인의 어디쯤 천재와 퇴행

퇴행의 징후 - 신장 - 구루병 - 창백함 - 쇠약함 - 골상 - 두개골과 뇌 - 말더듬이
- 왼손잡이 - 불임 - 부모를 닮지 않음 - 조숙함 - 발달지체
- 미조네이즘(Misoneism, 새로운 것을 싫어하고 거부함) - 방랑벽 - 무의식 - 충동 - 몽유병
- 영감 - 모순 - 불규칙성 - 이중인격 - 우둔함 - 과민증 - 이상 감각증 - 기억상실
- 독창성 - 특정 단어에 대한 선호

● 천재와 광인을 혼동하는 역설은 일면 잔인
하고 슬프게 느껴지긴 하지만, 여러 면에서 검증해볼 때 전혀 근거가
없는 것은 아니다. 그런 요소들이 최근까지 간과되어 왔을 뿐이다.

정신의학계에서 한동안 만연했던 학설에 의하면, 정신적·신체적
질환의 상당 부분이 퇴행의 결과이다. 술꾼, 매독환자, 정신질환자, 결
핵환자의 자녀들은 유전적 요인으로 결함을 가지고 태어날 수 있다.
또한 머리에 심한 손상을 입거나 수은중독 등과 같이 사고를 당해도
신경병과 기타 질환이 발병할 수 있다. 이러한 부모대의 손상이 세대
를 거쳐 심화되면서 결국 백치 상태나 불임 상태로까지 발전하는 것

이다.

정신의학자들은 이러한 치명적인 퇴행에 빈번하게 수반되는 특정한 징후들에 주목해왔다. 도덕적인 측면에서는 감정적으로 냉담하고, 도덕심이 결여되어 있으며, 충동적이거나 회의적인 경향이 두드러진다. 또한, 기억력이나 미적 취향이 과도하게 발현되는 반면 계산능력은 현저하게 떨어지는 등의 정신적으로 불균형한 발달 양상을 보이기도 한다.

함구증에 걸린 듯 입을 다물고 있거나 지나치게 말이 많은 경우도 있다. 병적인 허영심을 드러내거나 유별나게 남과 다른 모습을 보이기도 한다. 자기 자신에 대한 과도한 집착이 있거나 사소한 일에 신비주의적인 해석을 부여하는 경향도 있다. 상징이나 특수 용어를 남발하면서 모든 경우에 이러한 용어만을 고집하는 모습도 보인다.

신체적인 면에서 보면, 귀가 돌출하거나, 수염이 없거나, 덧니가 심하거나, 얼굴이나 머리통의 모습이 심하게 비대칭일 수 있다. 성적(性的)으로 조숙한 모습도 있을 수 있다. 신체적으로 극히 왜소하거나 비례가 맞지 않는 모습을 보이기도 한다. 왼손잡이, 말더듬이, 구루병, 결핵을 가지고 있기도 하다. 지나치게 다산을 하거나, 아니면 오히려 유산이나 유전적 이상의 영향으로 불임이 되는 경우도 있다.

많은 정신의학자들이 사안을 과장해온 것은 의심할 여지가 없다. 특히나 그들이 한 가지 사실로부터 퇴행을 유추해내려고 하는 경우 과장을 피할 수 없었을 것이다. 하지만 전반적으로 파악해 볼 때 이 학설을 부정하기는 어렵다. 이를 뒷받침하듯이 이를 적용한 사례가 매일 새로이 나타나고 있는 것이다.

가장 흥미로운 것은 최근에 천재들을 대상으로 연구를 진행한 결과로 얻게 된 자료들이다. 이러한 연구들에 따르면 천재들의 경우 때로는 미치광이들보다 훨씬 다채로운 퇴행의 징후를 보여주고 있다. 이러한 징후들을 하나하나 따져보도록 하자.

_천재와 키와의 관계 신장

먼저 밝혀두어야 할 점은 퇴행의 신체적 징후가 매우 흔하다는 것이다. 단지 천재의 자신만만한 표정이나 드높은 명성에 미혹되어 그러한 징후들에 미처 주의를 기울이지 못할 뿐이다.

가장 단순하게는 키가 작은 경우가 많은데 예부터 익히 주의를 끌어왔던 점이고, 이와 관련한 속담이 있을 정도이다. 잘 알려진 천재 중에서 단신으로도 유명한 이들로는 호라티우스(아우구스투스 황제가 가장 유쾌한 난장이라고 불렀다), 필로페맨, 나르세스, 알렉산더(위대한 알렉산더의 키는 아주 작았다), 아리스토텔레스, 플라톤, 에피쿠로스, 크리시푸스, 라에르테스, 아르키메데스, 디오게네스, 아틸라, 에픽테토스(그는 늘상 "나는 누구인가? 작고 볼품없는 한 사람일 뿐"이라고 말하곤 했다) 등이 있다.

근대에 들어서는 에라스무스, 소치니, 린네, 립스, 기번, 스피노자, 아위, 몽테뉴, 메즈레, 랄랑드, 그레이, 존 헌터(5.2피트, 1피트 = 약 30.48센티미터 – 옮긴이 주), 모차르트, 베토벤, 골드스미스, 호가드, 토마스 무어, 토마스 캠벨, 윌버포스, 하이네, 미소니에르, 찰스 램, 베카리아, 마리아 에지워스, 발자크, 드 퀸시, 윌리엄 블레이크(신장이 5피트에 채 미치지 않았다), 브라우닝, 입센, 조지 엘리엇, 티에르, 브라우닝 부인, 루이 블랑, 멘델스존, 스윈번, 반 도즈(북 크기 만하다고 해서 드럼 the Drum이라고 불렸다.), 피터 판 라에르(퍼펫the Puppet이라고 불렸다) 등을 들 수 있다.

뢸리, 폼포나치, 발디니 등도 매우 작았다. 니콜라스 피치니니, 철학자 다티, 발도의 경우도 키가 작았다. 발도는 "명성에 위축되어서 작아졌군"이라고 빈정대는 바르톨로에 맞서 "지갑의 힘으로 키를 키웠군"이라고 대응했다. 마르실리오 피치노 또한 작았는데, 그는 "기껏해야 서 있는 사람의 허리까지밖에 안 닿는 키"라는 말을 자주 들었다. 알베르투스 마그누스도 매우 작았다. 한번은 그가 교황의 발에 입을 맞춰 예를 차린 후 몸을 일으켰지만, 교황은 그가 여전히 무릎을 꿇고 있다고 생각해서 일어나라고 명령했다고 한다. 1890년 프란시스 사비에르의 관을 열어보니 그의 키는 4.5피트에 불과했다.

내가 아는 한 위인들 중 장신이었던 인물들은 볼타, 괴테, 페트라르카, 쉴러, 다젤리오, 헬름홀츠, 포스콜로, 샤를마뉴 대제, 비스마르크, 몰트케, 몬티, 미라보, 아버지 뒤마, 쇼펜하우어, 라마르틴, 볼테르, 표트르 1세, 워싱턴, 스턴 아라고, 플로베르, 칼라일, 투르게네프, 테니슨, 휘트먼 등에 불과하다.

_육체의 슬픈 그림자 구루병

아게실라우스, 튀르타이오스, 이솝, 지오토, 아리스토메네스, 크라테스, 갈바, 브루넬레스키, 메글리오베키, 파리니, 스카롱, 포프, 레오파르디, 탈레랑, 스코트, 오언, 기번, 바이런, 다티, 발디니, 모제스 멘델스존, 플랙스먼, 훅 등은 모두 구루병으로 신체가 휘거나, 절름발이이거나, 꼽추이거나, 내반족(심한 안짱다리 등의 선천적 다리 기형)이 있었다.

_가장 흔한 표식 창백함

위인은 보통 창백하다는 말이 있다.

"그는 숭고하고 아름다운 꽃이다."

마로는 일찍이 창백함이야말로 도덕적으로 무감각한 이들에게 나타나는 가장 흔한 표식이라고 확인해 준 적이 있다.

_떠다니는 불꽃 쇠약함

물질세계를 지배하는 에너지 보존법칙은 신체적 이상 징후를 설명하는 데도 유효하다. 광인들의 경우 신체적으로 쇠약한 모습을 보인다. 이른 나이에 머리가 하얗게 세어버리거나, 대머리가 되거나, 비쩍 마르거나, 성적으로나 운동 능력 면에서 무기력하거나 한 것이다. 그런데 이러한 징후들이 위대한 사상가들에게서도 빈번하게 나타난다.

레카무스는 가장 위대한 천재들은 가장 홀쭉한 몸을 가지고 있었다고 말했다. 시저는 카시우스를 갸름한 얼굴 때문에 두려워했다. 데모스테네스, 아리스토텔레스, 키케로, 지오토, 성 베르나르, 에라스무스, 사마지우스, 케플러, 스턴, 월터 스코트, 존 하워드, 달랑베르, 페늘롱, 부알로, 밀턴, 파스칼, 나폴레옹 등은 모두가 한창 때 극도로 마른 상태였다.

어려서 병약했던 경우도 많다. 데모스테네스, 베이컨, 데카르트, 뉴턴, 로크, 아담 스미스, 보일, 포프, 플랙스먼, 넬슨, 할러, 쾨르너, 파스칼, 렌, 알피에리, 르낭 등이 그런 경우이다.

세귀르는 볼테르에 대해 쓰면서, 그의 수척한 몸을 보며 그가 겪은 고난을 떠올린다고도 했다. 그의 마르고 구부정한 몸은 마치 속이 훤히 비치는 얇은 천과 같아서 그 너머로 그의 영혼과 천재성을 바로 볼 수 있을 것 같다는 것이다.

라므네는 "작고 눈에 잘 띄지 않는 사람으로, 불안에 쫓겨서 온 방안을 방황하는 모습이 마치 떠다니는 불꽃같았다"고 한다.

_얼굴의 흔적 골상

고양이 그림의 대가였던 마인드는 얼굴 형태가 마치 백치처럼 보였다. 소크라테스, 스코다, 렘브란트, 도스토예프스키, 메글리오베키, 포프, 칼라일, 다윈 등도 마찬가지이다. 근대 이탈리아인 가운데서 같은 특징을 보인 이로는 최고 권위 있는 수학자 스키아파렐리가 있다.

_천재들을 빛나게 하는 원천 두개골과 뇌

천재들은 두개골과 뇌에서 흔히 손상의 흔적을 발견할 수 있다. 오스트레일리아의 저명한 소설가인 마커스 클라크는 어린 시절 말발굽에 채여서 두개골이 깨지는 사고가 있었다. 비고, 그라트리, 클레멘트 6세, 말브랑슈, 코르넬리우스 등도 같은 사고를 당했다고 한다. 코르넬리우스는 그 사고로 '비석'이라는 별명을 갖기도 했다. 클레멘트 6세, 말브랑슈, 코르넬리우스는 사고 전에는 뛰어난 모습을 보이지 못했는데, 사고 후 오히려 천재성을 발휘하기 시작했다고 하는 말이 있다.

푸지니에리의 해골을 보면 정수리 부분에 골절이 있었고, 페리클레스는 두개골이 지나치게 커서 그리스 희극작가들에게 '양파 대가리'라고 놀림을 받았다. 로마뇨시, 비샤, 칸트, 케네빅스, 단테 등은 좌측 두개골이 기형적으로 발달했고 정수리 전면에 골종이 보인다. 브루나치와 마키아벨리의 경우 두개골이 심하게 한쪽으로 쏠려 있었다. 포스콜로는 주걱턱이 심해서 경사각이 68도에 달했고, 머리 쪽 척추가 매우 낮은 위치에서 시작하는 데다가 안와지수 또한 매우 낮았다.

푸지니에리는 머리모양이 세로방향으로 길게 기형적으로 발달한 형태였는데, 베네치아인들이 유독 눌린 머리 형태를 보이는 것과는 매우 차이나는 모습이었다. 로버트 브루스는 두개골이 네안데르탈인과 닮음꼴이었다. 케이 라이와 상 마르세이도 두상이 세로로 긴 형태였고, 오코넬의 경우 아일랜드인의 두상이 일반적으로 가로세로비가 균등한 것에 비해서 심하게 세로 방향으로 긴 모습을 보이고 있었다.

스카르파는 후두부 구멍이 중앙 쪽에 위치했다. 칸트는 후두부와 두정골의 경계가 지나치게 일자형으로 펴져 있는데다가 두상이 눌린 형태이면서 뒤통수가 매우 납작했다. 거기에 후두부가 과하게 발달하면서 소뇌 부분은 위축되어 있는 등 불균형이 심했다. 정수리에 비해서 앞쪽으로 갈수록 매우 좁아지는 모습도 보이고 있다.

볼타의 두개골은 인류학자들이 열등 인종에게 나타나는 것이라고 생각하는 특징을 여러 모로 보여주고 있었다. 경상 돌기가 뾰족하게 튀어나와 있고, 관상봉합선이 단순하며, 중앙에 이마 봉합의 흔적이 보이고, 안면각이 73도에 불과했다. 두개골에 경화증도 심각해서 두께가 16밀리미터나 되었다. 따라서 두개골의 무게는 753그램이나 나갔다.

또 다른 연구 결과에서 보면, 만초니, 페트라르카, 푸지니에리의 경우 이마가 움푹 파여 있었다. 바이런, 마자크라, 훔볼트, 메켈, 포스콜로, 시메네스, 도니체티의 경우는 뇌의 봉합선들이 굳어 있는 모습이다. 라조리, 데카르트, 포스콜로, 티소, 귀도 레니, 호프만, 슈만 등은 머리 크기가 매우 작았다. 도니제티와 티데만은 경화증을 보이는 한편 접형골과 골단 사이에 융기된 부분이 있었다. 밀턴, 린네, 퀴비에, 기번 외 다수에게는 뇌수종이 있었다.

천재들의 두개골 용량은 보통 평균 이상인데, 사실 정신병자의 경우와 마찬가지이다(카트로파지는 머리가 가장 큰 집단은 정신이상자이고, 그 다음으로 천재들의 머리가 크다고 말하고 있다). 하지만 평균 이하의 모습을 보이는 예외적인 경우도 많다.

뇌수용력이 현저하게 큰 천재를 꼽아 보자면, 이탈리아에서만도 볼타(1,860제곱센티미터), 페트라르카(1,602제곱센티미터), 보르도니

(1,681제곱센티미터), 브루나치(1,702제곱센티미터), 성 암브로시우스 (1,792제곱센티미터), 푸지니에리(1,604제곱센티미터) 등을 들 수 있다. 칸트(1,740제곱센티미터), 새커리(1,660제곱센티미터), 퀴비에(1,830제곱센티미터), 투르케네프(2,012제곱센티미터) 등의 경우도 뇌수용력이 매우 컸다.

르봉은 프랑스인 천재 26명의 두개골을 조사했는데, 그중에는 부알로, 데카르트, 주르당이 포함되어 있다. 그에 의하면 대부분의 위인들은 평균적으로 1,732제곱센티미터에 달하는 뇌수용력을 가지고 있다. 하지만 고대 프랑스인들의 뇌수용력은 평균 1,559제곱센티미터에 불과했던 것이다. 오늘날 파리시민의 경우에도 1,700제곱센티미터를 넘는 비율은 12퍼센트에 채 미치지 못한다. 하지만 위인의 경우는 그 비율이 73퍼센트에 달하므로 평균을 훌쩍 상회하고 있는 것이다.

물론 천재라고 하더라도 두개골이 작은 경우가 있을 수 있다. 바그너와 비쇼프가 저명한 독일인 12명을 조사한 결과 8명은 뇌수용력이 매우 큰데 반해 4명은 또 현저히 작은 것을 발견했다. 리비히, 될링거, 하우스만의 경우가 후자에 속한다. 아마도 그들이 연로했다는 점을 감안해줄 수 있을 것이다. 하지만 귀도 레니, 강베타, 할리스, 포스콜로, 단테, 헤르만, 라스커 등의 경우는 나이를 핑계 삼지 못한다.

이 모든 사실들을 감안해볼 때, 내가 다음과 같은 결론을 도출해낸다고 해서 무모하다고 하지는 못할 것이다. 즉, 천재들이 정신적으로 일정 부분 문제점을 노출하곤 하는데, 그것은 그들을 그토록 빛나게 하는 원천이라고 할 기관의 이상에서 기인한다고 볼 수 있다는 것이다.

루소의 뇌심실에서 볼 수 있는 수종이나, 그로시와 도니제티와 슈만에게서 볼 수 있는 뇌막염, 리비히, 티데만에게서 볼 수 있는 뇌수종 등을 무심히 넘길 수는 없을 것이다. 특히 티데만의 경우, 비쇼프가 조사한 바로는 두개골의 두께가 비상하게 두껍고, 전두부 쪽에는 뇌경막이 두개골에 들러붙어 있는데다가, 지주막이 부어 있었고, 뇌수축 현상도 발견되었다.

바그너는 푸흐스의 두개골에서 표재성 뇌회가 롤란드 열구를 침해하고 있는 것을 발견했다. 356건의 뇌를 조사한 자코미니의 연구에서는 이런 유형이 단 한 건 보고되어 있으며, 허셜이 조사한 632건 중에서도 이와 같은 경우는 한 건에 불과했다.

파스칼의 뇌에서는 심각한 병변을 볼 수 있었고, 퀴비에의 커다란 뇌는 수종에 의해 잠식되어 있었다는 것이 최근에 발견되었다. 라스커의 경우는 선조체가 부드럽게 변해 있었고, 뇌척수막내충염과 뇌출혈이 보이고, 뇌측구동맥에는 동맥내막염이 있었다.

비쇼프와 뤼딩겔이 밝혀 낸 바에 따르면, 독일과학자 18명의 뇌에 부분적으로 선천적 뇌회 기형이 존재하고 있었다. 윌페르트와 후버의 뇌에서는 좌측 전두부 쪽 뇌회에 무수한 주름이 형성되어 있었다. 강베타의 뇌에는 이보다 배나 되는 주름이 자리를 잡고 있었다. 그의 우측 네모 소엽은 후두부열에서 시작된 고랑으로 인해 두 부분으로 나뉘어져 있었는데, 이중에서 작은 쪽은 한 점을 기준으로 무수한 갈래로 다시 분열되어 있었다. 후두엽의 크기도 작은 편이었는데 특히 오른쪽 부분이 매우 작았다.

에르베는 다음과 같은 분석을 남겼다.

이러한 뇌들을 비교 연구한 결과에 따르면, 뇌회구의 변이는 보통 사람들보다 천재들의 경우 더욱 많이 발생하고 또한 양상도 더욱 뚜렷하게 나타난다. 특히 전두부 쪽 뇌회의 경우, 보통 사람들은 좌·우측 모두 단순한 모습을 보이는데 비해 천재들은 유독 한쪽이 비상하게 복잡하고 다양한 형태를 보여준다. 물론 뛰어난 지력을 가진 이들의 뇌와 유사한 뇌의 형태를 가진 보통사람도 있을 수 있겠지만 매우 예외적으로 볼 수 있을 것이다.

뮌헨 컬렉션에 있는 일부 두개골에서 나타난 브로카 영역 연결 부위의 발달 양태를 근거로 가설을 세워보고자 한다면, 뤼딩겔의 논문과 그에 첨부된 자료들을 참조하는 것이 좋을 것이다.

뛰어난 언변이 특기였던 법학자 윌페르트의 좌측 뇌회의 크기와 그 말단에 위치한 수많은 잔주름을 그 누구라도 주목하지 않을 수 없을 것이다. 병리학자인 불은 대조적으로 좌측 뇌회는 매우 단순한데 비해 우측 뇌회가 골고루 잘 발달되어 있었다. 그는 말하는 데 있어 명쾌하고 막힘이 없었지만 왼손잡이였다. 사실 양손을 자유자재로 사용했다.

덧붙여 말하자면, 비상한 사람들은 브로카 영역이 형태학적으로 복잡한 모습을 보여준다. 바그너가 조사한 과학자들의 뇌가 그 예가 될 수 있겠다. 이들 중에는 걸출한 기하학자인 가우스도 있었다. 가우스의 뇌와 비교해 볼 때, 크레프스라는 장인의 뇌는 훨씬 단순하고 전두부 영역이 유난히 좁았다. 전두부 쪽 뇌회의 경우도 가우스와 비교해 볼 때 훨씬 덜 발달해 있었다. 또 다른 저명한 수학자 드 모르강 교수(그의 뇌는 바스티안이 보유하고 있다)는 뇌에서 전두엽의 부피가 매우 큰 것을 볼 수 있다.

_천재의 흔한 증상 _{말더듬이}

천재의 경우 말더듬이가 흔한 편이다. 아리스토텔레스, 이솝, 데모스테네스, 엘키비아데스, 우티카의 카토, 비르길, 만초니, 에라스무스, 말레르브, 찰스 램, 튀렌, 에라스무스 다윈, 찰스 다윈, 모제스 멘델스존, 샤를 5세, 로미티, 까르당, 타르탈리아 등은 모두 말을 더듬었다.

_한때 이단아의 손 _{왼손잡이}

왼손잡이인 경우도 많았다. 티베리우스, 세바스티아노 델 피옴보, 미켈란젤로, 플레키어, 니그라, 불, 라파엘로(르네상스 3대 화가인 라파엘로가 아니라 미켈란젤로의 도제였던 조각가 – 옮긴이 주), 베르티용 등이 모두 왼손잡이였다.

레오나르도 다 빈치는 눈에 들어오는 대상이 무엇이든지 왼손을 사용해서 재빠르게 스케치를 끝냈다. 오른손은 충분한 구상을 거친 후 완성품을 제작하는 단계에 가서야 그 쓰임새를 찾았다. 그래서 많은 친구들이 그를 왼손잡이라고만 생각했다. 왼손잡이는 오늘날 격세유전과 퇴행의 특징으로 간주된다.

_천재는 모든 세대가 응축된 결과물 불임

상당수의 위인들이 독신을 고집했다. 결혼했으나 자손이 없는
경우도 많았다. 베이컨은 다음과 같이 말한 바 있다.

가장 숭고한 작품과 업적은 다음 대의 자식이 없는 사람들에게서
나온다. 그들은 육신의 후손을 남기지 못한 대신 그들의 정신을 형
상화해서 남겼던 것이다. 따라서 후대의 번영은 정작 자신들의 후
대는 남기지 않은 이들의 손에 달려 있는 것이다.

라 브뤼에르는 또 이렇게 말했다.

이러한 사람들은 조상도 없고 후손도 없다. 그들 안에 대대손손
의 모든 세대가 응축되어 있는 것이다.

크로커는 『보즈웰』에서 영국의 모든 위대한 시인들이 후손을 남기
지 않았다고 말하고 있다. 그는 셰익스피어, 벤 존슨, 밀턴, 오트웨이,
드라이든, 로, 애디슨, 포프, 스위프트, 게이, 존슨, 골드스미스, 쿠퍼
등의 예를 들었다.

홉스와 캠던을 비롯해서 많은 이들이 학문에 정진할 시간을 벌기
위해서 결혼을 기피했다. 미켈란젤로도 "예술이 나에게 아내 이상의

몫을 해준다"고 말한 바 있다. 이 밖에 독신으로 유명한 위인들로는 칸트, 뉴턴, 피트, 폭스, 퐁트넬, 베토벤, 가상디, 갈릴레오, 데카르트, 로크, 스피노자, 벨, 라이프니츠, 말브랑슈, 그레이, 돌턴, 흄, 기번, 매콜리, 램, 레오나르도 다 빈치, 벤담, 코페르니쿠스, 레이놀즈, 헨델, 멘델스존, 마이어베어, 쇼펜하우어, 카뮈엔, 볼테르, 샤토브리앙, 플로베르, 포스콜로, 알피에리, 카보우르, 펠리코, 마치니, 알레아르디, 구에라치 등이 있다.

여성이면서 독신으로 생을 마친 명사로는 플로렌스 나이팅게일, 캐서린 스탠리, 게타나 아녜시(수학자), 루이자 라우라 바시 등이 있다.

천재들 중 많은 이들이 일단 결혼을 했다고 하더라도 실상 불행한 결혼생활로 고통을 받았다. 셰익스피어, 단테, 말츠올로, 바이런, 콜리지, 애디슨, 란도, 칼라일, 아리 셰퍼, 로바니, 콩트, 하이든, 밀턴, 스턴, 디킨즈 등이 그런 예다.

사도 바울은 자신이 절대적인 자제력으로 금욕을 고수하는 것에 대해서 매우 자랑스러워했다. 캐번디시는 전혀 성욕을 느끼지 못했고 여성에 대해서 병적인 반감을 가지고 있었다.

플로베르가 조르주 상드에게 보낸 편지 속에서 다음과 같은 글귀를 발견할 수 있다.

뮤즈가 제아무리 애를 먹인다고 한들 여자들 때문에 흘리는 눈물에는 비할 바가 못 됩니다. 나는 도저히 시와 여자를 양립시킬 수가 없습니다. 하나를 고를 수밖에 없겠습니다.

아담 스미스는 집필을 위해 자신의 모든 힘을 모아둔다고 말했다. 사람들을 혐오하는 것으로 유명한 샹포르는 "이성이 이끄는 대로 따른다면 누구도 결혼에 이르지 않을 것이다. 내 경우, 나와 같은 자식을 보지 않기 위해서라도 결단코 결혼하지 않을 것이다"라고 말했다. 프랑스의 어느 시인은 다음과 같이 말했다.

위대하고, 게다가 매우 존경할 만한 소유자들은
자기 같은 사람들을 만들어내는 재주는 극히 적다.

_발가락만 닮았다 부모와의 이질성

천재들은 거의 대부분 부계를 닮지도 않고 모계를 닮지도 않았다. 포르콜로, 미켈란젤로, 지오토, 하이든을 비롯해서 많은 이들이 그러하다. 이것이야말로 퇴행의 표식이라고 할 수 있겠다. 이런 이유로 오히려 각자 다른 시대, 다른 민족에 속하는 천재들끼리 서로 신체적으로 유사한 점이 있다는 것을 주목하게 된다.

예를 들어, 줄리어스 시저, 나폴레옹, 검은 부대의 지오반니, 카스티, 스턴, 볼테르 등은 외모에서 민족적 특성이 보이지 않았다. 그들에게서는 숭고하고 초월적인 면모를 볼 수 있었다. 이마가 높이 솟았고, 코가 높게 섰으며, 머리의 크기도 크고, 눈의 광채가 남달랐다. 천치나 범죄자나 정신병자들이 외모적으로 비루한 모습을 보이는 것과 대조적이었다.

훔볼트, 피르호, 비스마르크, 헬름홀츠, 홀첸도르프 등도 외모적으로 독일인의 특징이 보이지 않는다. 바이런도 그 외모나 성향이 전혀 영국인답지 않았다. 마넹은 베네치아 사람처럼 보이지 않았고, 알피에리와 다첼리오의 경우도 외모나 성질면에서 피에몬테 출신으로 보이지 않았다. 카르두치도 보기에 이탈리아인같이 생기지는 않았다.

물론 예외적인 경우가 많은 것은 사실이다. 미켈란젤로, 레오나르도 다 빈치, 라파엘로, 첼리니 등은 모두 전형적인 이탈리아인의 외모를 가지고 있었다.

_미래를 달리는 아이 조숙함

천재는 또한 조숙한 모습을 보이는 특징이 있다. 이는 정신병자에게서도 흔히 나타나는 특징으로, 특히 도덕성이 결여된 정신병자의 경우에 그 특징이 더욱 두드러진다.

단테는 아홉 살에 이미 베아트리체에게 연시를 지어 보냈고, 타소는 열 살에 그럴싸한 운문을 완성했다. 파스칼과 콩트는 열세 살에 이미 위대한 사상가의 모습을 갖추었다. 포르니에는 열다섯 살, 니부어는 일곱 살, 조너선 에드워즈는 열두 살, 미켈란젤로는 열아홉 살, 꼬마 의사 가상디는 네 살, 보쉬에는 열두 살, 볼테르는 열세 살에 이미 세상에 그 천재성을 드러냈다.

피코 미란돌라는 어린 나이에 라틴어, 그리스어, 헤브라이어, 칼데아어, 아라비아어를 할 줄 알았다. 괴테는 열 살이 채 되지 않았을 때 7개 국어로 이야기를 지어내기도 했다. 빌란트는 일곱 살에 라틴어를 익히고, 열세 살에 서사시를 구상하고, 열여섯 살에 정식으로 「가장 완벽한 세상」이라는 시를 출간했다. 로페즈 베가는 열두 살에, 칼데론은 열세 살에 처녀작을 발표했다. 코체부는 일곱 살에 희극에 도전했고, 열여섯 살에는 첫 번째 비극 작품을 무대에 올렸다. 독일 희곡 역사의 신기원을 이룬 〈도적떼〉를 내놓았을 때 쉴러의 나이는 열아홉 살에 불과했다.

빅토르 위고는 열다섯 살에 『이르타멘느』를 완성하고, 스무 살에 『아이슬란드의 한』과 『버그 자갈』을 출간하고 『오드와 발라드』의 제1권을 내놓았다. 라므네는 열여섯 살에 「어떤 신자의 말씀」을 낭송했다. 포프는 「고독에 부치는 송시」를 열두 살에, 「목동가」를 열여섯 살에 내놓았다. 바이런은 열두 살에 운문을 짓기 시작해서, 열여덟 살에 『게으른 나날』을 출간했다.

무어는 열세 살에 아나크레온의 작품을 번역했다. 마이어베어는 다섯 살 때 이미 피아노 연주를 훌륭하게 해낼 수 있었다. 클로드 조세프 베르네는 네 살에 벌써 그림에 소질을 보였고, 스무 살 무렵에는 이미 저명한 화가가 되었다. 렌은 열세 살에 천문 도구를 발명해서, 거기에 라틴어 헌사를 달아 부친에게 선물했다고 한다.

아스콜리는 열다섯 살에 왈라키아 지방의 방언과 프리울리 지방의 방언 사이의 관계를 연구한 책을 출간했다. 메타스타시오는 열 살에 즉흥극을 지어냈다. 엔니우스 퀴리누스 비스콘티는 16개월짜리 아기일 때 이미 사람들에게 찬미를 받기 시작했고, 여섯 살에 설교를 시작했다. 페늘롱은 열다섯 살에 설교를 시작했는데, 특별히 파리에서 선정된 교인들만이 참석할 수 있었다고 한다. 웨튼은 다섯 살에 라틴어, 그리스어, 헤브라이어를 읽을 수 있었을 뿐만 아니라 이미 번역이 가능한 수준이었고, 열 살에는 칼데라어, 시리아어, 아라비아어에까지 능통했다고 한다. 미라보는 세 살에 설교를 시작하고, 열 살에 이미 여러 권의 책을 출간했다.

헨델은 열세 살에 미사곡을 작곡했으며, 열일곱 살에 〈코린다〉와 〈네로〉를 내놓았고, 열아홉 살에 함부르크에서 오페라를 연출했다. 라파엘로는 열네 살에 이미 명성이 높았다. 레스티프 드 라 브레통은 네 살에 글을 깨우치고, 열한 살에 이미 연애를 시작해서, 열네 살에 는 그때까지 사귀었던 열두 명의 연인들을 위한 연시를 지었다.

아이호른, 모차르트, 아이블러는 모두 여섯 살에 이미 연주회를 하러 다녔다. 베토벤은 열세 살 나이에 작곡해 놓은 소나타가 세 곡이나 되었다. 베버가 처녀작 〈숲 속의 아가씨〉를 세상에 공개했을 때의 나이는 열네 살이었다. 케루비니는 당시 세상을 열광시켰던 미사곡을 작곡했을 때의 나이가 열세 살에 불과했다.

베이컨이 『신기관』에 펼쳐 놓은 사상은 그가 열다섯 살 때 이미 품고 있던 것이다. 칼 12세가 그의 위대한 계획을 천명했을 때의 나이는 열여덟 살이었다.

이러한 조숙함은 병적인 현상이자 격세유전적인 현상인데, 비문명 사회에서 흔히 볼 수 있는 일이다. 속담에도 "다섯 살에 천재이던 아이가 열다섯이면 미쳐 있다"라는 말이 있는데, 정신병자수용소에 가보면 맞는 말이라는 것을 확인할 수 있다.

정신병자의 아이들 또한 조숙한 모습을 보인다. 새비지가 아는 어떤 미친 여자는 그 아이들이 여섯 살도 안 돼서 클래식 음악을 연주했다고 한다. 또 어떤 아이들은 성적으로 조숙한 모습을 보이기도 한다. 정신병자의 자녀들이 보통 아이들에 비해 음악, 미술, 수학 등의 분야에 남다른 소질과 적성을 보이는 것은 사실이다.

_ 때로는 게으른 속도 발달 지체

천재들이 오히려 발달이 느린 경우도 있는데, 베어드가 지적한 바와 같이 재능을 발현할 만한 환경이 조성되지 못한 이유가 크다. 또한 그들이 조금 산만하거나 건망증의 증상을 보인다고 해서 부모나 교사가 이를 지능이 낮은 것으로 잘못 판단하는 경우도 있다.

후에 위대한 인물로 성장하게 되지만 어린 시절 학교에서는 난폭하고 우둔한 문제아로 여겨졌던 천재들이 많다. 하지만 적절한 기회를 만나게 되면 그들은 바로 두각을 나타낸다. 티에르, 페스탈로치, 웰링톤, 뒤 게클랭, 골드스미스, 번스, 발자크, 프레넬, 대 뒤마, 훔볼트, 셰리던, 보카치오, 피에르 토마스, 린네, 볼타, 알피에리 등이 모두 그런 경우이다.

뉴턴은 케플러의 난제에 골몰하느라 어머니가 하라고 시킨 일이나 심부름 보낸 일을 곧잘 잊어버리곤 했다. 또, 반에서 꼴찌였지만 이런저런 기계장치를 만들어 내는 데는 재간을 보였다. 월터 스코트도 학교에서는 열등생이었지만 탁월한 이야기꾼의 면모를 보였다. 저명한 동양학자 클라프로트는 베를린대학교에서 재학하고 있을 때 뒤처지는 학생 취급을 받았다. 한번은 시험을 보고 있는데, 교수 한 명이 "자네는 아는 게 하나도 없군"이라고 지적했다는 것이다. 그때 그가 "저는 중국어를 합니다"라고 대답했다는 일화가 있다. 그 어려운 언어를 그는 독학으로 남몰래 마스터했던 것이다.

귀스타브 플로베르에 대해서는 다음과 같은 기록이 있다.

그는 어느 모로 보나 천재와는 거리가 멀었다. 읽는 법을 배우는 것에도 각고의 노력이 필요했다. 하지만 사실 그의 정신은 이미 활발히 활동하고 있었다. 그는 비록 제대로 쓰는 법도 모르는 상태였지만 여러 편의 연극을 구상하고 있었다. 혼자서 다양한 배역을 연기하면서 즉흥적으로 긴 대사를 만들어내기도 했다.

도메니키노는 같이 수학하는 도제들에게 덩치만 큰 소라고 놀림을 받았다. 그는 매사에 행동이 굼뜨고 그림을 배우는 속도도 너무 느리다고 비난을 받았는데, 이에 대해서 "작품은 내 안에서 만들어지고 있어"라고 대꾸했다고 한다.

때로는 그냥 내버려 두어야 제대로 해내는 아이들이 있다. 카바니는 학교에서 똑똑하지만 고집이 너무 세고 게으르다는 평가를 받고 퇴교조치를 당했다. 그의 아버지는 모험을 시도했는데, 이제 열네 살 먹은 아들에게 모든 학습 과정을 위임했던 것이다. 그 모험은 완벽하게 성공을 거두었다.

_새로운 것을 싫어하고 거부 미조네이즘(Misoneism)

새로운 세상을 창조해내는 사람들이면서도 의외로 평범한 사람들이나 어린 아이들이 하듯이 새로운 것이라면 무조건 싫다고 거부하는 경우가 있다. 그들은 일단 다른 사람들의 발견을 극력 배척한다. 자신들만의 아이디어로도 뇌가 포화 상태에 이르러 새로운 것을 받아들이기 힘든 것이거나, 아니면 그들의 특별한 더듬이는 자신들의 아이디어에만 반응하고 다른 이들의 아이디어에는 거부 반응을 일으키고 있는지도 모르겠다.

쇼펜하우어의 경우, 그 자신은 철학계에 다시없을 혁명적 이단아였지만, 정치적으로 혁명을 주도한 이들에게는 유감과 경멸의 태도를 보일 뿐이었다. 심지어 1848년의 숭고한 봉기를 무력으로 진압한 이들을 위해 자신의 유산을 남기기까지 했다.

프리드리히 2세는 정치적으로 독일을 쇄신했을 뿐 아니라 국민미술과 국민문학의 발전에도 기여한 바가 크다. 헤르더, 클롭슈토크, 레싱, 괴테 등을 대우하는 면에 있어서도 인색하게 굴지 않았다. 하지만 자신의 외투를 새로 바꾸는 것을 매우 싫어해서 평생 두세 벌의 외투밖에는 없었다고 한다. 나폴레옹의 경우는 옷이 아닌 모자에 대해서 같은 이야기를 할 수 있겠다.

로시니는 기차여행을 하지 못했다. 한 친구가 그를 기차에 태우려고 해봤지만 이내 기절해버렸다고 한다. 후에 로시니는 "내가 그런 사람이 아니라면 『세빌리야의 이발사』를 쓰지도 못했을 거야"라고 친구에게 말했다. 나폴레옹은 증기기관에 대해 거부 반응을 보였고, 리슐리외는 증기기관 개발자인 살로몽 드 카우스를 비쎄뜨흐 병원으로 보냈다.

베이컨은 길버트와 코페르니쿠스를 비웃었다. 과학 이론을 기계적으로 응용할 수 있다고 보지 않았기 때문이다. 그는 수학적 응용조차도 용납하지 못했다. 보들레르와 노디에는 자유사상가들을 혐오했다. 라플라스는 운석을 부정했다. 학술원 회원들도 승복한 그의 논거는 아무것도 없는 공중에서 어떻게 암석이 떨어질 수가 있느냐는 것이었다. 비오는 파동론을 인정하지 못했다. 볼테르는 화석을 부정했다. 다윈은 석기시대의 존재나 최면의 가능성을 믿지 않았다. 로빈은 다윈의 진화론에 코웃음을 쳤다.

_떠돌이 근성 방랑벽

천재들은 또한 흔히 떠돌아다니는 습성이 있다. 간단히 언급하자면 하이네, 알피에리, 바이런, 조르다노 브루노, 레오파르디, 타소, 골드스미스, 스턴, 고티에, 뮈세, 레나우 등이 그러했다.

포스콜로는 "나의 부친은 그의 천재적인 방랑벽을 내게 유산으로 주었다"라는 글을 남겼다. 횔덜린은 사랑해마지 않던 아내가 수녀원에 들어가 버린 후 사십 년을 방랑생활을 하며 아무 곳에도 정착하지 못했다.

페트라르카, 파이시엘로, 라부아지에, 첼리니, 세르반테스 등은 여행이 고생스럽고 위험하던 시절에도 그 여정을 쉬지 않았던 것으로 잘 알려져 있다. 마이어베어는 기차에서 생활을 해결하고 작곡도 하며 삼십 년을 유랑했다. 바그너는 리가에서 파리까지 도보로 여행을 하기도 했다. 대학교수들이 때로는 쇄신의 욕구에 사로잡혀서 현실적인 고민은 차치하고 그대로 길을 나서버리는 일이 다반사임은 다들 잘 알고 있을 것이다.

_한 번 꽂히면 끝까지 간다 무의식과 충동

천재와 정신병자가 공유하는 점이 많다는 그러한 우연 덕분에 오히려 천재가 재능을 발현한 모습이 왜 그렇게 지각이 없고, 즉흥적으로 보이며, 또 그러한 순간이 그렇게 뜬금없이 간헐적으로 나타나는지 이해할 수 있다.

또한 천재와 간질병자와의 강한 상관관계에도 관심을 기울이고, 천재와 능재의 근본적인 구분도 가능하다.

위르겐 마이어는 『천재와 능재』에서 다음과 같이 말했다.

능재는 스스로를 인지하고 있다. 이론을 세울 때도 어떤 과정을 거쳐서 어떤 이유로 그런 결론에 도달했는지 명확히 인지한다. 하지만 천재는 다르다. 천재는 과정이나 이유 따위는 상관하지 않는다. 천재는 부지불식간에 의도하지 않은 채 깨달음을 얻는다.

하겐은 또 이렇게 말했다.

천재의 특징 중 하나는 저항하기 힘든 강한 충동에 시달린다는 것이다. 본능이야말로 동물이 행동에 나서는 원동력으로 생명의 위협도 불사하게 만든다.

천재의 경우도 마찬가지다. 어떤 관념에 사로잡히면 다른 무엇으로도 헤어 나오지 못한다. 나폴레옹이나 알렉산더는 영광을 바라고 정복 활동에 나선 것이 아니다. 그저 너무나 강력한 본능에 굴복했을 따름이다.

그런 까닭에 천재적인 과학자들이 쉬지 못하는 것이다. 남들이 보기에는 그저 자발적으로 노력하는 것으로 보일지 모르지만 실상은 그렇지 않다. 천재는 그들의 의지와는 상관없이 재능을 발현하지 않고는 못 배기는 존재들이다.

폴 리히터는 이렇게 말했다.

천재는 여러 면에서 몽유병자와도 같다. 꿈속에서 오히려 훨씬 많은 것을 보고 진실에도 근접한다. 만약에 환상의 세계에서 끌려 나온다면 그는 갑작스럽게 현실의 구렁텅이에 처박힐 것이다.

하이든은 『천지창조』를 쓴 것은 신의 은총이 있었던 덕분이라고 고백했다.

어찌해 봐도 작품의 진전이 없을 때면, 나는 묵주를 가지고 예배당으로 가서 성모 마리아를 찾았다. 그러면 바로 아이디어가 떠오르곤 했다.

우리의 위대한 시인 밀리는 그 경탄할 수밖에 없는 시를 한 수 뽑아낼 때마다, 몹시 불안해 하면서 울부짖고, 노래하며, 온 사방을 휘젓고 다니는 등 마치 간질 발작을 일으키는 듯한 모습을 보였다.

많은 천재들이 자신을 탐구하고, 그들이 영감을 얻는 과정에 대해 말하고 있다. 그들이 묘사한 바에 따르면, 영감은 마치 사랑의 열병처럼 달콤하고 유혹적으로 다가와 햇불이 활활 타오르듯 순식간에 완성된다고 한다.

나폴레옹은 전투의 승패는 찰나의 판단이 좌우하는데, 그 판단은 잠재의식의 발로이기도 하다고 말했다. 결정적인 순간이 닥치면 눈앞에 번쩍하고 나타나는 것처럼 영감이 떠오르고, 그렇게 승리가 찾아왔다고 한다.

바우어는 쿠가 이성과 광기의 경계에 있을 때 가장 아름다운 시를 토해냈다고 썼다. 빛나는 시상이 떠오를 때면 그는 이성적인 판단이 불가능한 무아지경의 상태에 빠져 들었다.

포스콜로는 그의 기념비적인 서간집에서 말하기를, 글을 쓰는 것은 열병이 손님처럼 찾아들어 마음이 동해서 하는 것이지 의지력으로 되는 것이 아니라고 말한다. 그의 글을 옮기자면 이렇다.

나는 편지를 쓴다. 내 조국을 위해서도 아니요, 이름을 날리기 위해서도 아니다. 오로지 내 안에 요동치는 재능을 발현하여 얻는 은밀한 기쁨 때문이다. 마치 다리가 걷기 위해 존재하는 것처럼 내 안의 그 정체모를 것들도 깨어 일어나기를 원한다.

모차르트는 음악적 영감이 자신의 의지와는 무관하게 마치 꿈처럼 불쑥불쑥 떠올랐다고 고백했다. 호프만은 친구들에게 "작곡을 할 때는 피아노 앞에 눈을 감고 앉아서 들리는 대로 연주하기만 하면 된다"고 말하곤 했다. 라마르틴은 "생각하는 것은 내가 아니다. 아이디어들이 나를 위해 생각해주는 것이다"라고 말하곤 했다.

알피에리는 계절 변화에 민감한 자신을 일종의 계측기계에 빗대어 말하기도 했다. 특히나 9월에는 새로운 충동에 사로잡혀서 며칠을 끙끙대다가 끝내는 그 충동에 굴복하곤 했다. 여섯 편의 희극이 그렇게 해서 나왔다. 알피에리, 괴테, 아리오스토 등의 경우, 창작은 순간적으로 발생하는 일이었고, 잠에서 깨어나는 순간 이루어지는 경우도 종종 있었다.

천재가 무의식의 지배를 받는다는 것은 이미 수세기에 걸쳐서 주지된 사실이다. 소크라테스는 시인들이 과학적인 사고가 아니라 자연의 본능에 의지해 창작하는 것이라고 말한 바 있다. 마치 예언자들이 계시를 전달하듯이 시인들은 무슨 말을 하는지 의식하지 못한 채 아름다운 작품을 세상에 내놓는다는 것이다.

볼테르는 디드로에게 다음과 같은 편지를 써 보냈다.

천재의 발현은 본능이 작용한 결과이다. 세상의 모든 철학자를 모아놓는다고 해도 퀴놀트의 오페라 〈아르미드〉나 라퐁텐의 우화집 『흑사병에 걸린 동물들』을 만들어 내지 못할 것이다. 라퐁텐은 『흑사병에 걸린 동물들』을 순전히 영감에 의지해서 써내려갔다고 한다. 코르네유는 새가 둥지를 마련하는 것처럼 본능적으로 『오라스』를 완성했다고 한다.

따라서 가장 위대한 사고의 구현은 기존의 감각이나 정교한 유기체적 감수성으로 예비되어 있다가 무의식적인 대뇌의 작용으로 갑자기 터져 나오는 것이라고 말할 수 있겠다. 선지자들, 성인들, 귀신들린 이들이 그토록 확고한 믿음을 보이는 이유나 정신병자들의 충동적인 행동의 원인도 이런 맥락에서 설명할 수 있다.

_천재적 창작의 통로 몽유병

베티넬리는 "시라는 것은 이성이 존재하는 상태에서 꾸는 꿈이라고 할 수 있을 것이다. 눈을 뜨고 있어도 그 꿈이 눈앞을 떠다닌다"라고 쓴 바 있다. 많은 시인들이 꿈속에서, 혹은 꿈에 취한 채로 시를 지어내는 것이 사실이므로 정확한 정의라고 할 수 있다.

괴테는 시인에게는 뇌에 일정한 자극이 필요하다고 자주 말했다. 그의 작품 중 많은 경우가 사실 몽유상태에서 이루어졌다. 클롭슈토크도 시를 지을 때 꿈속에서 영감을 받은 경우가 여러 번 있다고 공언했다. 볼테르는 『앙리아드』의 일부를 잠자고 있는 상태에서 떠올렸다. 사르디니의 플래절렛(플루트 계통의 목관 악기 - 편집자 주)에 관한 이론도 수면 중에 나온 것이다. 젝켄도르프는 환상에 바치는 송가의 하모니를 꿈에서 그대로 옮겨왔다. 뉴턴과 까르당은 꿈속에서 수학적 난제들을 해결하기도 했다.

노디에는 꿈에 힘입어 〈리디아〉를 완성하고 자신의 운명에 대해 확신을 갖게 되었다. 그의 말을 그대로 옮기자면 다음과 같다.

계속해서 꿈을 꾸었는데, 밤마다 거듭 힘을 더해가서, 나중에는 그 꿈을 그대로 형상화하면 되겠다는 확신을 얻었다.

무라토리는 오랜 세월 창작에 어려움을 겪다가, 꿈에서 라틴 애가를 즉흥적으로 떠올리고는 다시 작품의 물꼬가 트였다. 라퐁텐의 『두 마리 비둘기』도 꿈에서 영감을 얻은 것이라고 전해진다. 콩디야크는 강론 중에 막혔던 부분을 꿈에서 해결했다는 일화가 있다. 콜리지는 〈쿠블라 칸〉을 병상에서 만들어 냈다. 사실 아편 처방을 받아서 깊은 잠에 취한 상태에서 떠올랐던 것을, 후에 54행까지밖에 기억할 수 없었기에 그 시가 미완성으로 남은 것이다. 홀트의 〈환상〉 또한 비슷한 조건 아래 완성되었다고 한다.

_ 아주 작은 자극의 힘 영감

영감을 형상화하려고 몰두하는 천재는 광기에 사로잡힌 사람의 형상과 정말 유사하다.

광기 또는 시를 쓰는 일

레뷔에-파리스에 따르면, 천재는 맥박이 약하고, 창백하고, 피부가 차며, 머리에는 열이 있고, 눈은 크고 총기가 넘치며 또 움푹 들어가 있다고 한다. 창작의 순간이 지나고 나면 작가 자신도 방금 전 자신이 쓴 작품을 이해하지 못하는 경우가 종종 발생하기도 한다. 마리니는 『아도니스』를 쓰고 있는 동안 발에 화상을 입는 것도 몰랐다고 한다. 타소는 창작에 몰두해 있는 동안은 마치 귀신에 홀린 사람 같았다. 라그랑즈는 집필 중에 맥박이 불규칙하게 뛰는 것을 느꼈다고 한다. 알피에리는 시각에 문제가 있었다.

어떤 이들은 영감을 얻기 위해서 일부러 머리에 물리적 충격을 가하기도 한다. 쉴러의 경우 자신의 발을 얼음 속에 담그기도 했다. 피트와 폭스는 흑맥주로 만취상태가 된 후에야 연설문을 준비할 수 있었다. 파이시엘로는 산처럼 쌓아올린 침대보 아래에서 곡을 썼다. 데카르트는 소파에 머리를 파묻곤 했다. 보닛은 뜨거운 천으로 머리를 싸매고 냉방에 틀어박히곤 했다. 쿠야스는 카페트에 배를 깔고 엎드린 채로 작업을 했다.

라이프니츠는 옆으로 누워서 명상했다고 한다. 그가 사색에 몰두하기 위한 준비 자세라고 할 수 있겠다. 밀턴은 안락의자에 머리를 뒤로 젖히고 앉아서 작품을 썼다. 토머스와 로시니는 침대에 누워서 작곡했다. 루소는 작열하는 태양 아래 머리를 드러낸 채 사색하는 것을 즐겼다. 셸리는 벽난로 쪽으로 머리를 향한 채로 바닥에 눕기를 좋아했다. 이들 모두는 본능적으로 신체 다른 부분의 희생을 무릅쓰고 머리에 혈액이 몰릴 수 있는 방법을 취했던 것이다.

모든 사건에는 그 시발점이 있는 것처럼, 위대한 사상도 특별한 계기에서 비롯된다는 것은 잘 알려진 바이다. 소금물 한 방울이 전기전도체 한 무더기를 만들어낼 수 있는 것과 마찬가지이다. 몰레스코트가 지적한 바와 같이, 모든 위대한 발견은 아주 작은 계기로 우발적으로 발생했다.

갈바니는 아내를 위해 죽을 끓이면서 약용으로 개구리를 넣기 위해 다듬다가 갈바니즘(동물에게 전기 자극을 가하면 근육이 수축하는 현상 - 옮긴이 주)을 발견했다. 갈릴레오나 뉴턴은 공중에 매달린 등이 흔들리거나 사과가 떨어지는 따위의 움직임에서 영감을 받아서 그 위대한 과학적 업적들을 남길 수 있었다. 알피에리는 음악을 감상하면서 혹은 감상을 마치고 여운이 있는 상태일 때 그의 비극작품을 집필했다. 모차르트의 〈돈 지오반니〉에 나오는 그 유명한 칸타타는 오렌지를 보고 떠올린 작품이다. 그 오렌지가 다섯 해 전에 나폴리에서 본 인기 많은 한량을 연상시켰기 때문이다.

레오나르도 다 빈치는 짐꾼의 모습에서 영감을 얻어 그 유명한 가롯 유다의 그림을 완성했다. 토발트센은 모델의 움직임을 보고 천사 그림의 구도를 결정했다. 살바토르 로사에게는 포시리포의 풍경이 위대한 영감의 원천이었다. 호가스는 선술집에서 주정꾼과 싸움이 붙어 코가 깨지는 사고를 당했는데, 그게 계기가 되어 그로테스크한 그림을 그렸다.

밀턴, 베이컨, 레오나르도 다 빈치 등은 본격적으로 일을 시작하기 전에 음악을 즐겨 들었다. 부르달루는 설교 원고를 작성하기 전에 바이올린을 한 곡씩 연주하곤 했다. 카울리는 스펜서의 송가를 읽으면서 시에 대한 창작 욕구를 더욱 불태웠다. 와트는 찻주전자가 끓는 것을 보면서 증기기관을 고안해 냈다.

마찬가지로, 충동적인 미치광이가 특정한 계기로 자극을 받아서 끔찍한 일을 벌이기도 한다. 훔볼트가 데리고 있던 보모는 그 집 아이들의 부드럽고 연한 살을 보고 있자면 물지 않고는 못 배긴다고 고백하기도 했다. 많은 사람들이 도끼를 보고 살인충동을 느끼고, 불꽃에 혹해서 방화를 일으키고, 시체에 끌려서 무덤을 파헤치는 신성모독을 저지른다.

종종 영감이 환각으로 전환된다는 것을 반드시 짚고 넘어가야 할 것이다. 베티넬리가 제대로 짚어준 것처럼, 천재는 자기의 상상 속의 사물을 실제로 본다. 디킨즈와 클라이스트는 자기들 작품 속 주인공들의 운명을 읽으며 비탄에 잠기기도 했다. 클라이스트는 비극을 탈고하면서 눈물을 흘리는 모습을 들킨 적이 있는데, "그녀가 죽어버렸어"라고 그 눈물의 이유를 댔다고 한다.

실러는 그가 그려낸 주인공들의 모험이 마치 실제 일어났던 일인양 생각했다. 그로시는 베르가에게 프리나의 유령을 묘사하면서 그 모습이 자신 앞에 생생하게 나타나서 이를 없애기 위해서는 등을 다시 켤 수밖에 없었다고 말하기도 했다. 브리엘 드 브아몽이 전하는 바에 따르면, 화가 마르티나는 상상 속의 그림을 실제로 볼 수 있었다. 어느 날 그와 그 그림 사이로 누군가 끼어들자 정중히 비켜달라고 요구했다는 것이다.

_천재, 히포그리프를 닮다 모순, 불규칙성, 이중인격

영감의 순간이 지나고 나면, 천재는 그저 평범한 사람으로 돌아온다. 오히려 보통사람보다 모자랄 수도 있다. 사람이 어느 한 면이 뛰어나면 다른 어딘가가 부실해지는 것으로 현대적 용어를 빌려 말하자면 이중인격, 또는 모순인격이라고 할 만한 특징이 천재들에게 나타난다.

아이작 디즈레일리의 『문학에 관한 호기심들』에서 보면, 위대한 문호인 셰익스피어와 드라이든은 동시에 가장 형편없는 문장을 내놓은 장본인들이기도 하다. 틴토레토는 가끔 자신의 한계를 넘어서는 작품들을 내놓기도 하고, 또 때로는 카라치의 작품에도 미치지 못하는 범작을 내놓기도 했다는 평을 듣는다.

위대한 비극배우들의 경우 대외적으로는 쾌활한 모습을 보이면서 가정에서는 우울함에 젖어 있다. 이러한 대조적인 모습은 희극배우들에게서도 찾아 볼 수 있다. 쿠퍼는 지독한 우울증에서 잠시 놓여난 사이에 그 유쾌하기 그지없던 『존 길핀』을 집필했다. 슬픔에 대한 반동으로 한껏 흥을 냈던 것이다. 가장 슬픈 순간에 가장 재미있는 글이 나온다면서 그 자신도 이상한 일이라고 말한 적이 있다. 그런 슬픈 순간이 없었다면 글을 쓰지도 않았을 것이라고 한다.

어느 날 환자 하나가 애버니이디를 찾았다. 세밀한 진찰을 마친 후 그 유명한 의사는 다음과 같이 권했다고 한다.

"즐거운 일을 만들 필요가 있겠습니다. 그리말디(당대 최고의 어릿광대 - 옮긴이 주)를 보러가는 게 어떠세요? 당신의 웃음을 책임져 줄 텐데요. 아마도 약을 먹는 것보다 효과적일 겁니다."

그러자 그 환자가 "하느님, 맙소사! 제가 그리말디인 걸요"하고 외쳤다는 것이다. 드뷔호도 마찬가지로 우울증을 치료하고자 정신과 의사를 찾았는데, 드뷔호에게 가보라는 말을 들었다고 한다.

클롭슈토크는 어느 날 그의 시구 중 한 구절에 대해서 그 의미를 묻는 질문을 받았다. 그런데 그의 대답은 "당시에는 하나님과 내가 그 의미를 알고 있었지요. 지금은 하나님만이 알고 계시답니다"였다고 한다.

조르다노 브루노는 자신의 상태에 대해서 "기쁨 가운데 슬픔이, 슬품 가운데 기쁨이"있다고 말했다. 오비디오는 타소의 문체에서 보이는 모순에 대해 이렇게 말했다.

"영감이 떠나고 나면 그는 자신의 작품에 대한 통제를 잃었다. 제대로 감상할 수도 없었고 심지어 자신의 작품을 알아보지 못하는 경우도 있었다."

르낭은 스스로에 대해서 다음과 같이 묘사했다.

나는 모순투성이다. 마치 고전 속에 나오는 히포그리프(그리스 신화에 나오는 괴물로, 수컷 독수리와 암말 사이에서 태어났다고 전해지며, 상반신은 독수리, 하반신은 말의 형상을 지닌 상상의 동물이다 – 편집자 주)를 연상하면 되는데, 그 동물은 두 가지 본성을 한 몸에 지니고 있었다. 나의 자아도 반으로 갈린 채로 각각이 남은 반쪽을 점령하기 위해 이전투구하고 있다. 마치 크테시아스(그리스의 의사이자 역사가 – 옮긴이 주)가 모르고 자기 발을 먹어치우는 꼴이다.

알프레드 드 뮈세는 그의 정부(情婦)에게 이런 말을 들었다.

"당신 안에 다른 두 사람이 같이 있다면, 나쁜 사람이 튀어 나왔을 때 제발 좋은 사람을 잊어버리지 말아요."

뮈세 스스로도 자신이 그녀에게 화를 내고 잔인하게 굴다가 또 과도한 애정을 퍼붓기도 한다고 고백했다.

그녀에 대한 찬미가 도를 넘어서 그녀를 마치 여신을 대하듯이 숭배하기도 한다. 그녀에게 한껏 모욕을 안겨 놓고서 또 십 분만 지나면 그녀의 처분만 바라는 처지가 된다. 비난하던 것은 다 잊고 오직 용서를 구할 뿐이다. 그리고는 우스갯소리에 눈물이 나올 지경이 된다.

_천재의 반전 우둔함

과학자들에게 흔히 볼 수 있는 이중인격, 건망증, 미조네이즘 등은 그들이 기록에 남겨 놓은 무수한 어리석은 예를 설명하는 열쇠이다.

이따금 좋은 호메로스(그리스 최고最古의 서사시인 - 편집자 주)

플로베르는 이러한 예를 모아서 재미있는 어록 『인간의 어리석음에 관한 자료』를 엮었다. 그 안에는 다음과 같은 예들이 나온다.

국가의 부는 국가가 얼마나 번영하는가에 달려 있다.

－루이 나폴레옹

그녀는 라틴어를 모르지만 매우 잘 이해할 수 있었다.

－빅토르 위고, 『레 미제라블』

이라는 벌레들은 어디에 있든지 흰색만 보이면 바로 달려든다. 이러한 본능은 우리가 이것들을 잡기 쉽게 생긴 것이다. …… 참외는 자연적으로 조각이 나뉘어 있는데, 일가족이 나눠 먹기 좋으라고 그런 것이다. 호박은 이웃끼리 나눠 먹기 좋으라고 그렇게 크게 자라는 것이다.

- 베르나르댕 드 생피에르, 『자연의 조화』

전통적인 가치들을 지키고 보호하고, 도덕적 · 정신적으로 바르고 옳은 길을 따져서 국민에게 가르치는 것은 사제와 귀족과 고위 관료들의 몫이다. 다른 사람들은 이 문제들에 대해 가타부타 나설 권리가 없다. 그들은 자연과학 따위로 자기들만의 즐거움을 찾을 수 있다. 불평할 일이 어디 있나?

- 메스트르, 『상트페테르부르크의 파티 & 이야기』

일단 경계를 넘어서면 한계를 모른다.

- 퐁사르

프랑수와 1세 치하의 의회가 무능하다는 것은 익히 듣고 있었다. 크리스토퍼 콜럼버스가 인도 항해를 제안했을 때 거절한 것은 정말 개탄할 만한 일이다.

- 몽테스키외, 『법의 정신』
(프랑수와 1세는 1515년에 즉위했다. 콜럼버스는 이미 1506년에 사망했다.)

보나파르트는 전투에서 항상 승리했다. 하지만 그 점을 빼면 가장 말단의 장수라도 그보다는 전술적이었다. …… 그가 전쟁의 기

술을 완성시켰다고들 믿고 있는데, 확실한 것은 그가 전쟁을 유아
적 수준으로 퇴행시켰다는 것이다.

- 샤토브리앙, 『부오나파르트 가문과 부르봉 왕가』

볼테르는 철학자로서 아무런 입지가 없고, 비평가나 역사가로서
의 권위도 결여하고 있으며, 과학자로서는 시대에 뒤떨어져 있다.

- 뒤팡루, 『수준 높은 지적 교육』

식품점은 그 가치를 인정할 만하다. 그것은 상업의 한 분과이다.
군대는 그 가치를 더욱 인정할 만한데, 질서를 목표로 존재하는 제
도이기 때문이다. 식품점은 유용한 것이고, 군대는 필수적인 것이다.

- 쥘 노리악, 『소식』

파스칼은 또 어떤가? 어떤 때는 피론('회의론의 시조'로 불리는 그리스
철학자 - 옮긴이 주)만큼이나 회의적이었다가 또 어떤 때는 신부님같이
글을 쓰기도 했다. 볼테르는 운명이 있다고 믿으면서 국가의 흥망성
쇠가 다 운명적이라고 했다가, 세상사를 주관하는 가공할 힘에 대해
서 논했다가, 또 어떤 때는 신의 섭리를 말하기도 했다.

_섬세한 악기 같은 존재 과민증

자서전 등을 통해서 천재들이 다른 이들과 어떤 차이가 있는지
찾아보면, 그들이 극도로 예민했다는 사실을 알게 된다. 미개인이나

천치 등은 신체적 고통에 매우 둔감하다. 그들에게는 열정이라는 것을 찾아볼 수 없고, 그저 삶을 유지하는데 직접적으로 필요한 감각을 열어두고 있을 뿐이다. 도덕적으로 보다 높은 수준에 도달할수록 감각적으로 보다 예민해지는 것이다. 사람이 정신적으로 발전하면 할수록, 영광이든 불행이든 모두가 더욱 정신에 달린 문제가 된다.

천재들은 보통 사람들보다 더 많은 것을 느끼고, 더 많은 것을 본다. 그리고 훨씬 더 활력적이고 집요한 면이 있다. 그들은 기억력에서도 월등한 모습을 보이고 여러 상황을 조합하는 능력도 뛰어나다. 보통 사람들이라면 무심코 흘려버릴 작은 것들도 놓치지 않고 이리저리 조합해서 수천 가지 새로운 모양을 만들어낸다. 이것을 '창조'라고 부르는 것이다. 창조는 단지 다양한 감각의 조합에 불과한 것이다.

나에게 사랑이 주는 따스함과 과학이 주는 경이로움에 감화할 수 있는 이 예민함 외에 무엇이 더 있을까? 오늘도 나는 마음이 따뜻해지는 이야기를 들으면 절로 눈물이 난다. 내 작품 곳곳에서 발견할 수 있는 열정은 이러한 예민함의 산물이다.

이상은 할러가 남긴 말이다. 디드로도 다음과 같은 말을 남겼다.

자연이 빚어낸 예민한 영혼이 하나 있다면 그것이 바로 나다. 예민한 영혼이 더 많이 생겨날수록, 선악을 논할 기회도 더 많아질 것이다.

알피에리는 처음 음악을 경험했을 때 눈과 귀가 멀어버릴 것 같다고 했다. 그는 여러 날 동안 조금은 낯선 기분에 우울해 했는데, 다른 한편으로는 납득이 가는 기분이기도 했다. 그것은 환상적인 아이디어들의 꽃이 피어나는 순간이었다. 그 당시 시를 쓰는 법을 알고 있었다면 바로 작품이 나왔을 것이라고, 어떻게 표현해야 할 지 알고 있었다면 그때의 기분을 표현해 놓았을 것이라고 그는 말했다. 스턴, 루소, 조르주 상드 등이 그러했듯이, 알피에리도 다음과 같은 결론에 이른다.

음악 소리만큼 영혼을 뒤흔드는 강력한 힘은 없다.

베를리오즈는 아름다운 음악을 들었을 때 그가 느꼈던 감정을 묘사해 놓았다. 첫 번째로 오는 감각은 온몸을 전율시키는 희열이라고 한다. 곧이어 가슴이 두근거리다가 벅차오르며, 흐느낌이 시작되고, 몸이 심하게 떨리는 단계에까지 이른다. 때로는 그 끝에 실신하는 지경까지 가는 경우도 있다.

말리브랑은 베토벤의 C 단조 교향곡을 처음 들은 순간 경련으로 쓰러져서 연주회장 밖으로 실려 나갔다고 한다. 뮈세, 공쿠르, 플로베르, 칼라일 등은 모두 소리에 예민해서 밖에서 들리는 소음이나 종소리를 못 견뎌 했다. 그들은 소음을 피해 끊임없이 이사 다니다가 결국은 전원으로 도피하기에 이른다. 쇼펜하우어도 소음이라면 치를 떨었다.

우르키사는 장미향을 들이마신 후 기절해버렸다. 보들레르도 냄새에 아주 민감했다. 그는 여자들이 겹겹이 옷을 껴입고 있어도 여전히 그들 각자의 고유한 향을 맡을 수 있었다. 그는 또 벨기에의 나무들은 향이 나지 않기 때문에 도저히 그곳에 가서 살 수 없다고 말하기도 했다.

기 드 모파상은 구스타브 플로베르에 대해서 다음과 같이 말했다.

플로베르는 어린 시절부터 유난히도 순진하고 몸을 움직이기 싫어했다. 그는 평생을 순진하고 비활동적인 사람이었다. 그는 주변 사람들이 돌아다니거나 움직이고 있으면 몹시 화를 냈다. 단연코 그런 행동은 철학적이 아니라는 것이다. 그는 낭랑한 목소리에 신랄한 말투로 "생각이든 집필이든 앉아 있어야 할 수 있는 일이지"라고 말했다.

스턴은 천재가 갖추어야 할 것은 직관과 감각뿐이라고 썼다. 이것들이 있어야 비로소 제대로 된 감흥을 느낄 수 있고, 기쁨에 색채와 강도를 더할 수 있으며, 행복에 겨워 눈물을 흘릴 수도 있다는 것이다.

알피에리와 포스콜로는 격이 떨어지는 여자들에게 빠져들곤 했다고 알려져 있다. 알피에리는 애인을 만나지 못한 날은 음식을 넘기지 못했다. 포나리나의 아름다움과 그녀의 사랑이 라파엘로에게 영감을 주었다는 것은 익히 알려진 바이다. 하지만 라파엘로가 그녀에게 백 편이나 되는 송가를 바쳤다는 것을 아는 이는 거의 없다.

단테와 알피에리는 아홉 살에 사랑에 빠졌고, 스카롱은 여덟 살에, 루소는 열 살에, 바이런은 여덟 살에 각각 첫사랑을 경험했다.

바이런은 열여섯 살에 사랑하는 여인이 결혼한다는 소식을 듣고 거의 경기 수준의 경련을 일으켜서, 호흡이 곤란한 지경에까지 갔다. 당시에는 이후에 이렇게 진실한 사랑을 다시 만날 수는 없을 거라고 생각할 정도였다.

무어는 킨(유명한 비극 배우 – 옮긴이 주)의 연기를 보고 경기를 일으킨 일이 있다고 고백했다. 프란치아라는 화가는 라파엘로의 그림을 보고 기쁨을 이기지 못해서 결국 죽음에까지 이르렀다.

앙페르는 자연의 아름다움에 깊은 감흥을 느꼈는데, 제노아 해안의 장관을 볼 수 있다면 너무 행복해서 죽을 지도 모른다고 생각했다. 그의 자필 기록 속에는 충족되지 못한 열망이 담겨 있었다.

뉴턴은 난제를 풀어내는데 정신이 팔리면 다른 일은 손에 잡히지 않을 지경이었다. 게이뤼삭과 다비는 새로운 발견을 해냈을 때면 슬리퍼를 신은 채로 춤을 추었다.

천재는 능재에게서는 보기 드문 극도의 예민함이 있는데, 이것이 그들 불행의 원흉이 되기도 한다.

만테가자는 다음과 같이 썼다.

천재에게만 허용되는 특권이라고도 할 수 있는 이러한 예민함으로, 천재는 외부적으로 아주 작은 문제만 발생해도 병적인 반응을 보인다. 이렇게 예민한 사람들에게는 미약한 바람, 희미한 한숨마저도 장미 꽃잎에 주름을 만들 수 있는 것이다. 그래서 결국 호사스러운 잠을 누릴 수 없다.

라퐁텐은 다음의 글귀를 적으면서 자신에 대해 생각했을 것이다.

　숨결 하나, 어두움 한 자락, 깃털 같은 존재감으로도 열정에 불이 붙는다.

다른 사람들에게는 바늘로 따끔거릴 정도의 공격이 그들에게는 날카로운 단검에 찔린 정도의 타격이 된다. 포스콜로는 자신을 조롱하는 친구에게 분개해서 "너는 내가 죽어 넘어가는 꼴을 보고 싶은가 보구나. 네 발치에 내 머리를 깨트려 보여줘야 되겠구나"라고 말하고 실제로 몸을 날려서 벽난로의 대리석 선반에 머리를 찧으려 했다고 한다. 마침 그 자리에 있던 다른 사람이 포스콜로의 코트 깃을 잡아채 넘어뜨린 끝에 가까스로 그의 목숨을 구했다고 한다.

부알로와 샤토브리앙은 남이 칭찬받는 꼴을 보아 넘기지 못했다. 심지어 구두를 만드는 장인에 대한 칭찬도 그들은 언짢아했다. 병적인 허영심이 천재들을 자기 잘난 멋에 사는 편집광으로 만들어 낸다.

쇼펜하우어는 자신의 이름에서 p를 겹쳐서 쓴 채권자들에게 불같이 노해서 그들에 대한 변제를 거부한 일이 있다. 바르테즈는 한 작품의 인쇄본에서 ȇ 철자 위의 악센트 표시가 둘로 나뉘어져 있는 것을 보고 서러워서 잠을 이루지 못했다고 한다.

휘스턴은 뉴턴의 연대기를 반박하는 글을 발표하고는 매우 후회했는데, 뉴턴이 자기를 죽일 지도 모른다고 걱정했기 때문이다. 푸슈킨은 관객으로 가득 찬 극장 안에서 갑작스런 질투심에 사로잡힌 채 남들이 보는 앞에서 총독 영부인인 모 백작부인의 어깨를 깨무는 돌발 상황을 일으켰다. 당시 푸슈킨이 그녀와의 연정에 빠져 있었기 때문이다.

누구든 천재와 밀접한 관계에 있어 본 사람은 천재들이 남을 곡해하는 능력이 얼마나 출중한지 놀라움을 금치 못한다. 그들은 자신들이 핍박을 받는다고 믿고, 여기저기서 온갖 이유를 찾아내서는 비탄과 우울감에 빠진다. 뛰어난 지적 능력은 여기에도 적용되어서, 남들이 보지 못한 면을 찾아내고 또 없는 것은 상상으로라도 우겨넣어서 자기들만의 고통스러운 환상을 더욱 공고히 한다. 지적인 탁월함으로 사물의 본질에 대해서 남들과는 다른 해석을 내리고, 또 이를 세상에 천명하고 흔들림 없이 밀고 나가기도 한다.

하지만 그들이 우울하고 불행한 것은 원칙적으로 그들의 신경계통을 지배하는 역학법칙에 기인하는 것이다. 지나친 신경활동에 대한 반작용으로 신경이 쇠약해진 결과라는 것이다. 일정량 이상의 에너지를 한쪽에서 소비했다면 다른 어딘가에서 그에 대한 보충이 이루어질 수밖에 없는 이치로 발생하는 결과다. 천재들이 작품을 내놓을 때 들쑥날쑥 기복을 보이는 것이 다 이런 이유다.

비애감, 우울함, 소심함, 이기심 등은 탁월한 지적 능력의 대가로 따라오는 것들이다. 성적인 방종의 대가로 자궁에 염증이 생기거나 발기부전을 겪는 경우나, 과식의 대가로 위염을 얻는 경우와 같다고 할 수 있겠다.

밀리는 평범한 시인이 일생 동안 이루지 못할 수준의 즉흥시를 유창하게 읊어 내고서, 그런 후에는 심한 마비증세로 며칠씩이나 자리를 보전하고 누워 있어야만 했다. 마호메트는 예언을 쏟아내고 난 후에는 백치 상태에 빠져들었다. 어느 날 그는 아부배커에게 "코란 세 장이면 내 머리가 하얗게 새기에 충분하다"는 말을 하기도 했다.

간단히 말해서, 천재들은 최고 황금기에 임해서 조차도 아무 이유 없이 자신이 불행하다고 느끼고 남들에게 박해를 당한다고 믿는다. 그 예민함으로 고통을 자초하면서 결국 우울한 상태에서 벗어나지 못한다.

때로는 이러한 예민함으로 이상 증세를 겪는 경우도 있다. 예민함이 스스로를 좀먹는 경우인데, 어느 한 가지에 사로잡혀서 다른 모든 것을 도외시하는 지경에 이른다. 일련의 생각이나 느낌이 점차로 뇌를 지배하면서 결국 신체 전반을 잠식하는 것이다.

하이네는 죽음에 임박해서 작은 것 하나도 이해할 수 없는 상태라고 편지에 써 보낼 지경에 이른다. 당시에 그는 눈도 멀고 마비도 온 상태였다. 하지만 신에게 구원을 청하라는 권유를 받고서는 죽음의 고통 속에서도 "신은 나를 용서하고말고. 그게 그의 일이잖나"라고 말했다고 한다. 이렇게 촌철살인의 조롱으로 그는 냉소주의로는 미학적으로 최고봉이라는 왕관을 차지했다.

아레티노가 종부성사를 마친 후 최후로 남긴 말은 "성유가 나를 쥐떼로부터 지켜주기를"이었다. 말레르브는 병으로 죽어가는 중에도 간병인이 무례를 범했다고 야단치고, 고해성사를 하러 온 신부가 제대로 복장을 갖추지 못했다는 이유로 그의 의식을 거부했다. 문법 학자였던 부우르는 마지막 말을 남기면서도 문법적인 해설을 첨언했다고 한다.

포스콜로는 자신이 활약하는 분야 외의 다른 방면에서는 평범한 사람에 미치지 못하며, 여자나 어린 아이보다 못할 수 있다고 고백했다. 코르네유, 데카르트, 비르길, 애디슨, 라퐁텐, 드라이든, 만초니, 뉴턴 등은 수줍음 때문에 대중 앞에 나서지 못했다. 달랑베르와 메나즈는 외과수술의 고통에도 의연했지만 별것 아닌 악평에는 눈물을 훔쳤다. 루스 드 랑스바르의 경우도 다리를 절단하는 수술을 받는 동안에도 미소를 잃지 않았지만, 제프리의 비평은 참아내지 못했다고 한다.

린네는 60세에 중풍이 와서 온몸에 감각을 잃었는데, 그가 애지중지하던 식물표본실 가까이 데려가자 몸을 일으켰다고 한다. 라니는 혼수상태에 빠진 채로 강한 자극에도 아무 반응이 없다가, 누군가 12의 제곱을 물어보니 바로 144라고 대답했다. 아랍의 문법 학자였던 세브야는 칼리프 하룬 알 라시드와 문법적인 이견으로 갈등을 겪다가 이를 비통해하면서 죽음에까지 이른다.

천재는 모든 분야에서 매우 단형적인 모습을 보인다. 이는 과학 분야의 천재도 마찬가지다. 그들은 평생 한 가지 문제에 사로잡혀 지낸다. 그들의 뇌에서 제1순위를 차지하는 것이 좌지우지한다. 오토 베크만은 신장의 병리를 연구하는 데 평생을 바쳤다. 프레넬은 빛을 연구하는 데 몰두했고, 마이어는 개미 연구에 매달렸다. 편집광의 모습과 유사하다고 말할 수 있지 않을까?

이러한 과민함과 집중력 때문에, 천재와 정신병자 모두 그들의 의견을 바꾸도록 하는 것이 극히 어렵다. 그들이 무엇이든 주장을 내세울 때는 이미 자신에게 깊이 각인된 후이기 때문이다. 그들에게 자신의 의견은 이미 일상이고, 열정의 소산이며, 그들이 속한 환경 자체이다. 그런 이유로 정신병자에게 도덕적 치료가 먹히지 않고, 천재들에게 그토록 빈번한 오류가 나타나는 것이다.

보통 사람들이 쉽게 이해할 수 있는 개념을 천재가 전혀 감도 잡지 못하는 경우가 생기는 것도 마찬가지 이유에서이다. 대신 천재들은 보통 사람들이 생각도 못할 개념들을 이끌어 낸다. 그들이 남다른 예민함을 가진 만큼 평범함을 뛰어넘은 독창적인 개념을 구상해야 격에 맞는 것이다. 고원한 사색의 단계에 들면, 고차원적인 생각에 어울리지 않을 단순하고 쉬운 길은 가치를 잃게 마련이다. 이런 이유로 몽주는 가장 난이도 높은 미분 문제를 풀어내면서 어린 학생들도 풀 수 있을 만한 제곱근을 구하는 문제는 쩔쩔매었다. 뤼리의 친구는 습관적으로 나서서 뤼리를 변호했는데, 늘 다음과 같이 말했다.

"이 친구한테는 신경 쓰지 마세요. 현실감이라고는 전혀 없는 친구니까요. 이 사람은 천재랍니다."

_감각이 길을 잃다 이상감각증

감각이 무뎌지거나 통증을 느끼지 못하는 것처럼 보이는 이상한 행동들은 과도한 감각의 남용으로 감각이 모두 소진되었거나 또는 특정한 쪽으로 모두 몰려서 나타나는 것으로, 천재와 미치광이 모두에게서 나타난다.

소크라테스는 시신경에 문제가 있었다. 빛에 대한 감각이 둔해서 태양을 한참동안 직시하고 있어도 별 불편을 느끼지 않았다. 공쿠르 집안사람들, 플로베르, 다윈 등은 모두 음악적으로 매우 둔감했다.

_천재성은 몰입을 타고 기억상실

천재의 또 다른 특징은 잘 잊어버린다는 것이다. 뉴턴은 담뱃잎 대신 조카딸의 손가락을 파이프에 쑤셔 넣은 일이 있다. 또, 뭔가를 가지러 가서는 돌아올 때 보통 그 사실을 잊은 채 빈 손으로 오곤 했다.

루엘은 그의 아이디어를 장황하게 설명하고 끝에는 꼭 "아직 아무에게도 말하지 않은 비밀"이라는 말을 덧붙이곤 했다. 한번은 수업 중에 학생 한 명이 자리에서 일어나서 방금 전 그가 큰 소리로 떠들었던 내용을 그의 귀에 다시 속삭여 주었다. 그런데 루엘은 자신의 비전을 그 학생이 스스로 밝혀냈다고 생각해서 그에게 발표하지 말아달라고 애원했다고 한다. 방금 전 자신이 이백 명이 넘는 사람들에게 공표한 것을 까맣게 잊어버렸던 것이다.

또 강의 중에 실험을 하다가 다음과 같은 일을 겪기도 했다. 실험 중에 그는 청중들에게 "지금 여기 불꽃이 보이나요? 이 솥을 계속 저어주지 않으면 즉시 폭발이 일어나고 우리 모두 날아갈 겁니다"라고 주의를 주었다. 물론 이렇게 말하는 동안 솥을 젓는 걸 잊어버렸고, 그의 예언은 말 그대로 실현되었다. 무시무시한 소리와 함께 내용물이 폭발해버린 것이다. 실험실의 창문이 모두 날아갔고, 청중들은 건물 밖으로 대피하는 소동이 일어났다고 한다.

에버랏 홈은 반시간 동안 기억을 잃은 적이 있었다. 살고 있는 집과 거리조차도 기억하지 못했다. 누군가 거리 이름을 대 주었을 때도 처음 듣는 것만 같았다고 한다.

앙페르가 시골 여행에 나섰다가 생긴 일이다. 그는 말을 타고 가는 도중에 갑자기 문제 풀이에 정신이 팔려 버렸다. 일단 말에서 내려 말을 끌고 가면서 생각에 빠져 걷다가 어느 순간 고삐를 놓아 버렸는데, 그는 말을 놓친 것을 전혀 깨닫지 못하고 목적지까지 걸어갔다고 한다. 그리고 친구들이 이를 지적하고 나선 다음에야 깨달았다는 것이다.

바니네는 마음에 드는 농가를 발견해서 빌리기로 한 일이 있었다. 하지만 값까지 다 치르고 집으로 돌아와서는 그 농가의 주소를 떠올리지 못했다고 한다. 심지어 어느 역에서 내려야 하는지조차도 기억하지 못했다는 것이다.

뷔퐁은 어느 날 생각에 잠긴 채로 종탑에 올랐다가 무아지경에 빠져서 마치 몽유병자처럼 줄을 타고 그대로 미끄러져 내려온 일이 있다고 한다. 모차르트는 피아노 치는 것 외에 모든 일에 미숙한 사람이었다. 식탁에서 고기를 썰면서도 손가락을 베었고, 결국 고기 써는 일을 남에게 맡겼다고 한다.

뮌스터의 주교는 자신의 집무실 앞에 '부재 중'이라는 팻말이 걸려 있자 자신이 방주인이라는 사실을 잊고 하염없이 문 앞을 지켰다고 한다. 투케렐은 자신의 이름을 잊어먹은 적도 있다고 아르고가 전한다.

베토벤은 산책에서 돌아올 때면 외투를 풀밭에 잊고 오는 일이 잦았고, 외출할 때면 모자를 잊고 나가는 경우가 다반사였다고 한다. 한번은 노이슈타트에 가서도 모자와 외투 없이 거리를 배회하다가 부랑아로 오인되어 유치장에 갇히는 일까지 생겼다. 아무도 그가 베토벤이라는 것을 믿어주지 않아서, 오케스트라의 지휘자인 헤어초크가 찾으러 오지 않았다면 유치장을 나오지 못했을 것이라고 한다.

앙페르는 계속 애를 먹이던 공식의 풀이가 떠올라서 역마차 뒤에 다 풀어 쓰고 있다가, 마차가 출발하자 헐레벌떡 뛰어서 쫓아갔다는 이야기가 전해온다. 디드로는 마차를 불러 놓고는 문 앞에 세워 둔 채 잊고 있다가 결국 종일동안 사용한 값을 치르는 일이 비일비재했다. 그는 몇 월인지, 며칠인지, 몇 시인지도 잊을 때가 많았고, 심지어 같이 대화를 나누던 상대방을 잊고서 마치 몽유병자처럼 한참을 혼자서 떠들어 대는 일도 있었다고 한다.

_ 하늘, 땅 아래 하나 독창성

하겐은 독창성이야말로 천재와 능재를 구분해주는 자질이라고 말했다. 위르겐 마이어는 또 다음과 같이 말했다.

능재의 상상력은 사실을 재현하는 데 그친다. 천재는 영감으로 새로운 것을 만들어 낸다. 능재는 갇혀 있는 것을 풀어놓거나 반복을 하는 것이고, 천재는 발명과 창조를 해내는 것이다.

능재는 어려워 보이는 목표를 달성한다면, 천재는 누구도 생각해 보지 않았던 목표를 향해 나아간다. 새로움은 이미 존재하는 요소들 속에 있는 것이 아니다. 새로움은 그 요소들이 충돌하면서 만들어지는 것이다.

베티넬리는 새로움과 거창함이야말로 천재를 규정하는 특징이라고 말한 적이 있다. 까르당은 해리엇보다 앞서 농아 교육에 대해 구상했다. 그는 또 기하학과 기하학적인 건축물에 대수학을 도입하고 적용할 것을 고민했는데, 이 또한 데카르트에 앞선 것이었다. 조르다노 브루노는 우주론이나 그 밖의 여러 현대 이론들이 출현하게 될 것을 미리 예측했다.

콜라 디 리엔치는 카보우르와 마치니보다 400년이나 전에 이미 로마를 수도로 한 이탈리아의 통일을 꿈꿨다. 단테의 지질학 이론에서 바다의 형성과 관련한 부분은 현대의 학설들에 비추어 보아서도 전혀 손색이 없다고 스토파니도 인정하고 있다.

천재는 모든 사실이 확실히 알려지기도 전에 직관적으로 인지한다. 괴테는 이탈리아에 대해 잘 알지 못했지만 이를 훌륭하게 묘사할 수 있었다. 실러도 스위스에 가본 적은 없었지만 스위스를 배경으로 스위스 사람들의 모습을 그려냈다.

천재는 제대로 된 관찰을 하기 전에 이미 직관으로 판단하고, 일반적인 사람들과는 매우 다른 방식으로 일을 진행한다. 능재들이 하는 것처럼 체계적이지 않고, 제멋대로 일을 진행하는 것이 마치 미친 사람처럼 보이기도 한다. 그래서 천재는 무시를 당하기도 하고 오해를 사기도 한다. 평범한 사람들은 천재들이 창조에 이르는 과정을 생각도 하지 못한다. 그저 천재가 남들과는 다른 결과물을 내놓는다는 것과 그 과정이 낯설다는 것을 알게 될 뿐이다.

로시니의 〈세빌리아의 이발사〉나 베토벤의 〈피델리오〉는 공연 중에 야유를 받았고, 보이토의 〈메피스토펠레〉와 바그너의 〈로엔그린〉도 밀라노에서는 환영받지 못했다. 보여이의 경우는 유클리드 기하학에 반하는 4차원의 개념을 내놓고서 학계의 웃음거리가 되었다. 사람들은 보여이에게 모래로 밀가루를 만들겠다는 방앗간 주인이 아니냐면서 미치광이 기하학자라고 놀려댔다.

풀턴, 콜럼버스, 파팽 등이 어떤 취급을 받았는지 다들 알 것이다. 오늘날에는 피아티나 프라가나 아벨 등이 그런 취급을 받고 있다. 감히 아무도 찾아 볼 꿈조차 꾸지 못했던 트로이를 발견해낸 슐리만의 경우도 이를 추진하는 동안 학계의 웃음거리였다.

플로베르는 다음과 같이 말한 적이 있다.

이제까지 사람들에게 외면 받지 않은 진보적인 사상은 없었다. 정의를 위해 나서고서는 비난의 대상이 되지 않았던 경우도 없었다. 위대한 인물치고 물벼락 한 번 받지 않은 이는 없을 것이다. 칼에 찔린 경우도 부지기수다. 볼테르가 말한 것처럼 인간의 지성의 역사는 기실 인간의 어리석음으로 점철된 역사다.

이렇게 다양한 박해를 받지만, 천재에게 가장 두렵고 무서운 적은 바로 기성 학계이다. 천재들을 공격할 만한 능력을 갖추고 있는데다가 자신들을 과시하려는 허영심까지 장착하고 있기 때문이다. 그들은 무지한 이들에게 떠받들어지고, 무지한 이들이 좌지우지하는 정부의 옹호 아래에 있으면서, 천재들에게 특권적 권한을 남용해댄다. 실제로 평균적인 지적 수준이 현저히 떨어지는 나라들에서 보면, 천재뿐만 아니라 누구든 능력 있는 이들을 혐오하고 깎아내리는 풍조가 만연해 있는 것을 볼 수 있다.

독창성은 정신병자들에게서도 흔히 볼 수 있다. 지향성이 없고 목적하는 것이 불분명한 형태에 불과하지만 말이다. 특히 문학적 감수성이 높은 정신병자들일수록 독창적인 모습을 보여준다. 정신병자들이 때로는 천재들만큼이나 뛰어난 직관력을 보여줄 때도 있다. 1529년, 피렌체에 소재한 정신병자 수용시설에 베르나르디라는 환자가 있었는데, 그는 유인원들도 언어를 사용한다는 것을 밝히고 싶어 했다.

이러한 치명적인 재능에 대한 대가로, 천재와 미치광이 모두 현실감각이 현저히 떨어진다. 자신들의 꿈을 좇는 것을 제외한 그 밖의 것들의 중요성을 전혀 인식하지 못하고 그저 무지하다. 이러한 현실감각의 부재에 더해서, 그들의 무질서하고 예측불허인 행동 양상이 더해지면 때로는 위험한 순간을 맞이할 수 있다.

_자신만의 특별한 신호 특정 단어에 대한 선호

천재와 정신병자는 이러한 독창성 덕분에 자신들만 사용하는 고유한 단어들을 만들어 내기도 한다. 물론 다른 사람들은 그 뜻을 제대로 알 수 없는 단어들이다. 하지만 그들은 그 단어들에 특별한 의미와 중요성을 부여하고 이를 고집한다. 비코에게는 '위엄'이 그런 단어였다. 카라라에게는 '개성'이, 알피에리에게는 '단단한'이라는 특정 단어가 각각 존재했다.

축복과 재앙의 사이에서
천재에게 잠복해 있는 신경병과 정신병

무도병과 간질 - 우울증 - 과대망상증 - 의심증
- 알코올 중독 - 환각 - 도덕불감증 - 장수

● 천재들이 정신병자가 아니면서도 정신병
또는 신경병적인 징후를 보이는 이유는 그들에게 그러한 소인이 잠
재되어 있기 때문일 것이며, 병원균의 침입을 받아서 그런 것일 수도
있다. 그들이 보이는 이상 징후들을 대략적으로 살펴보도록 하겠다.

_비극의 징후들 무도병과 간질

천재들 중에는 돌발적인 경련이나 무도병 환자 같은 움직임을
보이는 이들이 많다. 레나우와 몽테스키외의 집필실 바닥에는 그들

이 경련으로 바닥을 긁어 댄 자국이 고스란히 남아 있다. 그들은 집필 중에도 줄곧 다리 경련에 시달렸던 것이다. 뷔퐁, 존슨 박사, 상퇴유, 크레비용, 롬바르디니 등은 얼굴이 심하게 일그러져 있었다. 토마스 캠벨은 항상 입술을 떨고 있었다. 샤토브리앙은 오랫동안 팔의 경련으로 고생했다.

나폴레옹은 오른쪽 어깨와 입술에 습관적 근육 경련이 있었다. 그는 뢰베와 심한 언쟁을 벌인 다음날에는 또 이렇게 말했다고 한다.

"오랫동안 멀쩡하던 종아리까지 경련이 온 걸 보니 내가 극도로 화가 난 것이 분명하군."

표트르 1세는 얼굴이 끔찍할 정도로 뒤틀리는 경련 때문에 심한 고통을 받았다. 만테가자의 기록에 따르면, 카르두치의 얼굴은 어느 순간 돌풍이 몰아치는 것 같았다고 한다. 눈에서는 번개가 쏟아져 나오고 근육은 심한 경련을 일으켰다는 것이다.

앙페르는 걷고 있을 때만 자신의 생각을 멀쩡하게 말로 표현할 수 있었다. 그는 끊임없이 몸을 움직여야만 했다. 소크라테스는 이따금 아무 이유 없이 정신 나간 사람마냥 날뛰면서 거리를 휘젓고 다녔다고 한다.

줄리어스 시저, 도스토예프스키, 페트라르카, 몰리에르, 플로베르, 샤를 5세, 사도 바울, 헨델 등은 모두 간질 발작의 흔적이 보인다.

시저는 간질성 현기증 때문에 전장에서 두 번이나 중대한 고비를 맞이했다. 또한 원로원에서 그에게 최고의 권위를 부여하고자 했을 때도 큰 낭패를 겪은 적이 있다. 원로원 의원들과 집정관, 그리고 군사령관이 그에게 다가왔지만, 몸에 이상이 와서 결국 앉은 채로 있을 수밖에 없었다. 당시 그는 호민관석에 앉아 있었는데, 이는 일반 시민을 대하는 관례로 그들을 대한 꼴이었다.

결국 그들은 불쾌감에 자리를 뜨고 말았다. 이내 정상을 회복한 시저는 곧바로 집에 돌아가서 옷을 젖히고 목을 드러내 놓은 채, 누구든 원하는 이에게 기꺼이 그의 목을 내놓겠다면서 울부짖었다고 한다. 그는 자신이 심각한 질병을 앓고 있다고 원로원에 해명했다. 그 병에 걸린 사람은 많은 사람 앞에 있으면 팔다리에 경련이 오고 현기증이 일면서, 결국 혼절하는 사태가 벌어지기 때문에 일어서서 말하는 것이 힘들다고 그는 설명했다.

몰리에르도 경련이 일어나면 보통 이주일 간 아무 일도 할 수 없었다. 마호메트는 간질 발작을 겪을 때마다 환영을 봤다. "천사가 사람의 모습을 하고 내 앞에 나타나서 말을 건다. 고양이 소리, 토끼 소리, 종소리에서도 천사의 말을 들을 수 있다. 그런 일을 겪고 나면 나는 극심한 고통에 시달린다"고 그는 고백했다. 이렇게 환영을 보고 나면 그는 슬픔에 잠식된 채 어린 낙타처럼 울부짖었다고 한다. 표트르 1세도 간질병이 있었고 그와 에카테리나 사이의 아들 또한 같은 병으로 고생했다.

예술 창작의 결과물에서도 간질 환자의 특징을 찾아볼 수 있다. 작품의 기복이 심하고, 작품이 순간적으로 완성되었거나, 또는 작품에서 작가의 혼을 찾아 볼 수 없는 경우를 보면 그 작가가 간질병 환자일 가능성이 있다. 파가니니, 모차르트, 쉴러, 알피에리는 모두 경련으로 고생했고, 파가니니는 강직증까지 있었다. 파스칼은 스물네 살부터 발작을 일으키기 시작했는데, 한 번 나타나면 며칠이나 지속되는 지독한 발작이었다. 헨델의 경우는 간질발작의 강도가 세서 난폭함을 보일 정도였다.

뉴턴과 스위프트는 현기증을 느낄 때가 있었는데, 간질이 원인이었다. 리슐리외는 발작을 일으킬 때면 자신이 말이라고 착각하고 말울음소리를 내며 말처럼 뛰어다녔다. 하지만 그 순간이 지나고 나면 또 아무것도 기억하지 못했다.

모즐리는 간질병자들이 스스로를 교주나 선지자라고 믿는 경향이 있다고 말한다. 자신들이 보는 환영을 신의 계시라고 착각하면서 종교의 기반을 다지는데 기여하기도 한다는 것이다. 퀘이커교의 분파를 창시한 앤 리가 그런 경우이다. 그녀는 그리스도의 육신과 영혼을 실제로 보았다고 말했다. 사도 바울을 박해자에서 사역자로 거듭나게 만든 환영의 경우와 같은 양상이다. 시베리아의 주술사는 접신을 했다고 주장하는데, 보통 발작성 경련 상태로 주술을 행하고 제자를 키울 때도 간질기가 있는 아이들을 우선적으로 선발한다.

_천재의 숙명 우울증

우울함에 빠지는 경향은 사상가들 대다수에게 흔히 볼 수 있다. 이는 그들의 예민함에서 기인하는 것이다. 옛말에도 남들보다 슬픔에 민감한 것이 천재가 써야 하는 가시면류관이라고 했다. 아리스토텔레스도 천재는 우울한 성정을 지닌다고 평했다. 위르겐 마이어도 같은 말을 남겼다. 바로는 "슬프고 진지한 철학자들"이라고 말했다.

무감하기로 유명했던 괴테마저도 "나는 감정적으로 기쁨과 슬픔의 양극단 사이에서 널을 뛰고 있다"고 고백했다. 또 "지식이 쌓여감에 따라 슬픔도 깊어 간다"라는 말도 남겼다. 그는 평생 자신이 즐거웠던 날들을 다 헤아려 봐도 4주를 넘지 않는다고 말했다.

"나는 즐거움과는 거리가 먼 사람이다"라고 플로베르도 쓰고 있다. 주스티는 있지도 않은 병을 앓아댔는데, 열에 들떠서 헛소리를 하는 상태까지 가기도 했다. 때로는 광견병에 걸린 것이 아닐까 걱정하기도 했다.

레오파르디의 모든 불행과 그 철학의 근원에는 지나치게 예민한 그의 성격과 열여덟 살 나이에 경험한 실연이 자리한다고 코라디는 밝힌다. 실제로 그의 건강 상태에 따라 그의 철학에서 염세적인 면이 기복을 보이고 있다. 그는 다음과 같은 글을 남겼다.

생각이라는 것은 오랫동안 나를 괴롭혀 왔고, 지금도 여전히 괴롭히고 있다. 내가 존재에 대한 태도를 바꾸지 않는 한, 마치 순교자의 고난과도 같은 이러한 괴로움이 결국에는 나를 죽음으로 몰아갈 것이다.

작품으로 미루어 보자면, 레오파르디는 몹시 낭만적이고 박애적인 사람이다. 하지만 그의 편지에서 보면, 그는 매우 냉정하고 부모나 조국에 대해서도 무정하기 이를 데 없다. 그의 후원자이자 보호자였던 라니에리가 간행한 책을 보면, 그는 친구들의 고마움도 알지 못하고 광기에 가까운 괴팍함을 보였던 것 같다. 쓰는 시마다 죽음을 염원하지만, 또 삶을 연장하기 위해서 극심한 고통도 감내하는 모습을 보여주었다. 몇 시간을 뙤약볕 아래에서 견디어 보기도 하고, 복숭아만 먹는 식단을 유지하다가, 또 고기로만 이루어진 식단을 시도해 보기도 하는 등, 늘 극단적인 시도의 연속이었다.

국가에 대한 혐오가 그보다 강한 사람은 없을 것이다. 그러나 여전히 국가에 대한 찬가를 몇 번이고 지어 바쳤다. 어디를 가든 도착도 하기 전에 되돌아올 궁리를 시작했고, 그래서 어느 곳이든 온전히 하루를 머무는 것이 어려웠다. 그는 낮밤이 뒤바뀌어 있기도 했다. 또한 사람을 믿지 못했다. 한번은 낡은 머리빗을 모아 놓은 상자를 도둑맞았다고 의심하기도 했다.

자살을 감행한 위인들의 이름을 열거하자면 끝이 없을 것이다. 제논, 아리스토텔레스, 헤게시푸스, 클레안테스, 스틸포, 헤라클레아의 디오니소스, 루크레티우스, 루카누스 등을 비롯해서, 후대의 인물로는 채터튼, 클라이브, 크리이치, 블런트, 다비드 등을 들 수 있겠다.

도메니키노는 경쟁자의 모욕을 견디어 내지 못하고 자살에 이르렀다. 스파뇨레토는 딸이 납치당하는 일을 겪은 후 자살했다. 누리는 뒤프레의 성공을 보아 넘기지 못하고 자살했다. 그로는 자신의 천재적 재능이 고갈되어 버린 것을 참을 수 없어서 자살했다. 로버트, 샤토브리앙, 쿠퍼, 루소, 라마르틴 등도 몇 번이나 자살을 시도했다.

번스는 한 편지 속에 "내 정신과 육체는 애초부터 깊은 슬픔으로 멍들어 있었다. 이것이 독이 되어 내 존재를 위협한다"라고 썼다. 쉴러는 우울증이 깊어져서 미쳐 버린 것이 아닌가 의심되는 상태에까지 이른 적이 있다.

콩스탕의 편지에서도 다음과 같은 글이 발견된다.

그 당시에 내 수중에 아편이 있었더라면, 권태가 찾아오기 전에 갈 데까지 간 사랑을 끝내버렸을 것이다.

뒤퓌트랑은 최고의 명성을 얻은 순간에도 자살을 생각했다. 파리제와 카부르의 경우도 헌신적인 친구들 덕분에 자살을 면할 수 있었다. 카부르는 두 번이나 자살을 시도했다. 희극작가이면서 『우울증 환자의 일기』를 남기기도 한 레스만은 결국 우울증을 이기지 못하고 1835년에 목을 매어 생을 마감했다.

피셔, 로밀리, 오일트 폰 부르크, 휴 밀러, 괴링, 쿠, 쥘 우베르티, 테너힐, 프레보 파라돌 등도 우울증으로 자살한 이들이다. 클라이스트는 자신의 정부와 동반 자살했고, 말라스는 딸과 함께 강물에 몸을 던졌다.

조르주 상드는 신경적으로 아무 이상이 없이 깨끗했다. 하지만 이따금씩 영원의 잠에 들고 싶은 욕구, 자살에의 충동을 느꼈다. 그녀는 이를 자신의 간肝 이상과 연관해서 생각했는데, 담즙이 자신을 우울하게 하는 것인지 아니면 우울함 때문에 쓴 물이 올라오는 것인지는 모르겠다고 말했다.

이 병은 사실 어릴 때부터 만성적으로 나를 괴롭혀 왔다. 마치 여행 떠난 옛 친구가 그러하듯이 잊을 만하면 어느 날 불쑥 다시 얼굴을 들이민다. 이런 충동을 느끼는 것은 사실 너무나 이상한 일이라서 때로는 내가 미쳐버린 게 아닐까 싶기도 하다. 여기에 사로잡히면 다른 생각은 할 수도 없다. 물이나 벼랑이나 약병이 눈에 띄면 이

내 이러한 충동에 사로잡히고 만다.

　조르주 상드는 구스타프 플랑쉐에 대해서 그가 특이한 우울 증세를 보였다고 말하고 있다. 에드가르 키네는 이따금 까닭모를 우울함에 빠져들었는데, 이것은 자신의 모친을 닮은 것이라고 말했다.

　로시니는 1848년경에 극심한 우울 상태를 경험했는데, 가옥 한 채를 구매하면서 아주 미미한 금전적 손실을 입었기 때문이다. 그는 정신이 나갈 정도로 걱정을 심하게 해서, 자신의 처지가 몹시 빈궁해져서 구걸할 처지라는 생각에 빠질 정도였다. 그는 자신이 백치가 되어버렸다고도 생각했다. 실제로 그는 작곡을 할 수도 없었고 음악을 품평해야 하는데 제대로 들을 수도 없었다. 산소네와 안코나가 극진히 보살핀 덕에 조금씩 차도를 보여서 이후 음악가로서의 명성과 친구들과의 관계도 회복할 수 있었다.

　위대한 화가 판 레이던은 자신이 독에 중독되었다고 생각했다. 그래서 말년에 여러 해 동안이나 침대에서 자리보전한 채로 일어나지 못했다. 모차르트는 이탈리아인들이 자신을 독살하려 한다고 확신했다. 몰리에르에게는 수시로 우울증이 찾아 왔다.

　볼테르는 항상 자신이 중병에 걸렸다고 걱정했다. 그가 남긴 글에서도 이를 엿볼 수 있다.

　　내 몸은 이미 죽기 직전이다. 수종에 걸린 것이 분명하다. …… 겉으로 봐서는 모르겠지만 수종환자가 아니고서는 이렇게 건조할 턱이 없다. …… 온갖 질병들이 나라님들보다 잔인하게 나를 박해하고 있다. 의사들이 와서 내 숨을 끊어 주는 일만 남았다.

볼테르의 이러한 증상은 그림도 다음과 같이 언급한 적이 있다.

볼테르는 늘 이제 죽은 몸이라느니 아니면 곧 죽게 생겼다느니 우는 소리를 해댔다. 어떤 방법으로도 그의 걱정을 그치게 할 수 없었다. 만일 누군가에게 멀쩡해 보인다는 말을 들으면 그는 오히려 그 사람에게 화를 냈다.

짐머만은 굶어 죽지는 않을지 또 어디에 잡혀가는 것은 아닐지 걱정이 많았다. 실제로 그는 굶주림 끝에 죽음에까지 이르렀는데, 식품을 살 돈이 없어서 방법이 없다고 체념한 채로 맞이한 결과였다. '우울한 그레이'로 유명한 시인 그레이는 극도로 내성적이고 침울한 성격이었다. 에이브러햄 링컨도 우울한 성향을 타고났다. 유년 시절에는 이러한 성향 때문에 한두 번의 위험한 고비도 있었다.

쇼팽은 말년에 우울증이 심해서 거의 제정신이 아니었다. 스페인에서 버려진 수녀원 건물에 칩거한 채로 그는 유령과 공포로 가득한 상상 속에 틀어박혀 지냈다. 어느 날은 조르주 상드와 그녀의 아들이 산책을 나가서 한참을 돌아오지 않자, 쇼팽은 점점 상상력이 발동되어서 그들이 죽어 버린 것이라는 결론을 내린다. 그리고 그 상상 속에서 호수에 빠져 죽은 자신의 모습도 목격한다. 자신의 몸 위로는 차가운 물방울이 떨어지고 있었다. 사실은 지붕이 새서 실제 빗방울이 떨어졌던 것이다. 하지만 귀가한 상드가 그렇게 설명해 줘도 쇼팽은 사실

대로 받아들이지 못했다고 한다. 아주 미미한 일이 그에게는 엄청난 재앙에 못지않았다. 접힌 꽃잎 한 장, 파리 한 마리에도 쇼팽은 눈물을 쏟아냈다.

카보우르는 어렸을 때부터 정에 굶주렸다. 주변에 변변한 친구도 하나 없었고, 롤 모델이 되어줄 멘토도 없었다. 그는 철저히 혼자였다. 그런 상황에 지쳐서 더 큰 화를 피하고 무미건조한 삶에서 벗어나기 위해서 스스로 목숨을 끊어야겠다고 마음먹는다. 단지 자살이 도덕적으로 용인할 수 있는 행위인지 확신할 수 없었기 때문에 실행을 유보했을 뿐이다.

이러한 의심이 존재하는 한 햄릿과 같은 선택을 하는 것이 최선일 것이다. 자살은 하지 않도록 하겠다. 하지만 어서 나를 저세상으로 데려가 달라고 하늘에 간절히 빌 것이다.

그는 아주 어렸을 때부터 이따금씩 화를 억누르지 못하는 모습을 보였다. 공부하라는 충고에 격분해서 칼로 자신을 찌른 후에 창문으로 몸을 내던지고 싶어 한 적도 있다. 이렇게 화를 참지 못하는 일이 빈번하게 있었다. 다행히 금세 진정되기는 했다.

나폴레옹 3세가 휘브너 남작에게 적대적인 언사를 표해서 전쟁의 기운이 고조되는 듯하다가, 또 황제의 마음이 어느새 평화 쪽으로 기울어지는 듯 정세가 요동치는 동안, 카보우르는 심적으로 크게 동요되어 극심한 불안에 빠져 있었다. 극단의 조치가 필요할 정도였다.

마침 카스텔리가 방문했다가 혼자 있는 그를 발견했다. 카보우르는 방에서 종이더미를 태우고 있었는데 아무도 방해하지 말라고 일러둔 상태였다. 누가 봐도 위험한 상황인 것이 분명했다. 카스텔리가 그를 진정시키기 위해서 말을 건네는 동안에도 카보우르는 카스텔리에게 시선을 고정한 채로 있다가 갑자기 울음을 터트리기도 했다고 한다. 그러다가 갑자기 일어나서 카스텔리를 발작적으로 끌어안고서는 "안심하게. 무슨 일이 생기든 용감하게 맞서야겠지. 그리고 항상 함께 하세나"라고 말했는데 그 동안에도 몇 걸음이 휘청대고 있었다. 그렇게 그 위기를 넘겼지만 카보우르에게는 항상 심각한 위험이 도사리고 있었다.

샤토브리앙은 『무덤 너머의 회상』에서 다음과 같은 이야기를 전했다. 그가 아직 어린아이였을 때, 그는 장총에 총알을 세 발이나 장전하고 총구를 입에 문 채 총대로 땅바닥을 쳐서 발사 사고를 낼 뻔했다. 그 장총은 가끔 저절로 발사가 될 정도로 낡고 위험한 물건이었다. 하지만 지나가는 행인 덕분에 사고를 막을 수 있었다고 한다.

제라드 드 네르발에게는 우울함이야말로 최고의 뮤즈였다고 알렉상드르 뒤마는 말했다. 그는 다음과 같은 평을 남겼다.

베르테르도 르네도 안토니도 이보다 더한 독설을, 이보다 더한 탄식을, 이보다 더한 밀어를, 이보다 더 시적인 절규를 내뱉지는 않았다.

존 스튜어트 밀은 1826년 가을, 그의 나이 스무 살 때 광기에 사로잡힌다. 그는 오직 콜리지의 시만이 자신의 상태를 대변한다고 말했다.

고통 없는, 공허한, 막막한, 암울한 비애

한없이 가라앉게 하는 질식할 것만 같은, 차가운 비애

어찌해도 벗어날 수도 떨쳐버릴 수도 없다

말을 해보아도, 탄식을 해보아도, 눈물을 흘려 보아도.

이 시 구절을 굳이 인용하는 것은 이런 절절한 표현을 통해서 콜리지 자신도 밀과 같은 병증이 있다는 것을 짐작할 수 있기 때문이다. 이러한 상태의 끝에 밀은 또 감정적으로 다양한 격동 상태를 겪는다. 그는 음악적인 조합이 고갈될까 걱정하기도 했다.

음정은 온음 5개와 반음 2개만으로 구성되어 있다. 이를 조합하는 데는 한계가 있고, 또 그중 일부만이 아름다운 음악으로 남는다. 내가 보기에 나올 수 있는 조합은 이미 다 나와 있다. 모차르트나 베버 같은 이들이 제아무리 많이 쏟아져 나온다고 해도 그들의 원조가 해냈듯이 전적으로 새롭고 음악성이 풍부한 작품들로 세상을 놀라게 할 수는 없을 것이다. 이러한 고민은 마치 라퓨타의 철학자들이 태양이 다 타서 소멸되면 어떻게 하나 두려워한 것과 같은 것일 수도 있다.

_천재의 정신적 동반자 과대망상증

　　우울증 때문에 생긴 착란 현상은 과대망상으로 대체되기도 한다.

　　'다윗의 자손'이라는 호칭은 예수 그리스도가 맨 처음 인정한 자신의 정체성이었다. 사람들을 현혹하려는 의도가 있었던 것은 아니지만 실체적인 사실인 양 받아들여졌다. 사실상 다윗의 집안은 대가 끊긴 지 오래였다.

　　이상은 르낭이 예수에 대해 언급한 것이다. 그는 이어서 예수가 신의 아들이라고 선언한 것에 대해서는 다음과 같이 썼다.

　　그는 아버지에게서 전능한 힘을 받았다. 삼라만상이 그에게 복종했고, 죄 사함을 내릴 권능도 생겼다. 그는 아브라함이나 다윗, 솔로몬, 그 밖의 위대한 선지자들을 초월하는 존재였다. 처음에는 랍비라는 칭호로도 충분했겠지만 점차로 이에 만족할 수 없었던 것이 분명하다. 신의 뜻을 전달하는 선지자나 전령이라는 칭호마저도 그가 품은 뜻에는 가당치 않았다. 그가 자신에게 부여한 위치는 초인에 상응하는 자리였다.

　　예수는 눈 먼 자의 눈을 뜨게 하고, 볼 수 있는 자의 눈을 멀게 하기 위해서 자신이 왔다고 선언했다. 하루는 성전에서 크게 마음이 상해서 다음과 같이 앞뒤 없는 말을 내뱉기도 했다.

이 회당은 인간의 손으로 지은 것이다. 내가 하고자만 한다면 바로 무너뜨려 버리고 그 위로 인간의 손을 빌리지 않은 새로운 회당을 지을 것이다. 시바의 여왕이 심판의 날에 너희 앞에 서서 그 죄를 물을 것이다. 그들은 세상의 끝에서 솔로몬의 지혜를 얻겠다고 찾아왔는데, 너희 앞에는 솔로몬보다 더 위대한 이가 있지 아니한가. 니네베인들도 심판의 날에 너희 앞에 서서 그 죄를 물을 것이다. 그들은 요나의 설교에 감복하여 회개했는데, 너희 앞에는 요나보다 더 위대한 이가 있지 아니한가.

단테의 자긍심은 인구에 회자될 정도로 드높았다. 물론 충분히 그럴 만하기도 했다. 그가 스스로를 호메로스, 호라티우스, 오비디우스, 루카누스, 그리고 베르길리우스와 같은 고전 문학 작가들에 이어 '여섯 번째 자리'에 올린 것은 유명하다. 또 자신이 동시대인들 중에서 가장 빼어나고, 신이 가장 사랑하는 총아라고 으스댄 것은 익히 잘 알려졌다.

뒤마는 학술원에서 위고의 실상에 대해 폭로했다.

빅토르 위고는 한 가지 생각에 사로잡혀 있었다. 바로 전 인류를 초월하고 모든 시대를 초월해서 가장 위대한 시인이자 가장 뛰어난 인물이 되는 것이었다.

이것이야말로 빅토르 위고의 생애를 이해하는 열쇠라고 뒤마는 말한다. 또 천주교도이자 왕당파였던 그가 어떻게 해서 이후의 모습으로 변모했는지를 이것이 설명해준다는 것이다.

그는 그에게 말할 권리도 없고 최고의 위치에 오를 가능성도 없는 정부나 종교 아래 그저 입 다물고 가만히 있을 수는 없었다. 나폴레옹의 빛나는 영광이 빅토르 위고를 오랫동안 현혹시킨 것은 사실이다. 하지만 그가 자신보다 영광스러운 존재를 인내하는 데는 한계가 있었다.

위대한 군인은 위대한 시인에게 자리를 내주어야 했다. 행동하는 위인은 사색하는 위인 앞에서 자신을 죽여야만 한다. 호메로스가 아킬레스보다 위대하지 않았던가? 빅토르 위고는 자신이 다른 모든 인간들보다 우월한 존재라는 것을 확신했다. 스스로 "나는 천재이다"라고 말하지는 않았지만, 그는 세상이 그렇게 말해줄 것이라고 굳게 믿었다.

그의 작중 인물들은 절대로 평범하거나 인간적이지 않다. 항상 평균 이상의, 초월적인 존재들이다. 때로는 반대의 경우가 있을 수는 있다. 그는 다른 사람이 보지 못하는 면을 볼 수 있기 때문이다. 그의 시선으로 보면 모든 것이 확대된다. 그에게는 풀포기들이 나무만큼, 곤충은 독수리와 같이 크게 보였다.

헤겔은 자신에게 신성神性이 있다고 믿었다. 그는 항상 다음과 같은 말로 강의를 시작했다.

나는 그리스도와 같이 진리를 가르치는 자이자, 내가 진리 그 자체라고 말할 수 있다.

하이네는 또 이런 말을 했다.

인간은 동물 중에서 가장 잘난 체 하는 존재이고, 시인은 인간 중에서도 가장 잘난 체하는 존재다.

이 말을 스스로가 경험적으로 잘 이해하고 있었다. 그는 다른 편지 속에 다음과 같은 내용도 남겼다.

내가 시인이라는 사실을 잊지 마라. 마땅히 모든 사람들이 다른 모든 것을 제쳐두고 내 시를 읽어야만 한다는 확신이 생길 것이다.

조르주 상드는 친구인 발자크에 대해서 다음과 같이 써보냈다.

누구나 알고 있답니다. 그가 얼마나 대단한 자의식으로 가득 차 있는지, 그가 자신의 작품에 대해서 이야기하는 것을 얼마나 좋아하는지 말입니다. 그는 노상 자기 작품의 줄거리를 읊어대곤 하지요. 상냥하고 다정하게 아이들에게 의견을 묻기도 합니다. 하지만 절대 대답을 기다려주지는 않는답니다. 또는 대답을 듣더라도 자신의 우월함을 과시하며 끝까지 자신의 의견을 고집할 뿐입니다.
그가 무엇인가를 가르친다는 것은 가능한 일이 아닙니다. 자기자신에 대한 화제에서 벗어나지 못하니까요. 어느 날은 밤중에 새

옷을 받았는데, 그 시간에 밖에 나가겠다고 우긴 적도 있습니다. 제대로 차려입고 한 손에는 램프를 들고 있더군요. 사람들의 선망을 받고 싶었던 겁니다.

쇼팽은 매장될 때 흰색 넥타이를 매고 무릎까지 오는 바지에 단화를 신은 차림으로 해달라는 지시 사항을 유언장에 남겼다. 그는 애틋하게 사랑했던 여인을 저버린 일이 있는데, 그녀가 자신이 아닌 다른 사람에게 먼저 자리를 권했기 때문이다.

조르다노 브루노는 자신에게 천상의 빛이 내려서, 모든 사물의 원리를 꿰뚫고 있는 신의 사자이자 주피터를 파멸에 이르게 할 수 있는 타이탄과 같은 존재가 되었다고 선언했다. 그의 말을 빌리자면, 그는 "다른 사람은 한참 가까이 가서 봐야 하는 것을 멀리 떨어져서도 볼 수 있었다."

루킬리우스는 줄리어스 시저가 시인들의 모임에 참석했을 때 자리에서 일어나지 않았다. 자신은 시인이기 때문에 시저보다 우월한 존재라고 믿었기 때문이다. 아리오스토는 카를 5세에게서 월계관을 받은 후에 마치 미친 사람처럼 거리를 누비고 다녔다. 유명한 외과의사 포르타는 롬바르디 학술원에서 의학 논문이 발표되면 누구보다 신랄하게 비평을 했지만, 수학 논문이나 철학 논문 순서가 되면 이내 조용하고 사려 깊은 청중이 되었다고 한다.

콩트는 자신을 인류애라는 종교의 대제사장이라고 공언하고 다녔다. 벳첼은 자신의 작품마다 표지에 '오페라의 신 벳첼의 작품'이라고 써놓았다. 프랑스 화학의 기반을 닦은 루엘은 그가 키워 낸 제자들과 분쟁이 그치지 않았다. 그는 그들이 제대로 알지도 못하고 실수를 남발하고 표절을 일삼는다고 화를 냈다. 특히 표절은 그에게는 최악의 범죄행위와도 같았다.

이 정도까지 극단적인 행태를 보이지는 않더라도, 많은 천재들은 자신들이 절대적 진리를 구현하는 존재라는 믿음이 있다. 그들은 자신들의 기호에 맞게 또는 자신들이 활약할 수 있는 방향으로 과학적인 결론을 뜯어고치기도 한다. 들라크루아는 자신이 선긋기를 제대로 하기 힘든 상태가 되자 "색채가 회화의 전부이다"라고 공언했다.

앵그르는 이에 대립해서 "데생이야말로 정직한 것이고, 데생이야말로 가치 있는 것이다"라고 논박했다. 쇼팽은 슈베르트와 셰익스피어가 만용을 부렸다고 고발했는데, 이 위대한 인물들이 자신과 다른 행보를 보인 부분을 그렇게 평가한 것이다. 말레브르는 콩티 대공비가 "이제까지 들어본 적이 없는 최고로 아름다운 시를 소개해 주겠네"라고 하자, 바로 발끈해서 "이미 들어봤습니다. 최고로 아름다운 시라고 한다면 당연히 제가 지었을 테니까요"라고 말했다고 한다.

_천재의 늪 의심증

천재들 중에는 정신과 의사들이 의심증이라고 말하는 징후를 보이는 이들이 많다. 의심증은 우울증의 다양한 양태들 중 하나이다. 이런 형태의 정신적 문제가 있는 사람들은 표면적으로는 극히 정상으로 보인다. 정상적인 사람들처럼 이성적으로 판단하고, 글을 쓰고, 말하는 모습도 멀쩡하기 그지없다. 하지만 결정적인 행동이 필요한 순간에는 망상에 사로잡혀 온갖 걱정으로 발목이 잡힌다.

나에게 치료를 받은 한 여성은 아침에 일어날 때가 되어도 몇 시간이고 침대를 벗어나지 못했다. 잠옷도 한쪽 팔만 빼서 여전히 걸친 채로 우물쭈물하고 있어서 남편이 도와주지 않으면 안 되었다. 때로는 그녀가 움직이도록 하기 위해서 가벼운 충격을 가해야 하는 경우도 있었다. 그녀는 산책을 나가서도 돌 뿌리나 물웅덩이를 앞에 두고 꼼짝하지 않은 채 가만히 서 있고는 했다.

그러면 남편이 몇 번이고 안아서 옮겨주어야 했다. 대화를 나눌 때도 보통은 나무랄 데 없이 상냥한 엄마의 모습이지만, 누군가 악마, 죽음, 신 등의 단어를 입에 올리기라도 하면 바로 비탄에 잠겼다. 그 사람이 더 이상 말을 하지 못하게 막고서 울음을 터트렸기 때문에, 재수 없이 걸린 사람은 그녀를 진정시키기 위해 몇 번이나 그녀가 시키는 대로 따라야만 했다. 그녀를 해칠 의도가 없었다는 것을 그녀에게 확인시켜야 했던 것이다.

같은 병증이 있던 농부는 누군가 지켜 봐주지 않으면 일을 할 수 없을 정도였다. 호미질할지 가래질할지 산으로 가야 할지, 들로 가야 할지 갈팡질팡하다가 결국 혼자서는 아무 결정도 할 수 없었기 때문이다.

존슨은 런던 거리를 걸을 때 우편함을 지나칠 때마다 손으로 쓸고 지나갔다. 하나라도 놓치면 길을 되짚어 가서라도 꼭 만져보고 와야 마음이 편했다. 문을 통과할 때도 왼쪽이든 오른쪽이든 정해진 발이 먼저 턱을 넘어야 했다. 만약에 발을 잘못 내딛는 경우가 생기면 일행을 기다리게 해놓고는 기어이 돌아가서 다시 제대로 해내야만 마음을 놓았다. 그러고 나서는 의기양양해서 일행에게 되돌아 왔던 것이다.

나폴레옹은 군대를 이끌고 갈 때조차도 시가지를 지나갈 때면 집 집마다 창문이 몇 개나 되는지 세놓지 않고서는 앞으로 나아가지 못했다.

만초니가 조르지오 브리아노에게 보낸 아주 유명한 편지가 있다. 그 편지에서 만초니는 자신이 결정을 제대로 못하는 성격이라서 정치에 투신할 수가 없다고 말했다. 그는 아주 사소한 일일지라도 결정에 확신을 가지지 못했다. 조그만 물웅덩이에도 빠져 죽을까 걱정했고, 혼자서 문 밖을 나선다는 것은 상상할 수도 없었다. 그는 어릴 때부터 우울증에 시달렸다고 고백한다. 그는 또한 아무것도 하지 못한 채 몇 날 며칠을 흘려보내곤 했다. 뭐라도 하면서 보내는 시간이 한 달 중에서 5-6일에 불과했고, 그런 날에도 실제 쓸모 있게 보낸 시간은 다섯 시간 남짓했을 뿐이다. 이외의 시간에는 생각이라는 것도 하기 힘든 상태가 됐다.

우고 포스콜로는 스스로에 대해서 "어떤 일에 대해서는 매우 활동적이지만 다른 쪽에서는 보통 사람에 미치지 못하며, 여자나 아이보다 못하다"고 말했다.

톨스토이는 철학적인 회의주의가 그를 광기로 몰아넣었다고 고백했다. 의심증 환자 한 명이 추가되는 셈이다. 그는 다음과 같은 글을 남겼다.

나는 나를 제외하고는 생물이든 무생물이든 아무것도 존재하지 않는 세상을 상상했다. 물체가 물체 그 자체가 아니고 그저 허상에 지나지 않는 것이다. 그러다 갑자기 뒤돌아 뒤를 확인한다. 내가 없는 곳에는 아무것도 존재하지 않을 것이라고 생각해서이다.

플로베르는 이렇게 울부짖었다.

지긋지긋한 의심병이 나를 갉아먹고 있다. 나는 모든 것이 의심스럽기만 하다. 심지어 내가 의심하고 있는 것조차도 의심스럽다.

멘느 드 비랑은 또 다음과 같이 고백했다.

내가 하고 있는 생각들 때문에 창피하고 겁이 난다. 무슨 말이든 하려고 하면 일단 머뭇거려지고 꺼림칙한 마음이 생긴다. 출판을 하더라도 좀처럼 자신감이 없다. 책이 나오자마자 남들이 보기 전에 어서 치워 버렸으면 하는 마음만 간절하고, 분명 그만 못하게 분명한 다른 이들의 것들로 대체되었으면 좋겠다고 생각한다.

정해진 대로 일하면 되는 사람들이야말로 행복한 사람들이다. 그들은 불확실함이 주는 고통을 모를 것이다. 망설임은 스스로 시간을 안배해야 하는 사람들에게 치명적인 독이다. 나는 항상 온 힘을 다해서 무슨 일이든 시작하려고 애쓴다. 하지만 내가 타고난 운이 이 정도인 것이다. 세상에 아무 기여도 못하고 그저 유야무야 허송세월을 보내는 것이다.

내 존재를 증명하려는 욕구도, 내 능력에 대한 확신도 없으니 할 수 없는 일이다. 나는 언제 어디서든 절대로 행복할 수가 없는 사람이다. 고통과 불안의 원인이 내 안에 있기 때문이다. 나는 나 자신의 무능함을 감지하는 데에만 충분한 역량을 발휘한다. 그야말로 끔찍한 고문이나 다름없다. 나는 많은 것을 할 역량이 충분히 있지만 …… 결국엔 아무것도 하지 않고 있다.

칼라일에게는 생활 속에 겪는 작은 불편이 마치 고문처럼 다가왔다. 그에게는 여행 가방을 꾸리는 일이 국가적 대사와 매한가지였다. 외투를 주문하고 장갑을 사다놓는 일 따위도 그를 힘들게 했다. 그가 남긴 『유년의 회고』에는 다음과 같은 기록이 있다.

나는 열차 합승 칸은 포기한 지 오래다. 안내원들은 나에게 제대로 된 대우를 해주지 않는다. 열차 검표원이 따라붙지 않는 이상 늘 제일 나쁜 자리를 배정 받는다. …… 한 사람에게 좋은 일이 다른 사람에게는 나쁜 일이 될 수 있다는 것을 나는 너무나 잘 안다. 내가 피해를 주게 되는 모르는 사람이 바라보는 시선이 두려워서 자리에 대한 욕심을 내려놓는다.

르낭은 아주 어렸을 때부터 이러한 병증과 천재와의 연관성을 가장 확실하게 보여주고 있다. 미사를 볼 때면 어린 아이의 시선은 성당의 지붕 언저리를 떠돌았다. 그리고 책에서 본 위대한 인물들을 떠올렸다. 자신의 책을 내는 것이 그 아이의 꿈이었다.

나의 온화함은 무심함에서 비롯된 것이다. 나의 관대함은 사람들

사이의 불평부당한 관계를 분명하게 인식하고 있었기 때문이다. 양심에 따라 행동하는 것은 나에게는 즐거움이다. 권태를 무한히 참아내는 것은 아주 어릴 때부터 익숙한 것으로 주변에서 배우기도 하고, 또 이제까지 나에게 깊은 인상을 남긴 경험의 도움을 받기도 한다.

신앙 없이 성직자의 도리를 지켜나가겠다고 맹세하는 것, 그것도 그러한 도리와는 전혀 상관없는 세상에서 그러는 것이야말로 가장 놀랄만한 일이 아닐 수 없다. 만일 나를 소재로 세상을 웃기고자 하는 작가가 있다면 기꺼이 협력하도록 하겠다. 나는 그 사람이 만들어 낼 수 있는 것보다 훨씬 놀라운 이야깃거리를 제공해 줄 수 있다.

속인이자 회의론자일 뿐인 그는 본의 아니게 가난의 맹세까지 한다.

나의 꿈은 누군가 나를 맡아서 의식주 걱정 없이 자유롭게 살게 해주는 것이었다. 지금 내가 누리는 생활의 기반은 매우 늦게야 얻게 된 것이다. 내가 가진 능력에도 불구하고……. 나는 늘 글을 써야겠다고 마음먹었지만 글을 써서 돈을 벌 수 있으리라는 생각은 하지 못했다. 그런데 놀랍게도 상냥하고 지적으로 보이는 한 신사가 찾아와서 내 저작물들을 모아서 책으로 내고 싶다고 제안한 것이다.

그는 계약 조건이 명시된 정식 서류도 준비해 왔는데 그것만으로도 나는 감격했다. 그래서 앞으로 나올 모든 저작물을 포함해서 계약을 체결하자고 제안했을 때도 그대로 동의해 주었다. 계약서 내용을 살펴보아야 하지 않을까 하는 생각이 잠시 들었지만, 멀쩡한 표지를 훼손할까봐 그만두었다. 참기를 잘했다.

그는 자신이 신학대학에서 배운 대로 성직자의 정중함을 보여 주었다고 착각했겠지만, 사실 그의 행동은 성직자들이 군더더기 없이 냉정하게 예의를 지키는 모습과는 차이가 있다. 오히려 유별나고 지나치기까지 한 천재의 소심함을 보여줄 뿐이다. 그는 자신의 입으로 개를 대할 때조차도 자신에게선 권위를 찾아볼 수가 없다고 말한 적이 있다. 그런데 권위야말로 성직자들이 갖추어야 할 주요한 덕목인 것이다. 인간이 항상 선하고 대우받을 만한 존재라고 상정하는 것은 끊임없이 위험을 불러 올 뿐이다.

어떻게든 반대 방향으로 가보려고 노력했으나, 내가 이렇게 생겨 먹은 것을 어찌할 도리가 없다. 낭만주의를 거부하는 낭만주의자, 유물론적 정치를 설파하는 공상주의자, 부르조아인 척하고 싶어 하는 이상주의자, 온통 모순덩어리인 존재. …… 참으로 뛰어난 관찰자였던 샬멜라쿠어가 나에게 '남자와 같이 생각하고, 여자와 같이 느끼고, 아이와 같이 행동한다'라는 말을 했다. 나는 이에 대해 불평하지 않는다. 이러한 도덕적인 모순이 나에게 최상의 지적인 희열을 느낄 수 있게 해주기 때문이다.

이토록 걱정 많고 회의 많은 증상의 절정은 또 다른 철학자 아미엘에게서도 찾아볼 수 있다. 그는 자신의 일생 동안의 일기를 출간한 적이 있다. 회의감으로 생긴 번민 속에서 씨름하다가 사후에 그의 일기를 통해서 세상에 알려지기 전까지는 그 천재성을 내보일 여력조차 없었다. 일기에서 그는 자신을 좀먹었던 고통의 실체를 정밀하게 묘사했다. 그중 가장 두드러지는 몇 구절을 인용해 보기로 하겠다.

인생이 흘러감에 따라 나는 현실이 스러져가는 것을 애도한다. 행동이 따르지 않는 사상도 슬프고, 사상이 뒷받침되지 않는 행동도 슬프다. 이상이라는 향기가 더해지지 않은 현상은 악취가 나고, 현상을 기반으로 하지 못한 이상은 독약과 마찬가지다.

나는 글 쓰는 기법을 배우지 못했다. 배웠다면 쓸모가 있었을지는 모르겠지만, 그러한 기법을 쓰는 것은 창피한 일이다. 대신에 나는 지적으로 유용한 두 가지 습관을 길렀다. 바로 순간적으로 지나가는 인상적인 생각들을 바로 적어두는 습관과 그것들을 과학적으로 분석하는 습관이다.

…… 이 일기는 누구에게도 쓸모가 없을 것이다. 나에게조차도 삶을 충실히 살아가도록 돕기 보다는 앞으로의 생을 도모하는데 참고로 쓰일 뿐이다. 단지 게으름을 피우기 위한 멍석일 뿐이다.

…… 문체에 있어서도 일관성이 없다. 내 존재의 결과이기 때문에 온 힘을 다하고 정확을 기할 뿐이다. 다양한 표현이 가능한 가운데 선택하는 것은 늘 어렵다. 독특한 표현은 용기의 산물로서 그걸 표현하는 주체의 자신감을 보여주는 것이다.

…… 나는 일찍이 소망을 이루는 것보다는 포기하는 것이 더 쉽다는 것을 깨달았다.

…… 생각은 고칠 수 있다. 하지만 한 번 이루어진 행동은 고칠 수가 없다. 아무 소용도 없는 후회를 하고 싶지는 않기 때문에 나는 행동하기를 꺼린다. …… 행동은 내가 바라던 것이었을 수도 있기 때문에 내가 짊어질 십자가다. 이상에 반하는 행동은 양심의 자양분이 될 수 있고 용서할 수 없는 죄악이 될 수도 있다.

…… 나는 유난스럽게도 내 이익을 돌보지 않고 오히려 저버리곤 한다. 매력적인 무언가가 나타나면 나는 그것으로부터 바로 도망쳐 버린다.

이런 병증이 천재와 밀접한 상관관계가 있다는 것을 누구나 알 수 있을 것이다. 그리고 천재가 가진 이 정신 이상을 간파하고 이를 의심증이 골수에 박힌 햄릿이라는 기념비적인 인물 속에 형상화한 위대한 작가를 떠올릴 것이다.

정신 이상의 징후가 있지만 위대한 천재들과 정신병자수용시설에 수용된 가련한 영혼을 혼동하지 말아야 한다는 것을 굳이 주지시킬 필요가 있을까? 물론 모두가 병든 영혼이라는 점에서, 그리고 같은 병증을 보인다는 점에서는 같은 무리로 간주될 수도 있다. 하지만 천재를 정신병자와 동일취급해서는 안 된다.

보통 정신병자들은 정신착란의 결과로 행동의 제약이 오거나 부산스러운 소동을 일으킬 뿐이다. 하지만 천재들의 경우는 일상생활에서는 부족한 만큼 이에 대한 보상으로 정신적인 활동은 오히려 더욱 활발하다. 더 나아가서 천재들의 이상증세, 실생활에서의 무능한 양태를 보다 면밀히 분석하면 정신병자들의 증상과는 분명하게 구별이 되는 것을 알 수 있다.

과학적인 연구를 수행함에 있어서 천재들은 정밀함과 결단력과 대담함을 잃지 않는다. 하지만 이를 이론화하는 과정에서는 근거자료들을 세심하게 챙기지 못하기도 한다. 고차원적인 생각에 몰두하는 동안 작고 사소한 일에 대해서는 미처 주의를 기울이지 못하는 것이다. 결과적으로 엉성한 모습을 보인다는 점에서는 정신병자들과 부분적으로 비슷하다고 할 수 있을지 모르지만, 그 결과를 불러오는 원인은 근본적으로 다른 것이다.

레오파르디는 『자연의 대화』에서 천재들이 그 탁월함으로 치열한 삶을 살 수 밖에 없고, 또 그 때문에 개인적인 면에서는 불행한 경향이 있다고 밝힌다. 이에 대해 '자연'은 다음과 같은 이야기를 건넨다.

게다가 너의 지적인 섬세함과 뛰어난 상상력이 오히려 너를 너만의 세상에서 몰아낼 것이다. 짐승의 경우는 자신들의 먹이를 향해 끝까지 전심전력으로 달린다. 인간은 자신의 모든 것을 집중하는 법이 없다. 그들은 실행하기에 앞서 이리 저리 따져보고 상상해 보면서 수없이 많은 유보의 순간을 만난다.

움직임에 대해 충분히 고려하고 따져보는 능력이 부족한 존재들일수록 신속하게 결단을 내리고 실행하는 데 있어서도 거침이 없다. 하지만 너와 같이 선택받은 영혼들은 그 출중한 능력으로 끊임없이 자기 자신을 전복시키기 때문에 판단이나 실행에 있어서 결단을 내리기 어렵다. 그야말로 인생에서 최악의 형벌이라고 할 수 있겠다.

이에 더해, 너는 탁월한 소질이 있기 때문에 심오한 과학이나 어려운 연구 분야에서 손쉽게 다른 이들을 능가할 수 있다. 하지만 반대로 사소하게 느껴지는 일이지만 다른 사람들과의 관계를 위해서는 필수적인 것들을 배우고 익히는 것이 항상 너무나 어렵고 힘들 것이다. 더군다나 너만 못한 이들이나 심지어 너무나 하잘것없는 이들에게는 그런 것들을 배우고 익히는 것이 전혀 무리한 일이 아니라는 것을 보게 될 것이다.

_천재의 일탈 알코올 중독

천재들은 또 많은 경우 술에 빠져 살았다. 알렉산더 대왕은 헤라클레스의 잔으로 술을 열 잔이나 들이부은 끝에 결국 죽음에 이르렀다는 말이 있다. 또한 그가 애첩이었던 타이스와 유흥에 빠진 채로 절친한 친구를 죽인 것도 술에 취하지 않았다면 있을 수 없는 일이었을 것이다. 시저는 종종 병사들의 어깨에 업혀서 귀가했다고 한다. 소크라테스, 세네카, 알키비아데스, 표트르 1세 등도 술을 자제하지 못한 것으로 유명하다.

티베리우스 네로는 로마인들 사이에서 비베리우스 메로(술꾼)라는 별칭으로 통했다. 셉티미우스 세베루스와 마오메트 2세는 완전히 고주망태가 되거나 미치광이처럼 행동할 때까지 술을 자제하지 못했다. 여러 이름 중에 아비센나를 빼놓을 수 없을 것이다. 그는 인생의 전반에 빛나는 학문적 업적을 쌓아놓고서 후반에는 그 업적의 효용성을 부인하는 데 전력을 다한 것으로도 알려졌다.

유명한 화가 중에도 많은 이들이 애주가였다. 카라치, 얀 스테인, 바르바텔리, 포세타, 몰런드, 터너 등이 특히 술로 유명하다. 문필가 중에서는 뮈르제, 제라르 드 네르발, 알프레드 드 뮈세, 클라이스트, 포, 호프만, 애디슨, 스틸, 커루, 셰리던, 번스, 찰스 램, 제임스 톰슨, 말라스, 하틀리, 콜리지 등이 애주가로 소문났다.

타소는 다음과 같은 편지를 써보냈다.

내가 미쳐 있다는 것을 부정하지는 않습니다. 하지만 내 광증은 술과 사랑에 취해서 생기는 것입니다. 술을 과하게 마신다는 것은 나도 잘 압니다.

콜리지는 의지력이 약한데다가 술과 아편에 빠져 있어서 대작을 계획하고는 실행에 성공한 예가 없었다. 젊었을 때에도 그의 즉흥시를 30기니에 사겠다는 작자가 나섰지만, 기억에서 날려버리고 종이에 옮겨 적지 못해서 기회를 놓친 적도 있었다. 그의 아들 하틀리 역시 유명한 문필가였는데 어느 날은 치사량에 이르는 술을 들이부어서 실제로 그 여파로 죽음에 이르렀다고 한다. 그에 대해서는 "천사처럼 글을 쓰고 물고기처럼 술을 마신다"는 말이 있었다.

새비지는 생의 마지막 시기를 술독에 빠져 방탕하게 지내다가 결국 브리스톨 교도소에서 최후를 맞았다. 16세기 독일 시인 헬리우스는 술에 취해서 얻어맞은 일을 인생 최대의 치욕으로 꼽았다. 셴스턴은 같은 시인으로서 동지와도 같았던 소머밀에 대해서 "술을 마시며 자신을 학대하는 걸로 심적 고통을 잊고자 했다"고 말하고 있다. 스탈 부인과 드퀸시는 아편에 빠져 살았다. 드퀸시는 자신이 아편을 남용했던 경험을 『어느 아편중독자의 고백』속에 생생하게 기록했다.

작곡가들 중에도 많은 이들이 지독한 술꾼이었다. 글루크는 자신이 돈과 술과 명성을 쫓는 것에는 다 이유가 있다고 말하곤 했다. 돈이 있어야 술을 마실 수 있고, 술을 마셔야 흥취가 생겨서 작품을 쓰고 명성도 얻는다는 것이다. 그는 특히 브랜디를 즐겨 마셨는데, 그의 죽음 또한 브랜디를 과음한 것이 원인이라고 한다. 로반니와 프라가 역시 술로 몸을 상한 경우라고 할 수 있다.

_거울 속에 빠지다 환각

환각이 예술적인 창작과 밀접한 연관 관계가 있다는 것은 이미 말한 적이 있다. 브리에르 드 보스몽은 이와 관련하여 환각을 천재의 생리로 파악했다. 첼리니를 비롯해서 브루투스, 시저, 나폴레옹, 스베덴보리 등이 모두 환각을 보았다는 사실은 익히 잘 알려져 있다. 스베덴보리는 천국에 가서 이제 영혼이 되어버린 위대한 인물과 이야기도 나누고 하나님을 직접 영접했다고 믿었다.

헬몬트는 반짝이는 수정의 형태로 존재하는 자신의 영혼을 본 적이 있다고 단언했다. 케르너에게는 유령이 찾아온 적이 있었다고 한다. 셸리는 바다에서 아이가 몸을 일으키고 박수를 치는 모습을 보았다고 믿었다. 클레어는 책에서 역사적 사건을 읽고 나면 자신이 그 주인공이나 구경꾼이 되어서 실제로 그 역사적 순간을 경험하는 환상에 젖었다. 블레이크는 자신이 글로 써내려 갔던 환상적인 장면들이 생생하게 눈앞에 펼쳐지는 것을 보았다. 어떤 유명한 교수도 유사한 환상을 경험했는데, 그 안에서 자신이 공자도 되고 파피리우스도 되고 티무르도 되었다고 한다. 홉스는 어두운 곳에 갈 때마다 죽은 이들이 눈앞에 보였다고 고백했다. 버니언은 환청에 시달렸다.

콜럼버스는 자메이카 해변에 닿았을 때 환청을 경험했다. 그가 실의에 빠져 주저앉은 것을 꾸짖고 신에 대한 믿음이 부족하다고 책망하는 소리였다.

> 오늘 너에게 생긴 일은 하나님을 주인으로 모시지 못하고 세상의 주인을 섬긴 것에 대한 심판을 받은 것이다. 이 모든 시련들은 대리석에 새겨져 있는 것으로 아무 이유 없이 벌어지는 일이 아니다.

이후에 콜럼버스는 세상 구석구석 기독교의 전파가 완료되면 세상의 종말이 올 것이라는 고대의 예언이 자신으로 인해 실현될 것이라고 선언했다. 그 예언에 따르면 인류에게 남은 시간은 156년에 지나지 않았다.

말브랑슈는 자신의 안에서 분명한 신의 소리를 들었다고 공언했다. 데카르트는 오랜 은둔생활 끝에 보이지 않는 존재에게 사로잡혔다고 믿었다. 그 존재는 그를 쫓아다니면서 그가 진리 탐구에 매진하도록 닦달했다. 바이런은 유령이 쫓아다니고 있다는 망상에 사로잡혔다. 하지만 후에 뇌가 과열이 되어서 생긴 일이라고 스스로를 납득시켰다.

존슨 박사는 자신의 이름을 부르는 어머니의 소리를 들었다. 당시 그의 어머니는 아주 먼 거리에 살고 있었다. 포프는 창자에 극심한 통증을 겪었는데, 어느 날은 의사에게 창자 안쪽으로 팔이 튀어나와 있다면서 확인해달라고 하기도 했다. 괴테는 자기 자신의 환영이 자기를 만나러 다가오는 것을 봤다고 했다. 올리버 크롬웰은 자신이 지독한 피로감에 잠을 못 이루고 뒤척이고 있을 때 장막이 걷히더니 거대한 여인의 환영이 나타나서 그가 영국에서 위대한 인물이 될 것이라고 계시해 주었다고 한다.

_천재의 역주행 기질 도덕 불감증

　　도덕적으로 문제가 있는 정신병자들에게서 볼 수 있는 도덕 관념의 부재와 타인에 대한 무심함은 천재들에게서도 흔히 볼 수 있다. 학문이 높을수록 세상에는 무익하다고 말한 오래된 격언도 있다. 아리스토텔레스는 가장 많이 배운 이가 가장 큰 부정을 저지르는 이유에 대해서 다음과 같이 답했다.

　　왜냐하면 그가 오직 부정을 통해서만 얻을 수 있는 쾌락을 추구했기 때문입니다. 지식이라는 것은 숫돌과 같아서 도구를 가리지 않습니다. 이로운 도구와 마찬가지로 살인자의 무기도 역시 날카롭게 벼리는 것입니다.

　　조르주 상드는 다음과 같이 썼다.

나이를 먹어감에 따라 선이라는 가치를 더욱 숭배한다. 이것이야 말로 신께서 우리에게 주신 선물 중에서 가장 아끼시는 것이라는 사실을 알았기 때문이다. 지혜가 없이 선하다고 하는 것들은 단지 어리석음의 변용일 뿐이다. 힘을 갖추지 못한 채 선한 척하는 것은 무관심한 것과 다르지 않다.

힘과 지혜를 모두 갖추면 이미 선함을 찾아보기 힘들다. 보고 듣고 경험하면서 의심과 증오를 배우기 때문이다. 고귀한 가치를 따른 다고 하는 영혼들이 때로는 가장 거칠고 고약한데, 거듭되는 기만으로 상처 입고 병들었기 때문이다. 누군가는 그들을 존경하고, 누군 가는 그들을 숭배한다. 하지만 아무도 그들을 사랑할 수는 없다.

지혜로움과 선함을 버리지 않은 대가로 오래도록 불행을 견디어 왔다면 참으로 강인한 존재라고 할 수 있다. 나는 그런 존재를 갈구하고 연모한다. …… 나는 위대한 인물이라면 넌더리가 난다(이러한 표현을 용서하기 바란다). 나는 그들이 『플루타르크 영웅전』 속에 박혀 버리기를 바란다. 그곳에서라면 인간들의 세상에 개입해서 누구든 고통스럽게 하지 않을 것이다. 그들을 대리석으로 조각하거나 청동의 틀을 부어서 침묵하도록 만들자.

위대한 인물들이 살아 움직이는 한 그들은 재앙이다. 늘 남을 박해하고, 환상에 휘둘리고, 세상을 자기 멋대로 휘두르려 하고, 고약한 성질을 부리며, 모든 것을 의심한다. 그들은 오만함에 사로잡혀 염소와 양을 구분하지 못한다. 그들은 지인들을 대하면서 적을 대하는 것보다 오히려 푸대접을 한다. 신께서 우리를 그들로부터 지켜 주시길. 선하게 살도록 하자. 어리석다고 생각되더라도 이를 지켜나가자.

발레리우스 막시무스는 테미스토클레스에 대해서 다음과 같이 전한다.

테미스토클레스의 청년기는 입에 담기 힘들 정도다. 그의 부친은 가문의 수치라면서 그와 의절했고, 모친은 아들 때문에 치욕을 견디지 못해서 스스로 목을 매었다.

살루스티우스는 미덕을 드높이 칭송하는 시가들을 쓰는 한편으로 그 자신은 평생을 방탕하게 살았다. 플라톤의 계승자인 스페우시포스는 간통을 저지르다가 현장에서 살해당했다. 데모크리토스는 보는 여자마다 성적인 유혹을 느끼는 자신을 저지하기 위해서 스스로 자신의 눈을 멀게 했다고 전해진다. 아리스티포스는 겉으로는 금욕적인 가치를 내세우면서 실제로는 방탕한 생활을 이어 나갔다. 아나크사고라스는 이방인들이 비밀리에 맡겨 놓은 돈을 착복하고 모르는 척 부인하기도 했다. 아리스토텔레스는 알렉산더 대왕에게 비굴하게 아부했다. 테오그니스는 도덕상의 격언을 많이 남겼고, 특히 행복한 죽음에 대한 격언도 남겼다. 하지만 그는 죽음을 앞두고 궁핍한 자신의 가족은 외면한 채 매춘부에게 재산을 모두 넘겨 버렸다.

에우리피데스, 유베날리스, 아레티노 등은 한결같이 여류문필가 동료들에 대해 행실이 방탕하다고 평했다. 사포, 필레나, 엘레판티나는 매춘부였고, 철학자이자 여사제였던 레온티온은 동료 철학자 모두와 몸을 섞었다. 데모필라는 가벼운 연애 이야기를 쓰는 작가였는데 이 야기를 그대로 실행에 옮기고는 했다.

르네상스 시대에는 베로니카 프랑코와 아라콘의 툴리아가 시적 재능으로 유명한 만큼이나 그 방탕함으로도 유명세를 떨쳤다. 포크트는 부도덕함이 르네상스 시대를 특징짓는 요소의 하나라고 간주하기도 했다.

나는 『범죄인론』에서 범죄자형 천재를 언급한 적이 있다. 살루스티우스, 세네카, 베이컨은 모두 공금 유용의 혐의가 있었다. 크레미니는 위조범이었고, 데미는 독살범이었다. 카사노바를 떠올릴 사람도 있을 것이다. 그는 죄목이 알려지지 않은 범죄로 귀족의 지위를 박탈당했다. 아비센나는 늙어서 방탕한 생활에 빠져 들었는데, 특히 아편을 과용했다. 그는 철학을 하면서도 정직하게 살지 못했고, 의학을 하면서도 건강하게 살지 못했다는 말을 듣는다.

시인이나 예술가들에게서는 범죄적 특질이 더욱 두드러지게 나타난다. 그들은 보통 열정에 지배되는데, 바로 이러한 열정이 그들을 움직이는 가장 강력한 원동력이다. 그들은 과학자들이 장착하고 있는 논리적인 비판과 판단의 비호를 받지 못한다. 이렇게 해서 본파디오, 루소, 아레티노, 세레자, 브루네토 라티니, 프랑코, 포스콜로 등의 인물들이 범죄자의 목록에 오른 것이다. 바이런에게도 사실 혐의가 있다. 고대와 비문명사회에서 벌어진 일들은 아예 따지지 않았다는 사실을 유념해야 할 것이다. 그 사회에서는 약탈행위와 시작詩作 활동이 불가분의 관계라고 할 수 있다.

범죄자의 예는 얼마든지 있다. 매우 지체 높은 귀족이었던 희극작가 알베르가티는 질투 때문에 아내를 살해했다. 인문주의자 뭐레는 남색으로 처벌받았다. 카사노바는 수학과 재정 분야에서 뛰어난 재능을 보였지만, 남의 돈을 착복하고 부도덕한 행위를 일삼으며 자신의 천재적 재능을 퇴색시켰다. 그가 남긴 자서전을 보면 그가 저지른 냉소적인 일탈 행위의 전모를 파악할 수 있다.

비용은 명문가 출신이었지만 무뢰배와 같은 행동을 해서 비용이라는 이름을 얻었다. 프랑스어에서 '비용villon'은 악당이나 강도라는 의미다. 그는 도박과 여자에 빠져서 그 세계로 끌려 들어갔다고 고백했다. 시작은 작은 물건을 훔치는 것에서부터였다. 여자들을 불러서 친구들과 같이 저녁을 먹으면서 그들을 대접하기 위해서 와인을 훔쳤는데, 사실상 무료함을 달래기 위한 여흥으로 시작된 일이었다.

하지만 이후에는 배고픔 때문에 강도를 저지르는 데까지 발전한다. 당시에 그는 어떤 여인에게 의탁해서 연명했는데 추운 겨울날에 내쫓긴 것이다. 그 여인은 그가 「작은 유산」이라는 시 속에서 자신의 심장을 바쳤던 대상이었다. 그는 무장 강도 일당에까지 가담한 것으로 보인다. 뢰에유 대로에서 여행객들을 대상으로 약탈 행위를 일삼았던 일당들이었다. 비용은 두 번째로 체포되었을 때 어렵게 그 무리에서 빠져나올 수 있었다.

천재는 정신병자들이 그렇듯이 태어나서 죽을 때까지 혼자만의 세상에 있다는 말이 있다. 그들은 가족의 정情이나 사회적 통념에 대해 냉담한 모습을 보여준다. 물론 문학의 천재들은 사랑하는 사람을 잃거나 실연당했을 때의 고통을 절절하게 묘사하기도 한다.

하지만 페트라르카의 경우에서 볼 수 있는 것처럼 이는 그저 문학적 역량을 과시할 수 있는 구실이나 기회를 만난 것에 불과하다. 이러한 절규는 물론 진정성이 있다. 그렇지 않다면 어떻게 그리 강렬하고 감동적일 수가 있겠는가? 하지만 이러한 감정 상태는 매우 한시적인 것으로 평소와 상반되는 경우가 대부분이다. 그렇지 않은 경우에도 과시욕이나 미학적이고 학문적인 열정의 반응으로서 역시나 평소의 무심한 상태에 대한 반동의 결과이다.

불워 리턴은 결혼 첫날부터 아내를 물어뜯고 모욕하는 등 학대를 일삼았다. 오죽했으면 신혼여행에 동행했던 안내원이 결국 중도에 그만두는 사태가 발생했겠는가. 후에 리턴은 아내에게 잘못을 인정하면서도, 그녀에게 쓴 편지에서는 여전히 평범한 생활은 참을 수가 없으며 자신은 자유로운 삶을 영위해야만 한다고 주장했다.

실제 생활 속에서 가장 순수하고 담백한 작가들이 가장 도착적인 작품을 내놓는 것을 보면 신기하기만 하다. 반대의 경우도 마찬가지다. 플로베르는 다음과 같이 편지에 써보낸 적이 있다.

저 가련한 부이예는 나에게 "부도덕한 것을 이토록 좋아하면서 또 그렇게나 도덕적인 사람은 당신 말고는 다시 없을 겁니다"라고 말하곤 했습니다. 맞는 말입니다. 이것은 내 자존심에서 기인한 걸까요, 아니면 이 또한 변태적인 성향의 다른 모습인 걸까요?

조르주 상드와 살루스티우스는 플로베르와는 반대 현상을 보여 주었다.

콩트가 상처받은 일에 대해 용서할 줄 아는 사람인지 여부는 확실하지 않다. 하지만 부정을 저질렀던 아내에 대해서 무덤까지 앙심을 풀지 않고 시시때때로 그 상처를 되새겼다는 것은 확실하다. 그는 또한 끌로띨드 드 보에게 숭배에 가까운 연정을 바쳤는데, 그 마음의 진정성이 얼마나 가벼운 것이었는지 그녀를 기념해야 한다면서 미리 월, 일, 시까지 정해 놓고 그 시간에만 추억에 잠기고 눈물을 흘렸다고 한다.

베이컨은 웅변적 기술을 모두 동원해서 자신의 가장 큰 후원자였던 에섹스를 처단하는 일에 앞장서기도 했다. 그는 법정 모독죄를 도입하기도 했는데, 이는 왕의 체면을 위해 비굴할 정도로 나선 결과였다. 그렇게 해서 피챔이 고문당하도록 만들고 결국 그를 처단할 수 있었다. 베이컨은 돈을 받고 정의를 팔아치우기도 했다. 매콜리는 베이컨에 대해서 '천사의 지혜와 뱀의 욕망'을 지닌 자들 중의 하나라고 결론을 내린다.

뮈세는 자신의 작품에 등장하는 브리짓에 대해 다음과 같이 고백했다.

브리짓은 사랑 때문에 세상의 온갖 비난과 조롱의 대상이 되었다. 그녀는 성나고 잔인한 난봉꾼이 돈을 주고 산 여자에게 쏟아내는 모든 멸시와 상처를 견뎌내야만 했다. …… 시간이 지나면서 나의 비비꼬인 심사가 우울하고 고집스러운 인물을 형상화해 낸 것이다(브리짓이 그가 사랑했던 조르주 상드를 모티브로 만들어진 인물이라는 사실을 상기하자 – 옮긴이 주).

바이런과 밀접한 친분 관계에 있었던 홉하우스는 바이런에 대해서 병적으로 심한 자기중심주의에 사로잡혀 있다고 썼다. 그는 아내를 사랑하던 시기에도 자기가 지켜오던 습관을 포기하지 않겠다는 이유로 아내와 함께 식사할 것을 거부했다. 이후 그는 아내를 매우 박대했다. 그런데도 바이런의 아내는 그에 대한 믿음을 잃지 않고, 그의 정신건강에 문제가 있는 것이 아닌지 전문가들을 찾아다녔다고 한다.

나폴레옹이 자신의 아내와 형제들, 그리고 자신을 믿고 따르던 사람들에게 저지른 일들은 도덕성이 완전히 결여된 사람만이 할 수 있는 것이었다. 텐은 그 모든 만행들에 대해서 "그는 용병대장에 불과했다"는 한 마디로 정리한다.

"천재를 건사하는 일은 결코 쉽지 않다"고 칼라일의 아내는 한탄했다. 그녀는 당시로는 가장 높은 수준의 학식과 교양을 갖춘 여성으로서 남편의 학문 활동에 함께 참여해도 무리가 없을 정도로 능력이 있었다. 그녀 역시 학문 활동을 원했고 그렇게 될 것이라는 보장도 받은 적이 있었다. 하지만 결국 그녀는 남편을 시중 드는 역할에 만족해야만 했다. 칼라일은 아내에게 마차에 동승하는 것조차 허락하지 않았다. 그 자리는 그의 형제에게만 허락되었을 뿐이다.

칼라일은 또한 다른 여성들 때문에 아내를 무시하는 일도 있었는데, 그저 아내는 신경 쓰지 않을 것이라고 마음 편히 치부해버렸다. 그녀의 주된 임무는 그를 위해 아주 먼 거리에서 나는 잡음까지도 방지하는 것이었고, 두 번째로 중요한 임무는 사다 먹는 빵을 싫어하는 그를 위해 직접 구운 빵을 대령해 놓는 것이었다. 그의 편지를 전하기 위해서 마차가 아닌 말을 타고 몇 마일이나 되는 먼 곳까지 다녀오는 것도 그녀가 해야 할 일이었다.

그는 식사 때나 얼굴을 비추고, 아내가 자신의 침묵을 힘들어 하는 것을 알면서도 때로는 몇 주 동안을 말 한 마디 없이 보내기도 했다. 그녀가 모진 고생 끝에 죽은 다음에야 칼라일은 일말의 후회를 내비치고 따뜻한 말로 그녀를 회고하기도 했다고 한다. 하지만 그의 전기 작가가 덧붙인 말처럼, 그녀가 살아 있었다면 그는 또 언제 그랬냐는 듯이 여전히 그녀를 학대했을 것이다.

프리드리히 2세는 복수야말로 천상의 즐거움을 안겨준다고 말했다. 자신이 당한 것 이상으로 적에게 앙갚음을 할 수 있다면 기쁘게 죽을 수 있다고도 했다. 그는 또한 가까운 사람들을 정신적으로나 육체적으로 학대하면서 진정한 쾌락을 느꼈다. 향유 바르는 것을 좋아하는 신하의 옷을 석유에 담가 버리기도 하고, 볼테르와 설탕이나 초콜릿으로 흥정하면서 그의 돈을 다 빼앗아 버리기도 했다.

도니제티는 가족에게 잔인한 폭군이었다. 그 유명한 아리아 〈날개를 펴고 하늘로 간 그대여〉는 그가 밑도 끝도 없이 화를 내며 아내에게 무차별적인 폭행을 가한 후에 작곡한 곡이라고 한다. 그 곡을 쓰면서는 또 슬픈 정서에 젖어 흐느끼기도 했다고 하니, 천재의 이중성과 도덕성의 부재를 극명하게 보여주는 예라고 할 수 있다.

뒤마도 비슷한 장면을 연출한 적이 있다고 한다. 그는 아내와 다투면서 이성을 잃고 그녀의 머리채를 잡고 흔들었고, 그녀는 절망에 빠져서 수녀원에 보내달라고 했다는 것이다. 하지만 뒤마는 그런 다음에 바로 유쾌하다는 듯이 재미있는 장면을 집필하고 친구들에게 "눈물이 진주라면 눈물로 진주목걸이를 만들면 좋을 텐데"라고 말했다는 것이다.

바이런은 귀치올리 백작부인에게 폭행을 일삼았고, 또 다른 정부였던 베니스의 곤돌라 뱃사공의 아내에게도 마찬가지였다.

퐁트넬은 자신의 일행이 식탁 위에 뇌졸중으로 쓰러진 것을 보고도 동요하지 않고, 아스파라거스에 넣을 소스를 바꿀 기회로 여겼다고 한다. 쓰러진 사람의 기호에 따라 버터로 주문이 되어 있던 것을 식초로 바꾼 후 태연히 식사를 계속했다는 것이다.

아무 학술원이나 대학교에 가서 천재가 아니면서 학식을 갖춘 사람들이 모여 있는 곳에 가보면, 천재에 대한 그들의 감정이 무시와 증오라는 것을 확인할 수 있다. 천재는 또 어떤가 하면, 그들은 다른 이들을 철저하게 경멸할 뿐이다. 천재는 그 자신이 아주 사소한 비평에도 예민한 터로 자신이 당한 만큼 다른 사람들을 비웃을 자격이 누구보다도 충분하다고 여긴다. 천재는 칭찬이 다른 이를 향하는 경우 마치 자신이 모욕을 받은 것과도 같이 받아들인다. 앞에서 이미 샤토브리앙이 자신의 구두를 만드는 장인에 대한 칭찬도 거슬려 했다는 것을 언급한 적이 있다. 리스프란은 동료로 일하던 뒤피트랑을 도적놈이라고 불렀고 루와 벨포우에게는 위조꾼들이라고 했다.

이제 막 사춘기에 접어든 천재들을 관찰할 기회가 있었다. 그들은 도덕불감증에 대해서 굉장히 민감하게 반응하지 않는 모습을 보여준다. 그보다는 하나같이 자신들과 상관없는 일에는 이상하리만큼 무심하기만 하다. 마치 최면상태에라도 들어간 것처럼 다른 사람들이 곤란을 겪어도 무심하다. 심지어 자신들에게 가장 소중한 사람들이 절실하게 도움을 필요로 할 때조차도 심각성을 전혀 인식하지 못한다. 물론 직접 상황을 대면하면 조금은 온기가 생겨서 급하게 달려가기도 한다. 하지만 짚더미에 불이 붙은 것과 같이 금방 사그라지며 이내 무심하고 권태로운 상태로 되돌아간다.

쇼펜하우어는 천재란 고독한 존재라고 말했다. 괴테는 천재란 오류에 의해서만이 그 시대와 소통할 수 있다고 썼다.

이렇게 감정이 마비된 듯이 보이는 상태는 자선가들, 정서적인 면에서 천재라고 해야 할 이들에게서도 찾아볼 수 있다. 그들은 가난한 사람들에 대한 선의와 연민을 축으로 하여 움직이는 사람들인데도 이러한 감정 결핍의 모습을 보여준다. 복음서에는 이를 인정하지 않고는 설명할 수 없는 부분이 여러 군데 나온다. 예수가 했던 말을 보자.

너희들은 아마도 내가 세상에 평화를 가져오기 위해 왔다고 생각할 것이다. 그렇지 않다. 나는 세상을 칼로 내려치러 온 것이다. …… 식구가 다섯인 집에서는 셋이 둘에 대항하고, 둘이 셋에 맞설 것이다. 나는 아비와 아들을 갈라놓고, 어미와 딸을 갈라놓고, 며느리와 시어미를 갈라놓으려고 세상에 온 것이다. 이제부터 인간의 적은 그 자신의 식솔이 될 것이다.(마태복음 10장 34-36절, 누가복음 12장 51-53절)

…… 나는 세상에 불을 내리러 온 것이다. 이미 불이 붙어 있다면 더 바랄 것이 무엇이겠느냐!(누가복음 12장 49절)

…… 내가 너희에게 선언하는 바이니 누구든지 집과 아내와 형제

와 부모를 버리고 나서면 이 세상에서 백 배 보상을 받을 것이요, 다가올 세상에서는 영원한 삶을 얻을 것이다.(누가복음 18장 29-30절)

…… 나에게 와서 자신의 아비와 어미와 처와 자식과 형제와 자매와 자기 자신의 삶까지도 미워하지 않는 자는 나의 제자가 될 수 없으리라.(누가복음 14장 26절)

…… 자신의 아비와 어미를 나보다 더 사랑하는 자는 나를 영접할 자격이 없다. 자신의 아들이나 딸을 나보다 더 사랑하는 자 또한 나를 영접할 자격이 없다.(마태복음 10장 37절, 16장 24절, 누가복음 5장 23절)

예수가 한 사내에게 자신을 따르라고 명했을 때 그 사내는 자신의 부친을 먼저 장사지내고 따르겠다고 고했다. 그에 대해 예수는 다음과 같이 말했다.

죽은 자들이 새로이 죽은 자들을 장사지내리라. 너는 가서 하나님의 왕국을 세상에 전파하라.(마태복음 8장 21절)

단테, 괴테, 레오파르디, 바이런, 하이네 등은 자기 나라를 미워한다고 지탄을 받았다. 톨스토이는 애국심이라는 것에 대해서 부정적인 입장이었다. 쇼펜하우어는 또 이렇게 말했다.

죽음이 눈앞에 다가온 지금 나는 고백할 수 있다. 나는 독일인들이 입에 담을 수조차 없는 짐승 같은 짓을 저지르는 족속들이라는 점에서 경멸한다. 내가 그 일원이라는 사실이 너무나 부끄럽다.

_천재의 수명은 '도 아니면 모' 장수

이러한 병적인 무관심과 무정함이야말로 천재들이 그토록 장수하는 비결이라고 할 수 있다. 무심함이라는 갑옷이 수많은 질시와 모욕을 견딜 수 있도록 막아주는 것이다. 143명의 천재 가운데 134건의 천재가 이러한 특징을 보여주었다.

소포클레스, 훔볼트, 퐁트넬, 브로엄, 제논, 카토, 미켈란젤로, 페트라르카, 베티넬리 등은 90세까지 살았다. 파세로니, 오베르, 만초니, 자비에 드 메스트르는 89세에 죽었다. 홉스는 92세, 단돌로는 97세, 타이탄은 99세에 죽었다. 카시오도루스와 스큐데리는 94세, 비엔네와 디오게네스는 91세에 죽었다. 볼테르, 프랭클린, 와트, 볼로냐의 요한, 빈첸시오 드 폴, 바로치오, 영, 탈리랜드, 라스파이유, 그림, 허셜, 메타스타시오 등은 84세에 세상을 떠났다.

빅토르 위고, 메테르니히, 테오도르 드 베자, 라마르크, 핼리는 86세까지 살았다. 벤담, 뉴턴, 베르나르 드 베르나르, 보드메, 루이니, 스카르파, 본플랭, 키아브레라, 카라파, 골도니 등은 85세까지 살았다. 티에르, 칸트, 마페이, 아미요, 빌러맹, 빌란트, 리트레는 80세에 죽었다. 아나크레온, 메르카로리, 비비아니, 뷔퐁, 파머스턴, 카스티, 베르누이, 피넬은 81세에 죽었다. 갈릴레오, 오일러, 슐레겔, 베랑제, 루이

14세, 코르네유, 체사로티는 78세에 죽었다. 헤로도토스, 로시니, 카르단, 미슐레, 부알로, 가리발디, 아르키메데스, 파이젤로, 세인트 오거스틴은 75세에 세상을 떠났다. 타키투스와 디즈레일리는 76세에 삶을 마쳤다. 페리클레스는 70세, 투키디데스는 69세, 히포크라테스는 103세, 성 안토니오는 105세에 세상을 떠났다.

베어드가 조사한 것에 따르면, 천재 500인의 평균 수명은 54세였다. 그중에서 현대에 속하는 천재 100인의 평균 수명은 70세에 달한다. 음악 분야에서는 35인의 천재가 평균 63세 8개월의 평균 수명을 보였다. 하지만 이러한 사실에 근거해서 퇴행을 배제할 수 있는 것은 아니다. 도덕적으로 이상한 증세가 있는 정신병자들에게서 볼 수 있는 것처럼, 이것은 지독한 슬픔에도 무감각한 무심함 때문에 기인한 것이다. 내가 『범죄인론』에서 보여준 것과 같이, 범죄적 형질을 타고난 인간 유형도 감옥행을 피할 수만 있다면 매우 장수를 누리는 편이다.

물론 천재라고 항상 장수하는 것만은 아니라는 것을 밝혀둔다. 위대한 천재 중 많은 이들이 요절하기도 했다. 라파엘, 파스칼, 번스, 키츠, 바이런, 모차르트, 펠릭스 멘델스존, 벨리니, 비샤, 피코 드 라 미란돌라는 모두 40세를 넘기지 못했다.

천재의 그림자 <small>천재와 광기</small>

천재와 광기 사이의 유사점 - 광기에 삼켜져 버린 천재들 - 몬타누스 - 해링턴
- 할러 - 슈만 - 제라드 드 네르발 - 보들레르 - 꽁까또 - 마인렌더 - 콩트 - 코다찌
- 보여이 - 까르당 - 타소 - 스위프트 - 뉴턴 - 루소 - 레나우 - 세체니 - 호프만
- 포데라 - 쇼펜하우어 - 고골

● 광기와 천재를 혼동하진 말아야 한다. 하지
만 분명히 이 둘 사이의 유사점이 존재하는 것을 볼 때 어느 한 쪽이
발현되는 모든 경우에서 다른 한 쪽의 가능성을 배제해서도 안 된다.

사실 직접적으로 광기에 사로잡혔던 무수한 천재들을 차치하고, 또
비토와 같이 치매 때문에 경력을 망친 천재들을 차치하고라도, 얼마
나 많은 위대한 사상가들이 편집증과 환영에 시달렸던가!

근래에만도 파리니, 브로엄, 사우디, 고보네, 구노, 구츠코프, 몽쥬,
푸르크르와, 쿠퍼, 로치아, 리치, 페니시아, 엥겔, 페르골레세, 바쟈스
코프, 뮈르제, 윌리엄 콜린스, 테크네, 횔덜린, 폰 데르 베스트, 갈로,

스페달리에리, 벨링게리, 살리에리, 요하네스 뮐러, 렌츠, 바바라, 푸셀리, 페터만, 풍자만화가 챰, 해밀턴, 포, 울리슈 등이 정신병으로 무너지는 모습을 보였다.

마티니가 전하는 바에 따르면 프랑스의 젊은 시인들 다수가 광기에 사로잡힌 채로 죽음에 이르렀다고 한다. 브리폴트와 로랑은 중상모략하는 말을 견디지 못하고 그런 운명을 맞았다. 여성 중에서는 귄데로데와 스티글리츠가 결국 자살로 생을 마감했다. 브라흐만과 L. E. 랜던은 죽을 때까지 광기에 사로잡힌 삶을 살았다.

몬타누스는 고립감과 정신 착란으로 환각에 사로잡힌 제물이었다. 그는 한번은 자신이 밀알 한 톨이 되었다고 확신한 채로 새에게 잡아먹힐까 두려워서 꼼짝하기를 거부했다. 해링턴은 질병이 벌과 파리의 형상을 하고 찾아오는 망상에 사로잡혔다고 한다. 그 때문에 빗자루로 무장한 채로 농가에 칩거까지 했다.

할러는 자신의 영혼이 비루하고 작품은 이단적이어서 신의 저주와 인간들의 박해를 받는다고 믿었다. 다량의 아편과 사제들과의 대화만이 그의 과도한 공포감을 진정시킬 수 있었다. 앙페르는 화학의 장래를 구상한 논문을 사탄의 제안으로 작성한 것이라며 불태워 버린 일도 있다.

위대한 네덜란드 화가 반 구스는 자신이 귀신들렸다고 생각했다. 카를로 돌치는 종교적 광신에 사로잡혀서 성화만을 그리겠다고 맹세했다. 그는 성모 마리아의 그림을 그려내는 데 전심전력을 다했는데, 기실 그 성모 마리아의 모습은 어느 유명한 귀족 가문 여인의 모습을 투영한 것이었다. 그는 결혼식 당일에도 홀연히 사라져서 소동을 겪었는데, 찾고 보니 수태고지 조상이 있는 제단 앞에 엎드려 경배하고 있었다고 한다.

극작가인 나다니엘 리는 병증을 보이는 동안에도 13편의 비극을 써내려갔다. 이에 한번은 별 볼 일 없던 동료 작가가 미친 사람처럼 글을 쓰는 것이 쉽지는 않겠다고 비아냥거렸다. 이에 대해서 나다니엘 리는 "미친 사람처럼 글 쓰는 것이 쉽지는 않다네. 바보처럼 글을 쓰는 것은 쉬울 거야"라고 대꾸했다고 한다.

빼어난 시를 발표했던 토마스 로이드는 심술과 오만과 천재와 광기가 한데 섞인 독특한 존재였다. 그는 자기가 지어낸 시구가 마음에 들지 않으면 유리잔에 넣어두곤 했는데, 그렇게 해서 광을 내는 것이라고 말했다. 위생학적인 이유를 들어서 음식에다가 석탄에 종이에 담배까지도 섞어 먹었다고 한다. 그는 탄소 성분은 정화를 시켜주고, 암석의 경우는 미네랄을 공급해준다고 생각했다.

찰스 램은 어려서 정신 이상의 증상이 있었고 이는 집안 내력이기도 했다. 그는 이에 대해 콜리지에게 이런 말을 했다.

장래 언젠가 내가 굉장한 이야기를 해주겠네. 내가 미치광이였던 시절에 대해서 기억이 허용하는 한 세세하게 들려줄 생각이네. 당시를 되돌아보면 암울한 가운데 일면 선망의 마음이 이는 것도 사실이라네. 기실 광기가 나를 지배하는 동안 나는 실로 순수한 행복감을 느꼈거든. 미쳐보지 않은 이상 모든 감정의 기복을 겪었다고 말할 수가 없지. 자네는 꿈도 꿀 수 없을 거야. 지금은 모든 것이 시들할 뿐이라네. 그때와 비교한다면 말일세.

_광기에 삼켜진 천재들 슈만과 네르발

미래의 음악이 지향할 바를 견인해낸 로베르트 슈만(1810-1856)은 쯔비카우의 유력한 서적판매상의 막내아들로 태어나서 그가 바라는 예술을 추구하는데 아무런 장해도 없었다. 법학도였던 그가 유명한 피아니스트였던 클라라 비크를 만난 순간, 그는 재기 넘치고 사랑스러운 동반자를 만났다는 것을 알았다. 하지만 스물세 살 때부터 그는 이미 우울증의 마수에 걸려 있었다. 마흔여섯에는 음악에 대해 전지전능한 터닝테이블이 자신을 쫓아다닌다고 믿었다.

그는 다양한 음이 합주되는 소리를 들을 수 있었고 심지어는 완전한 곡을 얻을 때도 있었다. 이 때문에 여러 해 동안이나 정신병자 수용소로 보내질까 하는 두려움에 떨었다. 때로는 베토벤과 멘델스존이 무덤에서 들려주는 음악을 받아 적기도 했다. 1854년에는 끝내 라인 강에 몸을 던져 자살을 시도하기에 이른다. 당시에는 구조되었지만, 결국 2년 후에는 본에 위치한 사설보호소에 수용된 채로 숨을 거두고 말았다. 부검한 결과 그는 뇌경막이 매우 두터워져 있었고 뇌가 수축해 있는 모습도 보였다.

제라르 드 네르발은 조울증을 앓고 있었다. 6개월을 주기로 행복에 들떠있다 우울함 속에 가라앉기를 반복했다. 침울할 때는 심령론자가 되었다. 아담과 모세와 여호수아의 영혼이 집안 가구들을 빌려서 그에게 말을 걸어 왔다. 유대 신비주의 의식에 따라 악령을 쫓거나 바빌론 시대의 춤을 따라 추기도 했다. 사설보호소에 수용되어 있는 동안에도 그는 관장이야말로 정신병자라는 망상에 취해 있었다. 그의 말을 빌리자면 다음과 같다.

그는 자신이 이 시설을 책임지고 있다고 믿는다. 하지만 그 자신이야말로 미치광이에 불과하며 우리는 그를 놀리느라고 미친 척 장단을 맞추고 있는 것뿐이다.

그는 또 꽃술에 있는 꿀로 종이에 상징을 그리기도 했다. 다이애나 여신과 세인트 로사와 콜론이라는 이름의 여배우가 합체된 여자 거인의 형상에 후광까지 그려 넣었다. 그는 망상 속에서 그 여배우와 사랑하는 사이라고 믿었는데, 현실은 그저 먼 거리에서 그녀를 연모하는 추종자였을 뿐이다. 그는 그녀에게 어마어마한 크기의 화환을 보내기도 하고, 또 그녀를 보겠다고 초대형 오페라글라스를 구하기도 하고, 그녀에게 박수갈채를 더해주기 위해서 특별한 지팡이를 구매하기도 했다. 이에 대해서는 네르발이 오페라글라스와 지팡이를 사대는 쇼핑지옥에 빠져서 결국 신세를 망쳤다는 말이 전해질 정도였다.

한번은 자신이 사랑하는 이를 위한 것이라면서 중세 시대의 침대를 하나 구해 놓고서 이와 어울리는 환경을 조성하겠다며 아파트를 얻고 사치스러운 가구로 채워 넣기까지 했다. 나중에 경제적으로 곤궁에 빠지면서 가구들을 하나하나 처분하는 상황을 맞이하지만, 그 침대만은 고집스럽게 내놓지 않았다고 한다. 이후에 아파트를 정리하는 상황에 처하자, 헛간으로 옮겨 가면서까지 끌고 다녔다는 것이다. 하지만 끝내 침대까지도 정리해야 하는 순간이 오고, 싸구려 하숙과 주점에서 잠을 해결하고 그 처마 밑이나 나무 그늘 아래에서 글을 쓰는 가련한 신세에 빠지게 되었다고 한다.

이후에 네르발은 콜론을 보러 갈 수 없는 처지가 되었다. 그럴수록 그녀는 그에게 성인이나 하늘의 별과 동일시되면서 마치 우상과도 같은 존재가 된다. 네르발은 그녀가 세인트 테레사의 현신이라고 선언하기도 했다. 그녀는 그를 사랑한 적이 없을 뿐 아니라 실제로 만나본 적은 한 번 밖에 없다고 대외적으로 공표했는데, 사실이 그랬다. 이를 전해들은 네르발은 "그녀가 나를 사랑한 적이 있었다고 해서 뭐 좋을 게 있어?"라고 반문했다. 그리고 하이네의 시를 인용해서 "아무 희망 없이 두 번째로 사랑에 빠지는 사람은 미친 것이라지. 내가 바로 그 미친 사람일세. 하늘이 웃고 태양이 웃고 별들도 비웃을 테지. 나 자신도 스스로를 조소하네. 조소하면서도 또 그 사랑 때문에 죽을 수도 있다네"라고 말했다고 한다.

어느 날은 석양이 내리는 발코니에 있는데 갑자기 유령이 네르발을 부르며 나타났다. 그는 부름에 응해서 앞으로 달려 나가다 그대로 추락해버리고 만다. 이 일로 네르발은 거의 죽다 살아났는데, 그가 처음으로 환영과 환청을 경험한 순간이었다.

네르발은 삶의 말엽에 마흔여섯의 나이로 과대망상 증상을 보이기 시작했다. 그는 에름농빌에 있는 성이며 경탄할 만한 자신의 미모에 대해 떠벌려 댔다. 그는 네르바 주화를 사 모으기도 했는데, 자신의 조상이 이리저리 굴러다니는 것을 원치 않는다고 이유를 댔다. 하지만 네르발이라는 이름은 그의 가명에 불과했다. 그런데도 그는 자신이 네르바의 후손이라면서 네르바 가문의 남자들은 모두 가슴에 초자연적인 상징으로 솔로몬의 표식이 새겨져 있다고도 했다.

울중의 상태에 들어가면 소심하고 조심스럽다가도, 조증이 오면 거침이 없고 야단스러워졌다. 무기로 친구들을 위협하는 일도 있었다.

그는 기온이 낮아졌는데도 여름옷을 고집하면서 "추위는 강장제일 뿐 라플란드 사람은 병에 걸리지 않아"라고 말했다고 한다. 하지만 그 며칠 후 스스로 목을 매서 생을 마감했다.

_매사에 심드렁한 존재 보들레르

보들레르는 유고집의 첫 페이지에 실린 초상에서 보면 전형적인 과대망상증 환자의 형상을 가졌다. 그는 정신병자와 기인이 속출하는 혈통의 집안에서 태어났다. 그의 광증을 진단하는 데는 굳이 정신과 의사도 필요치 않았다. 어렸을 때부터 그는 이미 환영에 시달렸다. 그 자신도 고백하고 있듯이 이 시기부터도 보들레르에게는 극단적으로 대치되는 감각과 감정이 공존하고 있었다. 삶에 대한 공포와 함께 삶의 환희도 병존하고 있었으며, 감각과민인 동시에 무심한 일면도 있었다. 그는 '권태라는 사막 안에 있는 공포라는 오아시스'에 머무르는 자신을 건져낼 필요가 있다고 느꼈다.

보들레르는 치매에 걸리기 전에도 충동적인 행동을 저지르곤 했다. 예를 들면 자기 집 건너편에 있는 상점 유리창에 화분을 내던진 일이 있는데, 단순히 유리가 깨지는 소리를 듣고 싶어서였다고 한다. 그는 또 다달이 숙소를 바꾸어 댔다. 그러면서 작품을 완성하는 데 필요하다고 호소하며, 친구에게 신세를 지고서는 전혀 쓸데없는 것을 읽으면서 허송세월을 보냈다. 아버지를 일찍 여의고 어머니가 재혼을 한 상태였는데, 계부와 심하게 다투면서 친구들이 다 보는 앞에서 그의 목을 조르기도 했다. 일을 배우라고 인도에 보내놓았더니 가진 것을 다 탕진하고서는 흑인 여자 한 명을 데리고 돌아 온 일도 있었다. 그 여자를 위해서 이국적인 분위기의 시를 지어서 바치기도 했다.

보들레르는 어떻게 해서든 독보적인 존재가 되고 싶어 했다. 높은 사람 앞에서 술김에 허풍스러운 면모를 드러낼 때도 있고, 머리를 녹색으로 염색하기도 했으며, 여름에는 겨울옷을 겨울에는 여름옷을 입고 지내기도 했다. 그는 연애에 있어서도 병적인 기호를 보여주었다. 못생기거나 흑인이거나 난장이이거나 거인처럼 덩치가 큰 여자들에게 빠져 들었다. 아름다운 여성에 대해서는 천장에 팔을 묶어 매달아 놓고 그 발에 키스하고 싶다고 표현한 적이 있는데, 그의 시를 보면 맨발에 키스하는 것이 성교와 동일한 행위로 보인다.

보들레르는 계속해서 일을 할 것이라는 헛꿈을 꾸었다. 빚을 갚기 위해서 시를 몇 행이나 지어내야 하는지, 그러자면 또 시간이 얼마나 필요한 지를 늘 계산해보고 있었다. 하지만 기간을 상정해 놓기만 하고 실상은 결코 일을 시작하지 못했다.

보들레르는 스스로도 자신을 오만하며 대인혐오증이 있고 매사에 심드렁한 존재라고 묘사했다.

남들이 하는 일은 다 성에 차지 않았고, 나 자신조차도 마음에 들지 않았다. 나는 밤의 고요와 고독 속에서 자신에게 약간의 자부심을 허용하여 스스로를 구원하고자 한다. 내가 사랑했던 영혼들이여, 내가 찬가를 바쳐왔던 영혼들이여! 나에게 힘을 주고, 붙잡아 주고, 거짓으로부터 그리고 오염된 세상으로부터 나를 벗어나게 해주기를.

오, 나의 주 하나님, 은혜를 베풀어 주셔서 아름다운 시를 지을 수 있게 해주시고, 그리하여 이 몸이 최악의 저열한 인간이 아니라는 것을 증명하게 해주시옵소서. 제가 경멸하는 이들보다 열등한 존재가 아니라는 것을 증명할 수 있게 해주시옵소서.

보들레르는 이를 절실히 필요로 했는데, 구스타프 플랑슈에게는 천치라고, 뒤마에게는 어릿광대라고, 조르주 상드에게는 섬세함을 결여한 뵈이요(프랑스의 저명한 문필가이자 언론인 – 옮긴이 주)라며 독설을 퍼부었던 것이다. 그는 자신이 갖고 싶어 하는 명성을 이들이 보유하고 있다는 이유만으로 그토록 공격한 것이다. 그가 몰리에르와 볼테르를 우스갯거리로 만든 것도 같은 이유에서이다.

광증이 심해지면서, 보들레르는 단어 사용에 장애를 보이곤 했다. 그러니까 문을 열라고 말하고 싶은데 실제로는 '닫아라'라는 말이 나오는 것이다. 그는 결국 정신병에서 비롯된 전신 마비가 진행되면서 죽음을 맞는다. 그의 지나친 야심은 그 전조 증상이었을 수도 있다.

_기행의 끝 꽁까또, 마인렌더, 코다찌, 보여이

꽁까또는 가난한 재단사의 아들이었다. 그는 심각한 뇌손상을 입은 적이 있었다. 그래서 그런지 퇴행의 특징적인 징후가 나타났다. 피부가 창백하고, 광대뼈가 튀어나와 있었으며, 다양한 형태의 정신 이상 증세가 나타났던 것이다. 열일곱 살에 이미 급사할 수 있다는 공포에 사로잡혀서 초석을 준비해두고 뇌의 이상에 대비했다. 스무 살

이 되어서는 수도사가 되기로 마음먹었는데, 그는 사실 어린 시절 신
앙심이 부족해서 고해성사를 가짜로 지어낼 정도였다.

꽁까또는 오스트리아 관리와 분쟁에 휘말린 경험이 있은 후로는
모든 공권력에 대해 두려움이 생겼다. 그는 자신의 집에 관리나 군인
이 들어올 때 칼을 소지하는 것을 절대로 허락하지 않았다. 심지어 늘
그막에 이르러서도 시의 경비대만 시야에 들어와도 사시나무 떨 듯
떨었다고 한다. 어느 날 밤에는 자신이 살인을 저지르는 꿈을 꾸고 나
서, 이후 여러 날을 갖가지 공포에 시달리게 된다. 밀실 공포증도 있
어서 그를 마차나 방에 넣고 문을 닫으려 하면 누구에게든지 격분했
다고 한다. 한때는 자신이 가장 저열한 수준의 인간이라는 생각에 빠
지기도 했다. 그는 또 걸핏하면 화를 내면서, 건강을 유지하기 위해서
는 적어도 하루에 한 번 화를 내야 건강을 유지할 수 있다고 말하곤
했다. 전 유럽에서 가장 위대한 의사들 중 하나라고 꼽히는 사람이 이
런 인물이었다.

마인렌더는 집안 내력으로 정신에 문제가 있었다. 그의 조부는 아
들 하나를 앞서 떠나보내고 종교적 신비주의에 빠져서 결국 광인이
되었으며, 서른셋의 나이에 뇌의 염증으로 죽음을 맞았다. 그의 형제
중에도 정신이상자가 한 명 있었는데 불교에 귀의하고 싶어 했다. 마
인렌더 자신은 젊어서 소렌토의 바다를 보고 투신 충동을 느꼈는데
그저 한없이 맑은 물에 매혹 당했기 때문이다. 그는 독학으로 학문을
익혔고 유명한 저서 『구원의 철학』을 집필했다. 하지만 자신의 이론
을 실현하기 위해서 절대적인 순결을 고수했으며, 책이 출간되는 날
에 목을 매서 자살했는데, 그 이유는 책 속에 나오는 다음의 문구를

확인시켜주기 위해서였다.

인간이 구원을 얻고자 한다면 비존재의 가치를 인식해야만 하고, 존재하지 않겠다는 염원을 가져야만 한다.

실증주의의 창시자인 오귀스트 콩트는 유명한 정신병 의사 에쉬퀴롤의 치료를 십 년 동안이나 받았다. 그리고 회복된 후에는 아무런 이유도 없이 자신을 헌신적으로 돌보아 온 아내에게 이혼을 요구했다. 후에 그는 자신이 물신을 숭배하는 종교의 사제이자 사도라고 믿었는데, 정작 오랜 세월 동안 그는 사제제도와 관련된 모든 것을 폐지하자고 주장했던 것이다. 콩트는 깊이 있는 사색의 결과물이라는 것이 분명하고 대단한 사상적 성과물들을 세상에 내놓았다. 하지만 참으로 미치광이의 것이 아닐까 싶은 생각들을 간혹 찾아볼 수 있다. 예를 들자면, 콩트는 언젠가 여성이 남성의 조력 없이 수태할 수 있으리라 예언했다.

수학자들은 정신착란에 빠지지 않을 거라는 말들을 한다. 하지만 그것은 사실이 아니다. 뉴턴과 앙팡탱까지 떠올릴 것도 없이 아르키메데스의 두 가지 기행과 파스칼이 환영에 시달리던 것만 봐도 알 수 있는 일이다. 그리고 수학자 코다찌의 괴팍스러웠던 언행은 어떠한가?

코다찌는 머리 크기가 매우 작고 위쪽으로 뾰족한 기형적 모양이었다. 게다가 알코올 중독이었고 지독히도 탐욕스러웠다. 정서적으로 무정하면서 허영심은 또 강해서, 아직 젊은 시절에 자신의 장례비용까지 미리 마련해놓고 있으면서 부모가 굶주림에 직면한 상황에도 원조를 거부했다. 그는 자기 판단에 대해서 아무런 의견도 듣지 않았는데, 하다못해 외투를 재단하는 문제에 있어서까지 아무도 토를 달지 못했다. 그는 심지어 미적분학을 이용해서 음악 선율을 작곡할 수 있다고 생각했다.

모든 수학자들의 존경을 받는 위대한 기하학자 보여이는 기실 그 기행의 면면을 볼 때 미치광이에 가까웠다. 그는 13명이나 되는 관리들에게 한꺼번에 도발해서 결투를 벌였고, 결투 사이사이에 바이올린을 연주했다. 그 바이올린은 보여이가 가진 유일한 재산으로 그의 집에는 다른 살림살이는 아무것도 없었다. 연금을 받으면서부터 그는 자신의 장례식 초대장을 미리 날짜를 비워 둔 채로 인쇄해놓고, 관도 미리 짜놓았다. 이 엉뚱한 짓은 최근에 죽은 수학자 두 명도 똑같이 했다. 6년 후 보여이는 아직 사용을 못한 초대장을 대체해서 비슷한 초대장을 새로 인쇄했다. 그는 상속자에게 자신의 무덤에 사과나무 한 그루를 심어야 한다고 다짐을 받았는데, 이브와 파리스와 뉴턴을 기념하기 위해서였다. 유클리드 기하학을 혁신한 위대한 기하학자는 이런 인물이었다.

_어느 천재의 고백 까르당

까르당은 동시대인들에게 가장 위대한 인물이면서 또 어린 아이의 어리석음을 가졌다는 소리를 들었다. 그는 감히 갈레노스에게 비평을 가한 최초의 인물이었고, 불을 원소의 위치에서 내려놓은 장본인이기도 하다. 그는 또 마녀니 성인이니 하는 이들이 다 미치광이에 불과하다고 평하기도 했다. 이 위대한 까르당은 아버지, 사촌, 자식들이 미치광이였으며, 본인 또한 평생을 미치광이로 살았다.

말더듬이에 무능력하고 기억하는 것이나 알고 있는 것도 매우 한정되어 있었다. 나는 어린 시절부터 최면에 걸린 듯 환상에 시달렸다.

까르당 자신의 고백이다. 때로는 수탉이 그에게 사람처럼 말을 걸어왔다. 때로는 뼈로 가득 차 있는 무간지옥이 눈앞에 펼쳐졌다. 무엇을 상상하든 이내 눈앞에 실제로 모습을 드러냈다. 열아홉 살에서 스물여섯 살까지 가상의 존재가 그에게 나타나서 충고를 해주고 미래를 열어 보여주기도 했다. 이 천재와 비슷한 존재는 까르당의 아버지에게도 나타났다고 한다. 스물여섯 살이 될 때까지 까르당은 초자연적인 존재에게서 벗어나지 못했다. 한 번은 처방전이 잘못 쓰였는데, 그 종이가 중력의 법칙을 무시하고 탁자 위에 꼿꼿이 서서 그의 잘못을 일깨워주었다고 한다.

까르당은 또 건강염려증이 심했다. 그는 무슨 병이든 새로 알고 나면 바로 자신이 그 병에 걸렸다고 생각했다. 두근거림, 거식증, 설사, 야뇨증, 통풍, 탈장 등등, 그런데 이 모든 병증은 치료 없이 성모 마리아에게 기도하는 것만으로도 저절로 사라져 버렸다. 때로는 살에서 유황이 타는 냄새를 맡기도 하고, 때로는 대지진의 난리 속에서 화염과 유령이 출현하는 것을 목도하기도 했다.

까르당은 또한 정부가 새로 들어설 때마다 그를 박해한다는 피해

의식이 있었고, 이름도 형체도 알 수 없는 적들이 온 사방으로 그를 둘러싸고 있다는 망상에 젖었다. 자신이 사랑하는 아들이 고발된 것도 그러한 적들의 모함 때문이라고 생각했다. 그는 또한 자신이 독에 중독되었다고 믿었다. 애초에 파비아대학교의 교수들이 자신을 초빙한 것부터가 자신을 독살하기 위한 목적에서였다고 의심했다. 자신이 독을 이겨내고 살아남는다면 그것은 성모 마리아의 은덕이라고 말했다.

까르당은 자신이 모든 악덕에 끌린다고도 말했다. 술, 도박, 거짓말, 사기, 배덕, 질투, 음모, 중상, 배반 등등 그는 온갖 죄악에 빠져 살았다. 또한 보름달이 뜨는 밤이면 자신이 정신착란 증세를 일으키는 것을 스스로 목격했다. 까르당은 고통을 즐기는 도착적인 모습도 보여주었다. 물리적인 통증이 전혀 없으면 오히려 편하게 있지 못했다. 그래서 통증이 없는 상태가 되면 피가 나올 때까지 입술이나 팔을 물어뜯는 등 인위적으로 고통을 만들어 냈다.

나는 통증을 일으키는 요인들을 찾아다녔는데, 그 통증이 멎는 순간의 쾌감을 즐기기 때문이다. 아무런 고통도 겪고 있지 않을 때면 오히려 심한 우울감에 빠지고 모든 것을 심각하게 고민하기 때문에 더욱 힘든 상황에 빠져든다.

이를 통해서 미치광이들이 가학적인 경향을 보이는 이유를 이해할 수 있다. 바이런도 이따금씩 열병에 시달렸지만 이를 벗어난 후 찾아오는 쾌감이 컸기 때문에 나중에는 열병을 반기게 되었다고 고백한 적이 있다.

까르당은 꿈에서 알려주는 계시를 읽으려 애썼고 또한 이를 맹신하기도 했다. 그런 결과로 조금 난해한 『꿈』이라는 저서가 나왔고, 의학적인 판단을 내릴 때도 꿈에 의지했으며, 결혼을 결정할 때나 새로운 일을 시작하는 경우에도 꿈에서 지시하는 대로 따랐다.

어느 날엔가 꿈속에서 매우 감미로운 선율을 들었다고 생각했다. 그렇게 꿈에서 깨어났을 때 그때까지 나를 괴롭혀 왔던 열병이라는 병증에 대한 오랜 고민이 풀렸다. 나는 지난 25년이 넘는 세월 동안 열병이 경우에 따라서 치명적인 정도가 달라지는 이유를 고민해왔던 것이다.

-『꿈』

사실 이 책을 저술하게 된 것은 꿈에서 암시한 것을 따른 것이다. 이 책을 21장으로 구성한 것도 마찬가지다. 그리고 이러한 암시에 따라 판단을 내리고 사고를 하면서 나는 전에 없는 즐거움을 느꼈다.

그는 서른넷이 될 때까지 성적으로 미숙한 상태였는데, 처음으로 성경험을 하게 된 것도 꿈에 취한 채였다. 그는 그때까지 본 적도 없던 여자와 비몽사몽간에 엮이었고, 결국 산적의 딸이었던 여자와 결혼까지 하게 된다. 꿈에 대한 의존도는 점점 높아져서 진료조차도 꿈에 의지해서 진행할 정도였다. 이에 관해서는 다양한 일화들이 있는데, 우스꽝스러운 경우부터 괴이하거나 끔찍한 사건까지 망라되어 있다. 특이하게도 다양한 특징이 모두 보이는 보석에 얽힌 꿈을 소개하도록 하겠다.

때는 1560년 5월이었고, 당시 까르당은 52살이었다. 아들이 독살 사건에 휘말려서 공개적으로 처형되면서 까르당은 원래부터 유약했던 영혼에 심대한 타격을 입은 상태였다. 그는 아들을 지극히도 사랑했고, 또 아들에게서 자신을 닮은 손자를 보겠다는 소망이 있었다. 그랬던 그이기에 비탄에 빠져서 정신 나간 생각까지 하게 된다. 까르당은 아들의 형 집행에도 자신을 핍박해온 이들의 개입이 있었을 거라는 망상에 빠졌다.

극심한 슬픔 속에서 이를 잊고자 연구에도 매진해 보고 유흥에도 빠져 보았지만 별 소용이 없었다. 스스로를 물어뜯기도 하고 팔다리에 매질을 가하기도 해보았지만 역시나 아무 소용이 없었다. 잠을 이룰 수도 없었다. 그렇게 사흘째 불면의 밤을 보내고 있을 때 문득 이제 나에게는 죽거나 미치는 길밖에 남지 않았구나하는 생각이 들었다.

그래서 신에게 내 목숨을 거두어 달라고 기도를 드렸다. 그러자 뜻밖에 잠을 잘 수 있었다. 그리고 꿈속에서 누군가 다가왔다. 형체는 알아볼 수 없었지만 나에게 이렇게 말해 주었다.

"왜 아들 때문에 비탄에 젖어 있느냐? 목에 걸고 있는 보석을 입 안에 넣어 보아라. 보석을 물고 있는 동안에는 아들 생각에서 벗어날 수 있을 것이다."

꿈에서 깨어난 후 나는 에메랄드가 슬픔을 잊는 것과 무슨 상관이 있는 것인지 자문하지 않을 수 없었다. 하지만 딱히 다른 수가 있는 것도 아니었기에 에메랄드를 입 안에 넣어 보았다. 그러자 천만 뜻밖에도 내 아들을 떠올릴 만한 것이 모두 기억에서 사라져 버렸다. 그렇게 일 년 반이 무사히 지나갔다. 단지 밥을 먹을 때나 강연에 나가야 할 때만은 입에서 보석을 내놓을 수밖에 없었는데, 그 사이에는 오랜 슬픔이 다시 찾아들었다.

이 기괴한 치료법은 이탈리아어에서 '조이아gioia'라는 단어가 '기쁨'과 '보석'의 두 가지 의미를 모두 지니고 있다는 사실에 기인한다. 우습지만 이렇듯 명확한 어원으로 인해 까르당은 그를 뒤에서 돕는 천재의 도움이 없이도 보석이 지니는 효능을 바로 이해할 수 있었다. 그는 『꿈』이라는 책 속에서 꿈에 나온 보석이 지니는 의미를 직접 풀이해 놓았다. 까르당은 보석이 그 어원에 근거해 볼 때 기쁨을 의미하며 따라서 자신의 아들을 상징한다고 확신했다.

까르당은 심한 과대망상증 환자이기도 했다. 스스로를 천지창조 이래 가장 위대한 7인의 의사 중 한 명이라고 지칭했으며, 보통 사람은 보지 못하는 과거에서 미래의 일까지도 볼 수 있다고 주장했다.

루소와 할러가 그랬듯이, 까르당은 말년에 자신의 고단한 일생을 기록으로 남겼다. 그는 심지어 자신의 사망 예정일을 정확하게 예견했다. 알고 보면 자신의 점성술이 들어맞을 거라는 것을 증명하려고 그 날짜에 맞춰서 죽음을 앞당겼을 가능성이 크다.

_마법을 부리는 이와 함께 타소

타소에 대해서는 어떻게 말해야 할까? 베르가가 타소에 대해서 쓴 논문을 읽지 못한 이들은 다음의 편지 내용을 보면 그에 대한 윤곽이 잡힐 것이다.

내가 지닌 슬픔이 너무나 크기 때문에, 내가 가진 우울한 생각들을 잘 감추지 않으면 사람들은 나를 미친 사람 취급한다. 나 스스로도 미쳤다는 생각이 든다. 우울한 생각에 사로잡히면 나 자신과 오래도록 대화를 하게 된다. 내 문제는 인간적인 면과 악마적인 면을 모두 지니고 있다. 인간세계에 속한 부분은 사람들의 울부짖음이나 동물들의 울음소리가 해당될 수 있겠다. 악마적인 것들은 대체적으로 음악의 형태로 들려온다. 공부를 해보려고 책을 잡으면 내 귀에 속삭이는 온갖 소리들이 들려온다.

타소는 『전령』이라는 작품 속에서 여러 차례 자신의 광기를 고백하면서 그 원인을 술과 여자에게 돌리고 있다. 그리고 『전령』은 후에 타소에게 실제인 듯 환영으로 나타난다. 더욱이 『아민타』라는 작품 속의 티르수스는 타소 자신을 형상화했다고 보아도 무방하다.

어느 날인가, 타소는 대공의 접견실에서 안으로 들어오던 시종에게 단검을 휘두른 일도 있었다. 분명 환각 상태에서 벌어진 일일 것이다. 그는 바로 투옥되었는데, 토스카나 대사의 입을 빌어 말하자면 타소를 벌주기 위해서라기보다는 치료하기 위해서 취해진 조치였다.

이 불행한 시인은 각국을 전전해 보았지만 슬픔 가득한 환영에서 놓여 날 수 없었다. 그렇게 환영에 사로잡힌 채 타소는 끝도 없는 후회와, 독살 당할 수 있다는 걱정과, 지옥에 떨어질지 모른다는 공포에 시달렸다.

타소는 의사에게 다음과 같은 내용의 편지를 보내기도 했다.

나는 슬픈 생각을 떨쳐내지 못합니다. 온갖 잔상과 유령에게 시달리며, 기억력도 현저하게 떨어졌습니다. 부디 제 약을 조제할 때 기억력을 강화시킬 수 있는 처방을 잊지 말아 주십시오.

세력가였던 곤자가에게는 다음과 같은 편지를 보냈다.

나는 광기에 사로잡혀 있습니다. 그들이 내가 혼잣말로 넋두리한 미친 소리들을 당신에게 모두 보고하지 않았다는 것이 놀랍습니다. 난 각국의 제왕들을 이리저리 내 입맛대로 바꾸는 망상에 빠져 있습니다.

이 편지의 흥미로운 점은, 타소가 얼마만큼이나 우울함과 슬픔에 잠식되어 있는지 보여준다는 것이다. 다른 사람들에게는 신나는 일이 될 수도 있는 것이 그의 주관적인 필터를 거치면 힘겹고 비극적인 일이 되어버리는 것이다.

며칠 후에는 카타네오에게 다음과 같은 편지를 보내게 된다.

저에게 필요한 것은 의사보다는 퇴마사입니다. 제 문제는 마법이 작용한 결과이기 때문입니다. 나를 괴롭히는 도깨비에 대해 말씀드리자면, 이 작은 도적놈이 저에게서 얼마나 많은 왕관을 훔쳐갔는지 모릅니다. 책이란 책들은 모두 뒤엎어 놓았고, 귀한 보관함들도 다 열어놓고는 열쇠를 숨겨 버렸습니다. 도대체 이놈을 어찌 막아낼지 모르겠습니다. 저는 항상 불행합니다. 특히나 밤이 되면 더욱 불행합니다. 이래서 광증이 일어나는지도 모르겠습니다.

다음은 또 다른 편지의 내용이다.

깨어 있을 때면 허공중에서 번쩍이는 빛이 출현합니다. 때로는 불꽃이 눈에 튀어서 시력을 잃으면 어쩌나 두렵기도 합니다. 때로는 끔찍한 소리가 들리기도 합니다. 휘파람 소리, 쩔그럭대는 소리, 종소리, 때로는 온 사방의 시계가 일제히 같은 시간에 종을 울려대는 소리까지 귀를 먹먹하게 합니다. 잠이 들면 또 말을 타고 있는 두려운 존재가 달려들어서 나를 저 땅 속으로 처박아 버립니다. 때로는 무시무시한 야수들이 나를 에워싸고 있는 환영에 사로잡히기도 합니다. 이 모든 것들을 온몸의 관절 하나 하나에서 생생하게 느낄 수 있습니다. 그럴 때면 머리가 무거워지면서 극심한 고통과 공포 속에 성모 마리아의 현신을 보기도 합니다. 젊고 아름다운 모습으로 무지개관을 쓰고 있는 아드님과 함께하신 모습이었습니다.

이후에도 타소는 도깨비가 자기 이야기가 쓰인 편지를 모두 가져가 버렸다는 이야기를 카타네오에게 전한다.

당시 저는 병원에 있었는데, 그 일이야말로 제가 직접 기적을 목격한 경우입니다. 따라서 저는 이러한 기묘한 일들 뒤에 마법을 부리는 이가 있다고 확신하는 것입니다. 제게는 무수한 증거들이 있습니다. 어느 날엔가는 제 눈앞에서 빵 덩이가 날아가 버린 일도 있습니다.

타소는 한 번은 지독한 열병을 앓다가 성모 마리아가 나타나서 쾌차한 일이 있다. 이에 대해 감사한 마음을 소네트에 담아 남기기도 했다. 또한 『전령』에 등장하는 것과 유사하게 자신만의 천재가 있어서 그에게 편지를 쓰기도 하고, 그와 이야기를 나누기도 했다. 그 천재는 타소가 미처 떠올리지 못했던 여러 가지 아이디어들을 제시해 주곤 했다.

_잔인한 고문에 시달린 영혼 스위프트

풍자와 해학의 창시자였던 스위프트는 이미 유년의 시절에 자신이 미쳐서 죽게 되리라고 예견했다. 부친의 형제 중에 그런 이가 있었던 것이다. 어느 날 정원을 산책하는 중에 꼭대기 부분의 잎이 모두 떨어져버린 느릅나무를 보고서는 "나도 저 나무처럼 머리가 병들어 죽게 될 거야"라고 말했다고 한다.

스위프트는 우수함에 대해 편집적으로 집착하면서 오만했고 거칠고 공격적인 삶을 살아서 사람들에게 '미치광이 목사'라고 통칭되었다. 성직자인데도 반종교적인 저작 활동을 했기 때문에 스위프트를 주교로 세우기 전까지는 그에게 세례를 받게 해야 하는 게 아니냐는 농담을 들을 정도였다.

스위프트가 현기증에 시달리기 시작한 것은 그의 입으로도 말한 것과 같이 스물세 살 무렵이었다. 따져보면 이 뇌의 질병은 장장 50년이 넘는 세월 동안 그를 괴롭혔던 것이다. 그는 스스로를 현기증에 골골대며 벌레같이 미미한 존재이고 둔하기 짝이 없으며 남자답지도 못하다고 정의한 적이 있다. 그는 사랑해마지 않던 스텔라가 죽고 난 후 절망의 나락에 떨어진다. 그 시기에 지독한 풍자를 담고 있는 『하인들에게 주는 지침』을 썼다.

그렇게 몇 달 후에 스위프트는 기억을 잃는다. 그래도 그 신랄한 말주변만은 남아 있었다. 그는 거의 일 년 동안 말을 잃고 아무것도 읽지 않고 또 누구도 알아보지 못했다고 한다. 하루에 열 시간을 계속 걸어 다니기도 하고, 먹는 것도 서서 때우거나 아예 먹기를 거부하는 일도 있었고, 누구라도 방에 들어오려면 광폭하게 화를 냈다고도 한다.

몇 차례 폭발적인 상황을 지나면서 점차로 상태가 호전되는 것처럼 보이기도 했다. 스위프트는 "바보 같군"이라고 스스로를 한심해 하는 말을 했다고도 한다. 하지만 제정신으로 돌아온 시간은 순간이었다. 그는 이내 치매로 주저앉고 만다. 삶이 지속되는 순간까지 날카로운 풍자 감각은 살아 있었다고 한다. 그는 결국 1745년 치매로 생을 마친다. 이미 여러 해 전에 미리 작성해 놓은 유언장에 따라 11,000 파운드에 달하는 그의 재산은 모두 정신병자 수용시설에 기부되었다.

스위프트는 사후 해부한 결과, 뇌가 많이 물러졌고 물도 많이 차 있었다. 1855년에 그의 해골을 다시 조사했는데, 뇌동맥이 팽창하는 등의 이상이 있는 경우처럼, 두개골이 매우 불규칙한 형태로 여기저기 부풀어 있었다. 또한 소뇌 부분은 현저하게 줄어들었다. 스위프트는 자신의 묘비에 새길 글귀를 직접 작성해 놓았다. 이를 보면 그의 영혼이 얼마나 잔인한 고문에 시달렸는가를 알 수 있다.

격심한 분노가 더 이상 심장을 찢어내지는 못하리라.

_열정에 이성을 빼앗긴 천재 뉴턴

위대한 뉴턴은 정신으로 인류를 정복해냈다는 평가를 받았지만 노년에 이르러서는 역시나 정신이상 증세를 보였다. 지금까지 살펴 본 위인들과 비교해서 경미한 수준이었지만 말이다. 이 시기에 그는 『고대왕국의 연대기』, 『다니엘예언서와 요한계시록에 관한 견해』, 『벤틀리에게 보내는 서간문』 등을 저술했다. 아마도 그렇기 때문에 이 저서들이 초기의 위대한 저작들에 비견할 수 없는 범작에 그쳤을 것이다.

뉴턴은 1693년에 화재로 집을 송두리째 태워버렸는데, 이미 전적이 있어서 화재에 집을 잃은 것이 벌써 두 번째였다. 거기에 또 과도하게 연구에 매진하며 자신을 소진시키기도 했다. 그의 친구들은 뉴턴이 대주교와 대화를 나누면서 두서없이 이상한 소리를 해대는 것을 보고 그에게 심각한 문제가 발생했다는 것을 알아챘다.

당시에 뉴턴이 쓴 두 통의 편지를 보면, 그 형식의 조악함을 떠나서 내용 면에서도 그가 심각한 환각 증세를 겪고 있다는 걸 알 수 있다. 그는 로크에게 다음과 같은 내용을 써보냈다.

당신이 저와 여자들을 엮어 추문을 내는데 일조했다고 듣고서 사실 심하게 마음이 상했습니다. 그래서 당신의 병환이 심해서 생명이 위독할 지경이라는 말을 들었을 때 당신이 죽어버리는 게 낫다는 말까지 했던 것입니다.

저의 몰인정함을 부디 용서하기 바랍니다. 지금은 당신이 매우 적절하게 대처했던 것이라고 생각하며, 그에 대해 앙심을 품은 이 사람을 용서하길 바랄 뿐입니다.

당신은 도덕적인 원칙을 지켰을 뿐입니다. 그 원칙은 당신의 저술 활동의 근간이 되어 온 것으로서, 이를 통해서 이 사람도 당신이 홉스주의자의 일원이라는 것을 알아본 적이 있습니다. 당신이 나를 이용하거나 흠잡으려 했다고 생각하며 떠들고 다닌 데 대해서 또한 당신이 용서해주시기를 바랍니다.

- 당신의 가장 비천한 종 뉴턴으로부터

로크는 이에 대해 우호적으로 회신해 주었다. 그런데 한 달 후에 뉴턴은 다시 로크에게 다음과 같은 편지를 보낸다.

지난겨울 난로 옆에서 자주 잠을 자다 보니 잠자는 주기가 엉망이 되어버렸습니다. 거기에다가 지난여름에 유행했던 전염병 때문에 더욱이 정신이 없었습니다. 당신에게 편지를 보냈을 때도 거의 이주일 동안 밤에 한 시간도 제대로 눈을 붙이지 못한 상태였습니다. 바로 전 닷새 동안은 한잠도 잠을 이루지 못했습니다. 그래서 당신에게 편지를 쓴 것은 기억을 하는데, 당신의 책에 대해서 무슨 말을 했는지는 기억을 하지 못하겠습니다.

뉴턴은 또 피프스에게 보낸 편지 속에서 "지난 열두 달 동안 먹을 수도 없고 잠을 잘 수도 없었습니다. 이전처럼 또렷한 정신을 유지할 수도 없었습니다"라고 말하기도 했다.

정신병자수용소를 집중 방문하지 않고서 편집광의 정신 상태를 알고 싶다면 루소를 읽으면 된다. 특히 『고백』, 『대화록』, 『고독한 산책자의 몽상』 등과 같은 후기 저작을 위주로 읽는 것이 좋다. 루소는 『고백』에서 다음과 같이 말했다.

나는 불타는 열정을 지니고 있다. 그러한 열정에 사로잡힐 때면 앞뒤 없이 맹렬하게 돌진할 뿐이다. 마음속에는 열정에 사로잡히게 한 대상밖에 남지 않는다. 그에 비하면 온 우주가 그저 덧없이 느껴질 뿐이다. 하지만 이러한 열정이 지속되는 것은 순간에 지나지 않는다.

그러한 순간이 지나고 나면 완전히 탈진해버린다. 아주 훌륭한 재질의 종이 한 장이 그 종이 한 상자를 살 수 있는 돈보다도 나에게는 더욱 탐이 난다. 물건을 보면 그대로 손에 넣고 싶다. 어떻게 하면 가질 수 있을까 하고 수단을 궁리하는 것은 정말 갖고 싶은 것이라고 할 수 없다. 탐나는 것이 눈앞에 있으면 사고 싶은 것이 아니라 그냥 들고 나올 생각이 바로 든다.

여기서 도벽과 절도를 명확히 구분할 수 있다. 도벽이 있는 사람은 본능적으로 물건을 훔치는 것이고, 절도를 하는 사람은 이익을 탐해서 물건을 훔치는 것이다. 도벽이 있는 사람은 탐나는 물건이 있으면 자석처럼 끌려가는데 반해, 절도를 하는 사람은 물건이 지닌 가치 때문에 움직인다.

_감각에 지배되는 사람 루소

루소는 감각에 지배되는 사람으로서 저항할 방법을 도저히 알지 못했다. 아무리 하잘것없는 쾌락일지라도 일단 쾌락이기만 하다면 천국의 환희에 못지않게 매혹적이기만 했다. 실제로 수도사와 식사를 하는 중에 루소는 충동을 이기지 못하고 배교를 결심하고, 간질로 쓰러진 친구를 보고는 혐오감을 이기지 못해서 잔인하게 버려두고 가버린 일이 있다.

루소의 병적이고 폭력적인 경향은 감정적인 면에 국한되지 않았다. 『고백』에서 보면 루소는 이미 유년기부터 지적인 면에 있어서도 병적이고 충동적인 경향을 보였다는 것을 알 수 있다.

나는 고통 속에 있을 때라야 유쾌한 상상을 할 수가 있다. 내가 즐거운 일을 맞이했을 때는 이를 아름답게 표현해 낼 방법을 모르겠다. 오직 상상이라야만 가능할 뿐이다. 봄을 제대로 그려내고자 한다면, 반드시 겨울에 그려야 한다는 것이다.

실제의 악마는 자신에게 아무런 힘을 발휘하지 못한다고 루소는 말한다. 상상 속의 악마가 자신에게는 더욱 영향력이 있다는 것이다. 루소의 말을 빌리면, "나는 어떠한 상황에 처하더라도 적응해 내겠지만, 두려움 자체를 극복할 수는 없다"는 것이다. 그러니까 사람들은 죽음에 대한 공포를 이기지 못하고 자살에까지 이르는 것이다.

처음으로 의학 서적을 접했을 때, 루소는 새로운 질병이 소개될 때마다 자신이 그 질병에 걸렸다는 망상에 빠졌다. 그런데 그가 놀랐던 것은 자신이 건강하지 않은 사실 때문이 아니라 자신이 그때까지도 살아 있다는 사실 때문이었다. 루소는 자신의 심장에 용종이 있다는 결론을 내렸다. 그 자신도 고백하듯이 사실 이상한 생각인데, 극도로 발달한 감각이 제대로 발산될 기회를 얻지 못하다 보니 그렇게 병증으로 발전한 것이라고 루소는 이해했다.

내가 한없이 작게 느껴지는 때가 있다. 전혀 이질적인 다른 존재가 되어 버리는 것 같기도 하다. 별다른 일이 없다면 나는 나태함과 소심함 그 자체로, 할 말도 제대로 하지 못한다. 하지만 일단 진지해지면 무슨 말이든 즉각적으로 대응할 수 있다.

이 불행한 남자는 귀천을 가리지 않고 온갖 직업을 전전했다. 돈 때문에 개종한 적도 있고, 시계공일 때도 있었으며, 돌팔이 의사 노릇도 해보았다. 음악선생, 조각가, 화가로도 활약했고, 하인으로도 일했고, 외교부의 말단 서기로 임용된 적도 있다. 인문과학과 자연과학을 망라해서 의학, 음악, 식물학, 신학, 교육학 분야를 모두 섭렵하고 다녔다.

소모적으로 지식을 사용하고 야망에 쫓기는 생활은 루소에게 지나치게 자극적이었다. 특히나 그처럼 느린 산고를 거쳐서 생각을 정리하는 유형의 사람에게는 위험한 자극이었다. 그 안에서 본래의 건강염려증은 점차로 우울증으로 발전하고 결국 광기에 잠식되는 지경에 이른다.

나는 불안과 분노에 먹혀서 십 년을 정신착란과 싸워야 했으며 이제야 평안을 찾았다.

평안을 찾았다고 루소는 말했지만 그의 질병은 이때 차라리 만성이 되어서 더 이상 현실과 환각을 구분하지 못하는 상태에 이르렀다. 결국 루소는 자신이 속한 모든 사회에 안녕을 고하는데, 실상 한번도 자신이 그 사회에 속해 있다는 생각을 갖지 못했다. 루소는 철저히 고독한 삶을 꿈꾸며 전원으로 향한다. 하지만 그가 있는 외진 곳까지 끊임없이 사람들이 찾아 들어왔다. 세상의 소란에서 놓여나지 못한 것도 있고, 자기애에 빠져 벗어나지 못하는 것도 있어서 루소가 온전히 자연에 귀의하는 것은 어려운 일이었다. 『고독한 산책자의 몽상』에서 그는 숲 속으로 숨는 것도 아무 소용이 없었다고 고백한다. 사람들이 어디든 그에게 붙어서 따라다녔다는 것이다.

루소는 또한 프러시아, 영국, 프랑스 등의 국가에서 제왕과 성직자와 남녀 가릴 것 없는 사람들이 자신을 상대로 전쟁을 치르고 있으며, 그 결과로 그가 병마에 시달린다고도 적었다. 자신의 저서에서 몇몇 구절이 그들의 심기를 거스른 결과라고 루소는 생각했다. 잔인함을 연마하는 데 있어서 그들은 오직 한 가지를 잊을 뿐인데, 그것은 학대 행위에 끝이 있다는 것이다. 그들은 늘 새롭게 학대행위를 단련한다. 하지만 루소를 공략하기 위한 적들의 계략 중에서 압권은 그에게 특혜와 찬사를 베풀어서 어찌할 줄 모르게 만드는 고문이었다. 루소는 대화록에서 다음과 같은 예를 말한 적이 있다.

그들은 심지어 채소장수들을 회유해서 그에게 싼값에 더 좋은 채소를 팔도록 했다. 의심할 바 없이 그의 비루함을 드러내고 자신들의 관대함을 과시하기 위해서일 것이다.

루소는 런던에 머무르는 동안 우울증이 악화되어 광증이 발현되었다. 그는 슈와죌이 자신을 체포하려 한다는 망상에 빠져서 짐 가방과 여비를 모두 호텔에 팽개쳐 둔 채로 해안까지 도망갔다. 여관에 숨어 지내면서 수중에 있던 은수저를 하나씩 팔아가며 연명했다. 그런데 상황이 예상한 대로 흘러가지 않자 또 여기에는 다른 음모가 있지 않나 새롭게 의심한다. 그렇게 망상 속에 격분한 채로 루소는 언덕 위에 올라 사람들에게 잘하지도 못하는 영어로 일장 훈계를 늘어놓았다. 사람들은 들으면서 얼이 빠져 있었을 뿐인데, 루소 자신은 그들을 감복시켰다고 믿었다.

루소는 우여곡절 끝에 프랑스로 돌아오지만 그의 숨은 적들은 여전했다. 그의 모든 행동을 감시하며 곡해하고 있었다. 루소가 신문을 읽으면 그들은 음모를 꾸민다고 말했고, 루소에게 장미향이 나면 독약을 제조하는 것인지 의심했다. 무슨 일을 하든 범죄행위가 되어버렸다. 집 앞에 그림을 걸어놓고 파는 사람을 파수꾼처럼 붙여 놓았고, 문은 제대로 닫히지도 않게 망가뜨려 놓았다.

찾아오는 이들은 루소에게 적대적이라는 게 검증된 사람들뿐이었다. 커피장수, 이발사, 집주인 등도 하나같이 그들에게 포섭되어 버렸다. 하다못해 구두닦이를 부르면 더 이상 구두를 닦지 않는다고 했고, 센 강을 건너려고 사공을 부르면 배가 없다는 말을 들었다. 차라리 감옥에 보내달라고 사정했지만 이 또한 받아들여지지 않았다.

루소가 가진 오직 하나의 무기인 출판의 기회마저 봉쇄하려는지 그들은 한 출판업자를 붙잡다가 바스티유 감옥에 처넣는다. 비록 루소는 그 출판업자와 생면부지의 관계였지만 말이다. 사순절에 종이 인형을 불태우는 풍습은 한참 전에 폐지되었다. 하지만 이것이 다시 부활되었는데, 그를 흉한 형상으로 그려 낸 인형을 불태우며 조롱하기 위한 것이 분명했다. 인형의 옷이 루소의 옷과 꼭 닮았던 것이다. 교외에서 마주친 꼬마 아이는 루소가 미소를 되돌리는 사이 갑자기 어른으로 변했는데, 적들이 그를 감시하기 위해 보냈던 것이다.

이렇게 끊임없이 박해를 받는다는 망상에 시달리면서 루소는 『대화』를 집필했다. 루소는 적들을 달래기 위해서 자신의 환각을 매우 충실히 묘사했다. 그리고 자신을 변호하는 글을 써서 지나가는 사람을 붙잡고 한 부씩 나눠 주기도 했다. 하지만 '진리와 정의를 사랑하는 프랑스의 모든 이들에게'라는 표제가 붙은 그 변론문은 누구에게도 환영받지 못했다. 심지어 받기를 거부하는 이들도 있었다.

더 이상 아무도 믿을 수 없게 된 루소는 파스칼이 그랬던 것처럼 신을 찾는다. 루소는 매우 내밀하고 신실한 마음을 담아 신에게 편지를 쓰고, 이것이 무사히 신에게 전달될 수 있도록 직접 노트르담 사원을 찾았다. 그리고 편지와 함께『대화』의 자필원고를 제단에 같이 두고 물러나왔다. 그러나 나오는 길에 철책이 굳게 잠겨 있자 루소는 하늘까지도 자신을 음해하는 세력에 가담했다고 의심했다.

두소는 말년의 루소가 심지어 애완견까지도 수상하게 생각했다고 전한다. 개를 쓰다듬을 때 이상한 점이 있었다는 것이다. 루소에게서는 과대망상증이 떠난 적이 없었다.『고백』의 곳곳에서도 이를 엿볼 수 있는데, 그는 전 인류를 돌아본다고 해도 자신보다 우월한 존재가 나올 수는 없을 것이라고 생각했다.

이 모든 진술들을 종합해 볼 때, 루소가 미쳤고 그 스스로도 인정했다고 확언했던 볼테르와 코랑세즈가 허튼소리를 한 것 같지는 않다.『고백』을 보거나 여러 서간문을 보면, 척수 이상으로 방광과 생식기관의 마비현상이 암시되어 있다. 아마도 이러한 문제가 그의 우울증을 더 심하게 했을 것이다. 또한 유념해야 할 것은 루소가 어린 시절부터 성적으로 조숙하고 도착적인 성향이 있었다는 사실이다. 그는 여성과의 관계에서 마치 아이처럼 벌거벗은 채로 매질을 당하거나 위협을 당하거나 하지 않으면 성적인 쾌감을 얻지 못했던 것으로 보인다.

_불행을 찾아다니는 사람 레나우

가장 위대한 서정시인 중 한 사람이라고 할 수 있는 니콜라우스 레나우는 비엔나에 있는 정신병자수용시설에서 그 생을 마쳤다. 그는 이미 어린 시절부터 천재성과 광기가 혼재된 모습을 보여주었다.

레나우는 1802년 헝가리의 귀족 가문에서 태어났다. 아버지는 오만하고 포악한 반면, 어머니는 우울함에 젖어 있고 섬세하고 금욕적인 사람이었다. 이미 아주 어린 시절부터 그는 슬픔과 음악과 신비주의에 경도된 모습을 보였다. 레나우는 의학, 법률학, 농학과 함께 음악을 중점적으로 공부했다. 1831년에 케르너가 남긴 기록을 보면 레나우는 이상하게도 비애와 우울함이 어울리는 사람이었다. 때로는 밤새 그가 정원에서 바이올린을 연주하는 것을 볼 수 있었다고 한다.

레나우는 누나에게 다음과 같은 편지를 보내기도 했다.

나는 불행을 찾아다니는 사람인 것만 같습니다. 광기를 조정하는 악마가 내 심장에서 멋대로 날뛰고 있답니다. 미친 것이지요. 그렇더라도 누님은 변함없이 나를 사랑해 줄 것이기 때문에 이렇게 누님에게 털어놓습니다.

이 심장에 있는 악마에 이끌려서 레나우는 무작정 미국으로 떠나기도 했다. 그래도 귀국했을 때는 열렬한 환영을 받았고 모두에게 극진한 환대를 받았다. 하지만 그는 이미 건강염려증의 병증이 깊은 상태여서 모든 것이 부질없을 뿐이었다고 고백했다. 실제로 이 불행한 이의 심장은 심막염을 앓고 있었고 후에도 완전히 회복되지는 못했다. 그때 이후로 레나우는 수면장애를 겪게 된다. 이전까지 문제가 생길 때마다 잠자는 것이 유일한 해결책이었기 때문에 그에게는 특히나 더욱 심각한 문제적 상황이었다. 그는 밤이면 끔찍한 환영에 사로잡혔다.

악마가 내 뱃속에서 사냥을 한다고 말할 수 있겠다. 내 귀에는 개 짖는 소리가 끊이지 않게 들리고, 멀리 지옥에서 장례 치르는 소리가 메아리가 되어서 울린다. 농담이 아니라 이 정도면 충분히 절망적이다.

할러, 스위프트, 까르당, 루소에게서 볼 수 있었던 사람에 대한 불신과 혐오가 레나우에게 찾아든 것은 1840년의 일이다. 일종의 편집적인 증세를 동반했는데, 사람을 두려워하고 부끄럽게 여기고 혐오스러워 했다. 독일은 레나우를 맞이하면서 국가적인 환영행사를 준비하고 개선행진까지 마련했지만, 그는 망명해서 이 나라 저 나라로 떠돌아다니는 삶을 택했다.

또한 레나우는 이유 없이 화가 치밀고 참을성이라고는 없어서 자신이 일을 하기에는 적합하지 않은 사람이라고 생각했다. 한편, 식욕은 뇌의 상태만큼이나 비정상적으로 과하게 분출되었다. 유년기에 관심이 있던 신비주의로 회귀하여, 영지주의의 일종인 그노시스파를 연구하고 싶어 했다. 어린 시절 그를 매혹시켰던 마법 관련 서적을 다시 탐독하면서, 엄청난 양의 커피와 담배를 소비했다. 몸을 움직이는 순간, 담배에 불을 붙이는 순간, 새 담배로 갈아 피우는 순간 등등, 매

순간마다 새로운 영감이 떠올랐다. 믿기지 않을 정도였다. 레나우는 밤을 새워서 집필을 했다. 정처 없이 걸어 다니기도 하고, 여행도 하고, 결혼에 대해 숙고해 보기도 했다. 또 다른 원대한 계획들도 세워 보았는데, 실행에 나서지는 못했다.

이 모두가 불꽃이 사그라지기 전의 마지막 몸부림과 같은 것이었다. 1844년, 레나우는 두통이 심해지고 계속해서 진땀이 나고 몸이 갈수록 쇠약해진다고 호소했다. 왼손 마비에서 시작해서 안면 근육이 마비되었고, 글씨를 제대로 쓸 수 없었으며, 자신은 정신이 없는 것이 아니라 서정적인 것이라고 횡설수설하기도 했다. 그해 10월 12일, 레나우는 갑작스럽게 극심한 자살충동을 느낀다. 그는 자살이 저지당하자 지극히 격분해서 잡히는 모든 것을 내던지고 부숴 버렸으며, 자신이 집필한 원고들을 불태우기도 했다.

그후에 레나우는 서서히 정상을 회복해 가는 것처럼 보였다. 시를 통해서 자신이 겪었던 고통스러웠던 순간들을 분석할 정도로 명료해졌다. 어둠 속에 한줄기 빛이 들어온 것과 같았다. 실링은 이때를 천재가 광기를 누른 최후의 순간이었다고 회고한다. 그러나 이내 상태는 악화되어 가기만 했다. 레나우는 다시 자살을 기도했고 이후 전신 마비 상태에 빠졌다. 비록 위중한 상태였지만, 레나우는 마침내 평안하고 유쾌한 마음으로 지낼 수 있었다. 그는 자신의 심리 상태에 대해서 "인생이란 즐거운 것이다. 감사하게도 예전의 그 끔찍한 환영들은 모두 사라지고 눈앞에는 즐겁고 기분 좋은 것들만이 나타난다"라고 고백했다.

1845년, 레나우는 후각을 잃게 된다. 그는 본래 매우 예민한 후각의 소유자였다. 하지만 이제는 자신이 제일 좋아하던 바이올렛 꽃에 대한 흥미조차 잃어버리게 된 것이다. 곧이어 오랜 친구들도 알아보지 못하는 상태가 되고 만다. 그런데도 여전히 서정시를 쓸 수 있는 능력은 남아 있었다. 비록 신비주의 색채가 너무 짙어서 이전의 문학적인 아름다움은 찾아 볼 수 없었지만 말이다.

어느 날에는 플라톤의 흉상을 보고 "사랑이라는 어리석은 관념을 만들어낸 작자"라고 칭했다. 또 다른 때에는 누군가 "저 대단한 레나우 선생이 이곳에 산다는군" 하는 소리를 듣고서 "지금은 그 레나우 선생이 참으로 보잘 것 없는 존재가 되어버렸습니다"라고 대꾸하고는 오랫동안 흐느껴 울었다고 한다. 그가 죽기 전 마지막으로 남긴 말은 "레나우는 불행하다"였다. 그는 1850년 8월 21일에 사망했다. 부검 결과 뇌실에 혈청이 조금밖에 없었고 진행성 심막염의 흔적이 나타나 있었다.

_자신을 향해 방아쇠를 당긴 천재 세체니

레나우가 세상을 떠나고 몇 년 후 또 다른 위대한 인물 세체니가 같은 요양원에서 세상을 떠났다. 그는 도나우 강에 특화된 항해술의 개척자이자 마자르 아카데미의 설립자이자 1848년에 일어난 혁명의 열렬한 지지자였다. 혁명이 정점에 달했을 때, 세체니는 동료 한 명이 코슈트에게 제발 자기를 교수대에 보내지 말아달라고 빌고 있는 것을 들었다. 당시에는 농담처럼 넘어갔지만 농담으로 그친 일이 아니었다. 세체니는 조국에서 벌어질 파국을 예상하고 자신에게도 책임이 있다고 심하게 자책했다. 박해를 받으리라는 공포로 정신적으로 붕괴된 그는 자살충동까지 느끼게 된다.

세체니는 점차로 안정을 되찾았지만 병적으로 말이 많은 모습을 보이기도 했다. 외교가이자 정치수완가에게서는 보기 힘든 이상한 모습이었다. 하루 내내 정신병자며 백치들과 어울리거나 감옥에서 만난 반역자들과 시간을 보냈고, 자신이 저지르지도 않은 죄를 상상 속에서 만들어 내서 그들에게 한참동안 자백하기까지 했다.

1850년에는 오래 전에 가졌던 체스에 대한 열정이 되살아나서 거의 광적으로 빠져들었다. 결국 가난한 학생에게 돈을 주고 열 시간이고 열두 시간이고 쉬지 않고 체스만 두는 지경에까지 이르렀다. 그 불쌍한 학생은 미칠 지경이었지만 세체니는 서서히 정상을 회복해 갔다. 사람과의 접촉을 거부하고 피붙이조차도 보려 하지 않던 인간혐오증도 호전되었다. 병적이라고 할 만한 습관 중 남은 것은 시골의 강렬한 햇빛을 혐오하는 것과 자신의 방에서 죽어도 나가지 않으려고 하는 것 정도였다. 그가 그토록 사랑하는 아이들도 한 달에 몇 차례 정해진 날짜에만 방문이 허용되었다. 세체니는 다정하게 아이들을 대하면서 자신이 집필해 놓은 원고를 읽어주곤 했다. 하지만 그와 공원에라도 나가려면 상당한 외교적 수완이 동원되어야 했다.

세체니는 지적으로는 여전히 명석했다. 오히려 이전보다도 단단해졌다. 그는 독일과 헝가리 문학계가 돌아가는 상황에 대해 주의를 놓치지 않고 자신의 조국에 보탬이 될 만한 일이 있는지 예의 주시했다. 한 오스트리아인이 그가 열정적으로 추진했던 동부철도의 완성을 방해하자 세체니는 바로 유력자였던 지치에게 편지를 보냈다. 그 편지를 보면 세체니가 과거의 굳건함을 완전히 회복했다는 것을 알 수 있다.

일단 세상에 존재하는 것은 다른 형태, 다른 조건으로 다시 세상에 나오게 됩니다. 깨진 병은 다시 이어 붙일 수 없지만 그 깨진 유리조각들은 없어지지 않습니다. 그 유리조각들을 다시 용광로에 넣으면 최상의 와인을 담아낼 유리병이 될 수도 있습니다. 비록 그 깨진 병 안에는 싸구려 와인이 있었을지도 모르지만 말입니다.

…… 헝가리인에게 최고의 찬사는 굳건히 서 있었다고 말해주는 것입니다. 내 좋은 벗인 당신도 알다시피 우리의 오랜 속담에 '진창에서도 굳건하게 서 있으라'는 말이 있습니다. 이 격언대로 행했으면 합니다. 어떠한 비난도 이겨냅시다. 설혹 우리의 형제들이 세상의 잣대로 질책한다고 해도 흔들리지 않도록 합시다. 애국자라는 이름으로 형제와 동지들의 얼굴에 진흙을 던지는 폭도들에 맞서서 자신의 위치를 지켜내는 것, 어떠한 모욕에도 완강하게 지켜내는 것, 이것이야말로 이 시대에 우리가 지켜야 할 강령입니다.

1858년, 오스트리아 내각이 헝가리 아카데미에게 마자르어로 된 학술 문건들을 폐기하도록 압력을 행사한다. 세체니에게 그것은 아카데미의 존립 근거를 저버리는 일이었다. 이에 그는 다시 편지를 쓴다.

고귀한 밀알이 밟히는 것을 보면서 내가 어떻게 침묵할 수 있겠습니까? 저 힘 있는 자들이 우리에게 은사랍시고 내리는 처사들을 내가 어떻게 잊을 수 있겠습니까? 나는 정말 묻고 싶습니다. 이 모든 것이 너무나 자명하게 보이는 나의 능력은 재능이 아니라 불행의 근원입니다.

내가 모두에게 경보를 울려야만 하겠습니다. 우리 정부가 악마에게 홀린 것인지 우리 민족의 정수를 부정합니다. 우리말은 우리가 미래에 최고의 번영을 이루어 낼 수 있는 근간입니다. 그런데 이를 천대하고 핍박하고 우리 민족의 고유성을 없애버리는 것은 우리 제국의 뿌리를 뒤흔드는 일입니다.

지금 이렇게 나서서 말하는 것은 헝가리 아카데미 설립자로서의 나의 의무입니다. 내 머리가 목에 붙어 있는 한, 내 두뇌가 명철함을 잃지 않는 한, 내 눈에 흙이 들어오지 않는 한, 이러한 원칙을 지켜낼 나의 권리를 놓지 않겠습니다.

우리의 황제 폐하께서도 제국 내의 모든 민족이 하나로 동화된다는 것은 내각회의에서나 가능한 망상에 불과하다는 것을 조만간 이해하실 겁니다. 그 모든 의지가 제풀에 꺾일 날이 오고야 말 것입니다. 헝가리는 인종적으로도 유럽의 다른 국가들과 전혀 무관하며, 우리는 우리만의 운명을 개척해 나갈 것입니다.

편지를 보낸 것은 1858년이었다. 1859년에 전쟁이 발발하기 전부터 세체니는 패전을 예언하며, 그 결과에 대해서 "치료 불가능한 환자들을 치료해주는 위기들이 있는 법이다"라고 말했다. 그는 런던에서 헝가리의 역사를 다룬 책을 발간했다. 독특하고 재미있는 역사였지만 동시에 지난한 가시밭길의 역사이기도 했다.

세체니는 또한 조국의 미래에 대한 전망을 밝혔다. 그는 헝가리가 오스트리아와 화합하는 정책을 수립해야 한다고 조언한다. 다만 서로 대등한 관계에서 화합하는 것을 말하는 것이지, 오스트리아에 종속되는 화합을 뜻하는 것은 아니었다. 이 책에 대해서 세체니 자신은 다음과 같이 말했다.

사실 이 책은 너무나 보잘것없다. 하지만 마가레트 섬이 어떻게 생성되었는지 알고들 있나? 옛 전설에 따르면 그곳은 도나우 강이 흐르던 곳이었다. 그런데 한번은 죽은 동물의 사체가 떠내려가다가 모래톱에 걸려 남게 되었다. 그리고 그 뒤로 잎사귀들이며 나뭇가지에 통나무까지 걸려서 그 위에 산을 이루었고, 마침내 거대한 섬이 솟아났다는 것이다. 나의 역할이 바로 최초의 부유물이 될 수 있다. 최후로 어떤 섬이 솟아오르게 될 지 누가 알겠는가?

그 몇 달 후에 위브너가 정권을 계승했고 자유체제가 문을 열었다. 세체니는 미친 듯이 기뻐했다. 그는 위브너를 직접 격려하고 연이은 개혁안을 써보냈으며, 신문에 오스트리아의 혁신에 대한 제안을 게재하면서 헝가리 문제가 혁신과정에서 누락되지 않도록 촉구했다.

하지만 꿈은 금방 사그라지고 말았다. 티에리가 위브너를 밀어내고 새로이 정권을 잡으면서 오스트리아는 더욱 완고한 구체제로 복귀하고 만다. 모든 혁신안은 폐기되었다. 불운한 세체니는 비애 속에 저항했다. 황제에게 간언해달라고 유력자인 레히베르크에게 청탁을 넣기도 했다. 세체니는 오스트리아와 헝가리가 내정을 분리하더라도 대외적으로는 연방으로 같이 존속할 수 있다고 설득했다. 하지만 레히베르크는 고개를 내젓고 "정신병원에서나 논의할 만한 안건"이라고 답했다고 한다.

더욱 암담한 일은 티에리가 마자르 민족주의자인 세체니를 내란음모의 위험이 있다고 의심하게 된 것이다. 그는 경찰 한 부대를 요양원으로 보내서 세체니를 감옥에 수감하겠다고 위협했다. 그리고 세체니의 원고를 모두 압수해갔다.

광기에 사로잡혀서도 국가를 위해 헌신했던 이 불행한 남자에게 오직 하나 후회되는 일은, 자신이 국가를 위해 충분히 제 역할을 하지 못해서 모든 희망이 가로막힌 국면에 처했다는 것이다. 세체니는 가슴이 찢어지는 슬픔을 잊고자 다시 체스에 몰두해 보기도 했지만 소용없는 일이었다. 끝내 그는 자신을 향해 권총의 방아쇠를 당기고 만다. 1860년 4월 8일의 일이었다.

1867년 헝가리 자치왕국이 들어서고 프란츠 조세프 국왕이 즉위했다. 미치광이의 구상이 현실이 된 것이다. 세체니의 꿈을 비웃었던 레히베르크가 그 꿈을 실현해야 하는 입장이 되고야 말았다.

_헝클어진 천재들 호프만과 포데라

E. T. A. 호프만은 시인이자, 화가이자, 음악가였고, 괴짜였다. 그림은 캐리커쳐 수준에 머물렀고, 이야기는 과장스럽고, 음악은 단순한 음의 조합에 그쳤다. 하지만 그는 환상시의 창조자였다. 또한 지독한 술고래였다. 호프만의 일기를 보면 다음과 같은 내용이 있다.

깨어 있을 때나 잠을 잘 때나 내 머릿속에는 광기 가득한 생각이 떠나지 않는 이유가 무엇일까? 마치 벌어진 상처에서 피가 솟구치는 것처럼 마음속에는 온갖 헝클어진 생각들이 떠오른다.

호프만은 기후 변화에 매우 민감해서 이에 따른 자신의 주관적인 감정 변화를 수치화한 등급표를 만들기도 했다. 오랜 세월 동안 그는 환각 상태 속에서 박해를 받는 정신착란에 시달렸다. 환각 속에서는 그가 지어낸 환상세계의 이야기들이 생생하게 살아 움직이곤 했다.

한편, 시실리의 유명한 생리학자 포데라는 화덕 하나로 이십만 명 분량의 빵을 구워낼 수 있다고 말하곤 했다. 그는 또 병사 40명만 있으면 백만 대군을 무찌를 수 있다고도 했다. 쉰 살 무렵에는 길 건너에 사는 어린 소녀에게 미친 듯한 연정을 품게 된다. 한번은 길에서 그 소녀를 올려다보며 한없이 서 있기도 했다. 포데라의 열정적인 시선이 부담스러웠던 소녀는 그의 머리 위에 구정물을 끼얹으며 쫓아냈다.

그런데 포데라는 소녀의 이 행동을 사랑의 표현으로 여겨서 매우 기쁜 마음으로 집에 돌아왔다는 것이다. 또 어느 날은 새 한 마리를 보고 자신이 사랑하는 소녀와 꼭 닮았다면서 사오기도 했다. 포데라는 그 새를 너무나 귀히 여긴 나머지 책이며 옷을 망쳐놓거나, 그의 침대에 올라앉아 있어도 그대로 두었다고 한다.

_광기의 총집합체 쇼펜하우어

쇼펜하우어는 천재에게 나타나는 광기의 총집합체라고 할 만하다. 그는 자신이 지적인 면으로는 어머니에게서 유전을 받았고, 성격적인 면에서는 아버지 쪽의 영향이 크다고 생각했다. 어머니는 매우 문학적이고 활기가 넘치는 사람이었지만 무정한 면이 있었다. 반면에 아버지는 은행가였고 사람들에 대해 혐오감이 있었으며, 매우 심각한 편집광적 면모가 있었다. 쇼펜하우어는 어린 시절부터 청력에 이상이 있었다. 그는 잘 듣지 못하고, 머리가 크고, 시력은 좋은 등등의 자신이 가진 신체적 특징이 부계유전이라고 생각했다.

쇼펜하우어는 한동안 영국에서 어느 목사의 보살핌을 받으며 지낸 적이 있었다. 그 시기에 쇼펜하우어는 영어와 영문학을 배웠다. 뿐만 아니라 이때부터 그는 영국인들이 편협하다는 생각을 하고, 그들을 멸시하는 마음을 품게 된다. 여행을 하면서도 다채로운 풍경을 접하게 되는 것과는 별도로 그는 도통 흥미를 느끼지 못했다. 그리고 거리낌 없이 자신이 가진 불만을 내비치곤 했다.

어린 시절부터 나는 늘 우울했다. 열여덟 살이 되었을 무렵에는, 그 어린 나이에 세상이란 것이 신의 창조물이라기보다는 악마의 창조물이 아닐까 생각했다. 교육 받는 동안에는 아버지의 신경질과 변덕 때문에 매우 힘든 시간을 보냈다.

쇼펜하우어는 있지도 않은 병을 만들어서 걱정을 했다. 스위스에서는 알프스 산맥을 보고 경외감이 아니라 비애감을 느꼈다. 그와 가깝게 지낸 사람들이 모두 그러하듯이 쇼펜하우어의 어머니도 그가 성격적으로 불행한 기운을 퍼트린다고 느꼈다. 1807년, 열아홉 살의 쇼펜하우어는 바이마르에 있는 어머니를 방문할 계획을 세웠다. 하지만 그의 어머니는 다음과 같은 편지를 보냈다.

늘 말했던 것처럼 나는 너와 지내는 것이 힘들 것 같구나. 너와는 가까이 지내면 지낼수록 잘 지내는 것이 더욱 힘들어진단다. 적어도 나는 그렇구나. 숨기지 않고 솔직하게 말하도록 하마. 네가 지금 같은 상태에 있는 한 어떠한 희생을 감수하더라도 나는 너와 떨어져 있을 수밖에 없다. 내가 너의 선한 본성을 보지 못하는 것은 아니란다. 그러니까 너와 나를 가로막는 것은 너의 마음, 너의 내면이 아니라 너의 외형적인 모습이란다.

네가 세상을 보는 관점, 판단, 태도 등등, 나는 도저히 너의 그런 점들을 포용할 수가 없구나. 너는 항상 너무나 당연한 일에 대해서도 언짢아 하고 애통해 하잖니. 늘 우울한 표정이고, 극단적인 의견을 신탁이라도 되는 듯이 밀어붙이기도 하고, 반대하는 말은 전혀 들으려고도 하지 않고 말이다. 그런 점들이 나에게는 너무 부담스럽고 내 평화로운 삶을 뒤흔들어 놓는단다. 너에게도 결코 도움이 되지 않는 점이라고 본다. 이견을 허용치 않는 너의 열변, 어리석은 세상과 비참한 인간들을 향한 너의 한탄으로 나는 밤이 편안치가 않고 악몽에 시달리곤 한단다.

_최고 천재의 특징 쇼펜하우어의 소심함과 오만함

　　쇼펜하우어는 점차로 어머니와 소원해졌다. 그는 어머니가 돌아가신 아버지의 기억을 존중하지 않으며 낭비로 가산을 탕진해버렸다고 비난했다. 그런 결과로 자신이 생계를 유지하기 위해 일을 해야 하는 처지에 빠지게 되었다는 것이다. 쇼펜하우어는 이러한 상황을 견디기 힘들어 했다. 그는 극심한 괴로움으로 거의 미치기 직전의 상태였다고 스스로도 고백한다.

　1814년, 쇼펜하우어는 자신의 숙원 사업을 완성하려는 목적으로 바이마르를 떠났다. 그는 정신적인 가치를 추구하는 이들이 진리에 이를 수 있는 유일한 길을 자신이 새로이 개척할 수 있고, 또 개척해야만 한다는 확신에 차 있었다. 그는 학문적인 것을 넘어서는 악마적인 그 무언가가 자신 안에 있다고 느꼈다.

　이미 1813년에 그는 다음과 같이 밝힌 적이 있다.

　　내 손 아래에서 그리고 머릿속에서 위대한 철학이 영글어 가고 있다. 그것은 윤리학과 형이상학을 망라하는 형태가 될 텐데 지금까지 윤리학과 형이상학은 인간을 육체와 영혼으로 나누는 것과 마찬가지로 전혀 근거 없이 분리되었다.

　　나의 사상은 마치 어미 뱃속에 들어 있는 태아처럼 점차로 뚜렷한 형체를 갖추고 있다. 최종적으로 어떤 것을 얻을지는 알 수 없다. 나는 그저 각 부분과 장기 하나하나를 느낄 수 있을 뿐이다. 나는 결과에 구애받지 않은 상태로 그저 집필을 계속할 따름이다. 동일한 기반 위에 서 있는 것들이기 때문에 결국은 하나의 통일성 있는 유기체로 완성되리라고 믿는다. 어미라도 자궁 안에서 자라는 태아에 대해 또렷이 보지 못하고 그저 그 태동만을 느낄 뿐인 것처럼 내 사상적 체계를 아직은 나도 완전히 볼 수가 없다.

내 정신은 지식과 사고를 통해서 세상으로부터 양식을 얻어 낸다. 이러한 자양분이 나의 사상에 형태를 부여하는 것이다. 어째서 똑같은 양식을 받아먹으면서 나만이 이 일에 매달리고 다른 사람들은 그렇지 않은지 그 이유는 모르겠다. 이 세상의 주권자에게 바라기는 나에게 앞으로 몇 해만 더 시간을 달라는 것이다.

나는 어미가 새끼를 사랑하는 것처럼 내가 품고 있는 사상을 사랑한다. 그것이 충분히 성숙해서 세상에 나온 후에는 어떠한 처분도 감수할 수 있다. 지체된 것에 대한 이자를 물려도 물론 좋다. 하지만 내가 시간에 쫓겨서 설익은 원칙과 학문을 세상에 내놓는다면, 다시 위대한 정신이 나타나서 그 사상들을 통합해주기 전까지는 세상엔 파편만이 존재하게 될 것이다.

광기가 진행되며 단계별로 나타나는 모든 특징적인 증상들이 쇼펜하우어에게서 보인다. 지독한 슬픔에서 과도한 환희로의 급격한 감정 변화가 대표적이다. 1814년, 그는 가만히 자신을 반성하는 중에 인간은 '비소가 섞인 물에 푹 담가져서 곤죽이 되어버린 빵'과 같은 존재이고, '인간이 하는 자기 본위의 사고방식은 개를 그 주인에게 묶는 것과 같은 기능'을 할 뿐이라고 깨닫게 된다.

자신만이 예외라고 생각하지 마라. 너의 사랑과 우정을 잘 들여다 보아라. 너의 객관적인 판단이라는 것이 실제로는 엄청나게 주관적이고 편견이 개입된 의견이 아닌가도 살펴 보라. …… 가장 아름다운 육체 안에도 똥과 악취가 들어 있는 것처럼 가장 고결한 인격체도 추악한 습성이 있을 수 있고, 최고의 천재가 소심함과 오만함을 표출할 수 있다.

쇼펜하우어의 생애가 바로 적절한 예다. 때로 그는 예리하고 까다로운 비평가가 되어서 오만이 넘치는 평가를 날리기도 하고, 또 다른 때는 문학성이라고는 찾아볼 수 없는 비평을 작성하기도 했다. 때로는 드레스덴 교외를 거닐면서 자연 속에서 명상에 잠기기도 하고, 또 다른 때는 세속적인 사랑 놀음에 빠져 뒹굴기도 했다. 그는 세상을 뒤흔들 위대한 저서 『의지와 표상으로서의 세계』를 집필하는 동안에도 연애 문제로 방황해서 그의 저명한 동료들이 구해내지 않을 수 없었다고 한다. 그의 지인의 말을 빌리자면 쇼펜하우어는 "정신적으로 산욕기를 겪는 예를 보여준다. 그러니까 때론 임산부와 같은 심리 상태가 되는 것이다."

_천재의 환각 쇼펜하우어의 믿음

쇼펜하우어 스스로도 자신이 온힘을 기울여 집필할 때면 성격적으로나 행동 면에서 아주 이상한 모습을 보이기 때문에 사람들이 미치광이로 오인하기도 한다고 말한 적이 있다. 하루는 그가 드레스덴의 온실식물원을 거닐고 있을 때였다. 그는 식물들을 보면서 큰 소리로 혼잣말을 하고, 뜻 모를 몸짓을 하면서 다니고 있었다. 그러자 안내원이 다가와서 뭐 하는 사람이냐고 물었다는 것이다. 이에 쇼펜하우어는 "당신이 내가 누구인지 맞춘다면 당신의 말을 따르도록 하겠소"라고 답하며 자리를 떴고, 안내원은 그가 정신병자라는 걸 확신했다고 한다.

타고난 기질이 그랬기 때문에 쇼펜하우어는 자신이 악마나 악령에게 씌었다고 굳게 믿었다.

내가 지적으로 최상의 상태이고 적절한 긴장감이 유지된다면 모든 것을 해낼 수 있다. 갑자기 새로운 발견을 하거나, 길이 남을 만한 가치가 있는 사상을 탄생시킬 수 있다.

1816년에는 다음과 같은 글을 남긴다.

나사렛 예수가 잠자고 있는 그의 제자들을 깨워야만 했던 것처럼 나에게도 사람들을 깨워 일으킬 소임이 있다.

쇼펜하우어는 나이가 들어 회고할 당시 자신이 이룬 모든 것은 영감에 의지해서 이루어진 것이라고 말했다. 특별한 영감이 없었다면 도저히 가능하지 않은 일들이었다는 것이다. 그는 마치 다른 사람이 쓴 책에 대해 경탄을 바치는 양 자신의 책을 경외감을 지닌 채 바라보았다. 여기서 천재들에게서는 이중인격이 흔하다는 사실을 떠올리도록 하자.

쇼펜하우어는 원고를 출판사에 넘긴 후 출간되는 것을 확인하지도 않고 이탈리아로 떠나기도 했다. 그는 자신의 책이 세상을 밝히리라는 자부심이 있었던 것이다. 사실 이때야말로 그의 과대망상이 본격적으로 심화된 시기이다. 그가 이 시기에 정신적으로 매우 불안정한 상태였다는 것은 이후에 밝혀진 적이 있다.

마법을 부리는 것 같은 베니스에서 강력한 사랑의 힘이 나에게 족쇄를 채워 오래도록 떠나지 못하게 했다. 마침내 내면의 소리가 나를 깨워 주었기에 겨우 다른 곳으로 걸음을 뗄 수 있었다. …… 이 두꺼비나 독사와 같은 족속들을 나와 대등한 인종으로 대할 수 있다면 정말 위안이 될 것이다.

이렇듯 한없이 흥거운 기분과 극심한 우울함 사이에서 널뛰는 감정적 격변 상태에서 쇼펜하우어는 그의 거래은행이 파산했다는 소식을 듣게 된다. 그가 얼마나 낭패하고 절망감에 빠졌을지 쉽게 짐작할 수 있을 것이다. 그의 삶은 이제 철학을 위해서가 아니라 철학으로 겨우 유지되는 지경으로 떨어졌다. 그는 베를린에서 시간강사 자리를 얻으려고 두 번이나 시도해 보았지만 결국 실패했다.

쇼펜하우어가 다른 저명한 학자들을 무자비하게 공격했던 것이 그에 대한 비호감을 키웠다. 그리고 그가 과열된 논쟁을 즐기고 이상한 의견을 신탁이라 믿으며 자신의 생각을 고집하면서, 동료와 학계 인사들과의 관계를 위태롭게 만들었기 때문이다.

1831년이 시작함과 동시에 콜레라가 창궐하면서 그는 더욱 어려움에 처하게 된다. 1830년 섣달 그믐날, 쇼펜하우어는 이미 예지몽이라고 생각되는 꿈을 꾼 적이 있다. 자신이 새해에 죽음을 맞이하게 된다는 꿈이었다.

이 꿈 때문에 1831년 콜레라가 시작되었을 때 나는 바로 베를린을 떠났다. 그리고 프랑크푸르트 암 마인에 거의 다 와갈 때쯤 내 앞에 나타난 영혼들을 만났다. 내 조상들의 혼이었는데, 그들은 내가 당시 생존해 있던 우리 어머니보다 오래 살 거라고 말해 주었다. 이미 사망했던 아버지가 그 무리 중에서 손에 등불을 들고 있었다.

이 환각은 그의 뇌에 실제 염증이 생겨서 나타난 증상으로 보인다. 그는 당시에 지독히 우울한 상태에 있었고, 여러 주 동안이나 아무하고도 말을 섞지 않고 지냈다. 의사들은 쇼펜하우어의 상태에 대해 걱정하며 기분 전환을 위해서 만하임에 가서 지내도록 조치를 내린다. 일 년 이상 요양한 후 어느 정도 회복되자 그는 프랑크푸르트로 돌아왔다.

하지만 여러 가지 예후로 볼 때 쇼펜하우어는 병증에서 완전히 놓여나지 못했던 것 같다. 그는 길을 걸으며 혹은 식당에 앉아서 이런저런 몸짓을 하면서 큰 소리로 혼잣말을 하고는 했다. 그는 또 화를 내면서 헤겔이나 슐라이마허와 같은 사이비 철학자들이 세상을 현혹시키면서 철학계를 장악한다고 불만을 토로하기도 했다. 그들이 자신의 성과를 의도적으로 무시해서 자신이 마땅히 누려야 할 영예를 박탈해갔다는 것이 그의 주장이었다. 이후에도 이러한 그의 입장에는 변화가 없었다. 그가 자신의 무과실성을 맹신한 것과 같은 맥락이었다. 삼십 년의 세월이 지나고 나서야 그는 학계의 인정을 받고 커다란 명성을 누릴 수 있었다. 그 덕에 상대적으로 정서적인 안정을 찾은 후에도 그는 이러한 피해의식에서 끝내 벗어나지 못했다.

쇼펜하우어는 이미 어린 시절부터 심각한 피해망상과 우울증, 그리고 정신적 이상에 시달렸다. 여섯 살 때 이미 부모가 자신을 유기하고 싶어 한다고 생각했다. 학교에서는 늘 시무룩한 상태였다. 그는 소음을 가장 견디기 힘들어 했는데, 특히 마부들이 채찍을 휘두르는 소리를 끔찍하게 싫어했다. 그는 "소음은 천재들이 재능을 발현하지 못하게 방해하는 장애물 중의 하나"라면서 진저리를 쳤다.

쇼펜하우어는 또 "분노할 줄 모르는 사람은 재능을 가질 수 없다"고도 말했다. 하지만 그는 지나치게 분노하고, 때로는 병적일 만큼 분노했다. 하루는 하숙집 주인여자가 거실 입구에서 수다 떠는 걸 못 견디고 뛰쳐나와 그 여자를 난폭하게 흔들어 대다가 팔을 부러뜨린 적도 있다. 그는 또 자신이 온갖 질병을 앓고 있다고 생각하는 건강염려증 환자였다. 나폴리에서는 천연두에 걸릴까봐 피신한 적도 있다. 사실 비엔나에서는 코담배로 독살당할까 싶어서, 베를린에서도 한 번은 콜레라의 위협을 피해서, 그 전에는 징병을 모면하기 위해서 도망나온 적이 있었다.

_모순 그 자체의 존재 쇼펜하우어의 불안

1831년, 쇼펜하우어에겐 불안증이 새롭게 발병했다. 집 밖에서 나는 작은 소리에도 칼을 빼들었고, 무슨 나쁜 소식이라도 들어 있을까봐 무서워서 편지를 열어보지 못했으며, 면도하는 것도 겁이 나서 수염을 불로 지져서 정리했다. 그는 여자와 유대인과 철학자를 미워했고 특히나 철학자를 증오했다. 하지만 개에 대한 정은 각별해서 유언장에도 잊지 않고 챙겼다.

쇼펜하우어는 또 모든 일에 이유를 따졌다. 아무리 작은 일이라도 그냥 지나가는 법이 없었다. 그의 엄청난 식욕과 달빛에 관해서도 고민했다. 그러면서 비논리적인 생각들에 빠져들게 되었다. 그는 심령술로 귀신을 불러낼 수 있다고 믿었다. 자기장을 이용해서 개의 발을 고치고 자신의 청력을 회복시킬 수 있다고도 믿었다. 자기 집 하녀가 잉크 얼룩을 닦아내는 꿈을 꾸고 난 후 자신이 잉크를 흘리게 되자, 이 위대한 철학자는 "모든 일의 발생은 필연적이다"라는 결론을 도출해낸다.

쇼펜하우어는 모순 그 자체의 존재라고 할 수 있다. 그는 무아의 경지 또는 열반에 이르는 것이 궁극적인 삶의 지향점이라고 말하는 한편, 백 살까지 살고자 하는 욕심을 보였다. 성적으로 금욕적인 삶을 주창하면서 그 자신은 그와는 거리가 먼 생활을 영위했다. 본인은 사람들이 자신을 포용해주지 않는다고 고통스러워 했으면서, 몰레스호트와 뷔히너가 박해를 받을 때 앞장서서 모욕하고, 정부가 그들의 교수직을 박탈하자 통쾌해 하기도 했다.

쇼펜하우어는 화재가 발생할 때를 대비해서 1층에만 거주했다. 이

발사를 믿지 않아서 머리를 맡기지 못했다. 금붙이는 잉크병에 감추고, 지폐는 잠옷 아래에 숨겼다. 루소가 그랬던 것처럼 쇼펜하우어는 "아무 문제가 없으면 오히려 더욱 두려워졌다." 그는 면도칼에 손대는 것에도 겁을 냈고, 자기 집 유리컵이 아니면 병균을 옮길 것이 걱정되어 사용하지 않았다. 그는 계약관계의 서류가 필요할 때면 그리스어, 라틴어, 산스크리트어 등으로 작성했다. 그런 후에도 혹시 누가 볼까봐 낱장으로 나눠서 이 책, 저 책 사이사이에 끼워 보관했다. 사실 어딘가에 자물쇠를 채워 보관하는 것이 훨씬 간편했을 것이다.

쇼펜하우어는 철학 교수들이 공모해서 자신의 저작들에 대해 의도적으로 무관심한 모습을 보인다고 늘 의심했다. 하지만 그들이 혹시라도 논평을 내놓을까봐 두려워하기도 했다.

벌레가 내 몸을 갉아 먹도록 두는 것이 낫지, 교수라는 작자들이 나의 철학을 물어뜯는 꼴은 차마 볼 수가 없다.

쇼펜하우어는 감정적인 면이 결여되어서 자신의 어머니에게도 서슴없이 모욕을 가했다. 그리고 어머니 때문에 여성이라는 존재 전체에 대해 적대적이었다. 그의 말을 빌리자면 여성은 "머리카락은 길고 분별력은 짧은" 존재다. 그러나 다른 한편으로는 일부일처제에 만족하지 못하고 일부사처제를 주장하면서 장모가 네 명 생긴다는 점을 제외하면 나무랄 데가 없는 제도일 것이라고 말했다.

그에게는 애국심도 특별한 감흥을 일으키지 않았다. 애국심은 "바보들의 열정이자 열정의 가장 어리석은 모습"일 뿐이었다. 그렇지만 병사들이 민중과 대치하는 상황에서 그는 병사들의 편이었다. 유산 분배에 그들의 몫을 챙겨 넣기까지 했다.

쇼펜하우어는 또한 자기 자신에 대한 생각으로 가득 차 있는 사람이었다. 새로운 사상체계를 창조하는 존재로서의 자신뿐만 아니라, 자신의 사진이나 초상화에도 특별한 관심을 기울였다. 그는 자신의 초상을 사는 사람이 "그것을 예배당 같은 곳에 모셔두고 마치 성인들의 초상들을 대하듯이" 한다고 흐뭇해했다. 쇼펜하우어는 천재와 광기의 상관관계를 언급함에 있어서 가장 거침이 없었던 인물이기도 하다. 그는 천재들이 실생활에서 제대로 적응하지 못하는데다가 도덕성도 부족하고 괴팍하기 이를 데 없다고 말했다.

그런 인간들은 친구를 얻기가 어렵다. 저 높은 곳에서 홀로 호령하며 지내기 때문이다. …… 천재는 보통의 똑똑한 친구들보다 오히려 광인과 더 유사하다. …… 천재들의 삶을 보면 정신병자들과 마찬가지로 늘 안절부절못하고 불안정한 상태를 보여준다.

_걱정에 잠식된 천재 고골

니콜라이 바실리예비치 고골은 실연으로 고통을 받은 후 여러 해 동안 자위하는 습관을 지속했다. 그렇지만 결국에는 위대한 소설가로 일어난다. 푸시킨과 교류하면서 그는 단편소설에 매력을 느꼈고 이후에는 모스크바 파의 영향을 받아 해학가로 최고 수준에 도달했다. 『죽은 넋』에서 그는 러시아의 관료주의를 말도 안 되게 우스꽝스러운 일화들을 통해 풍자하면서, 통치의 대상과 통치를 대리하는 집행자 모두에게 순교를 강요하는 정부는 존립 근거가 없다고 역설했다.

코사크 족을 배경으로 하는 낭만주의 소설 『대장 불리바』를 발표하면서 고골의 명성은 절정에 이른다. 고골의 추종자들은 그를 호메로스에 비유했고 정부가 직접 그를 후원하겠다고 나섰다. 이렇게 되자 고골에겐 없던 걱정이 생겼다. 자신이 조국의 열악한 사회상을 지나치게 사실적으로 묘사해서 이렇게 드러난 실상으로 혁명이 일어날 수도 있다는 생각을 한 것이다.

만약에 혁명이 일어나서 사회가 뒤집히고 종교계나 각 가정에까지 그 여파가 미친다면 이를 도발했다는 후회를 감당할 자신이 없었다. 이전에는 그렇게 사랑이나 연극, 문학에 사로잡혔던 고골의 정신은 온통 이러한 걱정에 잠식되고 만다.

이를 만회하기 위해서 그는 서유럽의 자유주의에 대항하는 글들을 발표했다. 하지만 그의 해독제는 이전의 독약만큼의 독자를 얻지는 못했다. 고골은 이제 집필을 중단하고 자택에 칩거해서 기도에 매달렸다. 성인들에게 혁명을 선동한 죄에 대해서 신의 용서를 받게 해달라고 빌었다. 예루살렘으로 성지순례에까지 나섰다. 그곳에서 그는 겨우 마음의 안정을 찾는다. 하지만 1848년, 혁명의 발발과 함께 고골은 다시 자책감에 빠지고 말았다.

고골은 또 허무주의가 승리하는 환영에 쫓겼다. 그는 신성 러시아가 이단에 물든 서유럽을 정벌하고, 그 폐허 위에 러시아 정교를 국교로 하는 범슬라브 제국을 건설할 것을 주창했다.

1852년, 이 위대한 소설가는 모스크바에서 사망한 상태로 발견되었다. 사인은 탈진이었는데 사실 척수 매독으로 마비가 왔던 것이다. 그는 며칠간 기도하러 다니던 제단 앞에서 최후를 맞이했다.

Part 2

천재성, 베일을 벗다

천재성의 원인

천재성, 날씨와 왈츠를
기상 조건이 천재에게 미치는 영향

일기가 미치광이에게 미치는 영향 - 천재들의 기압에 대한 민감도
- 천재들의 온도에 대한 민감도

_ 날씨에 따라 흔들리는 정신 일기가 미치광이에게 미치는 영향

　　내가 6년 동안 진행했던 임상연구 결과에 따르면 미치광이들의 정신 상태는 기압과 기온의 영향을 받는 게 확실하다. 기온이 섭씨 25도, 30도, 32도를 넘어설 때, 특히 그 온도 상승이 급격하게 이루어졌을 때 정신이상으로 발작 횟수가 29회에서 50회까지 증가했다. 기압계에서 급격한 변화가 관측된 날에도, 보다 정확하게 말하자면 기압 변화가 관측된 날로부터 이삼일 전후에 정신병으로 발작이 일어난 횟수가 34회에서 46회까지 급속도로 증가했다.

　　이러한 기상학적 민감도는 신경 조직의 발달과는 반비례 관계인 것

월	정신병자 수		기온	월	정신병자 수		기온
	이탈리아	프랑스			이탈리아	프랑스	
1월	1,476	42	1.63°C	7월	2,614	52	23.75°C
2월	1,420	40	5.73°C	8월	2,261	45	21.92°C
3월	1,829	49	6.60°C	9월	1,604	48	19.00°C
4월	2,237	50	16.12°C	10월	1,637	44	12.77°C
5월	2,642	58	16.75°C	11월	1,452	47	7.17°C
6월	2,704	55	21.29°C	12월	1,529	35	1.01°C

으로 보인다. 백치들의 경우 기상학적 민감성이 매우 높으며, 편집광들의 경우는 오히려 민감성이 낮게 나타난다. 정신이상자 23,602명을 대상으로 조사한 결과, 일반적으로 정신병자의 증가 추이는 월평균기온의 변화와 높은 상관관계가 있다. 기압이 급격한 변화를 보인 9월과 3월에도 특별한 증가를 보여준다. 더위가 한창일 때보다도 시작되는 시기에 더욱 큰 영향이 나타나는 것으로 보인다. 더위가 익숙해지는 8월에는 기온 변화의 영향력이 한층 수그러든다. 정신병자가 가장 드물게 나타나는 시기는 날씨가 가장 추운 달이다.

이러한 상관관계는 에스퀴롤이 프랑스 정신이상자들을 대상으로 진행한 연구에서 극명하게 드러난다. 프랑스에서 나온 수치들은 온도 변화에 따른 효과를 가장 확실하게 보여준다. 관료들의 늑장부리기가 만연하지 않아서 정신병자들이 파악되는 즉시 곧바로 시설에 수용되기 때문이다.

그런데 이와 유사하게 비범한 두뇌를 가진 이들도 기후의 영향을 받는 것으로 보인다. 축복인지 저주인지 모를 비범한 두뇌를 타고난 이들은 대체로 자신들에게 나타나는 영감이라는 것이 날씨에 따라 좌우된다는 것을 고백하고 있다. 그들을 잘 아는 이들도 그들이 이러한 날씨에 따른 기복으로 고민이 많았고, 또 이를 극복하기 위해서 다양한 비법을 사용하기도 했다고 증언해주었다.

_매일 다른 사람이 되는 마법 기압에 대한 민감도

프랑스 유심론의 시조인 멘 드 비랑은 『나의 내면의 고백』이라는 기록을 남겼는데, 그 안에 다음과 같은 구절이 있다.

왜 그런지는 모르겠지만, 나는 날씨가 나쁠 때면 지적 능력이 현저하게 떨어지는 것을 느낀다. …… 어떤 날은 머릿속의 생각이 이를 에워싸고 있는 장막을 뚫고 나오는 것처럼 느껴지는 날이 있다. 어떤 날씨에는 기분이 유쾌하고 덕을 숭상하게 된다. 하지만 다른 날에는 모든 것이 시큰둥하고 나의 의무조차도 등한시하게 된다. 기분, 감정, 원칙 같은 것들이 우리 신체의 물리적 조건에 영향을 받는 것일까?

이 기록을 자세히 보면 이러한 의문을 충분히 납득할 수 있다. 1818년의 기록을 보면, 4월에 훌륭한 영감을 얻었던 때가 두 차례 있었고, 나쁜 기운 속에 있었던 때는 네 차례나 된다. 5월에는 내내 침울했고, 11월에는 명랑한 기분으로 보낸 기간이 열흘 정도에 불과하다.

1815년 5월

봄에는 신경질이 많아져서 힘들다. 하고 싶은 일은 많지만, 결국 아무것도 하지 않고 있다.

5월 23일

기분이 좋다. 상쾌한 공기를 마실 수 있고 지저귀는 새 소리가 듣기 좋다. 하지만 감각에 취한 채 영감을 놓쳐 버리게 된다. 계절마다 감각적으로 다른 느낌이 생길 뿐만 아니라, 때에 따라 삶을 바라보는 관점도 달라지는 것을 느낀다.

5월 17일

사고하는 기쁨을 억누를 수 없다. 영감이 떠오른다.

10월 4, 16, 17일

아무 생각도 없다. 슬프다.

1816년 1월 25일

슬프고 무료하다. 나는 아무 쓸데없는 인생이다.

4월 24일

내가 다른 사람이 된 것 같다. 매일매일 축제와 같다. 일 년 중 이맘때면 무언가 영혼을 다른 차원으로 끌어 올려 주는 것 같다. 그래서 모든 장해물을 극복할 수 있을 것같이 힘이 난다.

1817년 4월 13일

신난다.

5월 7일

콩디야크를 연구하는 중.

6월 10, 18일

환상적인 행사.

10월 12일

사람이 바뀌었다. 잠생각밖에 들지 않는다.

11월 22, 23, 28일

별 소득도 없는 불안감만 가득하다. 나의 정신적인 능력이 모두 손상되고 있다.

1818년 4월 1일

북풍이 분다. 고단하고, 슬프고, 괴롭고, 무감각하다.

1820년 3월 31일

이맘때면 늘 몸과 마음이 무겁다. 그리고 퇴보하는 나를 느낄 수 있다.

1821년 5월

이번 달은 내내 마음이 울적하다. 마치 꼭두각시 인형처럼 외부에서 조종하는 대로 움직이고 있다.

10월 21일

이제 막 태어난 것만 같다. 나는 다시 나의 본분을 다하고 있었다. 그런데 날씨가 바뀌었다. 바람의 방향이 남쪽을 향하고 있다. 바람이 거세지면서 나는 다른 사람이 되어 버렸다. 기력이 없고 일도 손에 잡히지 않는다. 그리고 나를 늘 위협해 오던 저 슬프고 우울한 환상에 사로잡히고 있다.

알피에리는 이렇게 썼다.

내게는 기압계가 필요 없이 몸 자체가 기압계다. 글을 쓰는 내 능력이 공기의 무게감을 바로바로 반영하기 때문이다. 무더운 열대의 바람이 불면 머리가 텅텅 비어버린다. 아침보다 밤이면 더욱 심각하게 정신을 차리지 못한다. 한여름이나 한겨울이 창작하기에 가장 좋다. 이처럼 내가 무력할 수밖에 없는 시기가 있다는 걸 너무나 분명히 알기 때문에 나는 다소간 겸손해질 수 있다.

모노는 미슐레가 계절의 변화에 따라서 지적인 생활의 양상도 달라졌다고 말한다. 푸시킨의 경우는 캄캄하고 바람이 휘몰아치는 밤에 시적인 영감이 가장 왕성하게 일어났다고 한다.

이러한 예들을 통해서 기압이라는 것이 정신병자만큼이나 천재에게도 영향을 미친다는 것을 엿볼 수 있겠다.

_납빛으로 물든 우울한 날이면 온도에 대한 민감도

기온의 영향은 훨씬 분명하고 확실하다. 인간이 물질의 기운과 도덕의 기운이 결합한 산물이라고 정의한 나폴레옹은 아주 미미한 바람도 견디기 힘들어 했다. 따뜻한 것을 좋아해서 7월에도 불을 피울 정도였다. 볼테르와 뷔퐁은 일 년 내내 서재를 따뜻하게 유지했다. 루소는 복날에 작열하는 태양이 그가 집필할 수 있는 힘을 준다고 말했다. 그는 머리가 햇빛을 충분히 받을 수 있도록 한낮의 햇볕에 몸을 맡겼다.

바이런은 어린 영양만큼이나 추위를 무서워했다. 스팔란차니는 이오니아 군도에 머무를 때면 안개 자욱한 파비아에 있을 때보다 세 배나 많은 시간을 공부에 집중할 수 있었다. 레오파르디는 "추위를 만나면 내 성미가 고약해진다. 나는 그저 오르주무드의 세상이 다시 열리기만을 고대할 뿐이다"라고 편지에 써 보낸 적이 있다. 주스티는 봄이 되면 영감이 잘 떠오르고 다른 모든 면에서도 순조롭다고 말했다.

파이젤로는 작곡을 할 때 퀼트 이불을 여름에는 여섯 겹, 겨울에는 아홉 겹 뒤집어써야 했다. 바리야, 메리, 아르노 등도 마찬가지였다고 한다. 실베스터는 인비크타호를 타고 가면서 갑판 위에서 갑작스럽게 다차방정식의 해법을 떠올린다. 갑판 위에는 생명력이 충만한 태양의 힘이 가득했을 뿐 연필 한 자루 마련되어 있지 않았다.

르사주는 노년에 접어들자 태양이 중천에 이르기 전에는 꼼짝을 하지 못했다. 한낮이 되어야 그의 상상력은 서서히 살아나기 시작하고 기분도 좋아졌다. 날이 저물면 그의 정신활동은 이내 활기를 잃고 점차로 무기력 상태에 빠져들었다. 그리고 그 다음날, 다시 정오의 태양을 만날 때까지 그 상태를 벗어나지 못했다. 조르다니는 해가 떠 있을 때만 작곡을 할 수 있었다. 아니면 아주 밝고 따뜻한 환경을 조성해주어야 했다.

포스콜로는 11월에 다음과 같이 썼다.

나는 난로 옆을 떠나지 못한다. 친구들은 이런 나를 우스워 한다. 하지만 나는 심장이 미치는 모든 신체에 열을 공급해 주려고 애쓰는 것뿐이다.

12월에는 또 다음과 같은 글을 남겼다.

나는 천성적으로 병약하고 추위를 지독히도 두려워하기 때문에 난로 옆에 붙어산다. 그러다 보니 눈꺼풀에 염증이 생기기까지 했다.

밀턴은 라틴어로 쓴 애가에서 자신의 뮤즈는 겨울에는 아무 일도 하지 않는다고 고백했다. 그는 춘분과 추분 사이에만 작품 활동을 할 수 있었다. 밀턴은 한 편지 속에서 1678년의 극심한 추위에 대해 불평을 늘어놓고, 만약에 이 추위가 계속된다면 자신의 상상력을 발전시키는 데 크게 지장이 있을 것이라고 걱정했다. 사실 이 내용은 존슨 박사가 저술한 『밀턴의 생애』에 나오는 것인데, 저자는 상상력과는 거리가 멀고 그저 냉철한 지성에 의존하는 사람이었다. 이 때문에 밀턴을 이해하지 못하고 그저 밀턴의 괴팍한 성격의 예로 소개해 놓았다. 존슨 박사는 날씨 변화로 생긴 영향 따위는 받아본 적이 없었던 것이다.

푸시킨은 가을에 가장 창작하기가 좋다고 여러 차례 말했다. 찬란한 봄 햇살은 그에게 오히려 우울한 인상을 남겼다. 살바토르 로사는 젊어서는 천재들이 활동하는 데 날씨의 영향을 받는다는 것은 꾸며낸 것이라고 비웃었다고 한다. 하지만 나이가 들어서는 봄볕 아래가 아니면 그림을 그릴 수 없게 되었다. 사실 아무 생각도 하지 못하고, 거의 생활이 불가능할 정도였다.

실러가 괴테와 주고받은 서신들을 보면, 상상력이 넘치고 온화한 이 시인이 얼마나 날씨 탓을 해대는지 놀라게 될 것이다. 1817년 11월에 그는 다음과 같은 편지를 보낸다.

이렇게 하늘이 납빛으로 물든 우울한 날이면 내가 살아 있다는 걸 느끼기 위해서 모든 힘을 끌어내야만 한다. 하지만 아무리 해도 작품에 몰두할 만큼의 활력은 끌어낼 수가 없다.

12월에는 다음과 같이 썼다.

다시 작품 활동에 돌입했다. 하지만 날씨가 너무나 우중충해서 마음의 평정을 찾는 것이 불가능하다.

1818년 7월의 편지를 보자.

날씨가 화창한 덕분에 나는 훨씬 좋아졌다. 시상이 바로바로 떠오른다. 특히 시상이라는 것은 의지로 어찌해 볼 수 있는 것이 아니다.

같은 해 12월에 실러는 〈발렌슈타인〉을 완성하기로 한 날짜가 불행히도 일 년 중에서 자신이 가장 상태가 안 좋은 시기라며 불평을 늘어놓는다. 그는 "온힘을 다해서 정신을 차리려고 노력할 수밖에 없었다."

이 모든 예를 볼 때 우리는 천재들의 활동에 온도의 영향이 있다고 파악할 수 있다. 식물이 성장하는 데 열이 필요한 것처럼, 그리고 미치광이들도 더운 날씨에 더 활개를 치는 것처럼, 천재들도 열기와 함께 더욱 왕성한 활동을 보여준다.

엄청난 시간과 지면을 아끼지 않고 제왕들의 행적을 시시콜콜하게 파헤쳐내는 역사가에게 인류의 위대한 업적이 어느 시기에 이루어졌는지를 그렇게 열심히 파보게 한다면, 그들은 의심할 바 없이 가장 기온이 높을 때 천재들이 가장 풍성한 결실을 내놓는다는 것을 알 것이다. 기실 이런 현상은 자연에서 흔히 볼 수 있는 일반적인 모습이기도 하다.

_계절이 부리는 마술 단테, 발자크, 실러, 괴테 등

여기서 이 부정하기 힘든 기온의 영향을 확인할 수 있는 예들을 좀 더 살펴보도록 하자.

단테가 처음으로 발표한 소네트는 1282년 6월 15일에 지은 작품이다. 1300년 봄에는 「신생」을 썼다. 이 위대한 시는 4월 3일에 착수되었다. 다윈이 그의 위대한 이론을 처음 떠올렸던 때는 3월이었고, 본격적으로 왕성하게 집필했던 때는 6월이었다. 페트라르카는 1338년 3월에 『아프리카』를 구상했다. 권위 있는 심사관 첼리니가 미켈란젤로의 최고 역작이라고 인정한 작품은 1506년 4월에서 7월 사이에 구상과 제작이 진행되었다. 만초니는 「5월 5일」을 여름에 작업했다. 밀턴이 위대한 시편을 구상한 것은 봄이었다. 갈릴레오는 화성의 띠를 1611년 4월에 발견했다.

발자크는 『사촌 베트』를 8월과 9월에, 『고리오 영감』은 9월에, 『절대의 탐구』는 6월부터 9월 사이에 집필했다. 스턴은 『트리스트람 샌디』를 1월에 착수했고, 그의 설교집 1편은 4월에, 양심의 오류에 대한 유명한 설교편은 5월에 작성했다. 조르다노 브루노는 그의 역작 중의 하나를 7월에 끝내고 재치 넘치는 헌사 속에서 삼복더위에 그 공을 돌렸다. 볼테르는 『텐크레드』를 8월에 썼다. 바이런은 『차일드 해롤드의 순례』의 네 번째 장을 9월에, 『단테의 예언』을 6월에, 『칠론의 죄수』를 스위스에서 여름을 나던 시기에 썼다. 주스티는 『게으른 사람』과 『페로』에 대해 "14개월을 허송세월로 보내고 나서야 4월이 내게 떨구어 준 잎사귀들이다"라는 글귀를 남겼다.

실러가 괴테에게 써 보낸 편지에서 보면, 그는 『돈 카를로스』, 『발렌슈타인』, 『피에스코의 반란』, 『빌헬름 텔』 등을 모두 가을에 구상하게 된다. 『발렌슈타인 진영』과 『인간의 미적 교육에 관한 편지』는 9월에, 『간계와 사랑』, 『마술사』, 『장갑』, 『폴리크라테스의 반지』 등은 6월에, 『오를레앙의 처녀』는 7월에 작업했다. 괴테는 『젊은 베르테르의 슬픔』을 가을에 썼고, 「미뇽」을 포함한 서정시들은 5월에, 『첼리니』, 『알렉시스』, 『에우프로시네』, 『식물의 변형』, 『파르나소스』는 6월과 7월 사이에, 『크세니언』, 『헤르만과 도로테아』, 『자연의 딸』은 겨울에 썼다. 1788년 3월 초의 며칠 동안 괴테는 한 달 분량의 일을 해치웠다. 특히 그 시기에 『파우스트』 앞부분의 집필을 끝냈다.

로시니는 〈세미라미스〉의 거의 대부분을 2월 한 달 동안에 완성했다. 그리고 11월에는 〈스타바트마테르〉의 최종 악장을 작곡했다. 모차르트는 〈미트라다테〉를 10월에 썼다. 베토벤의 9번 교향곡은 2월에 완성되었다. 도니제티는 〈람메르무어의 루치아〉를 9월 한 달 동안에 대부분 완성했다. 적어도 그 유명한 아리아 〈날개를 펴고 하늘로 간 그대여〉는 이 시기에 끝낸 것이 분명하다. 〈연대의 딸〉도 가을에 완성되었다. 〈샤모니의 린다〉는 봄에, 〈리타〉는 여름에, 〈돈 파스콸레〉와 〈미제레레〉는 겨울에 완성되었다. 바그너는 〈방랑하는 네덜란드인〉을 1841년 봄에 작곡했다.

카노바는 그의 처녀작인 〈오르페우스와 에우리디케〉의 구성 작업을 10월에 했다. 미켈란젤로가 조각상 〈피에타〉를 구상한 것은 1498년 9, 10월 사이였고, 도서관을 설계한 것은 12월, 교황 율리오 1세의 무덤의 나무모형을 제작한 것은 8월이었다. 레오나르도 다 빈치가 스포르차의 기마상을 구상한 것과 『빛과 바람』의 집필을 시작한 것은 4월이었다. 1491년 7월 2일에는 공작부인을 위한 목욕시설을 설계했고, 1509년 3월 3일에는 세인트 크리스토퍼 운하를 설계했다.

_ 발견과 발명에도 날씨가 한몫 콜럼버스, 갈릴레오, 케플러 등

콜럼버스가 아메리카 대륙을 발견하게 되는 새로운 항로에 대해 처음 떠올린 것은 1474년 5월과 6월 사이의 일이었다. 인도에 갈 수 있는 서쪽 방향의 새로운 경로를 개척하는 것이 목적이었다.

갈릴레오는 샤이너보다 앞서서 태양의 흑점을 발견했다. 샤이너의 발견은 1611년 4월이었고, 갈릴레오의 경우는 이보다 3개월을 앞섰다고 스스로 말한 적이 있기 때문에 1610년 12월 경일 것이다. 갈릴레오는 같은 시기에 금성의 표면이 달 표면과 유사하다는 것도 발견했다. 1609년 5월에 갈릴레오는 망원경을 발명했다. 1610년 6월에는 별 두 개를 발견하는데, 나중에 토성의 띠에서 가장 빛나는 부분이라는 것을 알게 된다. 1월에는 목성의 위성들을 발견했다. 1602년 11월에는 단진자 운동의 등시성을 발견했다.

케플러 법칙은 1618년 5월에 탄생했다. 주치가 목성을 발견한 것은 5월이었다. 티코 브라헤는 11월에 목성을 발견했다. 파브리치우스는 1546년 8월, 최초로 변광성을 발견했다. 카시니는 금성의 자전을 추정할 수 있는 표면의 특징을 1666년 10월과 1667년 4월에 관측했다. 그리고 1671년, 1672년, 1684년의 12월과 3월에는 토성의 위성 4개를 발견했다. 허셜은 1789년 3월에 두 개의 위성을 추가로 발견했다. 1631년 6월, 헤벨리우스는 월면도를 제작해 보자는 구상을 했다.

1655년 3월 25일에 호이겐스는 토성의 위성 중 하나를 발견했다. 도스와 본드도 다른 하나를 1848년 9월 19일에 발견한다. 허셜은 1787년, 천왕성의 위성 두 개를 발견했다. 그는 그중 하나에 대해서는 확신하지 못했는데, 1847년 10월에 스트루베와 라셀르가 확인 관측에 성공한다. 라셀르는 같은 해 9월 14일에 천왕성의 마지막 위성인 아리엘을 발견하기도 했다. 앞서서 7월 8일에는 해왕성의 위성 관측에 최초로 성공하기도 했다. 천왕성은 허셜이 1781년에 처음으로 발견했다. 그는 같은 해 4월에 달의 분화구를 최초로 관측하기도 했다.

브래들리는 1728년 9월에 광행차 현상을 발견했고, 엥케와 비코는 1735년에서 1738년까지의 기간 동안 3월과 4월의 시기에 토성에 대한 정밀한 관측에 성공했다. 갬바르는 혜성의 발견에 매우 큰 업적을 남겼다. 그는 7월에 3개, 3월과 5월에 각각 2개, 1월, 4월, 6월, 8월, 10월, 12월에도 각각 한 개씩 혜성을 찾아냈다. 그가 마지막으로 발견한 3개의 혜성은 1877년 10월, 2월, 9월에 관측되었다. 홀은 그해 8월에 화성의 위성들을 발견했다. 스키아파렐리가 운석을 발견한 기록은 1866년 8월까지 거슬러 올라간다.

말피기의 일기를 보면 그는 7월에 부신을 발견하는 쾌거를 이루었다. 신기하게도 어떤 해에는 특정한 달에 모든 일이 집중적으로 일어나는 것처럼 보인다. 예를 들어 1788년과 1790년에는 1월에, 1771년에는 6월에 말피기가 13건에 달하는 발견을 해냈다.

토리첼리가 기압계를 처음 착안한 것은 1645년 5월이었다. 그가

미 쳤 거 나
천 재 거 나

리치에게 보낸 편지에 그렇게 쓰여 있다. 1644년 3월에는 안경 제작에 적합한 유리의 제조법을 알아냈는데 당시로서는 대단한 가치가 있는 발견이었다. 파스칼은 그의 유체역학원리에 관한 실험들을 1645년 9월에 처음으로 감행했다. 1752년 5월에는 프랭클린이 실험을 통해서 피뢰침을 검증하기 시작했다. 그는 9월에 명확한 결론을 얻는다.

괴테는 색채에 대한 그의 독창적 이론에 대한 영감을 5월에 떠올렸다고 분명하게 말했다. 6월에는 식물의 변형에 대해 정밀하게 관찰할 수 있었다고 한다. 해밀턴이 사원수의 개념을 고안해 낸 날짜는 1843년 10월 16일이다.

_특별한 연대표의 비밀 특정한 주기의 천재성

볼타전지의 발명은 1799년과 1800년 사이, 겨울의 초입에 이루어졌다. 볼타는 1775년 봄에 전기함유기를 발명했고, 1784년 11월 초에 생물체의 발효과정에서 수소가 발생한다는 사실을 알아냈다. 그 양을 측정할 수 있는 유디오미터의 발명은 1777년 봄에 이루어졌다. 대략 5월경의 일이었다. 그해 4월에 볼타는 바를레타에게 보낸 편지 속에서 전기를 이용해서 전보를 보내는 시대가 오리라고 점쳤다. 1788년 봄에는 검전기를 건설했다.

루이지 브루그나텔리는 1806년 11월에 전기 주조법을 알아냈다. 니콜슨은 1800년 여름, 볼타전지를 이용해서 금속의 산화 현상을 촉진할 수 있다는 것을 발견했다.

갈바니가 남긴 원고를 검토해서 알아낸 것에 따르면, 갈바니가 장내의 가스를 연구하기 시작한 것은 1713년 12월이었다. 그의 기록에 의하면, 냉혈동물의 신경에서 전기적 반응을 얻어내는 첫 번째 노력은 1776년 4월 26일 20시에 시도되었다. 1786년 9월의 시험에서 그는 개구리의 근육 수축을 일으켰다. 바로 갈바니즘을 탄생시킨 실험이었다. 1780년 11월에 실시한 실험에서는 인공 전기로 개구리의 근육 수축을 일으켰다.

라그랑주의 기록물을 읽어 보면 그가 변분법을 처음 착상한 날짜는 1755년 6월 12일이었다. 1756년 5월 19일에는 라그랑주 역학의 단초를 얻었다. 1759년 11월에는 진동하는 현의 방정식을 풀었다.

레지오에 있는 공공도서관에서 보관 중인 스팔라차니의 기록물을 볼 기회가 있었는데, 그 기록에는 스팔라차니가 곰팡이에 대한 관찰을 1770년 9월 26일에 시작한 것으로 나온다. 1780년 5월 8일에는 '온도가 떨어지면 활동성이 떨어지는 동물에 대한 연구'를 시작했다. 1776년 4월과 5월에는 단성생식을 하는 동물의 존재를 발견했다. 1780년 4월 2일은 배란과 관련해서 가장 풍성한 결과물을 얻은 날이었다. 43차례에 걸친 관찰실험 후에 그는 이날 다음과 같은 기록을 남긴다.

난자는 자궁에서 수정되는 것이 아니라는 것이 분명해졌다. 정자세포들은 사출된 후에도 일정한 시간 동안은 수정이 가능한 상태를 유지한다. 정액뿐 아니라 소포성 유체도 수정 과정에 참여한다. 포도주와 식초는 수정을 방해한다.

1780년 5월 7일에는 지극히 적은 양의 정자로도 충분히 수정이 가능하다는 것을 알아냈다. 보네트에게 보낸 편지에는 스팔라차니가 1771년 봄, 혈액순환에 미치는 심장의 역할을 연구하기 시작한 사실이 나와 있다. 1773년 3월에는 담륜충에 대한 연구에 착수했다. 1781년 5월의 기록에는 개구리의 인공 수정을 위한 실험 계획이 들어 있다.

죠프루아 생틸레르가 생물체 기관들 사이의 상동관계를 탐구하기 시작한 것은 2월이었다. 데이비는 요오드를 12월에 발견했다. 훔볼트는 1796년 11월에 자침에 대한 본격적인 관찰을 시작했고, 1793년 3월에는 유기섬유의 특별한 성질을 관찰했다. 『코스모스』의 서문의 구술 작업은 10월에 이루어졌다. 1801년 7월, 게이뤼삭은 생선뼈에서 플루오린산을 발견했다. 백반에 대한 분석은 같은 해 7월에 끝냈다. 1846년 9월, 모턴은 싸이오에테르를 이용해서 수술환자의 마취에 성공했다.

마테우치는 1830년 7월에 검전기를 시험 가동했고, 1836년 봄에는 어뢰를 만들어냈다. 1835년 5월에는 산의 분해를 시도했고, 1837년 5월에는 전기가 날씨에 영향을 미칠 수 있다는 결론을 내렸다. 1833년 6월에는 열과 자기장에 관한 실험을 모두 마쳤다.

이 지루한 목록을 끝까지 따라올 만큼 참을성을 발휘한 독자들은 천재들이 많은 경우 특별한 연대표대로 움직인다는 확신이 생길 것이다. 말하자면 특정한 계절이나 정해진 달에 특별히 다수의 관찰 활동이 집중되거나 가장 훌륭한 연구 성과를 내거나 최고의 작품이 탄생한다는 것이다. 스팔라차니의 경우는 봄이었고, 주스티와 아르깐젤

월	문학과 예술 작품	천문학적 발견	물리학 / 화학 / 수학적 발견	총계
1월	101	37	–	138
2월	82	21	1	104
3월	104	45	5	154
4월	135	52	5	192
5월	149	35	9	193
6월	125	24	5	154
7월	105	52	5	162
8월	113	42	–	155
9월	138	47	5	190
10월	83	45	4	132
11월	103	42	5	150
12월	86	27	2	115

리에게는 5월, 라마르틴에게는 8월, 카르카노, 바이런, 알피에리에게는 9월이 특별하게 활동적인 시기였다.

말피기와 실러는 6월과 7월에, 위고는 5월에, 베랑제는 1월에, 벨리는 11월에, 멜리는 4월에 가장 왕성한 모습을 보여주었다. 볼타는 11월과 12월에, 갈바니는 4월에, 감베르는 7월에, 페터스는 8월에, 루터는 3월과 4월에, 왓슨은 9월에 가장 두드러진 활약을 보였다. 이러한 특수한 연대표를 보다 일반화시켜 볼 수도 있다. 문학, 음악, 미술, 자연과학 등의 다양한 지적인 활동을 시기에 따라 정리해 보았다.

이 표를 보면, 예술적인 창작이 가장 활발한 때는 5월이라는 것이 당장 눈에 들어온다. 다음으로 9월과 4월에 작품량이 많고, 2월, 10월,

12월에는 작품 수가 현저하게 줄어든다. 부분적으로 볼 때 천문학계도 이와 유사한 모습을 보여준다. 하지만 가장 활발한 때가 4월과 7월이라는 점에서 차이가 있는데, 예술계나 자연과학계의 경우는 5월에 활약상이 가장 두드러지고 4월과 9월이 그 뒤를 따르고 있다. 이를 보면 더위가 가장 심한 달보다는 더위가 시작하는 시기의 달에 가장 활동이 왕성하다. 정신병자들의 현황 조사에서도 같은 결과가 나왔다. 또한 기압의 변화가 크게 나타나는 달에는 고온, 저온인 달보다 더욱 큰 수치상의 변화를 볼 수 있다.

이 자료들을 계절에 따라 구분하고 여기에 정확한 달은 특정되지 않았다. 하지만 계절 정보가 파악 가능한 자료들을 합산하면, 문학과 예술 창작의 수치가 가장 높을 때는 총 388건을 기록한 봄철이다. 그 뒤로 여름에는 347건, 가을 335건, 겨울 280건을 기록했다.

_기지개를 펴는 천재들 날씨와 생물학적 조건의 영향

물리학, 화학, 수학에서의 위대한 발견들은 대부분 봄에 이루어졌다. 봄에만 총 22건이 있었고, 그 다음으로 가을에 15건, 여름에 10건이 있었다. 겨울에는 단지 5건만을 볼 수 있다. 천문학에서의 발견은 대체로 정확한 일자를 알 수 있기 때문에 보다 의미 있는 자료라고 할 수 있다. 따라서 다른 자연과학과 별도로 분리했다. 천문학적 발견은 가을에 135건, 봄에 131건, 여름에 120건, 겨울에 83건 순이었다. 총 1,871건의 주요 발견들을 종합적으로 파악해 보면, 봄에 가장 많은 541건, 가을에 485건, 여름에 477건, 겨울에 368건으로 나타났다.

이를 보면 날씨가 따뜻해지는 시기에 천재들의 활동이 양적으로 든 질적으로든 가장 활발하다는 것을 알 수 있다. 물론 결론을 단정하기에는 자료의 양이 제한적인 것이 사실이다. 하지만 미대륙을 발견하는 단초가 되는 위대한 구상이 봄에 이루어졌다. 갈바니즘, 기압계, 망원경, 피뢰침 등도 봄에 이루어진 업적들이다. 미켈란젤로, 단테, 레오나르도 다 빈치, 괴테의 경우도 최고의 역작을 구상한 시기는 모두 봄이었다. 케플러의 법칙도 봄에 나왔다. 밀턴의 위대한 서사시, 다윈의 이론, 바그너의 〈방랑하는 네덜란드인〉 등도 모두 봄에 나온 작품들이다.

사실 위대한 천재들의 발자취를 일자별로 추적해 보면, 날씨가 따뜻해지는 시기에 활동에 박차를 가하다가 추위가 닥치면 활동성이 떨어지는 모습을 볼 수 있다. 스팔란차니가 남긴 일기를 보아도 이런 현상을 알 수 있다. 그는 1777년과 1778년 사이, 그리고 1780년과 1781년 사이에 곰팡이와 소화 작용, 그리고 수정에 관해 연구했다. 스팔란차니의 일기에 따르면, 3월에 관찰한 일수는 50일, 4월에 65일, 5월에 143일, 6월에 41일, 8월에 33일, 9월에 24일로 되어 있다. 이에 반해 12월에는 고작 17일, 11월에 10일, 1월에 18일, 7월에 17일, 2월에 2일간의 기록을 볼 수 있을 뿐이다.

말피기가 34년 동안 꾸준히 기록한 관찰일기에서는 7월에 가장 많은 관찰기록을 발견할 수 있다. 7월에 71일의 기록이 있고, 그 뒤로 6월에 66일, 5월에 42일, 10월에 40일, 1월에 36일, 9월에 34일, 4월에 33일, 3월에 31일, 8월에 28일, 11월에 20일, 12월에 13일의 기록이 있다. 총 400건이 넘는 관찰기록 중에서 겨울에 속하는 기록은 5분의 1의 기간을 채 넘지 못한다.

갈바니가 남긴 메모들을 검토한 자료에서 보면, 갈바니가 1772년부터 1781년까지 수행한 근육 수축, 근육 운동, 귀의 구조, 고실소골, 청각기관 관련 연구조사들은 모두 4월에 집중되어 있다. 비록 백내장 연구는 3월, 시각위생 관련 연구는 1월에 수행했지만, 4월에 그의 활약이 두드러졌다는 것은 매우 분명하다.

물론 이러한 결론들이 이견 없이 받아들여지리라고는 생각하지 않는다. 자료의 양이 많지 않은데다가, 자료의 신뢰도에도 논란의 여지가 있고, 계량화될 수 없는 지성의 결과물을 통계적으로 분석하는 것이 무리수라고 여겨질 수도 있다. 통계는 다수의 자료가 뒷받침되어야 한다고 믿으며, 자료의 질적인 면보다는 양적인 면을 다루는 데 적합하다고 믿는 사람들이 먼저 고개를 저을 것이다.

또한 연역적인 사고만을 고수하면서 자료를 바탕으로 결론을 이끌어내는 추론 방식을 거부하는 이들도 받아들이기 힘들어 할 것이다. 더구나 통계값은 사실이라고 할 수 없고, 사실이라고 해도 종합하는 과정을 거쳐야 하는 것처럼, 수치 그 자체로는 사고를 발전시키는 근거로서의 가치가 없다고 보는 의견도 있다.

내가 지금까지 제시한 자료들은 비록 양적으로 큰 값을 가지고 있지는 않지만, 일개 가설이나 개별적인 일화들로 치부될 만한 사건들은 아니다. 특히 나중에 제시했던 자료들과 일맥상통하는 자료들의 경우, 적어도 정신력과 관련한 연구들을 촉진하는 역할을 기대할 수 있다.

또 한편으로, 천재들의 업적을 숫자들의 묶음으로 치환할 수 없다고 말할 수도 있다. 하지만 천재들의 활동적인 시기를 연대표로 정리한 결과가 많은 경우 겹치는 것은 개인 심리 때문이라기보다는 무언가 다른 환경적 요인이 있다고 볼 수밖에 없다. 따뜻한 날씨는 자연학자들이 관찰과 실험을 수행하기에 최적의 조건을 제공해 준다. 추분을 기점으로 춘분이 올 때까지 밤이 길어지는 점, 안개 낀 날에는 관찰이 용이하지 않다는 점, 더위와 추위가 심한 날은 활동성이 떨어지고 불쾌하다는 점 등의 이유로 봄, 가을에 주요한 발견들이 집중되었을 것이다.

하지만 이러한 요인들이 최적의 환경을 결정하는 유일한 인자는 아니다. 해부학자들의 경우를 보면, 시체는 사계절 언제나 수급이 가능하며 겨울에 오히려 수급이 용이하다. 또한 밤이 길고 청명한 겨울은 천문학자들도 굴절 현상이 적은 이유로 선호하는 시기다. 기후가 다른 북쪽에서는 당연히 천문학적 발견들이 따뜻한 여름 날씨에 주로 많이 이루어졌다. 이러한 환경적 요인이 출생과 사망, 그리고 살인이 발생하는 현상에도 영향을 준다는 것은 잘 알려진 점이다. 만약에 이러한 현상들이 같은 결과를 보인다면, 모든 현상에 동일한 요인을 적용할 수 있을 것이다. 이는 오직 기후적 요인에 대해서만 볼 수 있는 결과다.

예술적 창작과 과학적 발견은 모두 정신적 희열을 추구하고 극도의 민감성을 발휘해야 얻어지는 것들이라는 점에서 일맥상통하는 면이 있다. 시인과 과학자는 사실 일반적으로 인식하는 것보다 훨씬 더 가까운 존재일 수 있다. 스팔라차니의 실험이나 허셜이 최초로 시도

했던 것들, 르베리에와 스키아파렐리의 위대한 발견들 등, 가설에 의지해서 계산과 관찰을 거듭하며 원리로 이끌어 낸 모든 것들이 불경한 상상의 결과라는 것을 부인할 수 있을까?

리트로는 베스타 행성의 발견이 천운이라고만 할 수도 없고 천재의 업적이라고만 할 수도 없다며, 이는 오직 천운을 만난 천재 때문에 가능한 일이었다고 논평했다. 피아치가 발견한 그 행성을 자크도 분명 보았다. 하지만 그는 피아치만큼 비범하지 못했든지, 아니면 그 순간 잠시 통찰력을 잃어서 그런 건지 결과적으로 그 중요성을 놓쳐버렸던 것이다. 섹키는 태양의 흑점을 발견하는 데 필요한 것으로 시간과 정성과 운만을 언급했다. 하지만 이를 확실한 이론으로 발전시키는 데는 천재의 역량이 필요했던 것이다.

얼마나 많은 학식이 있는 자연과학자들이 별들을 바라보았겠는가? 강을 타고 내려가면서 그들도 돛대가 흔들리는 광경을 분명히 보았을 것이다. 하지만 그 누구도 브래들리가 발견한 광행차의 법칙을 이끌어 내지는 못했다. 또한, 얼마나 많은 화가들이 흉측한 얼굴의 짐꾼을 보았겠는가? 하지만 모두가 레오나르도 다 빈치가 그린 유다를 그려내지는 못했다. 오렌지를 본다고 해서 모두가 모차르트의 〈돈 지오반니〉에 나오는 노래를 만들어 내지도 못한다.

마지막으로 심각하게 고민해 볼 필요가 있는 반론이 여전히 남았다. 거의 모든 지적인 소산들과 현대 물리학의 성과들이 온전히 한 개인의 업적이 아니라는 점이다. 모든 것은 고대로부터 끊임없이 정진해 온 선배와 동료 과학자들이 닦아 놓은 토대 위에 성립하는 것이다. 그런데 그런 모든 것들을 무시하고 최종 결과물이 탄생한 순간만을 기준으로 연대표를 작성하는 것은 문제가 있다고 생각할 수 있다.

하지만 이러한 반론은 하자고 들면 모든 인간 현상에 적용할 수 있다. 심지어 갑작스런 사고와 같은 경우에도 그렇다. 예를 들어, 수정도 영양 상태와 유전 요인의 영향을 받는다. 정신착란이나 사망과 같은 사건도 갑작스럽게 발생하는 것처럼 보일 수 있다. 하지만 실제로는 날씨와 생물학적인 조건의 영향이 다같이 작용한다. 그렇기 때문에 일자를 정하는 기준을 탄생의 순간으로 확정하는 것에는 그다지 무리가 없을 것이다.

천재성은 기후를 타고
기후가 천재에게 미치는 영향

● 버클은 대부분의 예술가들이 과학자들과는 다르게 화산지형 출신이라고 말했다. 야코비는 최고 수준에 있는 천재들의 경우 절대 다수가 인구가 밀집해 있는 도시 지역 출신이라고 논문에서 밝혔다. 인종, 정치적 상황, 과학적으로 치열한 경쟁 상황, 부와 문화가 집중된 문예의 중심지라는 위치 등의 다양한 요인들이 천재의 출현과 상관관계가 있다는 것은 부인하기 어렵다.

고대에 아테네, 시에나, 피렌체에서 다른 어느 시대, 다른 어느 나라와도 비교할 수 없을 만큼 그렇게나 많은 천재들을 양산해 낸 배경에는 정치적으로 활발한 시대적 상황과 개인의 자유를 허용하는 사회적 분위기가 있었다는 사실도 부정할 수 없다.

하지만 기상학적인 현상이 천재들의 활동에 상당한 영향을 미친다는 점을 확인하고 온 이상, 이제는 기후조건을 마땅히 주요한 고려 대상에 넣어야 할 것이다.

_천재가 사는 곳 중심지라는 위치와 인종과 열대기후가 천재에게 미치는 영향

위대한 예술가들이 유럽에서, 특히 이탈리아에서 어떻게 분포하는지는 연구해볼 만한 가치가 있다. 음악가들에 대해서는 페티스와 클레멘의『음악인 열전』을 참조했고 화가와 조각가의 경우는 티코치의『미술대백과』의 자료를 사용해서 다음과 같은 결과를 얻었다.

이탈리아가 가장 많은 수의 음악가들을 배출했으며, 그 뒤는 벨기에, 독일, 프랑스의 순이다. 이 나라들은 인구 대비 음악인의 밀도 역시 높다. 적은 수의 음악가들을 보유한 나라들은 아일랜드, 러시아, 스웨덴 등인데, 역시나 인구 대비 음악인의 밀도가 매우 낮다. 독일과 비교해서 스페인이나 그리스가 차지하는 비중을 감안해 볼 때, 화산 지형의 영향이나 라틴 민족의 우월성이 확연히 드러나지는 않는다.

하지만 이탈리아 음악가들의 지역별 분포를 따져 보면 덥고 육지에 속한 구역에서 음악가들이 많이 배출된다는 것을 바로 알아 볼 수 있다. 에밀리아와 베네치아 출신도 많다. 피드먼트와 마르케, 움브리아 출신은 드문 편이고, 사르디니아 출신은 전무하다. 하지만 산악지형의 영향이 있는지를 명확하게 알기 위해서는 각 주 별로 구분해서 파악해 볼 필요가 있다.

출신국	음악인 수	인구 백만 명당 배출된 음악인 수
이탈리아	1,210	40.7
벨기에	98	16.7
독일	650	13.8
프랑스	405	10.7
네덜란드	31	7.7
그리스	15	7.5
스위스	20	7.0
덴마크	14	6.6
오스트리아	239	6.5
영국	149	4.6
포르투갈	17	3.6
스페인	62	3.5
아일랜드	7	1.4
러시아	34	0.4
스웨덴	9	0.2

이렇게 보면 인구가 집중된 곳일수록 많은 음악가가 배출된다는 것을 알 수 있다. 피드먼트와 사르디니아와 시실리를 제외하면 대도시가 위치한 주들에서 다수의 음악가들이 나왔다. 나폴리, 로마, 베니스, 밀라노, 볼로냐, 피렌체, 룩카, 파르마, 제노바 등의 예를 보아도 충분히 알 수 있다.

여기서 알 수 있는 점은 활기차고, 기후가 따뜻하고, 해양 지방이면서, 무엇보다도 산악지역인 경우 더욱 빈도수가 높다는 것이다. 때로는 이러한 조건들이 대도시라는 조건이나 문명의 중심지라는 조건과도 견줄 만큼 영향력이 있는 요인으로 보인다. 대도시는 대략 9분의

나폴리	216	알레산드리아	8
로마	127	트레비조	8
베니스	124	카타니아	7
밀라노	95	아레초	6
볼로냐	91	레체	6
피렌체	70	코모	5
룩카	37	앙코나	5
파르마	34	우디네	5
제노바	30	마체라타	5
토리노	27	카세르타	4
베로나	24	리보르노	3
브레시아	22	포를리	3
만토바	19	메시나	3
모데나	19	로비고	3
크레모나	17	키에티	3
팔레르모	17	포지아	2
노바라	17	쿠네오	2
베르가모	16	파비아	2
바리	16	마사	2
페라라	15	테라모	2
파두아	15	시라쿠사	2
피사	13	아스콜리	2
레조	12	캄포바소	2
피아첸차	11	벨루노	1
시에나	10	카탄자로	1
라벤나	10	아벨리노	1
비첸차	10	포텐차	1
페루자	9	레조칼라브리아	1
페자로	9	칼타니세타	1

7의 비율로 나타난다. 위의 표에서 보면 그밖의 주요 도시들과 해양
지역 거점 도시들이 눈에 들어온다. 팔레르모, 바리, 카타니아는 화산

지형이고 베르가모, 브레시아, 베로나, 비첸차, 페루자, 시에나 등은 산악지대에 속한다.

인종적 요인은 여기서 분명하게 보이지는 않는다. 베르베르족이나 셈족의 경우는 그다지 예술적 역량이 두드러져 보이지 않는다. 특히 열대지역의 경우 더욱 특징적인데, 사르디니아나 칼라브리아나 시실리 출신의 음악가는 아주 드물다. 반면에, 그리스 로마 계통이나 에트루리아 출신의 음악가들은 많이 찾아볼 수 있다. 그런 결과로 나폴리, 로마, 룩카, 볼로냐 등이 음악적으로 번성했던 것이다.

비록 버클은 지진이 예술 창작에 큰 역할을 했다고 말했지만, 지진이 어떤 역할을 하는지는 확실하지 않다. 나폴리와 아베르사가 최상위에 자리하고 있기는 하다. 하지만 지진이 수없이 발생하는 칼라브리아에서는 특별한 영향이 있어 보이지는 않는다. 나폴리와 아베르사의 경우는 인종과 기후적 요인으로도 설명이 가능하다.

_나폴리와 피렌체의 반격 대가의 분포 현황

양적인 가치가 질적인 가치를 담보하는 것은 아니라는 것을 항상 유념해야만 한다. 음악가들의 출현이 매우 드문 지역에서 벨리니와 로시니를 배출해 낸 것만 보아도 충분히 알 수 있는 일이다. 실상 위대한 인물이 한 명만 나와도 평범한 사람 백 명 이상의 몫을 하는 셈이다.

위대한 작곡가들 위주로 출신을 따져 보면, 날씨가 덥고 바다에 인접한 곳이 많다. 나폴리가 가장 특징적이며 그 뒤를 로마, 파르마, 밀라노, 크레모나가 따르고 있다. 사실 여기에는 기후 외에 인구밀도와 교육환경적 요인을 감안해야 하는 것이 맞다.

클레멘트와 플로리모가 공저한 『나폴리파의 음악』에는 위대한 작곡가 118명이 실려 있다. 이중에서 3분의 1이 넘는 44명이 이탈리아인이다. 그리고 이들 중에서 반이 넘는 27명의 작곡가들이 시실리 (스카를라티, 파치니, 벨리니)와 나폴리와 그 인접지역에서 나왔다. 특히 아베르사에서 많은 작곡가들이 배출되었는데, 조멜리, 스트라델라, 피친니, 레오, 페오, 빈치, 희가극의 시조인 페나롤리, 스페란자, 콘투마찌, 살라, 카파로, 두니, 사키니, 카라파, 파이젤로, 치마로자, 징가렐리, 메르카단테, 두란테, 리치 2명, 페트렐라 등이 모두 그 지역 출신이다.

그리스계라는 혈통적 요인과 온화한 기후의 영향이라는 것은 의심의 여지가 없다. 그 외의 17명 중에서 이탈리아 북부 출신은 도니제티, 베르디, 알레그리, 프레스코발디, 몬테베르디 2명, 살리에리, 마르첼로, 파가니니 등이고, 이중에서 마지막 세 명은 해안지역 출신이다. 나머지는 중부에서 나왔는데, 그중에서 팔레스트리나와 클레멘티는 로마 출신이고, 스폰티니, 륄리, 페르골레즈는 페루자와 피렌체 출신이다.

위대한 작곡가들과 또 그보다 희귀한 대가들의 출신지로는 페자로, 카타니아, 아레초, 알레산드리아 등이 있다. 나폴리, 로마, 파르마, 피렌체, 밀라노, 크레모나, 베니스 등은 음악 천재들을 다수 배출한 지역으로 음악인들을 기본적으로 많이 배출해 낸 곳이다. 이곳들은 공통적으로 온화한 해안성 기후, 그리스-에트루리아 혈통, 인구 집중

볼로냐	262	레조	29
피렌체	252	피사	29
베니스	138	트레비조	24
밀라노	127	아스콜리	23
로마	100	노바라	22
제노아	100	파비아	20
나폴리	95	만투아	19
페라라	85	포를리	19
베로나	83	코모	17
시에나	73	앙코아	16
페루자	68	알레산드리아	15
크레모나	65	벨루노	13
모데나	61	마체라타	13
페사로	61	피아첸차	6
브레시아	50	카세르타	6
토리노	46	로비고	5
메시나	43	팔레르모	4
파두아	40	살레르노	3
파르마	39	레체	3
비첸차	39	쿠네오	3
룩카	38	마사	3
베르가모	37	카타니아	2
우디네	36	리보르노	1
아레초	33	라퀼라	1
라벤나	30	시라쿠사	1

지라는 특징이 있다.

회화 분야는 대도시 출신이 압도적으로 많다. 그중 유명인들도 대도시 출신이 많다. 사르디니아와 시실리만이 예외적인 경우이다. 화가가 많은 순서대로 따지면, 볼로냐, 피렌체, 베니스, 밀라노의 순이다. 일반 화가만이 아니라 유명 화가들까지 포함해서 차례를 매기면, 피렌체, 베로나, 나폴리, 로마, 베니스의 순이다. 그리고 대도시들 다음으로는 산악지역이 화가들을 많이 배출하는 것을 알 수 있다. 페루자, 아레초, 시에나, 우디네, 베로나, 비첸차, 파르마, 브레시아 등이 그예다.

조각가들과 건축가들의 경우에도 거의 같은 양상을 보여준다. 문명의 중심지면서 산악지대에 속한 지역이 최상위에 위치하고 있다. 피렌체에서 가장 많은 수가 배출되었고, 그 뒤를 이어 밀라노, 베니스, 나폴리, 코모, 시에나, 베로나, 마사 등의 지역이 2위 그룹을, 아레초, 페루자, 비첸차, 베르가모, 마체르타, 카타니아, 팔레르모 등의 지역이 3위 그룹을 형성하고 있다.(화가들과 차이가 생긴 것은 조각가들과 건축가들의 수가 우디네에서 현저히 적고, 카타니아와 팔레르모에서는 많이 배출되었기 때문이다.)

요약하자면, 영향력이 있는 요인으로 따뜻한 기후, 인구와 문화중심지라는 위치, 산악지대나 해안지대 등의 환경을 들 수 있겠다. 그리스와 에트루리아계 혈통이라는 인종적 요인도 무시할 수는 없다. 나폴리와 피렌체가 예외적인 모습을 보이기는 하지만 일반적으로 예술가들을 다수 보유하는 지역에서 대단한 천재들의 수도 많이 나오는 것이 사실이다.

피렌체의 경우, 개인의 재능을 발현시키려는 지역공동체 차원의 격려와 지원이 큰 역할을 했을 것이다. 여기에 아테네에서 볼 수 있는 것처럼 예술적 기질, 종족적 특성, 기후 조건의 영향이 있었다. 확실히 피렌체는 회화와 조각 방면에서 압도적으로 많은 예술가들을 배출했다. 도나텔로, 미켈란젤로, 베로키오, 발디넬리, 카치니, 첼리니, 조토, 마사초, 안드레아 델 사르토, 살비아티, 알로리, 브론치노, 폴라이올로, 프라 안젤리코 등이 모두 그 도시를 빛낸 이름들이다.

_스위스에서 천재의 출현 산악지형의 영향

따뜻한 기온과 중심지라는 요인을 제하면, 산들바람이 불어대는 해발고도의 구릉지대에서 예술가들이 많이 배출된다.

이러한 기후적 조건만으로도 토스카나 지방에서 목동이나 농부 출신의 시인들이 많은 이유, 특히 즉흥시인이 많은 이유를 충분히 이해할 수 있다. 토스카나 안에서도 피스토야, 부티, 발도타니 인근지역은 특히나 많은 시인들을 배출했다. 줄리아니가 『토스카나의 구어』에 소개하고 있는 여자 목동의 예라든가, 집안 대대손손 시인이 된 프레디아니 가문의 예만 보아도 알 수 있다. 프레디아니가 출신으로 현역에서 활동 중인 시인이 지금도 있다. 여전히 고대 토스카나의 시인들 못지않은 작품성을 보여준다. 하지만 같은 혈통적 배경을 공유하면서 평야 지대에 정착한 농부들에게서는 이와 같은 재능을 발견할 수가 없다.

국토가 평야로 뒤덮인 벨기에, 네덜란드, 이집트와 같은 나라에서는 천재들의 출현이 드문 편이다. 또한, 스위스나 사보이처럼 높은 산맥으로 에워싸인 지형에서는 크레틴병이나 갑상선종과 같은 풍토병이 있다. 지형적으로 습지가 많은 나라들에서도 천재를 보기가 힘들다. 스위스에서도 드물게 천재가 출현하기도 하는데, 그 경우는 프랑스 또는 이탈리아와의 혼혈을 통해서 갑상선종의 위험을 피할 수 있었기 때문이다. 보네트, 루소, 트롱상, 티소, 드캉돌, 페스탈로치, 시스몽디 등이 그 드문 예다. 우르비노 페사로, 포를리, 코모, 파르마 등의 지역은 유서 깊은 대학 소재지인 피사, 파두아, 파비아와 비교해서 수적으로도 많은 천재들을 배출했고, 그 출신 천재들이 훨씬 명성이 높기도 하다. 라파엘로, 브라만테, 로시니, 모르가니, 스팔란차니, 무라토리, 팔로피오, 볼타 등이 그 예다.

보다 확실한 예를 보여주는 곳은 피렌체이다. 기후가 온화하고 언덕 지형인 피렌체는 가장 빛나는 천재들로 이탈리아를 채웠다. 단테, 조토, 마키아벨리, 륄리, 레오나르도, 브루넬레스코, 구이치아르디니, 첼리니, 프라 안젤리코, 안드레아 델 사르토, 니콜리니, 카포니, 베스푸치, 비비아니, 립피, 보카치오, 알베르티, 다티, 알라만니, 루첼라이, 기를란다요, 도나티 등이 모두 피렌체가 낳은 천재들이다.

반면에 피사에는 명성이 높은 대학교가 있는 등 과학적인 조건을 따져 볼 때 피렌체보다 못할 것이 없는데도 그만한 인재들을 배출해내지 못하고 있다. 심지어 강력한 동맹의 지원을 받고서도 함락을 면하지 못한 역사가 있다. 피사는 니콜라 피사노, 준타 피사노, 갈릴레오 등을 배출했는데, 그나마 갈릴레오는 출생지가 피사일 뿐이지 피렌체 이주민의 후손이었다. 그런데 피사가 조건 면에서 피렌체와 다른 점은 평야 지대에 위치했다는 것뿐이다.

산과 호수로 가득한 롬바르디의 경우 베르가모, 브레시아, 코모 등의 지역에서 볼 수 있는 것처럼 평야 지대에 위치한 지역들보다 수적으로 많은 위인들을 배출해왔다. 베르나르도 타소, 마스케로니, 도니제치, 타르탈리아, 볼타, 파리니, 아피아니, 마이, 카뇰라 등이 이곳 출신이다. 롬바르디의 저지대에서 배출한 인재들은 알치아토, 베카리아, 오리아니, 카바렐리, 아셀리, 보카치니 등이 고작이다.

언덕 지형의 베로나에서는 마페이, 파올로 베로네세, 카툴루스, 플리니우스, 프라카스토로, 비앙키니, 카뇰라, 티라보시이, 브루사소시, 로르나, 핀데몬테 등이 나왔다. 예술가뿐 아니라 경제학자와 사상가 쪽으로도 최고급 인재들이 그곳 출신이다. 트레자라는 이름만 들어도 충분히 알 것이다. 매우 신뢰할 만한 자료에 따르면 1881년 베로나에는 160명의 시인이 있었고, 그들 중 상당수가 탁월한 재능으로 두각을 나타냈다고 한다. 그런 반면에 부유하고 교육 수준도 높았던 파두아에서는 리비우스, 체사로티, 피에트로 다바노 외에 소수의 인재를 배출했을 뿐이다.

제노아와 나폴리의 경우는 온화한 기후, 해안가, 언덕 지형이라는 조건에 모두 부합한다. 당연히 피렌체에 견줄 만한 천재들의 산실로서, 수적으로는 조금 미치지 못할 수도 있지만, 업적면에서는 결코 뒤지지 않을 인재들을 배출해왔다. 그 출신자로는 콜럼버스, 도리아, 마치니, 파가니니, 비코, 카라치올로, 페르골레즈, 제노베시, 시릴로, 필란제리 등이 있다.

스페인은 뚜렷하게 온화한 기후의 영향을 받는다. 하지만 바르셀로나를 포함한 카탈로니아 전역에서는 예술가들을 찾아보기가 어렵다. 기껏해야 페트라르카를 모방하는 시인 하나를 꼽을 수 있을 뿐이다. 반면에 세비아에는 세르반테스, 벨라스케스, 무리요가 있다. 코르도바에서도 많은 천재들이 나왔다. 세네카, 루카누스, 모랄레스, 미나,

공고라, 화가이자 조각가이자 시인인 세스페데스 등이 모두 그곳 출신이다.

베어드가 전하는 것에 따르면, 미국 북부에서는 건조하고 변화무쌍한 날씨 탓에 개척정신이 두드러지고, 지적인 욕구도 강하고, 공적인 삶에 대한 동경과 새로운 것에 대한 열망이 넘친다고 한다. 반면에 남부는 습하고 변화가 적은 기후 덕분에 보수적인 성향이 강하다고 한다. 이런 분위기 때문에 조지아 주의 제조업자들이 새로운 물품이나 기계를 도입하는 경우에는 판로를 찾기가 어렵다는 말이 있다. 물건의 질이 떨어지거나 쓰임새가 없어서가 아니라, 단지 낯설다는 이유만으로 문전박대를 당하기 때문이다.

독일에서는 높은 산이 바람막이 역할을 해주는 덕에 화창한 날씨와 따스한 기후를 누리는 지역들이 위대한 시인들을 다수 배출했다. 마인 강과 넥카 강 유역은 온화한 기후, 풍부한 작물, 비옥한 토지로 유명하다. 위대한 독일 시인들은 모두 그곳에서 나왔다. 마인 강 유역은 독일 역사상 가장 위대한 시인인 괴테와, 그에 비견할 수는 없지만 빛나는 재능으로 천재적 역량을 발휘했던 시인들을 다수 배출했다. 클링거, 뵈르네, 뤼케르트, 베티나 폰 아르님 등이 그 예다.

넥카르 유역에서는 실러와 빅토르 폰 셰펠이 유명하다. 스와비아 지방에서도 다수의 시인들과 사상가들이 배출되었다. 빌란트, 울란트, 유스티누스 케르네르, 하우프, 슈바르트, 뫼리케, 슈바프, 셸링, 뮐러, 횔덜린 외에도 많은 이들이 그 지역 출신이었다. 구릉 지대에서 시인들이 많이 나오는 것은 독일의 경우에도 여실히 볼 수 있다. 하노버에서만도 클롭슈토크, 스톨버그, 이플란트, 뷔르게르, 라이제비츠,

보덴슈테트, 호프만 폰 팔러슬레벤, 슐레겔 2명이 나왔고, 라인 지방에서는 하이네, 야코비, J. 뮐러, 브렌타노가 나왔다. 온화한 기후가 특징인 작센 지역에서 가장 많은 시인들이 나왔다. 쾨르너, 겔러트, 케스트너, 라베너 등이 작센 출신이었으며, 무엇보다도 레싱이 그곳 출신이었다. 마지막으로 튀링겐 지방에서는 코체부, 뤼케르트, G. 프라이타크, 하인제, 무제우스, 거터 등이 배출되었다.

평야 지대나 기후 조건이 혹독한 지역에서는 시인이 거의 나타나지 않았다. 물론 예외적인 경우들을 짚고 넘어가야 할 것이다. 헤르더는 모롱겐 출신이며, 막스 폰 셍켄도르프는 틸지트 출신이고, 아른트는 뤼겐, 루터는 아이슬레벤, 파울 게르하르트는 그래팬하이니헨 출신이다. 훔볼트 2명과 파울 하이제, 티크, 구츠코브는 베를린, 이머만은 마그데부르크 출신이다. 빌헬름 밀러, 막스 밀러, 모제스 멘델스존 등은 데사우 출신이다. 베스트팔렌은 산악 지형이지만 시인을 배출해내지는 못했다.

_천재성과 건강의 방정식 지역건강과 키의 영향

말라리아나 갑상선종이 흔한 지역은 예술가들을 배출하는 일이 드물다. 칼라브리아, 삿사리, 그로세토, 아오스타, 손드리오, 아벨리노, 칼타니세타, 키에티, 시라쿠사, 레체 등의 지역들이 그 예이다. 이탈리아에서 위대한 예술가들이 분포되어 있는 양상을 검토해 보면 각 지역의 평균 신장과 유사한 추이를 보인다는 것을 알 수 있다. 바로 위에서 언급한 지역들의 경우 주민들의 키가 작은 반면에 피렌체, 룩카, 로마, 베니스, 나폴리, 시에나, 아레초 등에서는 평균 신장이 크다. 물론 지적인 능력과 키 사이에 직접적인 상관관계가 있는 것은 아니다. 그보다 키는 그 사회의 건강지표로서의 기능을 한다고 볼 수 있다. 비록 인종적인 영향 또한 무시할 수 없지만 말이다. 사망률의 경우 건강과 직접적인 상관관계를 따질 수는 없다. 갑상선종이나 크레틴병과 같은 병적인 요인들이 육체적이나 정신적 지체를 유발하는 것은 사실이지만, 사망의 직접적인 요인이 되는 것은 아니기 때문이다.

이탈리아의 징집 관련 자료를 보면, 인종적인 조건과는 상관없이 기후조건이 좋은 지역 출신 대상자들이 키도 크고, 징병에서 탈락되는 비율도 낮은 것으로 나온다. 그리고 그런 지역일수록 뛰어난 천재들이 많은 것으로 나타난다. 토스카나, 리구리아, 로마냐 등의 지역들이 그 예이다. 반면에 신장이 작고 징병 조건에 미달하는 대상자들이 많은 지역의 경우 천재의 출현 빈도도 매우 낮은 것으로 나타났다. 사르디니아, 바실리카타, 아오스타의 계곡지역 등이 그 예다.

칼브리아와 발텔리나는 매우 예외적인 지역인데, 평균 신장이 작은데도 다수의 천재들이 배출되었다. 하지만 그 천재들이 비교적 고지대에 편중되었다는 점에서 말라리아로부터의 안전이 확보되는 환경적 요인의 덕이 크다는 것을 알 수 있다. 따라서 예외적인 경우라기보다는 오히려 가설을 증명하는 경우라고 할 수 있다.

이러한 상관관계는 프랑스에서도 분명하게 볼 수 있다. 야코비가 정리한 18세기 천재들의 자료, 브로카와 토파나르가 제공한 신장 통계, 베르티용이 조사한 각 지방별 사망률을 같이 놓고 보면 이들 간의 관계가 매우 분명히 드러난다.

천재성과 키와의 관계는 전체 85건 중에 11건을 제외하면 명확하게 같은 추이를 보여준다. 그 11건 중에서 센 강 유역과 론 강 유역과 부슈뒤론 지역에서 천재가 나온 경우를 보면, 인구가 밀집된 대도시에서 그 출현 가능성이 높다는 설명이 가능하다. 바르 강 유역, 에로, 부슈뒤론 지역은 모두 인구 밀집지역이라는 공통점 외에도 남부 지방 특유의 기후가 천재가 출현하기에 알맞은 조건이라고 할 수 있다. 야코비는 파리, 리용, 마르세이유의 예를 들면서 도시의 인구 과밀현상이 하나의 요인이 될 수 있다고 했다. 하지만 다른 중심도시의 경우를 보면 확신하기 어려운 면이 있는 것도 사실이다. 노르, 오랭, 파드칼레, 루아르 강 유역의 경우 인구 밀도가 매우 높은 곳인데도 배출하는 천재의 수가 그에 상응하는 수준에 미치지 못한다.

천재들의 지역별 분포와 사망률과의 상관관계를 상정할 때 범위를 벗어나는 경우는 27건으로, 신장과 비교했을 때보다 예외적인 경우가 더욱 많이 발생한다. 사망률 통계에는 신장보다는 크레틴병의 영향이 크게 반영되지 않기 때문이다. 이탈리아의 발텔리나 지방과 마찬가지로 아리에즈, 바스잘프와 오트잘프, 퓌드돔, 피레네 산맥, 아르덴 등의 지역은 크레틴병과 갑상선종의 영향으로 주민들의 키가 단신인 특징이 있어, 군 면제를 받는 비율이 매우 높은 반면 지식인의 비중은 낮은 편이다. 사실 사망률이 높은 모든 지역에서 천재의 비율이 매우 미미하게 나오는데, 말라리아가 창궐하는 랑드, 솔로뉴, 모르비앙, 코레즈 등의 지역은 더욱 그런 경향이 있다. 대규모 인구 밀집 지역과 건강 수준이 높은 지역에서 예외적인 경우가 발생할 뿐이다.

산악 지대	1831 -1860 신장으로 군 면제 받은 비율	인구 천 명 당 천재 수	인구 천 명 당 갑상선종 환자 수	인구 천 명 당 크레틴병 환자 수	인구 천 명 당 농아 수	인구 천 명 당 말더듬이 수
오트비엔	86	54	17	2.0	0.61	2.23
오트잘프	81	49	111	2.2	2.2	2.8
코레즈	85	50	17	4.3	1.5	2.4
퓌드돔	84	51	44	3.6	1.2	1.9
아르데슈	80	58	29	6.8	1.3	3.9
아리에주	60	79	82	4.5	0.7	4.1
로제르	74	76	29	6.8	2.10	3.4
바스잘프	71	22	76	6.3	0.6	7.5
아베롱	65	44	17	4.9	1.5	2.0
바스피레네	51	61	21	3.2	0.6	2.9
피레네조리앙탈	50	57	24	3.5	1.8	2.0
오트피레네	37	72	62	6.2	0.7	4.0
보주	25	46	56	3.9	1.1	2.5
아르덴	8	30	17	0.5	0.8	5.2
쥐라	3	10	58	2.0	0.6	3.0
코트도르	2	5	11	3.1	0.8	1.7
두강 유역	1	2	22	2.9	0.6	1.0

산악 지형이라는 것은 매우 영향력이 큰 요인으로 보인다. 랑그도트는 일조량이 높고 비옥한 토지를 보유하지만 그다지 천재를 많이 배출해내지 못했다. 두강 유역과 코트도르나 아르덴과 같이 갑상선종으로부터 비교적 안전한 산악 지대의 경우도 마찬가지다. 쥐라 지역처럼 크레틴병이라는 풍토병이 있는 곳도 같은 상황이다. 다음에 나오는 표를 보면 명확히 알 수 있겠지만, 갑상선종, 말더듬이, 농아

의 발병률이 높은 지역에서는 평균 신장이 매우 작게 나온다. 코레즈, 퓌드돔, 아르데슈, 아리에주, 바스잘프, 피레네 산맥 등과 같은 지역들이 그 예다.

이제까지 바르, 보클뤼즈, 에로 등과 같이 남부의 온화한 기후 조건에서 천재들이 많이 나온다는 것을 보았다. 하지만 기후가 추운 곳이라고 해도 건강 수준이 높고 산악 지형에 속한 경우는 여전히 많은 천재들을 배출하고 있다. 쥐라, 두강 유역, 뫼르트 강 유역 등을 예로 들 수 있다. 같은 등온선 상에 위치하면서도, 센앤페리외르와 센에우아즈에서는 많은 인재들이 배출된 것과 달리, 보주 산맥 인근에서는 거의 찾아볼 수 없다. 또 다른 등온선 상에 같이 위치하는 지역에서도, 칼바도스와 앵에서 천재들이 많이 나온 것과 달리 손에루아르와 셰르의 경우는 천재가 매우 드물게 나타난다.

토양의 성질도 천재의 출현에는 별다른 영향을 주지 않는 것으로 보인다. 천재들이 많이 나온 코테도르, 뫼즈 강 유역, 모젤 강 유역은 석회질이 많은 토양으로 이루어졌다. 그런데 같은 성분의 토양을 가진 노르드와 되세브르 지역에서는 천재들이 나오지 않았다. 천재들을 많이 배출해 낸 또 다른 지역으로 두강 유역, 쥐라, 뫼르트 강 유역 등을 들 수 있는데, 이 지역들과 같은 토양 성분의 오트잘프, 샤랑트, 손에루아르의 경우는 천재들을 거의 배출하지 못했다.

인종적인 영향 역시 매우 미미한 것으로 나타난다. 같은 부르군트족의 후예라도, 쥐라와 두강 유역에서는 천재의 출현이 잦았지만, 손레루아르 지역에서는 두각을 나타내는 이가 드물었다. 오트가론 지역의 경우도 혈통적 배경이 같은 아리에주 지역보다 열 배, 제르 지역보다는 두 배, 랑드 지역보다는 다섯 배가량 더 많은 위인들을 배출해 냈다. 귀엔느 지방에서도 지롱드 강 유역은 로트 지역보다 천재의 출현 빈도가 두 배 높다. 랑그도크 지방에서도 에로 지역이 로제르 지역보다 일곱 배나 많은 천재들을 배출했다.

_천재를 기르는 생명력 정리

　　천재와 기후 사이의 상관관계는 사실 오랫동안 일반 사람들과 학자들 사이에서도 익히 알려져 왔다. 기후가 온화한 언덕 지형의 지역에서 유독 천재가 많이 출현한다고 다들 인정하고 있다. 토스카나의 속담 중에는 "산악 지역 사람들은 커다란 발과 기민한 머리를 가졌다"는 말도 있다.

　베게티우스는 기후 조건이 신체적인 차이를 가져올 뿐 아니라 정신적으로도 영향을 미친다고 저술했다. 그는 아테네에 대해 그 기후가 명석한 사람을 키워내기에 적합해서 아테네 여신의 선택을 받았다고도 했다. 키케로도 아테네의 가벼운 바람은 총명한 사람을 키우기에 적합하고 테베의 무거운 바람은 무기력한 본성을 키울 뿐이라고 여러 번 언급한 적이 있다.

　페트라르카는 회고록에서 자신의 모든 업적은 보클뤼즈의 언덕에서 비롯된 것이라고 강조해서 말하고 있다. 미켈란젤로는 바사리에게 "조르조, 만약에 내가 뭔가 멋진 생각을 한다면 그건 아레초의 산들바람 덕분일 걸세"라고 말했다고 한다. 징가렐리는 어떻게 해서 오페라 〈로미오와 줄리엣〉의 아름다운 선율이 나왔느냐는 질문에 대해서 "저 하늘을 보십시오. 그 아래에서 이 정도도 해내지 못한다는 말이 나올 수 있겠는지 말입니다"라고 답했다고 한다. 무라토리는 시에 나의 주민에게 보낸 편지에서 "그곳의 공기는 정말 좋습니다. 그런 공기를 마시고 산다면 정말 근사한 생각을 할 수 있을 것 같습니다"라고 썼다.

매콜리는 스코틀랜드가 비록 유럽에서 가장 낙후된 지역이라고 할 수 있지만, 인적 자원은 가장 풍부한 곳이라고 평한 적이 있다. 마이클 스콧이나 로그 개념의 창안자인 네이피어, 뷰캐넌, 벤 존슨 등의 이름을 들으면 납득이 될 것이다. 거기에 아마 뉴턴까지도 추가할 수 있다.

반면에 평야 지대에서는 천재가 매우 드물다. 드넓은 평지로 이루어진 고대 이집트에 대해서 르낭은 다음과 같은 글을 남겼다.

혁명이 일어난 적도 없고, 개혁가가 출현한 적도 없다. 위대한 시인이나 화가도 없었다. 과학자와 철학자도 찾아 볼 수 없다. 심지어 각료로서 이름을 날린 자도 없었다. 영원히 지속될 노예제도 아래에서 그들은 농지를 일구고, 석재를 등에 지고 나르며, 명령에 복종하는 삶을 수천 년간 이어 갈 뿐이다. 어느 곳에 가든지 보통의 도덕성과 지능을 볼 수 있을 뿐이다.

처음에는 천재성을 포함한 퇴행 현상이 그토록 생명력이 충만한 조건에서 발생한다는 것에 대해 놀랄 수도 있다. 하지만 그런 곳에서 다양한 미생물이 발생한다. 그러니까 갑상선종이나 말라리아나 나병 등의 다양한 퇴행 유발 인자들은 특별히 선호하는 서식 환경이 있다. 햇빛의 영향이 있을 수도 있고 언덕에서 불어오는 바람에 우리를 자극하는 성분이 실려 올 수도 있다. 온화한 기후도 마찬가지로 특별한 환경을 조성할 수 있다.

앞서서 천재들이 창조력을 극대화하기 위해 열기를 찾아다니던 예를 떠올린다면 이해를 할 것이다. 무엇보다도 뇌의 활동을 위해서는 산소가 충분히 실린 혈액이 공급되어야만 한다는 사실을 모두 잘 알고 있다. 해발 고도 3천 미터 이상인 공기가 희박한 고지대에서 천재가 나오지 않는 것만 보아도 이를 확인할 수 있다.

저 위대한 멕시코 문명이나 페루 문명이 고지대의 고원에서 번영을 이룬 것은 사실이다. 하지만 니비가 밝혀낸 것과 같이 그들 문명의 발상지는 고원이 아니었다. 멕시코 문명은 동쪽에서 이주해 온 톨테카족 덕분에 번성할 수 있었다. 60여 명의 지도자들을 포함해서 많은 위대한 인물들도 멕시코인으로 포장되었지만 실상은 그 고원 출신이 아니었다. 가실라소 데 라 베가와 알바레스 데 베라 같은 걸출한 인물들 또한 키토와 보고타 출신으로 해발 3천 미터 고도 아래쪽에서 태어났다.

여기서 다시 한 번 천재와 광인 사이의 유사점을 볼 수 있다. 산악 지형에 사는 사람들은 평야 지대의 주민들보다 쉽게 광기에 휩쓸리는 경향을 보인다. 몬테발도의 공기를 지적한 속담이나 콜리오와 텔리오 출신 미치광이에 관한 속담 등을 봐도 이러한 인식이 꽤 오랜 역사가 있다는 것을 알 수 있다. 몬테 아미아타, 부스카와 몬테네로, 베르제그니스 등지에서 볼 수 있는 풍토병을 떠올려 볼 수도 있겠다.

또한 언덕 지형의 유대와 스코틀랜드에서 미래를 내다보는 선지자들
이 많이 배출되었다는 사실도 유념하도록 하자.

DNA와 천재성

인종과 유전이 천재성과 광기에 미치는 영향

인종 - 광기 - 성별 - 천재성의 유전 - 범죄자나 광인의 혈통에서 나온 천재들
- 부모의 나이 - 수태 과정

● 이미 이탈리아의 경우에서 그리스와 에트루리아계 혈통이라는 인종적 조건과 알맞은 온도와 산악지형의 기후 조건이 결합해서 많은 천재들을 배출했다는 것을 확인했다. 사실 인종적 특성은 기후 조건이 적합하지 않은 곳에서조차 천재를 배출해내는 힘을 보여준다. 모데나, 만투아, 룩가 등의 지역은 피렌체와 달리 기후 조건이 좋지 않지만 상당수의 천재들을 배출했는데, 이는 그들이 에트루리아 혈통이라는 조건을 제외하면 그 원인을 설명할 수가 없다.

유대인들의 경우도 인종적인 영향의 지대함을 보여주는 확실한 예라고 할 수 있다. 특히 유럽의 유대인들은 중세 시대의 박해를 거치면서 적자생존이 이루어진데다가 온화한 기후의 영향으로 아프리카나 중동 지역의 유대인보다 우수한 자질이 생겼다. 때로는 아리아 인종을 초월하는 능력을 발휘하는 경우도 있다.

일반적인 면에서도 그렇지만 특히 전문적인 여러 방면에서 유대인들은 여타의 다른 인종들보다 조숙하고 종합적인 정신 능력을 보여준다. 음악, 연극, 문학, 언론 등 다양한 분야에서 그들의 활약상을 확인할 수 있다. 이에 대해서는 통계적으로 정리된 자료가 다수 존재한다. 일례로 제이콥스는 서유럽 출신 유대인과 유대인 일반의 능력에 대해 매우 면밀한 연구를 수행한 적이 있다.

제이콥스는 10만 명의 유명 인사를 대상으로 실시한 조사에서 다음(232쪽 표)과 같은 표를 얻었다.

두 집단은 고고학, 건축학, 예술, 법률, 자연과학, 정치경제학, 과학 등의 분야에서 대략적으로 비슷한 숫자를 보여준다. 유대인들은 배우, 체스 선수, 의사, 상인, 철학자, 음악가, 시인, 언어학자로서 두각을 나타내는 것으로 나타난다. …… 당연하게도 유대인 중에 다윈과 같은 진화론자는 없다. 뉴턴 사후 다시 다윈이 나타나기까지 영국에선 180년의 세월이 흘러야 했다. 영국인의 수가 유대인보다 다섯 배가 많은 것을 고려하면, 유대인들이 스피노자와 같은 인물을 다시 얻기 위해서는 900년의 세월을 기다려야 할 것이다. 혹시 유대인들이 두 배 정도 우월하다면 450년의 세월이 소요될 것이다.(따라서 유대인들이 얼마나 우월한 종족인가를 가늠할 수 있다 - 옮긴이 주)

	유럽인	유대인
배우	21	34
농학 관련자	2	–
고고학자	23	26
건축가	6	6
화가	40	34
작가	316	223
신학자	130	105
공학자	13	9
인쇄와 판화 전문가	3	–
법률가	44	40
의학 관련자	31	49
상인	12	43
군인	56	6
박물학자	4	3
철학자	2	18
음악가	11	71
자연과학자	22	25
해군	12	–
문헌학자	13	123
시인	20	36
정치·경제학자	20	26
과학자	51	52
조각가	10	12
군주	21	–
정치가	125	83
여행가	25	12

유대인들이 배출한 천재들은 셀 수 없이 많다. 음악가로는 마이어
베어, 알레비, 구츠코브, 멘델스존, 오펜바흐, 루빈스타인, 요하킴, 베

네딕트, 모쉘, 코웬, 설리번, 골드마르크, 슈트라우스 등을 들 수 있다.
시인, 소설가, 풍자 작가 등의 문필가로는 하이네, 사피르, 카메리니,
리비어, 융, 바일, 포르티스, 고즐란, 모리츠, 하르트만, 아우어바흐, 뵈
르네, 라티스본, 콤페르트, 그레이스, 아귈라, 프란초스, 마사라니, 린
다우, 카튈 망데스 등이 있다.

언어학자로는 아스콜리, 벤페이, 뭉크, 피오렌티노, 루차토, 오페르
트, 베른하르트, 프리트란트, 바일, 라차루스, 슈타인탈 등이 있다. 의
사로는 발렌틴, 헤르만, 하이덴하인, 시프, 캐스퍼, 스틸링, 글루제, 트
라우베, 프렝켈, 쿤, 콘하임, 허슈, 리브라이히, 베른슈타인, 레마크, 바
이게르트, 마이네르트, 히치히, 베스트팔, 멘델, 라이데스도르프, 베네
딕트 등이 명성을 떨쳤다.

철학자로는 스피노자, 마이몬, 좀머하우젠, 모제스 멘델스존 등이
있다. 자연학자로는 콘이 유명하고, 경제학자로는 리카르도, 라셀레,
칼 마르크스 등이 유명하다. 법조계와 정계 방면에서는 슈탈, 간스,
비콘스필드, 크레미외, 세미트, 골드슈미트, 비어, 실베스터, 크로네
커, 야코비 등이 활약했다.

이들 중에 상당수가 매우 혁신적이었다는 점을 강조하고 싶다. 정
치, 종교, 과학 등의 여러 방면에서 혁명적인 면모를 보여준 것이다.
실제로 허무주의와 사회주의를 촉발시킨 것도 유대인이고, 그 대척
점에 있는 모자이즘(모세의 강령을 신봉하는 유대교의 분파 - 옮긴이 주)
과 기독교 역시도 그들에게서 나왔다. 상거래 방면에서는 환어음을
도입했고, 실증주의 철학과 풍자 문학을 주도했다.

제이콥스는 유대인에게 최상위 수준의 일급 두뇌가 많은 대신에

범재 수준의 중급 두뇌는 부족하다는 것도 발견했다. 그는 유대인들의 높은 교육열과 가족에 대한 헌신으로 이를 설명한다. 또한 별도의 성직자나 종교적 강령이 없으면서도 히브리어의 학습 과정에서 철학적인 사색의 기회가 제공되는 것을 그 이유로 파악했다. 종교적 의식에 음악이 한 역할을 담당하는 것이 음악을 접할 훌륭한 교육 기회를 제공한다고도 했다.

하지만 제의 과정에서 만들어지는 종소리가 마이어베어나 멘델스존이 만들어 내는 천상의 선율과 연관성이 있다고 보기는 사실 어렵다. 또한 성직자와 강령이 없더라도 유대인들은 충분히 종교적이다. 기실 유대인들에게서 뉴턴, 다윈, 미켈란젤로 같은 인물이 나오지 못한 것은 그들이 구약 시대의 신앙을 고집하면서 민족적 한계를 넘어서지 못했기 때문일 뿐이다.

그보다는 제이콥스가 그들의 신경병적 경향에 대해서 왜 언급하지 않았는지 모르겠다. 그 자신도 뚜렷하게 신경병적 증상을 보였는데도 말이다. 사실 이 점은 유대인들에게 우수한 중급 두뇌를 찾아보기 어려운 이유를 설명해준다. 중급 두뇌는 병적인 요소의 특별한 개입 없이 형성되는 것이다.

_천재성, 그 양날의 칼 광기

유대인들의 경우 다른 인종에 비해서 정신병자의 비율이 네 배에서 여섯 배 높게 나타난다. 제이콥스는 비록 천재성과 광기 사이의 상관관계를 전혀 고려하지 않았지만 그의 자료는 오히려 이를 분명히 보여준다. 인구 백만 명 당 정신병자의 수가 영국인의 경우는 3천 50명이고, 스코틀랜드인은 3천4백 명인데 비해, 유대인은 3천9백 명이나 된다는 것이 그가 수집한 자료에 나와 있다.

세 민족들 간의 정신병자의 비율은 그대로 천재의 비율로 나타난다. 반면에, 갈톤의 자료에 의하면 인구 백만 명 당 중급 두뇌에 해당하는 인구는 영국인의 경우 25만6천 명, 스코틀랜드인의 경우 23만9천 명, 유대인의 경우는 22만2천 명이라고 한다.

세르비가 조사한 바에 따르면, 이탈리아에서 유대인은 391명당 1명 꼴로 정신병자가 나오는데 가톨릭 신자들보다 네 배나 많은 빈도수에 해당한다. 이는 베르가에 의해 다시 확인된다. 그가 1870년에 시행한 조사에 의하면, 가톨릭 신자의 경우 정신병자의 비율이 전체의 1,775분의 1이었다. 그런데 유대인의 경우는 384분의 1로 나타난다. 마이어가 1871년에 독일에서 정신병자의 비율을 조사한 결과는 다음과 같다.

	기독교인 만 명 당	유대인 만 명 당
프러시아	8.7	14.1
바이에른	9.8	25.2
독일 전역	8.6	16.1

유대인은 아마도 알코올 중독자가 드물면서 노인성 치매의 비율이 높은 유일한 집단일 것이다. 반유대주의자들은 미처 이 점에 주의하지 못했다. 유대인들이 그 성공에 대한 대가로 겪어야 했던 온갖 서러움을 알았다면 반유대주의자들이 유대인들을 그토록 눈엣가시처

럼 여기지는 않았을 것이다. 과거의 환란이 더욱 참혹했다고 해서, 현재의 불행이 덜해지는 않는다. 게다가 그들의 영광을 가져 온 근원이 정신병과 연관이 있다면, 유대인들은 자신들이 선택받은 민족으로서 고귀한 사명을 완수했다는 식의 위로에 더 이상 기댈 수도 없다.

이것은 비단 유대인들만의 문제가 아니다. 베어드는 『미국인의 신경쇠약증』에서 북미에 신경증이 만연해서 오히려 웅변가들이 설치는 나라가 되어버렸다고 논평했다.

정신병뿐 아니라 천재성의 발현에서도 인종적인 영향이 분명히 존재한다. 교육의 역할은 그다지 크지 않은 반면에, 유전의 힘은 결코 부정할 수 없다. 엘베시우스가 말한 것처럼, "교육으로 곰이 춤추게 만들 수는 있겠지만, 결코 아무나 천재로 키워 낼 수는 없다."

_여성을 피해가는 천재성의 역사 성별에 따른 영향

천재의 역사에서 여성의 자리는 거의 없다. 세계적으로 여성인 천재들은 매우 드물다. 오랜 세월 동안 음악을 배운 여자들의 수는 남자들의 수십 배에 이른다. 하지만 그중에서 위대한 작곡가로 남은 여성은 아직까지 단 한 명도 없다. 하지만 성적인 차별이 장애가 된 것은 아니다. 북미에는 여의사가 6백여 명에 이른다. 단지 그중 단 한 명도 중요한 의학적 발견을 해내지 못했을 뿐이다. 러시아에서도 마찬가지의 모습을 볼 수 있다.

물론 자연과학 분야에서 메리 서머빌 같은 이도 있고, 문학에서도 조지 엘리엇이나 조르주 상드, 다니엘 스턴, 스탈 부인 등이 활약했다. 예술계에서도 로사 보뇌르, 르브룅, 마라이니 등의 인물이 있다. 사포와 브라우닝 부인의 경우는 시인으로서 새로운 지평을 열었다는 평가를 받았다. 엘레오노라 다르보레아는 근대적 법 개념을 도입한 15세기의 법률 개혁을 촉발했다고들 한다. 시에나의 카타리나는 그 시대의 정치와 종교에 매우 큰 영향력이 있었다. 가난한 재봉사였던 사라 마틴은 수감시설을 개선하는 공을 세웠고, 비처 스토우 부인은 미국 노예제 폐지에 큰 역할을 했다.

하지만 이들 중 그 누구도 미켈란젤로나 뉴턴이나 발자크에 비견할 만한 업적을 남기지는 못했다. 누구보다 여자들에게 우호적인 입장이었던 J. S. 밀조차도 여자들에게는 독창성이 결여되었다고 인정한다. 무엇보다도 여자들은 보수주의자들이다. 남보다 뛰어난 모습을 드러낸 소수의 여성들의 경우는 사실 남성적인 성향이 두드러졌다. 공쿠르가 말했던 것처럼 여자이면서 천재는 없다. 천재성을 보이는 여자들은 실상 남자와 매한가지인 인물들이었다.

풀케리아, 마리아 데 메디치, 프랑수와 1세의 모친인 루이즈 드 사부아, 마리아 크리스티나, 마리아 테레사, 에카테리나 2세, 엘리자베스 1세 등은 통치자의 위치에서 탁월한 정치적 수완을 보여주었다. 롤랑 부인, 폰세카, 조르주 상드, 아담 부인 등은 시민들의 편에서 정치적인 역량을 발휘했다. 밀이 확인해 준 것에 의하면, 인도의 소국들 중 한곳에서는 통치자의 자리에 네 번 중 세 번은 여자를 세운다고 한다. 하지만 남자들이 통치자인 경우와 비교해서 그 수는 아주 제한적이다. 여자의 몸으로 전장에서 무훈을 세운 이들도 있다. 카테리나 스포르차, 잔 다르크, 아니타 가리발디, 엔리케타 카스티글리오니 등이 그들이다.

이러한 예들이 더욱 두드러지는 이유는 사실 일반적인 기대를 넘어서는 매우 예외적인 일이기 때문이다. 그런데 이러한 차이가 남자들의 독점적인 지위 때문이라고들 말하기도 한다. 여자들에게는 투표권도 없고 전쟁에 끼어들 여지도 없으며 능력을 발휘할 기회 자체가 주어지지 않았다는 것이다. 하지만 여자들이 정말로 뛰어난 능력을 지녔다면 어떠한 어려움이 있더라도 극복할 수 있어야 한다. 전투에서 무기 탓을 하고 동맹을 바라고만 있어서는 안 될 것이다.

혁명의 순간에도 여자들의 활약을 찾아보기가 어렵다. 영국 명예혁명이나 미국 독립혁명에도 여성들의 모습은 없었다. 여자들은 새로운 종교를 창시한 적도 없고 어떠한 정치적·예술적·과학적 흐름을 주도한 적도 없다.

오히려 여자들은 변화의 흐름을 막아서는 역할을 하는 경우가 많았다. 마치 어린 아이들처럼 그들은 가지고 있는 것을 고집하고 놓지 않는다. 고대의 관습과 종교들이 여자들 덕에 살아남았다. 미국의 한 원주민 종족에서는 고대의 언어가 여자들을 통해서 아직도 전해진다고 한다. 남자들에게는 이미 온전히 잊힌 언어인데도 말이다. 사르디니아나 시실리, 그리고 움브리아의 깊은 산골의 여자들 사이에는 아직도 선사시대에서부터 이어 온 고대의 풍습과 미신 등이 남아 있다고 한다. 공쿠르는 여자들이 매사 정情에 얽매인다고 말한 적이 있다. 스펜서는 여자들이란 공정함이 아니라 인정에 이끌리는 존재라고 했다.

_천재는 피를 타고 흐른다 천재성의 유전

갈톤과 리보는 『유전되는 천재성』이라는 저서에서 천재가 유전된다는 견해를 밝힌 적이 있다. 특히 광기에 사로잡힌 천재가 가장 흔하게 보이는 음악 분야에서 그렇다고 한다. 팔레스트리나, 방다, 두세크, 힐러, 아이히호른 등은 모두 음악적으로 재능이 있는 아들을 두었다. 크레모나 출신의 안드레아 아마티는 바이올린 연주자들이 줄줄이 나온 집안 출신으로, 가문에서 그가 가장 걸출한 인물이었다.

베토벤의 부친은 쾰른 대성당 선제후 궁정악단의 테너였고, 조부는 그 궁정악단의 악장이었다. 벨리니는 아버지와 그 형제들도 음악가였다. 하이든에게는 오르간 연주자이자 종교음악 작곡가인 형제가 있었다. 멘델스존의 경우도 집안에 취미로 음악을 즐기는 수준급의 실력자들이 여럿 있었다. 모차르트는 잘츠부르크 대주교 소속 악단 악장의 아들이었다. 팔레스트리나는 아들들을 어려서 잃었다. 하지만 그 아이들이 작곡했던 음악을 자신의 작품 속에 녹여 놓았고, 이를 통해 그 아이들의 음악적 재능이 탁월했다는 걸 엿볼 수 있다.

바흐 가문은 아마도 재능의 유전을 보여주는 가장 훌륭한 예일 것이다. 그 시초는 1550년까지 거슬러 가고, 이후 여덟 세대를 거쳐 오는 동안 수많은 음악가들을 배출했다. 유명했던 이들 중 가장 최근의 인물인 빌헬름 프리드리히 에른스트는 프러시아 왕비 소속 악단의 악장을 역임했다. 그는 1845년에 사망했다. 2세기에 걸친 세월 동안 이 집안은 일류 음악가들을 무더기로 배출했다. 가문의 시조는 파이트 바흐라는 프레스부르크의 빵집 주인으로 노래와 연기를 취미로 즐기는 사람이었다. 그에게는 두 아들이 있었고 그들의 후손들이

2세기 동안 튀링겐, 작센, 프랑켄 지방의 음악계를 풍성하게 채워 주었다.

그들은 모두 오르간 연주자 또는 성가대 가수로 활약했다. 가족의 수가 늘어나면서 분가가 이루어졌지만, 일 년에 한 번씩 정기적인 모임을 가지며 한 가족으로서의 유대를 다졌다. 이러한 집안의 전통은 18세기 중반까지 이어져서 한번에 120명에 달하는 음악가들이 한 자리에 모이기도 했다고 한다. 이들 중에서 페티스의 『음악인 대백과』에 들어 있는 이들만 해도 29명이나 된다.

이밖의 음악가 집안으로는 아담, 코스통, 상갈로 등이 있다. 화가로 유명한 집안은 반 델 벨데, 쿠아펠, 반 에이크, 무리요, 베로네세, 벨리니, 카라치, 코레지오, 미에리, 바사노, 틴토레토, 반루, 테니에르, 베르네 등이 있다. 티치아노 집안의 경우는 리보가 정리한 그의 가계도를 보면 알 수 있듯이 특출한 화가가 특히 많이 나왔다.

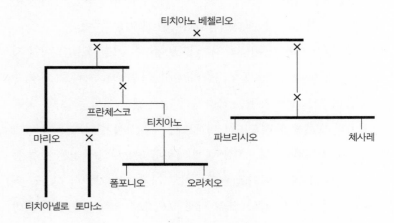

시인들 중에서 바킬리데스는 시모니데스의 조카이자 아이스킬로스의 삼촌이었다. 아이스킬로스는 바킬리데스 외에도 다른 조카들과 자신의 자식들까지 시인이었다. 만초니는 베카리아의 조카였다. 루카누스는 세네카의 조카였다. 타소는 베르나르도의 자식이었다. 아리오스토는 형제 한 명과 조카들이 시인이었다. 아리스토파네스는 아들 두 명이 희극 작가였다. 코르네유, 라신, 소포클레스, 콜리지 등도 자식들과 조카들이 시인이 되었다. 아버지 뒤마와 아들 뒤마는 유명하다. 요제프 세니예와 앙드레 세니예는 형제였다. 알퐁스 도데와 에른스트 도데 또한 형제였다.

자연과학 분야에서는 플라니 집안에서 삼촌과 조카가 모두 명성을 얻었다. 다윈, 오일러, 드캉돌, 후커, 허셜, 쥐시외, 소쉬르, 제프루아 생틸레르 등의 경우도 그 가족들 역시 학문적으로 두각을 나타냈다.

철학자들 중에서는 스칼리제르, 보시우스, 피히테 등의 집안이 유명하고, 훔볼트, 슐레겔, 그림 등은 형제가 유명했다. 정계에서는 피트, 폭스, 캐닝, 월폴, 필, 디즈레일리 등의 집안에서 주요 정치가들을 배출했다. 고고학계에서는 비스콘티 집안이 유명하다.

아리스토텔레스는 자신이 의사의 아들이었고 자식들과 조카들도 과학에 종사했다. 천문학자인 카시니는 역시나 명성이 드높았던 천문학자 아들을 두었고, 손자는 22살에 학술원 회원으로 선정되었다. 먼 친척 중에는 자연학자이자 언어학자로 이름을 떨친 이도 나왔다.

먼저, 베르누이 집안의 가계도를 보도록 하자.

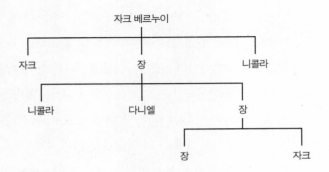

이 집안의 모든 일원들은 과학 분야에서 탁월한 업적을 쌓았다. 이번 세기가 시작될 무렵에 베르누이 집안에서 화학자로서 높은 명성을 얻은 이가 나왔는데, 1863년에도 발레에 살던 크리스토프 베르누이가 자연과학 분야에서 교수로 재직했다.

갈톤이 조사한 내용을 보면, 단순한 재능을 천재성과 혼동하는 실수가 종종 보인다(물론 나 자신도 이러한 실수에서 자유롭지 못하다). 하지만 그의 연구는 여전히 매우 가치 있는 내용을 담고 있다. 갈톤이 남긴 자료에 따르면, 50세 이상의 남성의 경우 백만 명 당 425명의 천재가 있다. 그중에서 보다 엄선하면 백만 명 당 250명까지 추려낼 수 있다. 그렇게 해서 300개에 달하는 가문들에서 1천 명의 저명한 인물들을 추적한 결과, 그들의 친족 중에서 그만큼 유력한 인물의 비율을 다음과 같이 정리할 수 있었다.

저명한 인물의 친족이 천재에 해당하는 확률은 아버지의 경우 15.5퍼센트, 형제의 경우 13.5퍼센트, 아들의 경우 24퍼센트에 달한다.

갈톤은 이들 수치가 분야에 따라 상당한 편차를 보인다고 지적한

48 %	아들	18 %	백숙부
41 %	형제	13 %	사촌
31 %	아버지	17 %	조부
14 %	손자	3 %	증조부
22 %	조카	5 %	종조부

다. 예술가인지, 외교관인지, 군인인지에 따라 편차가 있다는 것이다.

하지만 이 방대한 양의 자료에도 천재성의 유전이 광기의 유전만큼 확실한 것은 아니라는 것이 나의 생각이다. 일단 광기의 발현에서 유전적 요인의 영향은 훨씬 강력하고 결정적인 것으로 보인다. 80분의 48에 달하는 확률을 보이는 것이다. 또한 갈톤이 지적한 것과 같이, 법조계와 정계 인사의 경우에 보이는 양상이 화가와 시인들의 경우와는 매우 다른 것이 사실이다.

법조계와 정계 쪽에서는 윗선에 대한 과도한 충성과 맹종에 나서면서 지도급 인사의 자녀인 경우, 실제 능력보다 넘치는 자리에 들어가는 경우가 있다. 반면에 화가와 시인의 경우는 그렇지 않다. 예술적인 재능의 유전적 경향은 형제, 아들, 조카에게서 뚜렷이 보인다. 또한 천재성의 유전은 성별에 따라 불균형하게 나타나는데, 70대 30의 비율로 남성에게 나타나는 빈도가 여성보다 높게 나타난다. 반면에 광기는 성별 구분 없이 고르게 유전되었다.

다수의 천재들이 어머니의 재능을 물려받았다고 여겨져 왔다. 키케로, 콩도르세, 퀴비에, 뷔퐁, 괴테, 시드니 스미스, 쿠퍼, 나폴레옹, 크롬웰, 샤토브리앙, 스코트, 바이런, 라마르틴, 세인트오거스틴, 그레이, 스위프트, 퐁트넬, 발렌쉐, 만초니, 칸트, 웰링턴, 포스콜로 등이 그예다. 하지만 베이컨, 라파엘, 베버, 실러, 밀턴, 알베르티, 타소 등은 아버지의 재능이 유전되었다고 알려졌다. 그렇다면 이들의 부모가 자식들에게 물려 준 천재성의 실체는 무엇일까?

대부분 천재들은 불임이거나 천재성 자체가 생물학적으로 퇴행의 결과인 경우가 많기 때문에 유전으로 이어지기 어렵다고 봐야 한다. 갈톤이 남긴 귀족 계급에 대한 조사 결과를 보면 이를 입증할 만한 충분한 자료가 있다. 조지 4세의 치세 중에 법조계의 명망 있는 31개의 가문이 귀족 계급에 편입되었다. 그중 12개의 가문이 지금은 대가 끊겨서 더 이상 존재하지 않는다. 프랑스와 이탈리아의 귀족 가문들도 오늘날 대부분이 겨우 명맥을 이어가고 있는 형편이다. 유럽의 왕실을 보아도 왕조가 바뀌지 않고 유지되는 경우를 찾아보기 힘들다.

다윈, 카시니, 베르누이, 생틸레르, 허셜 등, 한 집안에서 다수의 천재가 배출된 예외적인 경우가 있는 것은 사실이지만, 보통은 천재성이 자손에게 전해지는 예가 흔한 것이 아니다. 다만 그 명성으로 그 배경이 오히려 더욱 부풀려지고 부각되는 것이다.

어느 누가 티치아노를 제쳐 두고 티치아넬로를 떠올릴 것이며, 아리스토텔레스를 떼어 놓고 니코마코스를 생각하며, 그 위대한 아리오스토를 제쳐 두고 오라초 아리오스토를 논할 것인가? 저명한 크리스토프 교수님도 자크 베르누이라는 위대한 선조의 그늘에서 벗어나기가 힘들 것이다.

이와 달리 광기는 확실하게 유전된다. 지독한 광기는 여러 세대를 거쳐 지속적으로 나타나기도 한다. 그렇게 대를 이어 광기가 지속되는 경우를 보면 광기의 유형과 양상마저도 동일한 형태로 반복되는 모습을 보여준다. 함부르크에서 대대로 군인을 배출한 귀족 가문에서는 일족이 모두 40살이 되면 광기가 발현되었다. 코네티컷에 있는 정신병자 보호소는 한 집안에서 13명이나 되는 환자들이 잇따라 수용되기도 했다.

1789년 프랑스대혁명 당시에 충격으로 정신이상이 왔다가 다시 정상을 회복한 시계공이 있었는데, 결국에는 음독자살로 생을 마감했다. 그의 형제 중 한 명은 칼로 자신의 복부를 자해했으며, 다른 형제 한 명은 주정뱅이로 전전하다가 길가에서 객사했고, 또 다른 형제는 음식을 거부하다가 결국 아사 상태로 발견되었다. 누이 한 명은 본인 자신은 건강했지만 자식들에게 문제가 많았다. 간질 증상을 보이는 미치광이 아들이 있었고, 갇힌 채로 미쳐가던 딸도 있었다. 젖먹이 아기는 젖 빨기를 거부했고, 또 다른 두 아이는 뇌질환으로 결국 사망에까지 이른다.

베르티는 우울증이 심한 정신병자의 후손을 추적하여, 4대에 걸쳐 80여 명에 이르는 대상들을 심도 있게 조사한 적이 있다. 그중에서 10명에게 정신병적인 문제가 있었는데, 대부분은 우울증이 심했다. 신경쇠약에 걸려 있는 사람들도 19명이 있었고, 특별한 재능을 보인 사람들이 3명, 또 범죄자 기질을 드러낸 사람들도 3명이 있었다. 정신질환의 병증은 세대를 거치면서 더욱 중증이 되어 갔고 발현되는 시기도 점점 어려졌다. 3대와 4대에 이르자 광증의 발현이 세대별로 나타났는데, 그전까지는 남자들에게서 한 대 걸러서 나타나고, 여자들에게서는 두 대 걸러서 나타났다.

덕데일의 주크 집안에 대한 연구를 보면, 이러한 유전적 양상은 알코올 중독과 결합될 때 한층 뚜렷해졌다. 이 가문의 수장인 막스 주크는 지독한 주정뱅이였다. 그가 75세 평생을 살면서 남긴 후손 중, 강도와 살인범만 200명이고, 각종 장애와 질병으로 정상적인 생활이 불가능한 경우는 280명에 이르고, 매춘부가 90명이 나왔고, 성장하지 못하고 어려서 죽은 아이만도 300명이나 된다. 이런저런 이유로 이 가족을 관리하는 데 정부에서 지출한 비용만도 백만 달러가 넘는다.

이렇게 유전적 요인이 강하게 드러나는 가족들의 예가 결코 예외적이거나 특수한 경우가 아니라는 사실을 알아야 한다. 그렇다면 어떤 가정에서 천재가 나오고 어떤 가정에서 또 나오기 어려운 걸까?

플레밍와 드모는 후손에게 광기와 범죄성을 물려주는 이들이 술주정뱅이에 한정되는 것은 아니라는 사실을 밝혀냈다. 정상적인 부모라도 임신 당시 술에 취한 상태일 경우, 그 아이가 간질, 마비, 백치, 정신질환 등을 가지고 태어날 수 있다고 한다. 또한 머리통이 아주 작거나 정신적인 박약 상태에서 태어나는 경우가 많아서 이후에라도 광기를 발전시킬 가능성이 높은 아이가 된다고 한다. 한 번의 실수로 음주 상태에서 아이를 가진다면 이후의 자손들에게는 치명적인 결과를 초래할 수 있다는 것이다.

이를 통해서 천재성의 유전에 대해서 배우고 참고할 점은 무엇일까?

_미치광이가 기도하는 소리 범죄와 광기의 혈통에서 태어나는 천재들

천재성과 광기의 상호연관성은 여전히 유효하다. 많은 정신병자들이 천재인 부모에게서 나오고, 또한 많은 천재들의 부모와 자식들이 간질병을 앓거나 미치거나 범죄를 저질렀다. 시저, 카를 5세, 표트르 대제의 역사를 보면 충분히 알 수 있다. 이들을 보면 퇴행이 세대를 거쳐 진행되면서 천재성이 유지되고 발전되기보다는 범죄성과 광기가 강화되는 방향으로 발전하는 것을 보여준다. 이것은 천재성이 선천적인 것이라는 가설을 확인해 주며, 동시에 천재성이 도덕적 결함과 연관이 있다는 것도 보여준다.

현자였던 마르쿠스 아우렐리우스의 아들 콤모두스는 잔인한 괴물이었다. 스키피오 아프리카누스의 아들은 정박아였고, 키케로의 아들은 술꾼이었다. 루터의 아들은 반항적이고 폭력적이었다. 윌리엄 펜의 아들은 방탕을 일삼은 비열한이었다. 테미스토클레스, 아리스티데스, 페리클레스, 투키디데스 등은 모두 자식 문제로 속을 끓였다.

까르당의 두 아들은 범죄자였다. 한 명은 우수한 자질을 지니고 태어났지만 독살사건에 휘말려서 사형을 당하고 말았다. 다른 한 명은 도박, 음주, 도둑질 등으로 문제를 일으키면서 파비아, 밀라노, 크레모나, 볼로냐, 피아첸차, 나폴리 등 머무는 곳마다 감옥을 제 집처럼 드나들었다. 체포당하는 순간에는 뉘우치며 개과천선을 다짐하지만, 일단 풀려나기만 하면 곧바로 문제 있는 생활로 회귀했다. 심지어 아버지를 감옥에 보내려고 무고한 일까지 있었다.

까르당의 아버지는 괴짜인데다가 말을 더듬는 증상이 있었다. 옷을 입는 것도 남과 다르게 유별났고 이것저것 이상한 연구에 몰두하곤 했다. 어린 시절 머리를 다친 결과로 두개골 손상이 있었는데, 귀신이 자신의 옆에서 따라다니며 돕고 있다고 믿었다. 까르당의 어머니는 화가 많은 성격으로, 까르당을 임신했을 때 유산하려고 시도한 적도 있었다.

아레티노는 매춘부였던 어머니에게서 태어났다. 페트라르카의 아들은 게으르고 사악했다. 그는 "문학 역사상 가장 구제불능의 문장 실력을 가졌다"는 평까지 들었고, 24살에 단명했다. 렘브란트는 아들 티투스를 화가로 키우기 위해 온갖 노력과 지원을 아끼지 않았지만 아무 보람이 없었다. 월터 스코트의 아들은 기병 장교였는데 아버지가 글쟁이로 이름을 날리는 것을 수치스럽게 여기고, 자신은 아버지의 소설을 단 한 편도 읽지 않았다며 자랑하고 다녔다. 모차르트의 아들은 음악을 좋아하냐는 질문을 받자 탁자 위에 금화를 한웅큼 집어 던지면서 "지금 이 소리가 유일하게 내가 좋아하는 음악이라오"라고 말했다고 한다.

소포클레스의 아들은 자신의 아버지가 늙자 어리석은 늙은이 취급을 했다. 프리드리히 대왕의 부왕은 도덕성이 모자란 데다가 지독한 술꾼이었다. 표트르 1세의 아들은 술주정뱅이에 광증이 있었다. 리슐리외의 누이는 자신의 척추가 수정으로 이루어졌다는 망상이 있었다. 리슐리외의 형제 한 명은 자신이 성부 하나님이라고 생각했다. 니콜리니의 누이는 그가 이단에 빠져서 자신이 저주받고 있다면서 니콜리니를 죽이려고 시도한 적이 있다. 헤겔의 누이와 디드로의 누이는 정신이 온전하지 못했다. 램의 누이는 정신착란에 빠진 상태에서 자신의 어머니를 죽였다. 그레이의 아버지는 일생에 도움이 안 되는 한량이었다. 거기다 홀로 애쓰며 자식들을 부양하는 아내에게 걸핏하면 매질을 했다. 토마스 캠벨의 외동아들은 구제불능의 저능아였다.

카를 5세의 모후는 우울증을 앓고 있었다. 카를 5세의 손자와 증손자들도 정신적인 문제가 있었다. 돈 카를로스는 포악하고 잔인하며 폭력적이었다. 펠레페 3세는 툭하면 경기를 일으켰다. 카를로스 2세는 정신박약에 간질병환자였다. 그에 이르러서 가문의 대가 끊겼다. 알렉산드로 파르네제는 카를 5세의 사생아 혈통의 손자였다.

베토벤의 아버지가 주정꾼이었다는 것은 유명한 사실이다. 바이런의 어머니는 반미치광이였다. 그의 아버지도 보통 '미치광이 잭 바이런'으로 통했는데, 매우 방탕하고 괴팍스러웠으며 결국 자살로 생을 마감했다고 전해진다. 만약에 성격 이상이 유전 때문에 온다면 바이런이 바로 그 경우에 해당할 것이라고들 말한다. 그만큼 성격 파탄적이고 가정의 평화와 안식과는 거리가 먼 사람들이 그의 부모였다.

알렉산더 대왕의 모후는 방탕하고 변태적인 행태로 악명이 높았고, 그의 부왕은 술꾼으로 유명했다. 플루타르크의 조부는 포도주에 절어 살면서 술을 예찬하며 지냈다. 키몬의 조부 또한 술통에 빠져 살면서 온갖 방탕을 저질렀다. 케르너는 광기에 사로잡힌 외삼촌이 있었고, 우울증에 빠진 누이도 있었다. 그 누이에게 자식이 둘 있었는데, 한 명은 미쳤고 다른 한 명은 몽유병자였다.

가족 중에 정신질환자가 있는 천재들 중에서 타키투스, 칼리니, 베르나르댕 드 생피에르, 메르카단테, 도니체티, 볼타, 만초니 등은 아들들이 미치광이였고, 빅토르 위고는 딸이, 빌러맹은 아버지와 형제들이, 칸트는 누이가 정신병자였다. 짐머맨, 페르티카리, 푸키노티 등도 정신적으로 문제가 있는 형제들이 있었다. 다젤리오의 조부와 다젤리오의 형제 한 명도 괴짜라고 넘기기에는 과하게 문제적 행태를 보였다.

르낭의 신경증은 그 자신이 언급한 것에 의하면 사제가 되기 위해 교육을 받는 과정에서 생겼다. 사제 교육은 일단 받고 나면 그 영향을 벗어나기 힘들 뿐 아니라 사람을 정신적으로 닦달하는 경향이 있다고 그 자신이 말한 적이 있다. 하지만 정신과 의사는 신경증이나 격세유전의 원인을 르낭이 태어난 트레기에라는 작은 마을의 특수성에서 찾을 수도 있을 것이다. 혈족 내 혼인이 빈번하게 이루어지고 교회법이 지배하는 분위기 속에서, 그 지역은 미치광이와 반미치광이로 붐비고 있었다. 르낭의 기록에서도 이를 엿볼 수 있다.

이 온순한 정신병자들은 이 지역사회가 낳은 결과물이다. 어느 곳을 가든지 그들을 만날 수 있다. 그들은 당신을 축복하고 환영해 줄 것이다. 그들의 명랑함은 어딘가 부자연스럽고 불편함을 느끼게 하지만 그래도 미소로 마주해 줄 수 있을 것이다. 사람들은 그들에게 호의적이고 그들도 자기 몫을 하면서 산다. 나는 사람 좋은 브라이언을 늘 기억할 것이다. 그는 자신이 사제라는 망상 속에 살면서, 하루 중 상당 시간을 성당에서 보낸다. 미사 집전을 곧잘 따라 하기도 했다. 오후 내내 예배당은 비음 섞인 중얼거림으로 가득한데, 바로 이 가련한 미치광이가 기도하는 소리다. 그의 기도도 다른 누구의 기도 못지않게 가치가 있다.

그렇지만 여전히 르낭의 신경병에 영향을 준 주요한 요인에서 그의 가족력을 간과할 수는 없다. 그의 삼촌은 반미치광이였다. 밤낮으로 여인숙에 처박혀서 자신에게 호의적인 농부들에게 갖가지 이야기를 들려주곤 했다. 그리고 어느 날 밤에 길가에서 죽은 채로 발견되었다. 르낭의 조부는 열렬한 애국자여서 1815년의 충격으로 실의에 빠진 채 정신줄을 놓았다. 그는 프랑스를 상징하는 삼색기 장식을 모자에 꽂고 다니면서 "어느 누가 감히 내게서 이 장식을 뺏어갈 수 있겠는가?"라고 외치며 다녔다고 한다. 그는 칠삭동이였고 어려서 늘 왜소하고 허약한 상태로 지냈다. 그런 이유로 사제 교육이 더욱 큰 영향력을 발휘했을 것이다.

쇼펜하우어야말로 광증과 신경증의 유전적 경향을 보여주는 대표적인 예이다. 그의 아버지는 단치히의 유서 깊은 상인 가문 출신이었다. 그의 증조부는 매우 건장하고 활력이 넘치는 사람이었고, 그의 조부는 조용하고 사업적 수완이 좋아서 크게 재산을 일구어 냈다. 하지만 조모는 대대로 미치광이가 나오는 집안 출신이었다.

쇼펜하우어의 부친은 노련한 사업가였고, 민주주의의 이상을 수용하는 귀족이라는 자부심을 가진 공화주의자였다. 그는 어렸을 때부터 청력에 이상이 있었는데, 화가 나면 조절을 하지 못하고 난동을 피워서 집에서 키우는 개와 고양이까지 겁에 질려 납작 엎드려 있을 정도였다고 한다. 청력이상이 더욱 심해지면서 그는 한층 더 불안에 쫓기고, 미친 상태까지는 아니더라도 병적인 공포에 시달렸다고 한다. 그는 결국 자살로 생을 마감했으리라 추정된다. 그에게는 갖가지 퇴행의 징후가 나타났다. 귀가 크고, 안구가 돌출되었고, 입술은 두텁고,

코는 길이가 짧으면서 들창코였다. 그렇지만 키는 상당히 컸다. 쇼펜하우어의 모친은 19살에 결혼을 했다. 재치 있고 자신만만한 사람이었는데, 쇼펜하우어의 말을 빌리면 매우 경박한 것도 사실이었다. 그의 형제는 저능아였다.

이러한 광기의 유전은 오늘날에는 통계로 쉽게 추적할 수 있다. 1877년 프러시아에서 낸 통계에 따르면 총 10,676명의 정신병자 중에서 유전으로 추정되는 환자의 수는 6,369명이었다. 그들을 다시 기준에 따라 분류하면 다음의 표와 같이 된다.

%	부모	조부모 또는 삼촌	형제자매
광증	89.0	86.0	76.1
중증의 신경병	12.4	6.7	13.1
범죄	1.0	0.1	0.1
알코올 중독	18.0	3.1	3.3
자살	1.7	2.7	2.3
천재성	6.3	1.3	3.6

여기를 보면 상당수의 정신병자들이 천재의 후손이라는 사실을 알수 있다. 형제자매의 항목을 볼 때, 능력 있는 형제자매의 백분율이자살이나 알코올 중독과 범죄자인 형제자매의 백분율을 초과하고 있다. 이를 볼 때도 천재와 정신병자의 연관성을 확인할 수 있다. 오브넬과 토레는 유전성 정신병자 22명을 조사하면서 그중 두 명이 천재의 아들이라는 것을 알았다.

이러한 점은 이전의 학자들도 익히 인지하는 일이었다. 타소니는 『다양한 견해들』(1621)이라는 책에서 "현명한 사람들에게서 어리석은 자식들이 나오고, 어리석은 사람들에게서 또 매우 뛰어난 자식들이 나오는 이유"에 대해 진지하게 고민한 적이 있다. 어리석은 자식들의 예로 그는 스키피오 아프리카누스, 키케로, 아그리파 포스투무스, 드루수스의 아들 클라우디스, 게르마니쿠스의 아들 칼리굴라, 마르쿠스 아우렐리우스의 아들 콤모두스, 소크라테스의 아들 람프로클레스, 필립 왕의 아들이자 알렉산더 대왕의 배다른 동생이었던 아리다이오스 등을 들고 있다. 당시 소위 배웠다는 이들에게서 이런저런 추론들이 제시되었는데, 타소니는 그중 신빙성 있는 것으로 다음과 같은 논리를 채택했다.

위대한 인물들의 경우, 생명의 정수는 지적인 능력을 강화하기 위해 뇌에 몰리기 마련이다. 결과적으로 혈액과 정액은 차갑고 비활동적이 된다. 그런 인물의 자식들은, 그중에서 특히 남자 아이들이 멍청하게 태어나기 쉽다.

_천재들이 장수하는 이유 부모의 연령

이 점은 사실 간과되기 쉬운 유전적 요인의 하나이다. 아직까지 분명하게 밝혀지지 않은 요인이기도 하다. 마로는 나이가 많은 양친에게서 천재 또는 광인이 태어날 확률이 높다는 것을 밝혀낸 적이 있다. 다수의 천재와 능재들이 노령의 부친에게서 나왔다. 프리드리히

2세, 나폴레옹 1세, 스키아치, 비초체로, 로슈포르, 아버지 뒤마, 쥐시외, 발자크, 카시니, 베르네, 비콘스필드, 호레이스 월폴, 윌리엄 피트, 라신, 애들러, 오리악, 벡클라르, 쇼펜하우어 등이 그 예다. 이것으로 천재들이 장수하는 이유를 설명할 수도 있을 것이다.

_갈 길이 먼 천재의 실체 수태 과정

드캉돌은 수태의 순간이 열정적이었다면 태아에게 그 영향이 있을 것이라고 말하면서, 천재 중에 사생아가 많다는 점을 지적한다. 에라스무스는 자신이 의무감으로 치러낸 지루한 의식의 결과가 아니라는 점을 자랑스러워했다. 아이작 디즈레일리는 『톨런드 회고록』에서 혼외자들은 강인하고 결단력이 있는 성격이라고 썼다. 테미스토클레스, 칼 마르텔, 정복자 윌리엄, 몽테스키외가 완벽한 인간이라 칭했던 버릭 공작, 레오나르도 다 빈치, 보카치오, 뒤마, 까르당, 달랑베르, 새비지, 프라이어, 지라르댕, 라 하프, 알렉산더 파르네세, 뒤팡루 등이 혼외자였다. 뉴턴은 그의 부모가 2년 동안 강제적인 금욕기를 보낸 후에 생긴 자식이었다. 여기서 알 수 있는 점은 천재의 유전적 요인을 속속들이 파악하기에는 우리의 갈 길이 아직 멀다는 것이다.

얼마나 많은 천재들이 폐결핵을 가진 부모에게서 태어났고, 또 얼마나 많은 천재들이 술주정뱅이 부모가 있는지 떠올려 보자. 이러한 이유로 도덕성이 부족한 자녀가 태어나는 사실도 알았다. 하지만 이외에도 아직까지 주의를 기울이지 않아서 파악하지 못한 유전적 요인들이 많다는 사실을 충분히 미루어 짐작할 수 있다.

천재의 또 다른 이름, '약골'
질병이 천재에게 미치는 영향
척추 질환 - 열병 - 머리 부상과 그 외의 요인

● 제라르 드 네르발은 『환각 속의 삶』이라는 책에서 자신이 병적으로 흥분한 상태로 글을 쓴다고 고백했다. 이어서 그는 "건강한 신체에 건강한 정신"이라는 오랜 격언을 부정하며, 많은 위대한 인물들이 병약한 신체의 소유자였다고 항변했다.

코놀리는 수종을 앓고서 전보다 똑똑해진 환자를 치료한 경험이 있다. 어떤 환자는 폐결핵과 통풍을 앓으면서 없던 능력이 생기는 경우도 있었다. 캐브니스, 티소, 폼프 등은 모두 자신들의 환자들이 고열에 시달리면서 오히려 엄청난 정신적 능력을 발휘하는 것을 목격하기도 했다. 실베스터는 기관지염을 앓게 되어서 다행이라는 말을 하고 다녔다. 오랫동안 애를 먹이던 수학 난제를 밤마다 고열에 시달린 덕에 해결할 수 있었기 때문이다.

그야말로 천재였던 멘 드 비랑은 그 자신이 항상 병을 달고 살았던 덕에 병약함이 천재에게 미치는 영향에 대해 어느 누구보다 더 잘 이해했을 것이다. 그는 다음과 같이 썼다.

살아 있다는 느낌을 대다수 사람들은 그다지 실감하지 못할 것이다. 그들에게는 너무나 일상이기 때문이다. 사람은 괴로운 일이 없으면 굳이 자신에 대한 성찰을 하지 않는다. 병마 속에서 그제야 사람은 성찰하는 습관을 들이고, 자신의 존재를 발전시킬 수 있다.

정신이상을 부르는 심한 머리 부상이나 질병이 오히려 아주 평범한 사람을 천재로 변화시키는 경우도 많다. 비코는 아이였을 때 높은 계단에서 떨어지면서 오른쪽 두정골이 깨지는 사고가 있었다. 그라트리는 그다지 재능이 돋보이던 가수는 아니었는데, 들보에 맞아 두개골이 깨지는 사고를 당한 후 위대한 성악가로 거듭나게 된다. 마비용은 어릴 때부터 거의 백치에 가까웠다고 한다. 하지만 그가 스물여섯 살 때 돌계단에서 넘어져서 머리를 다치는 사고가 난다. 그리고 치료를 위해 그의 두개골에 구멍을 낼 수밖에 없었다. 그런데 그 다음부터 갑자기 그가 천재성을 드러냈다는 것이다.

또 천치와 다름없던 덴마크 사람이 12살에 앞이마를 계단에 찧고서 똑똑해진 경우도 보고되었다. 발렌슈타인도 계속 바보라고 여겨지다가, 창문에서 떨어진 다음부터 두각을 나타내기 시작했다고 한다. 여러 해 전에는 사보이 출신의 바보가 미친개에게 물리고서 똑똑해진 일도 있었다. 평범한 사람이었다가 척수 관련 질병을 겪고 난 후 비범한 능력이 나타난 사례들도 여러 기록에서 볼 수 있다.

아마도 내가 앓고 있는 병(척수 질환)으로 내 후기 작품들이 병적인 색채를 띠었을 것이다.

불행했던 시인 하이네가 자신에 대해 남긴 글이다. 사실 이러한 병적 요소는 그의 후기 저작들에만 국한되어 있지 않다. 척수 질환이 악화되기 여러 달 전에 남긴 글에도 다음과 같은 내용이 담겨 있었다.

내가 정신적으로 고조되는 것은 내가 가진 천재성 덕분이라기보다는 병증으로 생긴 결과다. 병으로 인한 고통을 조금이나마 완화시키기 위해서 시를 쓰기도 한다. …… 끔찍한 통증이 이 밤도 나를 괴롭히고 있고, 내 가련한 머리는 이리저리 세차게 흔들리고 있다. 광대의 머리에 다는 종이 내 머리에도 달려 있는 것처럼 종소리가 무자비하게 내 귀를 울려댄다.

벡클라르는 뇌졸중을 앓고 난 후에 이론에만 치중하던 연구 방식을 전환해서 실험에 더욱 집중했다. 파스퇴르의 경우에도 위대한 발견들은 모두 그가 뇌졸중으로 쓰러졌던 사건 이후에나 이루어진 것들이다. 비샤와 슈로더 반 데르 콜크는 목 관절에 강직 현상이 있는 사람들이 유난히 지능이 높다는 것을 발견했다. 곱사등이가 예민하고 음험하다는 것은 모두가 주지하는 사실이다. 로키탄스키는 이를 대동맥이 굽어 있기 때문이라고 설명했다. 대동맥이 굽어 있으면 뇌혈관으로 피를 내보낸 후에 심장의 크기와 뇌동맥의 압력이 비정상적으로 커진다는 것이다.

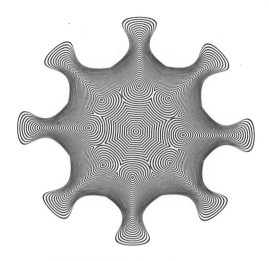

영리하지만 쓸모없는 아이
문명과 기회가 미치는 영향

대도시 - 학교 - 사고 - 역경 - 권력 - 교육

● 지금까지 보아 온 법칙들이 사실과 얼마나 부합하는지는 차치하고, 도출되는 결론에는 약간의 조정이 필요하다. 이에 대해 예외적이거나 전혀 반하는 요인들도 분명히 존재하기 때문이다. 산악 지형이라는 조건조차도 절대적이라고 할 수 없다.

이미 앞에서 인구 집중의 효과만으로도 기후나 인종적 요인과는 상관없이 예술가들과 재능이 있는 인재들이 나올 수 있다는 것을 살펴보았다. 하지만 이마저도 인구 집중지라는 요인에 국한된 결과는 아닐 것이다. 일례로 출생지를 떠나서 이주하는 경우 그 인물의 지역은 출생지 기준으로 파악해야 할까, 아니면 이주한 곳의 기준으로 파악해야 할까.

또한 대도시의 부정적인 영향을 고려한다면, 스마일즈의 지적대로 대도시라는 환경이 지적인 활동의 장으로서 적합한 공간은 아니다. 동시대에 커다란 영향력을 발휘하는 인물들을 보면 대부분 외딴 환경에서 성장했고, 모든 영국의 위인들이 시골 태생인 것도 사실이다. 심지어 런던의 명사들조차도 출생지는 시골이다. 그들이 나중에 수도에 정착하며 살았기 때문에 이러한 사실이 간과되었을 뿐이다. 『공학자 열전』을 읽어 보면 영국에 혁신적인 기술을 도입한 위대한 인물들도 모두가 시골 태생이었다.

미술 학파가 형성되면 이전까지는 전혀 상관이 없던 곳도 회화의 중심지가 될 수 있다. 학파의 형성이 외부에서 도입된 결과라고 해도 마찬가지다. 일단 학파가 성립되고 나서 어느 정도 시일이 지나면 그 방면의 예술가들이 모여들어 큰 무리를 이룬다. 피드먼트가 그 좋은 예다. 이전에는 기후와 인종적 조건으로 군사·교육의 중심지였고, 게다가 종교적인 분위기마저 강해서 오랜 세월 동안 예술 분야의 발달은 지체되었다. 특히나 음악 분야는 척박하기 이를 데 없었다. 1460년에 이르기까지 피드먼트에서는 유명한 화가를 찾아보기가 어려웠다. 그나마 간간이 보이는 소수의 화가들은 모두 외국 출신이었다. 하지만 밀라노에서 본디포르테를 파견하고 얼마 지나지 않아 소도마, 마르티니, 지오반논, 베르첼라 등이 뒤따라 피드먼트에 입성했다.

음악계에서도 비오티의 연주법이 곳곳에서 연습생들을 불러 모은 예와 유사하게, 페로 디 발두기아는 란니니를 불러들였고 탄지가 오자 또 다른 발두기아가 따라왔다. 짧은 시기에 다섯 명이나 되는 유명한 바이올린 연주자들이 잇따라 피드먼트 행을 택했다.

희한하게도 마크리노와 가우덴초 페라리같이 저명한 화가들이 가는 곳은 이내 다른 화가들이 붐비는 지역으로 변했다. 노바라도 알바도 베르첼리도 이내 예술의 중심지로 다시 태어나게 된다. 오늘날까지도 이 지역에는 다른 곳에 못지않은, 아니 오히려 다른 곳보다 더 많은 예술가들이 자리 잡고 있다. 또한 가스탈디, 모소, 피타라 등 그 위상 면에서 결코 가볍지 않은 위치의 화가들도 드물지 않게 볼 수 있다.

_알껍데기를 쪼아 대는 부리 천재의 탄생

300년 전 스코틀랜드에서 사상가들의 통계를 구하고자 했다면, 이름 하나 건지기 어려웠을 것이다. 하지만 납처럼 무겁게 사람들의 정신을 옥죄던 종교의 그늘에서 벗어나기가 무섭게 스코틀랜드는 대담하고 독창적인 사상가들의 주요 활동 무대로 거듭났다.

반면에 그리스는 창조적인 지적 활동을 위한 최적의 인종과 자연 조건이 있는데도 고대 그리스가 누렸던 그 선도적 지위를 더 이상 유지하지 못했다. 자연과 인종적인 요소는 변함이 없지만, 노예제와 정쟁으로 생긴 갈등, 민생고 등으로 국가적 잠재력이 고갈되어 버린 것이다. 예술과 사상의 발전은 국가가 굳건히 바로 서 있고 원활한 통치가 이루어지는 기반 위에서 비로소 이를 도모할 여유가 생겨난다. 이런 이유로 인구 집중이 가지는 효과마저 국부라는 요인의 영향으로 오인되어 왔을 것이다.

그렇다고 해서 인종과 기후가 아무런 힘을 발휘하지 못했다는 것은 아니다. 단지, 그 힘이 잠재된 상태라는 것이다. 토스카나의 경우는 높은 지력을 지닌 혈통과 기후조건이 오늘날에 와서 그 잠재력을 꽃피우고 있다. 메디치가와 성직자들의 위세가 꺾이고 고리타분한 학자들의 간섭이 줄어들면서, 피스토야 시골 여인들은 즉흥시를, 피렌체의 민중들은 풍자시를 양껏 쏟아냈다. 천재가 특정 지역에 한정되기보다는 온 사방에서 튀어 나오는 것처럼 보인다. 내 생각에 사회적인 영향력은 배아를 만들어 내는 정자보다는 알껍데기를 쪼아 대는 닭의 부리와 유사하다.

피렌체에서는 아테네와 마찬가지로 공화정으로 이행하면서 시국이 혼란스러웠던 시기에 가장 많은 천재들이 배출되었다. 하지만 남아메리카나 프랑스(1798)의 경우는 마찬가지로 유사한 정치적 혼란기를 지나왔지만, 위대한 인물들이 그 정도로 많이 배출되지는 않았다. 그저 당면한 위기 국면을 넘기기에 적당한 만큼의 인물들이 나타났다가 이내 사라지곤 했다. 피렌체에 나타났던 수많은 위인들이 혹시 혁명으로 출현했다기보다 오히려 그들 때문에 혁명이 촉발된 것이 아닌가 하고 의심할 만하다.

기회에 대해서도 같은 주장을 할 수 있다. 기회는 때로 천재들을 담금질해준다. 무티우스 스케볼라는 세르비우스 술피키우스에게 자기 나라의 법도 모르느냐는 일갈을 듣고서 법률학 전문가가 되었다. 고대의 공화정 시기에는 피렌체의 채석장에서 일하던 석수장이들이 유명한 조각가로 성장하기도 했다. 미노 다 피에솔레, 데지데리오 다 세티냐노, 크로나카 등이 그 예다. 카노바와 빈센조 벨라도 채석장의 일꾼이었다. 석공으로 일하다가 존경받는 지질학자가 된 휴 밀러도 있다.

안드레아 델 카스타뇨는 뮤젤로에서 양치기 일을 하고 있었다. 어느 날 그는 돌풍을 피해서 예배당으로 들어갔다가 도장공이 성모마리아의 그림에 도료를 덧바르는 것을 보게 된다. 그때부터 카스타뇨는 그 일을 하고 싶다는 충동을 억제할 수 없었고, 목탄을 가지고 다니면서 시간이 날 때마다 그림 그리는 연습에 정진하게 된다. 그의 이름은 먼저 지역 주민들 사이에서 유명해졌다. 그리고 후에 베르나르디노 메디치의 눈에도 든다. 그의 후원 덕분에 제대로 된 화가 수업도 받고, 결국 화가로 크게 성공한다.

피렌체에서 제지 업자로 일하던 베스파시아노 드 비스티치는 직업상 수많은 책을 접하고 문인과 학자들과도 빈번하게 접촉해야 했다. 그런 생활 속에서 그 자신도 문학을 업으로 삼게 된다.

대체로 기회라는 것은 이미 가득 채워진 술잔에 마지막 한 방울을 더하는 것일 뿐이다. 하지만 천재들은 그 잔이 넘치도록 만드는 역할을 해내는 것이다. 천재들이 역경과 고난을 헤치고 재능을 발현하는 무수한 사례들을 통해서 매우 분명히 알 수 있는 점이다. 보카치오, 골도니, 무라토리, 레오파르디, 아스콜리, 첼리니, 카보우르, 페트라르카, 메타스타시오 등이 모두 그런 경우였다. 소크라테스는 돌을 자르고 다듬는 일까지 해야 했다. 바그너, 로시니, 베르디 등 유명 음악가들도 젊어서는 제대로 된 평가를 받지 못했다.

오랜 격언으로 "자연이 그에게 말을 건네지 않는다면 아테네인 천 명이 있어도 그에게 말을 걸지 않을 것이며 로마인 천 명이 있어도

·마찬가지일 것이다"라는 말이 있다.

어느 정도의 사회적 여건과 일정 수준의 문명이 갖추어져야 천재가 받아들여질 수 있다. 그렇지 않고 천재와 그 과업들을 수용할 만한 기반이 형성되지 않은 조건에서는, 천재가 나타난다고 해도 아무 주목도 받지 못하고 사라질 것이다. 오히려 비웃음이나 박해의 대상이 될 수도 있다.

제 아무리 위대한 발견들이라고 해도 하늘 아래 새로운 것은 없다는 것을 역사가 보여준다. 대부분 오랜 세월 놀이의 대상이나 호기심의 대상으로 이미 존재해 오던 것들의 변용일 뿐으로, 그중 한 예가 푸르니에의 글에 소개되었다.

증기는 알렉산드리아의 헤로나 트랄레스의 안테미우스가 살던 시대만 해도 아이들의 오락거리였다. 오늘날 실용화된 증기는 인간 정신과 우리 인간의 종족적 필요가 만나서 백만 번의 경험을 쌓아 궁극의 원리를 이끌어 낸 결과이다.

_천재의 맞춤 시대 천재를 도와주는 문명

1765년에 스페딩은 바로 편리하게 사용할 수 있는 휴대용 가스를 만들어 내는 데 성공했다. 하지만 당시에 화이트헤븐이라는 기업에 상용화를 제안했지만 거절당하고 만다. 이후에 소시에르, 밍켈레어, 르봉, 윈저 등이 제품화에 성공했는데, 기실 스페딩이 만들어 낸 것을 조금씩 변주한 것에 불과했다.

석탄은 15세기에 처음 알려졌다. 1543년에 블라스코 드 가레이는 증기를 동력으로 삼는 배를 바르셀로나 포구에서 시운전했다. 스크루 증기선의 발명은 1790년 이전이었다. 파팽이 실제로 증기선의 운항을 시도했을 때 모두가 조롱하며 그를 사기꾼으로 폄하했다. 마침내 스크루가 증기 엔진에 적용되는 순간 그 발명자인 소바주는 현장에 함께하지 못했는데, 빚에 묶여서 철창에 갇힌 신세였기 때문이다.

은판사진술은 16세기 러시아에서 이미 그 발상이 이루어졌다. 연이어 이탈리아의 파브리키우스도 1566년에 이를 생각해냈다. 그것을 티파인 라 로슈가 새롭게 발견한 것이다. 갈바니즘 또한 이미 코투툐와 듀벨르네가 주의 깊게 관찰했던 현상이었다.

자연선택론 역시도 다윈의 독점적인 업적은 아니었다. 적자생존의 개념은 이미 루크레티우스가 언급한 적이 있다. 생물의 종은 그들의 지혜와 힘과 민첩함에 의지해서만이 살아남을 수 있고, 경쟁에서 뒤처지는 종은 도태되고 만다는 것이 기본적인 내용이었다. 플루타르크도 늑대의 위협에 쫓기는 생활을 하는 말들이 다른 말들보다 민첩하다는 점에 주목했다. 무리에서 속도가 떨어지는 개체가 늑대의 먹이가 되는 과정을 반복하면서 결국 날렵한 개체 위주로 생존이 이루어진다는 점을 그도 이해하고 있었다.

뉴턴의 만유인력법칙 역시 16세기에 나온 과학적 성과들을 통해서 이미 그 싹이 나왔다고 볼 수 있다. 특히나 코페르니쿠스와 케플러가 그 기반을 닦았고 훅크는 거의 완전한 형태에 근접했다.

자기학, 화학, 범죄학에도 같은 이야기를 할 수 있다. 문명이 천재를 만들어내고 발견을 촉진한다고 말하기보다는, 문명이 천재들을 인정해주고 그들의 발전에 조력자의 역할을 한다고 말하는 편이 보다 정확할 것이다.

　다시 말해, 천재라는 것은 어느 시대나 어느 곳에나 존재할 수 있을지 모른다. 다만, 수많은 개체들 중에서 환경에 적응하지 못한 개체들이 도태되는 것과 마찬가지로 수많은 천재들이 있지만, 맞춤 시대를 만나지 못한 천재들은 초야에 묻히거나 제대로 된 평가를 받지 못하는 것이다.

　천재가 발전하기에 적합한 문명이 있는가 하면 매우 척박한 문명도 존재한다. 예를 들어 이탈리아에서 일찍부터 고대 문명이 번성해왔고, 그 뒤로도 끊임없이 환골탈태를 거듭하며 강성함을 유지해왔으며, 지역 사람들의 사고도 매우 개방적인 곳이 있다. 그런데도 이 지역엔 천재의 출현이 오히려 매우 희귀하기만 하다. 일반론으로 말하자면, 일찍이 문화가 번성해 온 지역은 새로운 것을 받아들이는 데 보수적인 경향이 있다. 반대로 러시아와 같이 이제 새롭게 문화적으로 부흥되는 지역의 경우는 신문물의 도입에 매우 우호적이다.

　반복적인 노출을 통해서 새로운 진리에 대한 거부감을 줄여 나간다면 천재가 유익한 존재일 뿐만 아니라 필수적인 존재라는 사실을 받아들일 것이다. 천재의 출현에 오히려 환호를 보낼지도 모른다. 천재가 나오면 으레 그 천재가 속한 문명에 그 공을 돌리는 것은 병아리의 부화에 필요한 요소와 병아리의 수정에 필요한 요소를 혼동하는 것과 마찬가지다. 천재의 출현은 인종, 기후, 영양 상태 등에 더욱 종속적이다.

　이런 일은 요즘 시대에도 비일비재하다. 최면술이 우리 눈앞에서 몇 번이나 그 존재를 증명하더라도, 새로운 과학적 노선이 등장할 때마다 마치 새로운 발견인 양 다시 소개된다. 앞서 기반을 닦아 주는 선행자들이 없거나 혹은 부족한 경우는 발명이 이루어질 만큼 시기가 무르익었다고 할 수 없다. 그렇게 역량이 갖춰지지 않은 경우 오히려 그 부족함을 인지할 능력조차 존재하지 않는 것이 사실이다.

펠라그로제인을 발견한 이는 이탈리아 당국으로부터 이십 년 동안이나 미치광이 취급을 당했다. 오늘날의 학계에서도 평범함을 뛰어넘지 못하는 지식인들이 주축이 되어서 천재와 그들의 새로운 시도를 배척하고 있다. 그들은 범죄인류학을 비웃고, 최면술을 야유하고, 동종요법을 조롱거리로 삼는다. 아마도 친구들과 함께 심령술을 비웃었던 적이 있는 나조차도 미조네이즘에 젖어 있는 것인지도 모르겠다. 마치 최면술에 걸린 사람처럼 그 사실을 제대로 인식조차 못하고 있는 것일 수도 있다.

비참한 경험이 천재에게 자극제가 되기도 한다. 드라이텐이 작가가 된 것은 타고난 재능에 이끌렸다기보다는 생계를 해결하기 위한 것이었다. 골드스미스 또한 구걸조차 수월하지 않자 어쩔 수 없이 펜을 들었다. 이러한 예가 한둘이 아니다.

물론 극도의 고난은 천재를 좌절하게 만들 수 있다. 콜럼버스가 모든 역경을 헤치고 일어서기까지는 정말 힘겨운 과정이 있었다. 조지 스티븐슨은 아들의 교육을 중단하는 막대한 희생을 담보로 증기기관 실험을 중단할 뻔한 위기를 가까스로 넘길 수 있었다. 한편, 마이어베어는 작품에 엄청난 공을 들이기로 유명했다. 더구나 그는 이탈리아 전역을 여행하고 삶을 실컷 누릴 수 있는 여유 있는 배경이 있었다.

그런 풍부한 경험이 없었다면 그가 재능을 맘껏 발휘할 수는 없었으리라고 다들 말한다. 부유한 배경이 없었다면 그는 정말 참혹한 지경에 빠졌을 것이다. 다른 한편으로 부와 권력에 의해서 천재를 망치는 경우도 많다. 야코비는 무소불위의 권력이 퇴행으로의 지름길을 제공하며, 또 과대망상증과 치매를 유발하는 경향이 있다고 말했다.

_천재와 평범한 교사의 전투 학교에서 더 섬약한 존재들

교육이 미치는 영향은 그 파급력에 비해서 그다지 주목받지 못한 것이 사실이다. 교육이 없다면 천재도 나올 수 없다고 믿는 사람들이 많다. 메타스타시오에게 만약 그라비나의 제자로 선택받는 우연한 사건이 발생하지 않았다면 그는 어떻게 되었을까. 조토의 경우도, 고향을 떠나지 못한 채 동료 양치기들의 칭찬에 만족하며 예배당 벽에 회칠이나 하는 신세로 주저앉았을지 모른다. 파가니니의 연주도 들을 수 없었을 것이다. 피틀의 책을 보면 기사의 무훈담을 멋지게 읊어서 팔레르모의 지역민들을 매혹시키는 시인들의 이야기가 나온다. 그런데 그 시인들은 읽고 쓰기도 못 배운 사람들이었다. 만약에 그 시인들이 제대로 교육을 받았더라면 어떻게 되었을까.

산골짜기 마을에서 지내 본 경험이 있다면 양치기들이 얼마나 좋은 손재주가 있는지 잘 알 것이다. 조악한 연장만으로도 근사하고 섬세한 물건들을 뽑아내는 것을 보면 절로 감탄이 나온다. 잘됐으면 미켈란젤로 같은 인물이 될 수도 있었을 텐데, 하는 안타까운 생각이 들기도 한다. 이들은 천재적 재능을 타고났지만 이를 제대로 발현할 수 있는 기회를 얻지 못했다고 할 수 있다.

하지만 이런 사람들이 있다고 해서 학교 교육이 천재들에게 치명적일 수도 있다는 사실이 희석되지는 않는다. 해즐릿이 이에 대해 남긴 명언이 있다.

"학교에서 시키는 대로 모두 따라하고 나서도 바보가 되지 않았다면 실로 기적이라 할 만하다."

다윈은 아들들을 학교에 보내도 될지 겁을 냈다고 한다. 천재적인 아이가 원하지도 않는 잡다한 지식의 수렁에 빠져 그 두뇌를 혹사하게 되는 고통을 누구라도 제대로 묘사할 수 있겠는가. 그 아이가 반항이라도 한다면 천재 학생과 평범한 교사 사이에 치열한 전투가 시작된다. 교사는 아이가 느끼는 울분이나 진정으로 원하는 것을 이해하지 못하고 그저 억압하고 처벌로 다스릴 뿐이다.

발자크가 이를 몸소 체험한 적이 있다. 그는 학교에서 내놓은 학생이어서 이 학교, 저 학교를 전전했다. 이때의 쓰린 기억을 분석한 결과가 『루이 랑베르』라는 작품으로 형상화된 것이다. 고고하고 담백한 지성이 있지만 오히려 멍청하고 아둔하다며 멸시당하는 어린 소년의 처지를 떠올리면 실로 몸서리가 쳐진다. 혼신을 다해서 논문을 작성하지만 무지한 교수가 이를 읽지도 않고 없애버리는 장면 역시도 정말 잊히지 않는다.

발레스도 이와 유사한 경험이 있다. 베르디는 1832년에 밀라노 음악원의 입학을 거부당했는데, 심사위원 전원일치의 판정이었다. 로시니는 동료 학생들과 교수들에게 천치 취급을 받았다. 바그너 역시 마찬가지였다. 콜리지는 학창 시절의 쓰라린 경험을 기억하며, 그 시절에는 늘 본성을 억눌렀다고 말한다. 하워드는 학교에서 너무 멍청하다고 내보내서 약제사의 심부름꾼으로 가게 된다. 페스탈로치는 실없고 무능한 아이로 통했는데, 확실히 맞춤법과 작문 실력은 구제불능이었다. 크레비용은 젊은 시절 반항적이고 게으르다는 평가를 받았다. 대학교를 마치고 나올 때에도 그에게는 '영리하지만 쓸모없는 아이'라는 딱지가 붙었다고 한다. 카바니는 어릴 때부터 비상한 두뇌 회전을 보여주었다. 하지만 엄격한 학교 교육 체계에서 그는 '능력이 있으면서도 노력을 안 하는 학생'이란 평가를 받았고, 결국 퇴학처리되고 만다. 디드로는 가문의 수치였다.

베르디, 로시니, 하워드, 카바니는 이러한 역경에 굴하지 않고 자신을 지켜낼 수 있었을지도 모른다. 하지만 얼마나 많은 이들이 실의에 빠져서 자신에 대한 믿음을 잃었겠는가. 이러한 투쟁이야말로 적자생존에 이르는 과정이라는 것은 두말할 필요가 없다. 하지만 제일 하급의 천재라고 해도 평범한 이들보다 월등한 능력을 지니고 있는 법이다. 그러한 인재를 한 명이라도 잃는 것은 인류의 크나큰 손실이다. 우리가 여기서 하등생물들의 적자생존에 대해 논하고 있는 것은 아니니까 말이다. 오히려 그와는 상반된 경우를 다루고 있다.

천재들은 극도의 예민함 때문에 더욱이 섬약한 존재들이다. 학교에서 부당한 대우를 받으면, 이는 그들이 아직 어리고 특히 감수성이 예민한 시기에 겪는 일이기 때문에 더욱 심각한 문제가 된다. 생존을 위한 투쟁으로 오히려 제일 강한, 혹은 가장 위대한 존재가 위축되는 결과를 초래하는 것이다. 가장 심각한 문제는 이를 치유할 방법이 없다는 것이다. 교사들은 천재가 아니다. 사실 그들이 할 수 있는 일은 그저 평균적인 사회 구성원을 공급해내는 것 정도이며, 또 감히 그 이외의 일을 도모해서도 안 된다. 그저 천재들의 앞날에 장애물을 끼워 넣지 않기만을 바랄 뿐이다.

Part 3

천체설과 광기의 이중주

미치광이 천체들

광기의 날개에 문학을 싣고
문학계의 미치광이 천재들

정신병원의 정기간행물 - 종합 - 열정 - 격세유전 - 결론

● 앞에서 나온 대로 매우 지적인 존재가 감정이나 기분을 제어하지 못하는 경우나 정신병자들에게서 번뜩이는 천재성을 발견하는 경우 등을 보면, 천재성과 광기 사이에 모종의 연관성이 성립한다는 것은 분명해 보인다.

샤를 노디에는 다음과 같은 경우를 소개했다.

병들어서 여러 갈래로 나뉘고 흩어져 있던 지력이 마치 렌즈에 태양빛이 집광되는 것처럼 일시에 합체되는 것처럼 보인다. 가련한 정신병자의 주절거림에서 명철함이 엿보인다. 그가 정신이 나가기

전이라고 해서 이보다 더 배운 티가 나고 명석하고 설득력이 있던 적이 있었을까 의구심이 들 정도다.

테오필 고티에는 또 이렇게 썼다.

광기가 엄청난 공백을 만들어 내는 것은 사실이지만 모든 능력을 앗아가는 것은 아니다. 스페인의 여기저기에 있는 성당들에는 도메니코 테오토코풀리라는 그리스 화가의 걸작품들이 소중히 보관되어 전시되고 있다. 그런데 그 화가는 기실 정신이상자였다. 또 영국에 가면 용광로 벽에 사자들과 종마들이 사투를 벌이는 장면이 잔뜩 그려져 있는 곳이 있다. 이 또한 정신병자의 작품인데, 마치 제리코의 스케치를 옮겨 놓은 것처럼 보인다.

다음에 나오는 경우도 역시 광기의 영향으로 이루어진 것들이다.

무식한 농사꾼이 라틴어로 시구를 지어내고, 또 다른 이는 갑자기 배우지도 못한 경구를 읊어 델 것이다. 하지만 제정신이 돌아오면 아무것도 기억해내지 못한다. 어떤 여자는 들어 본 적도 없는 라틴어 찬가며 시가를 노래할 것이다. 머리를 다친 아이는 독일어로 삼단논법을 전개하는 수준이었지만, 광기를 치유하고 다시 독일어를 한 마디도 할 수 없는 상태로 되돌아가기도 한다.

윈슬로우가 아는 어떤 사람은 제정신일 때는 간단한 덧셈에도 쩔쩔매다가 정신이상 증세가 시작되면 탁월한 수학자로 변신한다고 한다. 마찬가지로 어느 여자 환자는 정신병원에 있으면서 줄곧 시를 쓰며 지냈는데, 치유되고 난 후에는 조용하고 시적 감수성이라고는 찾아 볼 수 없는 주부의 모습으로 돌아갔다고 한다.

에스키롤이 소개한 사례에서는, 어느 정신병자가 정신이상 증세가 심각한 상태에서 전혀 새로운 대포를 만들어 내고, 또 나중에 이를 실용화하기까지 한다.

모렐의 치료를 받던 정신병자는 정신 상태의 기복도 심하고 이에 따라 능력의 편차도 매우 심했다고 한다. 그는 의식이 혼미한 시기에 오히려 훌륭한 희극들을 써내려갔다고 한다.

존 클레어는 글쓰기를 익힌 이래로 말도 안 되는 글들을 끼적여댔지만, 몇 편의 글들은 그 문체와 선별된 주제 면에서 드물게 완벽한 작품성을 보여주기도 한다.

뢰레는 정신병에 대해 논하면서 다음과 같은 글을 남겼다.

착란 상태에 있는 환자들의 말과 행동을 보고 그들의 지적인 능력에 대해 탄복하는 경우가 여러 번 있었다. 하지만 상담 중에 넘치는 재기로 나를 감탄시켰던 환자들이 회복하고 나서는 너무나 평범하게 변하는 경우가 많다. 내가 생각했던 것보다 훨씬 못한 사람들이 내 앞에 등장하는 것이다.

마르세의 기록에 보이는 젊은 부인의 사례도 매우 특이한 경우다. 그녀는 교양이 있고 지적으로 보통 수준의 평범한 부인이었는데, 질투 때문에 정신착란이 일어난 상태에서 남편에게 편지를 보낼 때면 평소와 다른 모습을 보였다.

남편에게 보낸 편지에서 보이는 설득력이 넘치는 문장과 열정 가득한 문체는 루소의 서간체 소설 『신 엘로이즈』의 문장에 비견할 수 있을 정도이다. 하지만 정신이 안정을 찾으면 이내 편지는 간소하고 담백하게 변해버렸다. 이렇게 전혀 다른 성질을 가진 두 종류의 편지가 한 사람에게서 나왔다고는 누구도 믿기 힘들 정도다.

다고넷에 따르면, 이렇게 급작스럽게 지적 수준이 높아지는 사건은 우울증의 형태로 광기가 드러나는 경우에도 나타난다. 하지만 보통은 과도한 활력과 흥분 상태로 광기가 드러나는 경우에 더욱 빈번하게 나타난다고 한다.

다음에 소개하는 편지는 광기로 생긴 지적 성장을 증명하는 또 다른 예다. 우울한 환각에 사로잡힌 부인이 시골 학교 교장인 남편에게 써보낸 것이다. 편지 곳곳에 맞춤법 오류를 찾아볼 수 있는데, 이 환자가 아무 교육도 받지 못한 사람이었기 때문이다. 보통 때는 문장력도 형편없었다. 하지만 우울증 때문에 오히려 지적 능력이 발전하게 된 경우이다.

어째서 전 우주의 지배자는 내가 빛나던 청춘시절에 나에게 무덤을 열어 주지 않은 걸까요? 왜 나를 당신에게서 떼어내 주지 않았을까요? 당신은 나를 사랑하지 않고 나는 당신을 불행하게 만들 뿐인데 말입니다.

왜 나는 엄마가 되었을까요? 소중한 내 자식들을 떠나서 더욱 불행해지기 위해서였을까요? …… 당신은 왜 나를 그렇게나 미워하나요? 나는 끓고 있는 기름 솥에 발을 담그고 있어도 여전히 당신을 사랑한다고 말할 수 있습니다.

…… 왜 나를 죽게 내버려두지 않나요? 당신은 행복해질 수 있고 나는 모든 문제를 해결할 수 있는데요. …… 내 소중한 자식들은 나의 무덤가에 와서 놀 수 있고, 나는 여전히 그 애들 곁에 있을 수 있습니다. 비록 무덤 속 어둠에 있지만, 그 아이들이 "우리 어머니가 여기 계셔"라고 하는 소리를 들을 수 있을 것입니다.

이 여자가 샤토브리앙의 작품을 읽고 교양을 쌓았다고 해도 자신을 표현해내는 데 있어서 이보다 더 시적일 수는 없을 것이다.
티소는 다음의 예를 소개해주었다.

잘 알려진 이야기지만, 어떤 젊은이는 가정교사가 가르치지도 않았는데 라틴어를 유창하게 말했다고 한다. 명사와 형용사의 쓰임새도 제대로 알지 못하다가 며칠 동안 지독한 열병을 앓고서 그렇다는 것이다. 더구나 그때까지 전혀 관심도 없던 분야에 대해서도 매우 의욕적으로 의견을 내놓았다.

르카뮈는 정신 착란이 지적인 성취로 이어지는 예로 앙테망이라는 여자의 경우를 소개했다.

그녀는 착란 상태에 빠지면 얼굴에 미소를 짓고 호감이 가는 성격이 된다. 마비로 오른 팔이 불편해졌지만, 왼손만으로도 믿을 수 없이 섬세한 그림이며 자수 등을 완성해낸다. 그녀의 정신세계 또한 손으로 해내는 일 못지않게 생산적이었다. 그녀는 시를 지어서 그 자리에서 낭송을 해주는데, 처음 대하는 시를 매우 기교가 있고 섬세하게 전달하는 놀라운 재주를 보여준다.

제라르 드 네르발은 『환각 속의 삶』에서 다음과 같이 말했다.

내 정신세계에서 활동하는 오랜 지병에 대해 내가 받은 인상을 옮겨 보도록 하겠다. 왜 내가 병이라는 단어를 사용했는지 모르겠다. 사실 이 상태를 벗어나 본 적이 없는데 말이다. 때로는 활력이나 활동성이 갑절로 늘어나는 것 같을 때가 있다. 마치 모든 것을 알고 있고, 무엇이든 다 이해할 수 있을 것 같은 생각이 드는 것이다. 환상은 사실 나에게 비할 수 없는 환희를 안겨준다. 굳이 사람들이 말하는 이성을 되찾고자 이러한 것들을 잃어야 할까? 후회할 일이 되지 않을까?

_멀쩡할 때 더 멍청한 사람들 광기가 주는 재능

제정신을 찾고서 오히려 새로 얻은 삶이 불행하기만 하다는 환자들에게서 이와 유사한 말을 안 들어 본 정신과의사는 없을 것이다.

파르샤프 박사는 지적 활동의 증가가 빈번하게 광기로 연결된다고 말한다. 심지어 이것이 정신병이 심화되는 시기에 가장 현저하게 나타나는 특징이라고까지 본다. 과학의 역사에는 이를 증명하는 사례들이 수없이 많다. 그리고 이 때문에 초자연적인 개입으로 지적인 능력이 증진된다는 미신이 퍼지기도 한다. 이러한 초자연적인 이야기에 혹하는 이들은 이와 비슷한 이야기를 과장하고 변형해서 신비하고 기적적인 사건으로 둔갑시키기도 한다. 특히 중세시대에는 악마에게 혼이 나가는 이야기가 넘쳐 났다.

슈비텐도 이와 관련하여 착란 상태에 빠지면 오직 시를 통해서만 대화하는 여성을 보았다고 말한다. 더욱이 그 시는 상당히 훌륭한 수준이었는데, 그녀가 제정신이었을 때는 조금의 시적 재능도 내보인 적이 없다는 것이다.

로리 또한 평범한 지적 수준인 상류층 여성의 예를 소개했다. 그녀는 우울증에 사로잡힐 때면 매우 어려운 주제에 대해서도 설득력이 있는 의견을 제시하는 등 월등한 지적 수준을 보여주었다고 한다.

열광적인 종교 부흥에 빠져서 제정신을 놓친 열네 살짜리 여자아이도 있다. 그 아이는 전문적으로 신학을 공부하기라도 한 것처럼 심오한 신학적 주제에 대해서도 막힘이 없었다고 한다. 마치 설교자처럼 하나님과 기독교인으로서의 의무에 대해서 늘어놓고, 이에 대해 반론이 나오면 매우 명석한 대답을 내놓았다.

모렐은 이와 관련한 풍부한 기록을 남겼다.

　건강염려증, 신경증, 간질 등의 병이 있는 환자들이 병증이 심화되면서 오히려 뛰어난 지적 능력을 발휘하는 경우가 있다. 병증이 악화되기 전의 전조 증상으로 비범한 지적 능력이 나타나는 경우가 결코 드물지 않다. 한 젊은이는 건강염려증 환자였는데 뛰어난 언변과 명석함으로 주변의 찬탄을 받았다. 어떤 때는 하룻밤 사이에 훌륭한 음악 한 곡을 뽑아내거나, 제대로 된 희곡 한 편을 완성해 놓기도 했다. 하지만 그 환자를 알아가면서 이내 다음을 예상할 수 있었다. 이 젊은이는 삼사 일 동안의 흥분 상태가 지나고 나면 무기력 상태에 빠지고, 이내 생리적 욕구에 대해서도 무감각해진다. 최종적으로 그는 완전한 백치가 되어버렸다.

　주로 종교적인 생각으로 가득했던 어느 신경증 환자의 경우도 지적으로 매우 흥미로운 사례에 해당한다. 그녀는 수많은 설교와 강론을 참관하고, 또 많은 책을 접하기도 했다. 그렇게 듣거나 읽은 설교를 그녀가 한 자도 놓치지 않고 그대로 따라하는 것을 들은 적이 있다. 그녀의 뒤를 따라다니면서 책과 비교해보면 마치 그녀가 책을 읽어주는 것처럼 느낄 것이다. 그녀는 아주 유명한 설교와 강론도 곧잘 따라할 수 있었다. 하지만 정상으로 돌아오면 그 능력은 자취를 감췄다.

　앞선 경우에서 볼 수 있는 것처럼 우리는 이다음에 오는 전개를 예상할 수 있다. 이와 유사한 수없이 많은 사례들이 모두 마찬가지의 결과로 끝났다. 이 여성의 경우도 역시 놀랄 만한 지적 능력을 과시한 끝에는 바로 병증이 악화되면서 무기력 상태에 들어갔다.

이제 자신의 감각에 집중적인 주의를 기울이는 건강염려증 환자의 예를 보도록 하자. 이 환자를 상담 치료하면서 그녀의 일기를 얻었는데 그중 일부를 발췌해보도록 하겠다. 이런 증상의 환자들이 으레 경험하는 사례들을 중심으로 말이다.

1852년 9월 6일 밤 9시

오늘 밤에는 침대에 오르면서 엉덩이뼈와 허벅지에 날카로운 통증을 느꼈다. 잠들기 전에는 왼쪽 귀와 눈이 찢어지는 것 같은 아픔이 있었다. 나는 막연한 공포에 짓눌려 있다. 몸은 저 바닥없는 심연 속으로 빠져드는데, 해골과 심장만 쇠갈고리에 걸려서 뜯겨 나가는 것 같다.

1852년 9월 7일 저녁 7시

마치 눈을 콕콕 찔러 대는 것처럼 아프고 눈꺼풀에도 극심한 통증이 있다. 관자놀이가 무겁다. 특히 왼쪽이 심하다. 눈에는 계속 눈물이 고이고 뒷목이 당긴다. 그런데다가 걸신이 들린 듯한 허기를 어찌해도 채울 수가 없다. 화가 나서 어쩔 줄 모르겠는데, 남들 눈에는 미친 사람처럼 보일 것이다. 마음껏 소리라도 지르고 울부짖을 수 있으면, 이놈의 화를 진정시킬 수도 있을 텐데…….

내 안에는 화가 들끓고 있다. 보기에도 사나울 것이다. 마치 머릿속에 톱이 하나 들어 있는 것만 같다. 그것이 쉴 새 없이 톱질을 해 대는 것이다. 그리고 나를 미치도록 만든다. 뼈들은 또 장작처럼 활활 타고 있는 것만 같다.

1852년 9월 8일

온종일 아무것도 할 수 없었다. 머리 둘레로 쇠로 만든 고리가 채워져서 이마를 압박하는 것만 같다. 침대에 들 때는 정말 침울한 상태였다. 두려움이 나를 사로잡고 있다. 때로는 자기 마음대로 움직일 수 있고 무엇이든 할 수 있는 사람들이 부러울 따름이다. 그래서 조금 미워지기도 한다. 등 쪽으로는 악기의 현 같은 것들이 얹혀 있는 느낌이다. 마치 내 몸이 아코디언처럼 연주되는 것 같다. 정말 고문이나 다름없다. 강철 같은 남자라고 해도 내 모든 고통의 실체를 안다면 죽을 만큼 공포에 질릴 것이다. …… 그런데도 사람들은 나를 비웃기만 한다. …… 의사들은 내 고통을 믿으려 하지 않는다. 전 생애가 내 눈앞에 펼쳐지는 순간들이 있다. 몸이 공중에 떠오르는 기분이 들 때도 있다. 그러면 나 자신이 무서워진다.

나를 찾아오는 꿈들

머리도 없이 해체되어 있는 말의 사체들. 온갖 종류의 공포들, …… 그 다음에는 우리 식구들이 나에게 다가온다. 하지만 눈앞의 모든 형태가 뒤틀리고 축소된 모습으로 나타난다. 내 안에 거울의 집이 있는 것만 같다. 그리고 반사경이 모든 것을 축소한 채로 내게 보여준다. 내가 미친 것일 수도 있다는 사실을 인정한다. 하지만 당신들도 내가 심하게 아프다는 것을 인정해 주어야 할 것이다.

정신병자라고 해도 특정 능력은 손상 없이 남을 수도 있다고 폴링은 밝혔다. 예를 들자면, 비록 전반적으로 정신이상이 온 상태라도 카드놀이를 하거나 장기를 두는 등의 활동이 가능할 수 있다. 백치라는 이들에게서도 같은 현상을 볼 수 있다. 그리징거는 얼스우드 정신병원에서 혼자 힘으로 멋진 군함 모형을 만들어 낸 젊은이를 본 적이 있다고 한다. 하지만 이러한 능력은 매우 제한되어, 어떤 종류의 능력이 유효한지는 아직 확실하지 않다고 말했다. 그리고 다음과 같은 말을 덧붙였다.

백치에 가까운 사람들이 훌륭한 그림을 그려내는 경우는 이보다 훨씬 많이 발생한다. 하지만 이 모든 경우에 그들이 보여 주는 재주는 기계적인 재능에 그칠 뿐이다.

에스키롤은 정신병으로 고통을 받는 장군의 사례를 보고한 적이 있다.

그는 여름 내내 환각에 시달렸다. 가끔 정신이 들 때면 희극이나 가극을 쓰기도 했다. 그런데 그 작품들은 정신적인 문제가 있는 사람이 썼다고 생각할 수 없는 수준이었다. …… 정신적으로 혼란한 상태였지만, 장군은 무기를 개발하는 데 매달려 있었다. 설계도를 준비하고, 그 모형도 제작하려고 했다.

장군은 주물공장에도 갔는데 극심한 불안 증세와 착란 증세를 일으켜서 당시에는 그 일이 추진되지 못했다. 한참 후에야 그는 다시 주물공장을 방문한다.

그는 무기의 모형이 나와 있는 것을 보고 5만정을 주문했다. 이 주문을 받고 나서야 주물공은 장군의 정신에 문제가 있지 않나 의심하게 되었다고 한다. 어쨌든 장군의 이 발명품은 후에 군에서 공식적으로 채택되었다.

결국 장군은 정신적으로 문제가 있었지만, 쓸 만한 생각을 내놓기도 하고 또 이를 끝까지 실행해 낼만한 추진력도 있었다.

정신질환에 대해서 임상경험이 부족했지만, 에스키롤은 다음과 같이 중요한 사례들을 놓치지 않았다.

뢰레박사는 비세트르 병원에 있는 환자의 병력을 우리에게 소개해주고 있다. 그 환자는 병증이 심해지면 글쓰기에 재능을 보였다. 하지만 평상시에는 결코 그만큼 해낼 수가 없었다. 어느 날 그는 자신이 회복기에 있다는 의사에게 이렇게 말한다.

"그다지 회복된 것 같지 않습니다. 그렇다고 하기에는 제가 너무 똑똑한 상태인 걸요. 제가 제정신일 때는 편지 한 장을 쓰는 데도 일주일씩 걸린답니다. 멀쩡한 상태일 때 저는 정말 멍청하거든요. 제가 그렇게 멍청해질 때까지 두고 봐야 할 듯합니다."

박사는 또 사업상의 실패를 거듭한 상인의 사례를 소개했다. 그는 신기하게도 병증이 발현될 때마다 사업을 재건할 방법이 떠올랐

다고 한다. 그는 정신이상이 올 때마다 사업을 다질 수 있는 방법이
나 새로운 돌파구를 찾아내서 사업을 복구시켰다. 그렇게 해서 그
가 병의 치료를 마칠 때쯤에는 제정신을 찾았을 뿐 아니라 사업도
궤도에 다시 올랐다고 한다.

블랑슈박사는 몽마르트에서 목탄화의 흔적이 남아 있는 벽을 보
여준 적이 있다. 반쯤 지워진 그림 속에는 시바의 여왕도 있고, 왕으
로 보이는 다른 형상도 남아 있었다. 지금은 화가로 인정받고 있는
젊은 환자가 남긴 작품이었다. 그 친구는 지금은 병을 치료한 상태
인데, 정신질환으로 새로운 재능을 발견하게 된 경우이다.

마리용 들로름이 증기의 힘을 산업에 활용해 보자고 생각한 최초
의 인물인 살로몬 드 카우스를 만난 곳은 정신병원이었다고들 한
다. 병으로 얻은 재능들은 대부분 병을 떨치고 나면 그와 같이 사라
져 버리고 만다.

내 밑에 있던 제자들 중에는 B로 지칭되는 환자를 기억하는 이들
이 많을 것이다. B는 음악가, 심부름꾼, 짐꾼, 가게 점원, 양철장이, 군
인, 대필가 등등을 전전하면서 살았는데, 한시도 불행을 벗어날 수 없
었다. 우리에게 넘겨 준 그의 자서전을 보면, 간혹 가다 철자가 어긋
난 부분이 있긴 해도 출간하면 좋겠다는 생각이 들 정도로 내용이 좋
았다. 하지만 그가 퇴원하고 싶다고 말할 때 사용한 언어는 전혀 아름
답지도 독창적이지도 않았다. 교육이라고는 받은 적이 없는 육체노
동자의 언어였다.

얼마 전에는 스펀지를 팔고 다니던 행상이 정신이상의 상태에서

환생에 대해서 이야기하는 것을 들었다. 그의 말을 그대로 전하자면 다음과 같다.

우리는 죽지 않습니다. 영혼이 주어진 여정을 마치면 스러진 채로 다른 형태에 깃들게 되는 것입니다. 일례로 우리 아버지가 한 번은 죽은 나귀를 땅에 묻었는데, 그 자리에서 어마어마한 양의 버섯이 자라난 것을 보았습니다. 그리고 그곳에서 키우던 감자의 크기가 평소에는 작았는데, 이때 거의 두 배로 자라 있었습니다.

광기에 휩싸이면서 평범하고 우매한 정신이 오히려 위대한 사상가들도 고심 끝에 도달하는 이론적 경지에 이르는 이런 경우도 생기는 것이다.

G. B.라는 환자는 유명한 작가의 조카였다. 어느 날 그가 말을 타겠다고 나섰다. 하지만 나는 그 말이 겁이 많아서 잘 놀라기 때문에 위험할 수 있어서 머뭇거리며 허락하지 않았다. 그러자 그는 라틴어가 포함된 매우 문학적인 대답을 해서 나를 놀라게 했다.

또 B. B.라는 여성은 일흔 살이 넘어서 이가 다 빠져 있었다. 그런데 어느 날인가 나잇값을 못한다는 책망을 듣자 다음과 같이 재치 있는 대답을 내놓았다.

"늙기는 누가 늙었다는 건가? 나를 잘 보게. 아직 이도 나지 않은 걸 모르겠나?"

N. B.라는 환자는 정신이상 덕에 시인이 되었다. 그는 시에서 섬세하고 미묘한 맛을 살리기 위해 매우 공을 들였다. 하지만 그의 시구들

은 운율적으로 문제가 있었다. G. R.이라는 동료환자가 말해준 것에 따르면, 그는 사실 일부러 각운을 길게 늘여 쓴다고 한다. 그렇게 해서 기억 속에 그 시구들을 각인시키는 것이다.

_기존의 틀을 깨뜨리는 독창성 종합

광기의 산물로 시적 재능이 생긴 이들에게 나타나는 가장 고유하면서 일반적인 특징은 그들이 이전에 속해 있던 삶이나 문화의 속박으로부터 벗어나려고 애쓴다는 점이다. 그런데 많은 경우 이러한 노력의 결과는 끊임없는 말재간의 형태로 나타난다. 계속해서 재미있는 삼행시나 단편시를 지어 내고, 단어의 소리나 형태로 재간을 부린다. 그들은 사실 사회적으로도 재치가 있다고 인정받을 만한 재간을 자랑하는데, 특히 두운이나 각운을 맞추는 경향이 두드러진다. 산문을 작성할 때도 이러한 경향을 보이는 이들이 있을 정도다.

다른 한편으로 급조된 철학자들도 있다. 그들이 말하는 것을 들으면 단편적으로나마 실증주의와 에피쿠로스학파와 콩트의 철학을 엿볼 수 있다. 그들은 광기로 두뇌의 회전속도가 빨라지면서 각각의 철학사조의 근원이 되는 진리에까지 접근할 수 있었다. 이들이 보통 사람들보다 새로운 것을 받아들이는 데 거부감이 없고, 또 더욱 독창적인 특징이 있기 때문에 가능한 일이다.

사실 터무니없어 보일 정도로 독창적인 것이야말로 그들의 가장 두드러지는 특징이라고 할 수 있다. 이는 그들이 더 이상 아무 논리나 상식의 구애를 받지 않고 마음껏 상상의 나래를 펴기 때문에 가능한 것이기도 하다. 사실 상처가 많고 결함이 많을수록 기존의 틀을 벗어나려는 욕구도 강할 것이다. 시에나의 P모씨는 자신의 영혼이 다른 사람인 척 형태를 바꾸거나 여기저기 떠돌아다닌다고 고백했다. 피사로의 M모씨는 그리스어에 남다른 열정을 쏟아 부었다. 그는 심지어 그리스어로 이런저런 신조어를 만들어 내기도 했다.

그들은 여러 가지 다양한 생각들을 신속히 조합해내기도 했다. 또한 더욱 자유분방한 상상이 가능하기 때문에 정상적인 지성을 갖춘 사람들도 성공하지 못하는 고차원적인 문제를 해결해내는 성과를 내기도 했다.

이들의 특이한 점은 또한 자기 자신이나 동료들에 대해 떠벌리는 것을 아주 좋아한다는 것이다. 사실 범죄자들에게서도 흔히 볼 수 있는 특징이다. 그들은 자서전을 남기기를 좋아하고, 사랑과 야망을 쟁탈하기 위해서 물불을 가리지 않고 자신을 내던지는 경향도 있다. 하지만 광인들은 범죄자들과는 달리 표현에 인위적으로 멋을 부리거나 하지는 않는다. 또한 범죄자들은 광인들에 비해 논리적으로 보다 일관적인 대신에 창조적이거나 독창적인 모습은 조금 부족해 보인다.

단어를 선택할 때에도 상황에 맞는 적절한 단어를 합리적으로 선택하기보다 두운이나 각운에 맞는 표현을 우선하는 모습은 광인들에게서만 볼 수 있는 특징이다. 그들은 특정 단어를 선호하기도 하고, 일부 단어들을 자신들에게만 특화된 의미로 사용하기도 한다. 또한 사소한 것에 과장되게 큰 의미를 부여하기도 한다.

광인들 중에서 많은 이들이 한 작품에 그림과 시를 동시에 담아내는 형태를 선호하는 모습을 보여준다. 아마도 한 가지 예술 형태만으로는 자신들의 생각을 충분히 표현해낼 수 없다고 생각하기 때문일 것이다. 그들의 문체는 정제되고 수려하다고 할 만한 수준은 못 된다. 대신에 예리하고 생동감이 넘치는 점이 오히려 보다 세련되면서 열정은 부족한 작품들보다 더 깊은 인상을 남기기도 한다.

_광기에 취한 시인들 열정

정신이상이 오기 전에는 운율이 무엇인지도 몰랐다가 시 창작에 빠져드는 광인들을 보는 것이 놀랄 만한 일은 아니다. 왜냐하면 시라는 것이 감정의 흥분 상태에서 그 열정을 표현하는 매체이기 때문이다. 바이런이 말과 행동으로 이를 확인시켜준 적이 있다. 그렇기 때문에 흥분이 고조될수록 더욱 힘이 있고 호소력이 넘치는 시가 나오게 마련이다.

술에 취했거나 광기에 취한 시인들의 즉흥적인 작품을 보면, 운율을 통해서 비정상적인 정신 상태에서 느끼는 흥분을 더욱 효과적으로 반영하고 표현한 것을 알 수 있다.

피사로의 한 미치광이는 그 이유를 다음과 같이 말했다.

시라는 것은 마음으로부터 자연스럽게 뿜어져 나오는 것이다. 시는 천 개의 슬픔에 찢겨진 영혼이 울부짖는 소리다.

_생각을 구성하는 원자들의 방황 격세유전

　　　일찍이 비코는 원시시대의 철학자들과 현자들은 모두가 시인
이었을 거라고 말한 적이 있다. 사실 태초의 역사는 갈리아의 시인들
이나 티베트의 툴콜로들의 손을 빌어 그 형태를 얻었다. 아메리카, 데
칸, 아프리카, 오세아니아 등에서도 마찬가지의 상황이었다. 엘리스
의 기록을 보면, 폴리네시아인들은 조상에 대해 의문이 생기면 마치
역사서를 찾아보는 것처럼 전승되어 온 시가를 뒤졌다고 한다. 고대
인도에서처럼 중세 유럽에서도 과학이 운문으로 기술되었다. 몽투클
라는 13세기의 수학 논문을 언급한 적이 있는데, 그 논문 또한 운문
이었다. 영국의 어떤 사람은 유스티니아누스 법전을 시 구절로 변형
시켰으며, 폴란드에서는 문장학을 논하는 글을 압운에 맞추어서 작
성한 사람이 있었다.

　중세에는 산문으로 기록된 역사라고 해도 운문에 못지않게 황당
무계한 이야기와 말장난으로 가득하다. 이에 따르면, 트루아라는 도
시의 이름은 트로이에서 유래되었고, 뉘렌베르크는 네로의 이름을
딴 것이고, 사라센 제국은 성경에 나오는 사라에서 비롯되었다는 등
의 이야기들이 그럴싸하게 전해져 온다. 마호메트는 추기경이었고,
나폴리는 달걀로 쌓은 토대 위에 세워졌다고 한다. 터키가 전쟁에서
승승장구하고 있을 때 태어난 아이들은 치아가 32개가 아니라 22개
나 23개밖에 없는 경우가 있었다고도 한다. 그 시대의 매콜리라고 할
만한 투르팽은 역사서에 샤를마뉴 대제의 군대가 기도를 시작하는
순간에 팜플로나의 성벽이 무너져 내렸다고 써놓기도 했다. 페랑은
키가 20큐빗(1큐빗≒ 45센티미터)이나 되고 얼굴 길이만 1큐빗에 달

했다고 한다. 정리하자면, 그 시대의 역사라는 것은 시골에서 화롯불에 옹기종기 모여 귀를 기울여 가며 듣는 옛날이야기와 별 차이가 없었다. 한결같이 인간의 어리석음에 대한 교훈으로 가득하며 황당무계하면 할수록 더욱 더 환상적인 이야기가 된다.

　반미치광이나 미치광이들의 경우는 산문을 쓸 때도 고대의 시가에서처럼 황당하고 조리에 맞지 않는 이야기를 풀어놓는다. 탄쯔와 리바가 광인들의 작품에 대해 평해 놓은 것을 보도록 하자.

　백 년 전 악마에 씌었다고 하는 이들은 사실 중세 신비주의를 대표하며, 지금에 와서 보면 피해망상증 환자라고 할 수 있다. 오늘날 새로이 등장한 연금술사들은 이 시대에 중세의 문체와 사상을 부활시키고 있다. 과학의 탈을 쓴 비과학적 망상과 또 이를 설파하는 마이동풍식의 강론은 트리테미우스나 아그리파, 파라셀수스 외에 16세기의 비술과 마법의 사도였던 이들의 판박이다. 피해망상은 수세기에 걸쳐서 인류가 걸어 온 길을 함께 걸어왔다. 약간의 시차가 있을지언정 인류가 겪어 온 모든 변화들이 피해망상의 증세에도 반영되어 왔다. 이에 대한 예로, 한 피해망상환자의 자서전을 들 수 있다. 이 환자는 정말 길고 자세한 자서전을 남겼는데, 그 안에서 자신이 정신착란 상태에서 경험한 온갖 모험적인 일들을 매우 세세히 그리고 정확하게 묘사했다. 다음은 그중의 일부다.

　귀족이나 또는 귀족의 후예들은 비밀스럽게 전기를 만들어 내는 물질을 소지하고 있다. 이를 통해서 그들 사이에는 원활한 교신이 가능하다. 전신을 보내는 원리를 생각해 보면 이해할 수 있을 것이다. 마찬가지로 귀족들은 서로가 전신을 보낼 수 있는 전지의 역할을 해내는 것이다. 그들의 모든 생각과 행동이 보이지 않는 선을 통해서 낱낱이 전달된다. 마치 생각을 구성하는 원자들이 있는 것처럼 그들의 생각은 극히 미세한 단위로 쪼개진 채로 전신기에서 처리된다.

탄쯔와 리바는 고대 연금술사들에게서도 이와 유사한 글들을 찾아볼 수 있다고 전한다.

바이에른의 국왕 루드비히 2세가 피해망상증을 가지고 태어났다는 것은 누구나 쉽게 알아볼 수 있다. 그는 사람을 꺼리고, 자만심이 강했으며, 야심만만하고, 신비주의적인 면도 있고, 낭만적이면서 변덕스러웠다. 그는 환각에도 시달렸다. 그의 행동, 습관, 판단은 물론 손을 대는 일마다 기이하지 않은 것이 없었다. 미학적인 기호나, 연애와 윤리적인 정서면까지 그와 관련된 모든 것이 과하거나 균형에 맞지 않고 그저 별스럽기만 했다. 그는 중세시대를 격세유전한 결과로 나온 인물이라는 낙인이 찍혔고, 원탁의 기사 퍼시발의 재림이라는 말까지 들었다.

광인들의 문학은 문체가 일관적이지 못한 특징이 있다. 바로 그 점에서 그 작가들이 병적이고 격세유전적인 면모가 있다는 것을 알 수 있다. 처음은 언제나 멋지고 활기차게 시작한다. 그러나 이내 흥분이 잦아들면서 힘이 빠진 문장과 단정치 못한 표현이 점차로 빈번하게 등장한다. 대가의 풍모가 느껴지는 작품 수준에서 백치가 끼적여 놓은 낙서 수준으로 갑작스럽게 전이되는 것이다. 패리나와 라차레티의 작품들에서처럼 동일 작가에게서 나왔는데도 작품별로 큰 편차를 보이는 경우가 바로 이런 이유에서다.

그들은 경구를 즐겨 인용하고, 자신이 속한 시대에 구속받지 않으며, 아이들처럼 문체의 일관성이 없다. 성경이나 코란에서 볼 수 있는 것처럼 특정한 단어나 구절을 고지식하게 반복하기도 한다. 그들은 자신들의 전문 영역과는 전혀 동떨어진 문제에 관심을 보이면서 그 한 가지 주제를 떠나지 못하는 모습도 보여준다. 보통 자신들에게나 또 다른 이들에게나 전혀 득이 되지 않는 방향이다. 그들의 작품은 또한 거의 항상 자전적인 경향이 있다.

_정신적 무질서의 패턴 결론

요약하자면, 미치광이들이 남긴 글들을 보면 비록 일부는 황당 무계해 보일 수 있지만, 그 안에서 작가만의 특징적인 구조를 읽어 낼 수 있다는 것이다. 폴랑은 이를 '고유한 정체성'이라고 부른다.

이를 통해 알 수 있는 점은, 정신병적 요소가 한 가지 생겨나는 순간 이 요소가 다른 병적인 요소들을 불러들이는 경향이 있다는 것이다. 정신이상 증세는 정신병적 요소가 도입되면서 정신이 잠식되는 과정에서 나타난다. 정신이라는 완전체가 있어서 정신병적 증상을 일으켜야겠다고 결정하는 것이 아니다. 정신은 본래가 매우 체계적인 조직이다. 그리고 지속적으로 보다 더 완전한 체계를 추구한다. 감각의 경우는 특정한 생각과 행동에 대해서 반응하려는 경향을 보인다. 그리고 그 대상에 대해 보다 더 정확하고 적절한 조건을 따져 보려고 한다. 이미 내 안에 자리 잡은 정신적인 구조의 경우에는 외부의 자극들을 그 틀에 맞춰서 해석하고 짜맞추려는 경향이 생긴다.

모든 정신적인 요소는 체계적으로 작용한다. 정체성이라는 것은 정신이라는 완전체 안에 들어 있는 것도 아니고, 일련의 행동으로 발견할 수 있는 것도 아니며, 이론이나 주장이나 열정의 형태로 나타나는 것도 아니다. 오히려 정체성은 각각의 모든 요소들 안에 존재한다. 이렇게 각 요소들 안에 개별적으로 존재하는 하나의 경향성이 체계적인 연동을 시도한다. 이 연동에 대한 조정이나 방향성의 제시가 이루어지지 않으면, 머릿속에서 수많은 불협화음이 발생한다. 결과적으로, 마치 교향악단의 연주자들이 음과 키를 맞추지 않고 각기 제멋대로 연주하는 것과 같은 혼란이 일어나는 것이다.

사회체제 안에서도 협력체계가 무너져 내리면 사회의 정체성이 깨져버린다. 그리고 여러 요소들은(이 경우는 협력을 이루고 있던 개인들)은 개별적인 삶으로 복귀한다. 그들은 차후에는 새로운 사회활동에 편입되게 된다. 예를 들면, 공장이 문을 닫게 되었을 때, 그곳에서 일하고 협력관계를 이루던 사람들은 새로운 일을 찾아 떠난다. 그들은 각자 뿔뿔이 흩어질 수도 있고 또 몇몇은 새로운 조직에서 다시 만날 수도 있다. 정신적 요소들에게도 같은 일이 벌어진다.

여러 요소들을 하나로 묶어주던 연대가 깨지면 각각은 새로운 협력 체계 안에 들어가게 된다. 하지만 각기 개별적으로 움직이기 때문에 온갖 모순적 상황에 부딪힐 수 있다. 그렇게 각 요소들이 제각기 움직이다가 충돌하게 되는 상황을 만날 때 이것이 정신병의 형태로 드러나는 것이다.

시에서 단어 선택을 이용한 말장난도 사실은 이러한 정신적 무질서가 드러나는 양상의 하나다. 이를 분석해 보면, 다음의 각 요소로 구성되어 있다는 것을 알 수 있다. 일단, 특별한 조합으로 이루어진 단어가 있다. 여기서 단어의 발음이 한 요소이고, 그 단어가 내포하는 의미가 다른 한 요소가 되며, 마지막으로 그 단어가 지니는 고유한 심상이 같이 묶여서 하나의 구성요소가 된다. 서로 다른 단어의 특정 부분이 닮은꼴인 경우 결합이 이루어질 수 있는데, 압운을 맞추는 것이 그 한 예이다. 여기서 보면 소리는 자신과 인접한 소리들과 체계적인 협력관계에 있으면서 동시에 자신과는 동떨어진 다른 소리들과도 연합해야 한다.

M. 르냐르가 인용한 정신병자들이 작성한 시 구절들을 보면, 요소 사이의 결합이 강도가 높게 구사된 것을 볼 수 있다. 때로는 다음의 시구에서 볼 수 있는 것처럼 지적인 면모가 드러나는 경우도 있기는 하다. 하지만 여전히 각 구절간의 결합이 겉도는 등 시적 응집성이 떨어지는 것도 사실이다.

나는 고사리의 불꽃을 사랑해
오래 가지는 않지만 반짝반짝 빛나는 불빛

그 연기는 매운 맛이 나.
그런데 그 잿더미 속을, 나는 미쳐서 마구 돌아다녀
사람들은 소금 한 톨에서 동전 두 개를 뽑아내면서
신나게 놀아. 모든 것을 씻어내는 소금
모든 것을 씻어내는 소다, 소금에서.

　물론 전혀 의미가 통하지 않는 구절들도 있다. 다음의 시구들이
그 예인데, 25년 동안 자신에 대한 광적인 자만심에 사로잡힌 정신
질환이 있는 환자가 작성한 것이다. 역시나 M. 르냐르가 인용한 시
구들이다.

누에여! 의사 누에 임므 씨여
당신을 사랑하는 …… 내 운명의 힘을 숭배하라.
・　　・　　・　　・　　・　　・　　・　　・
그의 아름다운 두개골을…… 페드르의 또 다른 후회를 감탄하면서
르그랑 뒤 솔 씨, 아니면 그랑 뒤 세드르라는 사람을 경멸하라.

　이러한 현상에 대해서 풍부한 예를 제공해주는 환자가 하나 있
다. 트루소의 환자 중 한 명이었는데, 두음 또는 끝말 등이 맞는 단
어를 나열해서 500쪽이 넘는 종이를 채웠다. 그중 일부를 소개하
자면, 고양이(chat), 모자(chapeau), 피부(peau), 토시(manchon), 손
(main), 소매(manches), 드레스(robe), 장미(rose), 치마(jupon), 방
울술(pompon), 꽃다발(bouquet), 꽃 파는 여자(bouquetière), 묘지

(cimetière), 맥주(bière) 등의 조합이 있다.

　가벼운 수준의 말장난이나 단어의 조합을 즐긴다고 해서 미치광이나 백치 취급을 받을 필요는 없다. 이런 경우라면 영구적인 분열 증상 때문이라기보다는 순간적인 해리 현상으로 그런 상태가 야기되는 것이다. 정신적 휴식이 필요해지면 생존에 필수적이 아닌 정신적 요소들을 회수해서 자유롭게 풀어주는 것이 당연하다.

　위에 들었던 예를 이어 가자면, 공장에서 일하는 사람들이 항상 일하고 있는 것은 아니다. 그들에게도 휴식과 오락을 위한 시간이 필요하다. 그 시간에 그들은 대개 자신이 하는 일보다 손쉬운 작업에 손을 댄다.

　이렇게 운율을 이용한 말장난은 만성적인 정신질환자나 알코올 중독성 정신질환자, 마비증상의 초기 환자들에게서 주로 볼 수 있다. 그들에게는 이치를 따지는 것보다는 시적인 표현이 더 편하고, 시 구절을 만들어 내는 것보다는 운율에 따라 흥얼거리는 것이 더 편한 것이다. 우울증 환자들에게서는 그렇게 많이 볼 수 없는 현상인데, 기본적으로 정신병원에서 우울증 환자의 비율이 낮은 탓도 있을 것이다. 그들은 보통은 침묵 속에 있으면서, 시를 통해 잠시 해방되는 모습을 보인다. 때로는 피해망상에 대한 도피처로 시를 쓰기도 한다. 사실 이 부분은 좀 더 고민해보아야 하는 지점이다. 모든 위대한 사상가들과 시인들이 천성적으로 우울한 성향을 지닌다는 것을 떠올려 보면, 이러한 사실은 보이는 것보다 더욱 중요한 의미를 지닐 수 있다.

광기와 예술이 손을 잡으면
미치광이들의 예술

지역적 분포 - 직업 - 특수한 정신병의 영향 - 독창성 - 기벽 - 상징 - 정밀함
- 아라베스크 - 외설스러움 - 범죄성과 도덕적 문란함 - 무용성 - 작품 소재로서의 광기
- 부조리 - 모방 - 획일성 - 요약 - 광인의 음악적 능력

● 예술적 성향은 정신병자들에게 확연하게 드러나는 성격으로 가장 일반적인 특징이라고도 할 수 있다. 하지만 아직까지는 이에 대해 충분한 주의를 기울이는 연구자들이 매우 드문 형편이다.

타르듀는 매우 예외적인 경우인데, 그는 『광기에 관한 의학적 법률적 고찰』에서 정신병자들의 그림은 법의학적인 관점에서 매우 중요한 자료라는 입장을 밝혔다. 시몽은 과대망상증 환자들의 그림을 보면 상상력이 지력에 반비례해서 나타나는 경향이 있다고 말한다. 프리게리오는 이 주제로 설문조사를 실시한 결과를 바탕으로 〈페자로 정신병원 병상일지〉라는 논문을 발표했다. 이들 자료들 외에도 리바, 토셀리, 롤리, 프리게리오, 탐부리니, 마라갈리아노, 막심 뒤 캉 등에게서 얻은 풍부한 자료들 덕분에 나도 이 주제를 다루는 데 있어서 보다 완전을 기할 수 있었다.

나에게 있는 자료와 그들의 자료를 비교한 결과, 총 108명의 정신병자가 예술적인 소양이 있었다. 그중 46명은 회화, 10명은 조각, 11명은 판화, 8명은 음악, 5명은 건축, 28명은 시에 특화되어 있었다.

이들에게 나타나는 정신병을 유형별로 분류해 보니, 25명은 환청과 환각에 시달리거나 피해망상이 있었다. 21명이 치매, 16명은 과대망상, 14명은 급격한 감정 변이와 간헐적 발작, 8명은 우울증, 8명은 전신마비, 5명은 도덕성 마비 등의 증상을 보였다.

증상이 심각한 이들을 보면 보통 선천적으로 타고난 경우가 많았고, 이는 치료하기도 쉽지 않다. 치매인 경우나 다른 증상을 동반하는 경우도 치료에 많은 어려움이 따른다. 또 과대망상이나 마비 증상처럼 잠재되었다가 나타나는 경우도 마찬가지 형편이다. 이러한 미치광이 예술가들에게 나타나는 특징에는 어떤 것이 있는지 지금부터 살펴보도록 하겠다.

_ 미치광이 예술가들의 출현 지역적 분포

정상인들 가운데 예술가가 많이 배출되는 지역에서 미치광이 예술가들도 많이 출현하고 있다. 실상 토리노, 파비아, 레조의 경우는 미치광이 예술가들이 드문 편이지만, 페루자, 룩카, 시에나에서는 미치광이 예술가들을 많이 볼 수 있다.

_광기의 생활 속 발자국 직업

사실 정신이상 증세가 나타나기 전의 직업이나 습관이 이러한 예술적 경향과 연계되는 사례는 매우 소수에 불과하다. 위에 언급했던 미치광이 예술가들의 경우를 보아도, 화가나 조각가는 8명, 건축가나 목수나 가구 장인은 10명, 교사나 성직자는 10명, 전신 기사는 1명, 학생은 2명, 선원이나 군인이나 기관사는 6명이다.

화가들 중에서 광기에 사로잡힌 이들은 길, 샴, 키리코, 만치니 등을 들 수 있다. 일부 사례를 보면 물론 이전에 있던 성향이 광기로 더욱 부각되기도 한다. 기계공이었던 이가 기계를 설계하는 그림을 그리고, 전직 선원이었던 두 환자는 모형으로 배를 축조하기도 했다. 집사로 일했던 사람은 마룻바닥에 과일이 산처럼 쌓여 있는 잔칫상의 그림들을 늘어놓기도 했다. 레조의 가구 장인은 나무를 깎아서 나뭇잎 모양이나 멋진 장식품을 만들기도 했다. 제노바에서 어느 해군 장교는 나무를 깎아서 모형 배를 만들기 시작하더니 곧이어 바닷가 풍경을 그리는 데 몰두했다. 그는 그림을 배운 적도 없었다. 하지만 그저 자신이 좋아하는 것들로부터 떨어져 지내는 자신을 위로하기 위해서 그 대체물을 그렸던 것이다.

때로 이들은 광기에 사로잡힌 채 이상하리만큼 열정적으로 작업했다. 파올리와 아드리아니가 한번은 나에게 다음과 같이 써보낸 적도 있다.

그들은 마치 돈이라도 받고 일하는 것 같습니다. 온 사방의 벽을 그림으로 채워 넣는답니다. 탁자며 심지어 마룻바닥에까지도 그림을 그려 넣는 지경입니다.

그중 한 명은 실제 화가였다. 이전에는 그저 그런 평범한 솜씨에 지나지 않았는데, 정신병을 앓으면서 오히려 완벽한 솜씨를 지니게 됐다. 한번은 광기에 사로잡힌 채 라파엘로의 성모 마리아 그림을 모사해서 그 작품으로 전시회에서 상까지 받았다고 한다.

레조에서 유명한 화가인 미뇨니는 치매와 과대망상증에 시달리면서 지역 내에 있는 정신병원에 들어가게 된다. 그곳에 14년을 머무르는 동안 작품은 쉬고 있었다. 하지만 차니 박사가 권해서 다시 붓을 들었고, 정신병원의 벽면에 근사한 프레스코화들을 그려 넣었다. 그중에서 우골리노 백작의 이야기를 그린 작품은 너무나 생생히 묘사된 나머지 환자들 중 한 명이 그림 속의 아비와 아이들이 굶어 죽지 않도록 고기를 던져 주는 일까지 생겼다. 그림에는 아직도 그 기름 자국이 남아 있다고 한다.

아드리아니가 나에게 전해 준 이야기에 의하면, 8명의 화가들 중에서 4명은 정신이상 상태일 때도 그림을 그리는 능력을 그대로 유지했다. 하지만 2명은 재능이 없어졌는데, 그중 한 명은 회복되고 난 후에 자신이 작업한 그림들을 보고 개탄을 금치 못했다고 한다.

_기괴함의 극치 정신병의 각 증상이 미치는 영향

많은 경우에 미치광이 예술가들은 그들의 병에서 영감을 받아 작품의 주제를 선정한다. 어느 우울증 환자는 나무를 깎아서 소일했는데, 손에 해골을 들고 있는 사람의 형상만을 꾸준히 만들었다. 어느 과대망상증에 걸린 여자는 자수를 놓을 때마다 '하나님'이라는 단어를 꼭 집어넣었다. 대부분의 편집광 환자들은 습관적으로 사용하는 특별한 상징이 있다. 그 상징은 자신들의 상상 속에 존재하는 가상의 불행과 깊은 연관이 있다고 한다.

자신이 박해를 당하고 있다는 망상 속에서 고통을 받던 환자 한 명은 종이의 한 면에 적들이 자신을 쫓고 있는 그림을 그려 넣었다. 그리고 그 반대 면에는 시각적으로 형상화한 정의가 자신을 방어해 주는 장면을 그려 넣었다.

알코올성 정신이상을 겪는 환자들은 그림을 그릴 때 유독 노란색을 많이 사용한다. 술 때문에 색감을 상실한 환자 한 명은 하얀색을 칠하면서 특화된 표현 기법을 계속 갈고닦았다. 그 기술 덕분에 알코올에서 벗어나 있는 동안에는 프랑스에서 눈 내린 풍경을 가장 잘 그리는 화가로 활약할 수 있었다.

아주 유명한 화가인 C모씨는 마비가 진행되면서 비례 감각을 잃었다. 나무 한 그루를 그려 넣더라도 전체적인 윤곽이 화폭을 벗어나기가 일쑤였다. 그는 또 석판화를 수집했는데, 하나같이 조악한 수준의 작품을 앞에 두고 그 자신은 경탄을 금치 못했다. 또 그림을 그리면서 온통 초록색으로 칠해 놓기도 했다.

하지만 기존의 화가들이 광기의 영향으로 진일보하는 것보다는, 붓

한 번 잡아보지 못한 사람이 광기 때문에 화가로 변신하는 것이 더욱 일반적이다. 정신병이 예술적으로 필요한 감각이나 재능을 억제하는 경우도 물론 있지만, 때로는 병에 걸리기 전에는 볼 수 없었던 특별한 재능을 발휘하도록 해주기도 한다. 또한 전체적으로 독특한 성격을 부여하기도 한다.

광기의 발현은 루크 클렌넬을 화가에서 시인으로 전향시켰다. 멜무어의 경우는 결혼식 날 신부가 죽는 충격적인 사건을 경험한 후 의사로서의 직분을 버리고 문학에 투신하게 된다.

르냐르는 다음과 같은 환자의 사례를 소개했다.

마비성 질환자의 특징으로 극단적으로 과장하는 경향을 들 수 있다. 그들은 그다지 있을 법하지 않은 정도까지 또는 아주 불가능한 정도까지 사물을 과장한다. 이런 환자들 중에서 어떤 환자가 그린 그림을 보면, 지상에 발을 붙이고 있는 남자가 머리는 하늘의 별들과 맞닿아 있는 모습이다.

도데는 『자크』에서 미친 화가들에 대해 이야기한다. 그는 미친 화가들이 그린 그림이 지진의 참상이나 폭풍에 휘말린 배 안의 풍경을 그린 것처럼 보인다고 말한다. 이전에는 미술의 '미'자도 모르던 이들이 병에 걸리고 나서는 그림을 그리지 않고는 못 견디는 경우가 있다. 특히 발작 등으로 흥분상태가 고조되는 시기에 그런 경향이 더욱 두드러진다. 석수장이 B모씨는 폐사로 정신병원에 있는 동안 화가가 되었다. 그는 병원 직원 한 명을 극히 혐오해서 그를 우스꽝스럽게 희화

화해서 그리는 것으로 벌을 주었다. 그 그림은 또한 그가 발작을 일으키리라는 전조이기도 했다. 예를 들자면, 그는 통통하고 혈색 좋은 요리사를 마치 면류관을 쓴 예수처럼 창백하게 그려 놓고는, 맛있는 음식에 손댈 수 없도록 그 앞에는 쇠창살까지 배치해 놓았다. 자신이 좋아하는 음식을 배식 받지 못했기 때문에 그 요리사에게 역시 벌을 준 셈이다.

동성애자이면서 과대망상증 환자였던 R모씨가 자신을 모델로 그린 그림은 기괴함의 극치라고 할 만하다. 그는 자신에게서 알들이 배출되면서 수태되는 모습을 연출하는데, 여기서 알들은 각각 한 세계를 의미한다. 이 그림이야말로 과대망상증 환자의 특징인 터무니없는 허영과 고삐 풀린 상상력을 잘 보여준다.

산 세볼로 정신병원의 환자들이 그린 그림들 중에서 가장 흥미로운 것은 정밀한 묘사가 특히나 돋보이는 작품이다. 본래부터 그림 솜씨가 있던 환자가 그렸다. 그는 정신이 맑을 때도 이미 지나칠 정도로 세밀한 묘사가 특징이었는데, 광기가 침범하는 동안에는 정도가 지나쳐서 으스스한 느낌을 줄 정도였다.

베니스의 구두 장인이었던 마테오 로바티는 종교에 미친 나머지 스스로를 십자가형에 처했다. 그 현장을 그린 그림을 어렵게 구했는데, 그 복사본이다. 이때부터 얼마 지나지 않아서 로바티는 정신병원에서 생을 마쳤다.

G모라고 하는 여자는 농사일을 하는 가난한 시골 여자였다. 이 여자는 피부병과 정신병이 유전적으로 대물림되는 집안에서 태어나서, 교육이라고는 받은 적이 없었다. 그녀는 몸 상태 때문에 오래도록 혼

자 갇혀 지내야 했는데, 그 와중에 자신이 자수에 소질이 있다는 걸 알게 되었다. 그녀는 린넨 천에다 자신이 가진 옷에서 뽑은 색실로 수를 놓았다. 정말 많은 양의 수를 놓았는데, 모두가 그녀의 머릿속에 맴돌고 있는 영상을 사실적으로 표현해낸 것이었다. 말하자면 그녀의 자전적 일생을 자수로 구현한 셈이다.

그 자수 안에는 그녀의 온갖 다양한 모습이 들어 있었다. 간호사들이나 수녀님들에게 시달리는 장면도 있었고, 소를 몰거나 그 밖의 허드렛일을 하는 모습도 있었다. 온갖 장식으로 꾸며진 탁자 위에 음식이 한가득 차려진 도안의 자수도 보였다. 그중에서 가장 뛰어난 작품은 깔끔하게 윤곽선 처리를 한 것인데, 그 뛰어난 묘사력은 캐리커처 전문가들도 부러워할 만했다. 단지 바늘땀 4개만으로 눈, 코, 입이 만

들어졌다. 게다가 어떠한 명암 효과 없이도 얼굴의 특징을 살린 묘사가 완성되었다.

그녀와 비슷한 사례로 I모 여자 환자가 있었다. 이 환자는 특히 도덕적으로 제어되지 않는 모습을 보였다. 여러 가지 퇴행적 증상도 나타났다. 비록 앞의 환자만큼 대단한 기술은 아니었지만, 그녀도 나름대로 솜씨 있는 자수 실력을 보여 주었다. 그녀가 작업한 자수에는 주로 남자와 여자가 엉겨 있었다. 이 도안을 통해 그녀는 성적으로 도착적인 면이 있는 내면을 드러냈다.

_기인의 발명 독창성

정신병은 때로 매우 독창적인 발명을 가능하게 하는 원동력이 될 때도 있다. 주로 기인이라고 할 만한 사람들이 독창적인 발명을 주도하는 것이 바로 이런 이유에서다. 평범하고 정상적인 사람이라면 이리 재고 저리 재며 위축될 만한 상황에서도, 그들은 아무런 제약 없이 마음껏 상상력을 발휘한다. 또한 매우 확고한 의지로 추진력 있게 일을 진행하는 것이다.

페사로 정신병원의 한 여자 환자는 자기만의 고유한 방식으로 수를 놓았다. 그 여자는 옷감을 풀어서 실을 얻어 내고, 침을 발라서 그 실들을 종이에 고정시켰다.

알코올성 정신질환으로 수용되어 있던 또 다른 환자는 나비를 수놓았는데 마치 살아있는 것 같았다. 그녀는 흰 실로만 작업하면서 색실로 작업할 때와 같은 기법을 적용했는데, 결과적으로 환상적인 음영효과를 만들어 낼 수 있었다.

　마체라타 병원의 어느 환자는 파이프 대를 이용해서 병원 앞에 전시되어 있는 모형 건물을 만들었다. 또 다른 이는 노래 가사를 표현하는 조각상을 만들려는 구상이 있었다. 제노바의 치매 환자는 석탄 조각을 깎아서 파이프를 만들었다.

　레조에 사는 자니리라는 환자는 다른 사람은 절대 신을 수 없는 세상에 유일무이한 장화를 제작했다. 이 장화는 한쪽이 벌어져 있어서 끈을 이용해서 조여야 했다. 벌어져 있는 양 끝은 상형문자를 이용해서 매우 화려하게 장식했다.

　페사로의 L모씨는 끊임없이 퇴원시켜달라고 요청하는 환자였다. 병원에서 그를 집까지 보낼 수 있는 방법이 없어서 안 되겠다고 핑계를 대자, 그는 자신을 싣고 갈 기구를 직접 만들기 시작했다. 일종의 수레인데 바퀴가 네 개 달려 있고, 위로 솟은 기둥이 하나 있고, 그 꼭대기에는 밧줄을 두른 도르래가 달려 있었다. 밧줄의 한쪽 끝은 앞쪽 바퀴들의 축에 묶여 있었고, 다른 쪽은 뒤쪽 축에 연결되어 있었다. 신축성이 있는 선이 밧줄에 묶여 있어서 그 선을 앞과 뒤쪽으로 번갈아 잡아당기면 수레 위에 있는 사람이 바퀴를 굴릴 수 있도록 조정이 되는 설비를 갖추고 있었다.

　어떤 과대망상증 환자는 엄청난 양의 아라베스크를 그려댔는데, 유심히 살펴보면 그 문양 속에서 배, 동물, 사람의 머리, 기차 등의 형상을 찾아볼 수 있었다. 때로는 풍경이나 마을의 전경이 들어가 있는 경우도 있었다. 아라베스크의 특징이 추상적인 문양이라는 점에서 의외였지만 가히 독창적인 시도라고 할 수 있겠다.

이탈리아 최고의 정신병원들에서 한번은 시에나와 보게라에서 열리는 전시회에 환자들이 제작한 건물 모형들을 보낸 일이 있다. 그중에서 레조에 있는 시설에서 보낸 모형은 부분으로 나뉘어서 각각을 따로 분리할 수 있었기 때문에 그 안쪽까지도 확인할 수 있었다. 모형의 안쪽으로는 계단이며 병실이며 온갖 배치가 완벽하게 자리를 잡았고, 가구와 다른 장식들까지도 모두 갖추고 있었다고 한다. 심지어 나무들마저도 실제와 같은 모양으로 정교하게 본을 떠 놓았다고 들었다.

어떤 신부님은 우울증을 앓게 되면서 판지를 이용한 종이 공예를 시작했다. 건축에 대한 지식이 전무한 상태에서도 그는 사원과 원형 경기장 등의 각종 건축물들을 모형으로 만들어 냈다. 그 모형들은 모두가 경탄을 자아 낼 정도였다고 한다.

비르질리오 박사는 나에게 이탈리아의 유명한 정신과의사들을 그린 초상화들을 보여준 적이 있다. 정말 실제와 흡사하게 닮은 모습들이었는데 어느 우울증 환자의 작품이라고 했다. 그 그림들의 독창적인 면은 모든 작품 속에 파리나 나비가 등장한다는 점이다. 또한 화가의 이름이 그림 속에 숨겨져 있었는데, 장식이나 기둥 등 세로 줄을 그릴 일이 있으면 그 안에 이름을 새겨 넣는 방법을 썼다.

앞서 소개했던 로바티의 십자가형은 극도의 기술적 정밀함과 독창성을 보여주는 예라고 할 수 있다.

다음은 렌치스가 루드비히 2세를 소개한 글이다.

미치광이로 알려진 바이에른의 루드비히 국왕이야말로 진정으로 바그너를 이해한 최초의 인물이라고 할 수 있다. 돈을 물 쓰듯이 써대는 국왕의 낭비벽과 바이로이트에 지어 놓은 극장은 이미 유명하다. 하지만 국왕의 천재성이 가장 집약되어 있는 대상은 오히려 오직 소수에게만 알려져 있을 뿐이다. 최고의 장엄함과 극치의 아름다움을 뽐내는 성이며 궁궐이 각각 세 채씩 마치 마법처럼 지상에 내려앉았는데, 구석구석 아주 세밀한 부분까지 하나하나 그가 직접 챙겨 가면서 완성시킨 것들이다.

국왕의 광기라는 것은 그가 꾸는 꿈이었다. 그가 10년의 세월 동안 홀로 이루어 낸 것이 다른 통치자들이 최고의 부흥기에 최고의 예술가들을 투입해서 얻어 낸 업적을 스무 명 분 합친 것을 능가한다고 할 수 있다. 현재에 이르기까지도 그에 비견할 이는 찾을 수 없을 것이다. 대연회장은 길이가 75미터에 달하는데, 양 끝에 연결된 방까지 합치면 장장 100미터에 육박한다. 궁 안에 마련되어 있는 갤러리는 거대한 창이 17개나 달려 있고, 밤에 이를 밝히는 데는 서른 세 개의 크리스털 샹들리에와 마흔네 개의 대형 촛대가 필요하다. 누구도 이러한 장관을 다시 만들어 낼 수는 없을 것이다.

_퇴행의 결말 기벽

하지만 아무리 독창성이 있다고 해도 퇴행이 거듭되는 동안 결국 기벽에 그치는 수준으로 종결되어버리고 만다.

시몽은 피해망상이나 과대망상 환자들의 경우, 정신적 붕괴가 심할수록 상상력이 더욱 활발해지고 그로 인한 환상은 더욱 기괴해진다고 지적했다. 그는 일례로 땅 속을 볼 수 있다고 주장하는 화가의 경우를 소개했다. 그 화가는 지구의 안쪽은 수정으로 만든 집들이 들어차 있고, 전기로 불을 밝히며, 달콤한 냄새가 짙게 배어 있다고 주장한다. 엠마라는 도시에는 코와 입이 두 개씩 달린 거주자들이 살고 있다고도 했다. 입 하나는 음식을 먹고, 다른 하나는 주전부리용이라는 것이다. 그들은 또한 뺨이 은색이고 머리는 금발에다가 팔도 서너 개씩 달려 있고, 다리는 하나밖에 없는데 대신 바닥에 작은 바퀴를 달고 있었다고 한다.

이렇게 낯설고 기괴한 것들을 만들어 낼 수 있었던 것은 환자들이 그만큼이나 기이한 환각에 시달렸기 때문이다. 라차레티가 자신을 표시하는 깃발에 그려 넣은 괴물도 그렇게 해서 나오게 된 것이다. 그의 깃발에는 머리가 일곱 개 달린 네 발 짐승이 들어가 있다. 어느 우울증 환자는 적들로부터 자신을 보호하기 위해서 돌로 된 흉갑을 만들었다. 또 다른 환자는 자기 방의 벽에 얼룩이 진 모양을 그대로 지도로 만들어 놓았다. 나중에 밝혀진 바에 의하면, 그 환자는 이 모양이 자신이 정복하고 지배하도록 하나님에게 허락받은 땅의 지형도라고 믿었다고 한다.

이러한 이유 때문에 발작이나 우울증을 보이는 정신이상자들보다 착란이나 망상에 빠지는 정신이상자들이 예술적으로 더욱 뛰어난 모습을 보이는 것이다.

_그들만의 언어 _{상징}

정신병자들의 예술작품에서 찾아 볼 수 있는 또 다른 특징은 글귀와 그림을 한데 모아 놓는다는 것이다. 그림 자체에도 상징이나 상형문자를 넣어놓은 예가 많다. 이 모든 것들이 일본이나 인도의 회화를 연상시키는데, 고대 이집트 벽화에서 쉽게 볼 수 있는 요소들이기도 하다. 그림만으로 하고 싶은 이야기를 충분히 표현하기 어렵기 때문에 다른 요소들을 차용한 것이다.

이는 몬티 박사가 나에게 소개한 사례에서도 매우 분명하게 드러난다. 실어증에 걸린 어떤 설계자가 건축설계 도면을 그렸다. 정확하고 제대로 그려진 도면이었지만 너무나 많은 지시사항이 달려 있어서 오히려 이해하기가 어려웠다고 한다. 심지어 어떤 지시사항에는 운율에 맞춰 작성된 구절들까지 있었다. 그 설계자는 15년 동안 정신착란에 시달리고 있는 환자였다.

일부 과대망상증 환자들의 경우에는 보통 사람들과는 다른 언어로 자신들의 생각을 표현하고자 하는 욕망 때문에 이러한 방법을 쓰기도 한다.

L모 성을 가진 G모씨가 바로 그런 경우이다. 그는 편안하고 확신에 찬 태도를 가진 63살의 농사꾼이었다. 이마가 넓고 광대뼈가 도드라져 있었으며, 표정이 풍부하고 사물을 꿰뚫어 보는 것 같은 인상을 지니고 있었다. 뇌 수용력은 1,544제곱센티미터였고, 안와지수는 82, 체온은 37.6도였다.

1871년 가을에 그는 온 사방을 휘젓고 돌아다니면서 끊임없이 떠들어 대는 통에 사람들의 주의를 끌기 시작했다. 그는 공공장소에서 가장 눈에 띄는 사람들을 멈춰 세우고서 자신이 겪은 부당한 일들에 대해 하소연을 하는 일도 있었다. 그는 포도농사를 다 망쳐놓기도 하고, 다른 논밭을 모두 파헤쳐 놓기도 했다. 세상에 복수하겠다고 위협하며 온 거리를 휘젓고 다녔다.

점차로 그는 자기 자신을 신과 동일시하기 시작했다. 그는 자신이 우주의 지배자라고 믿고, 알바 대성당에서 자신의 신성한 운명에 대해 천명하기에 이른다. 그는 때에 따라 자신을 태양의 아들이나 형제라고 일컫기도 하고, 때로는 태양의 아버지라고 주장하기도 했다. 정신병원에서 그는 사람들이 자신의 전능함을 수긍한다고 믿을 때는 말썽 없이 조용히 지냈다. 하지만 이를 의심할 만한 징조가 보이면 즉시 지진으로 세상을 뒤엎어버리겠다고 위협하기 시작했다. 모든 왕국과 제국을 멸망시키고 그 폐허 위에 자신의 나라를 세우겠다고 호언장담하기도 했다.

그는 아무 일도 안 하고 있는 쓸모없는 사람들을 위해서 너무나 많은 군대를 거느리고 있는 것에도 지쳤다면서, 적어도 각국의 정부와 부자들이 자신들의 목숨 값으로 그에게 억만금을 치러야 옳다고도 했다. 그리고 그 대가로 영원한 삶을 약속하겠다고 말했다. 그는 가난한 사람들은 쓸모가 없으니 모두 죽어야 마땅하다고도 말했다. 또한 자신의 궁전에서 터무니없이 많은 수의 정신병자들을 부양하고 있다면서, 의사에게 그들의 목을 치는 것이 좋겠다고 제안했다. 그러면서 또 아픈 환자들의 곁을 지키는 이타심 넘치는 모습을 보여주기도 했다. 이러한 모순되는 행동이야말로 피해망상증 환자의 특징이기도 하다.

그는 얼마 안 되는 자신의 소득을 늘 어느 불량배에게 모두 갖다 바쳤다. 그 불량배가 다른 세상과의 편지 교신이나 그밖의 업무를 대리해준다고 믿었기 때문이다. 그는 노상 태양, 별, 날씨, 죽음, 번개 등의 힘을 빌어서 자신을 내세웠고, 밤이면 그들과 비밀스런 회담을 열고는 했다. 그에 대한 수수료가 그 불량배에게 지불되었던 것이다.

그는 재난이 발생하면 자신이 위협하던 대로 심판이 시작되는 것이라고 믿으며 기뻐했다. 이는 또한 날씨, 태양, 번개 등이 그에게 복종하고 있다는 것을 보여주는 신호라고도 생각했다. 또한 그의 짐 꾸러미 안에는 조악하게 만들어진 왕관들이 보관되어 있었다. 그는 자신의 수중에 있는 왕관들이야말로 이탈리아와 프랑스, 그리고 여러 국가의 왕실뿐만 아니라 황실의 정통성을 가지고 있다고 말했다. 각국의 제왕들이 실제로 쓰고 있는 왕관들은 가증스러운 악당들이 탈취해서 가져간 것일 뿐, 더 이상 아무 가치가 없고 하루빨리 폐기해야 할 대상이라고 비난했다. 그러면서 그들이 수백만 냥에 달하는 죽음 값을 지불하겠다면 그 가치를 보존시켜 주겠노라고 말했다.

하지만 그의 과장스런 면모가 가장 특징적으로 드러나는 곳은 망상이 있는 그대로 나타나는 손글씨들이다. 그는 물론 글을 읽고 쓸 줄 알았지만 평범한 방식으로 필기하는 것을 경멸했다. 태양과 죽음을 수취인으로 하는 편지, 주문서, 수표 등을 자기만의 문자를 이용해서 작성했다. 사실 관공서와 군대에 보내는 문서를 작성할 때도 마찬가지였다. 그의 호주머니에는 이렇게 쓴 문서들이 가득 차 있었다. 그의 글을 보면 대문자의 사용이 두드러지고 그 사이 사이로 각 사물과 사람을 가리키는 상징 기호들이 뒤섞여 있었다. 거의 자음만을 사용한 문자들의 연속 사이사이로 마침표가 한두 개씩 들어가서 단어를 구분해 주었다. 문법은 완전히 무시되었고, 때로는 알파벳이 거의 실종되는 경우도 있었다.

예를 들어, 그가 가진 권능을 보여주기 위해서 그는 자신이 운용할 수 있는 요소들을 그림의 형태로 나열해 놓았다. 이 요소들은 그와 가까운 영혼들로 이루어진 세력들로서, 그가 신호하는 즉시 지상의 군대를 일으켜 그와 함께 세계를 제패할 것이었다. 그가 열거한 세력들은 1. 하나님 아버지, 2. 성령, 3. 마틴 성자, 4. 죽음, 5. 시간, 6. 천둥, 7. 번개, 8. 지진, 9. 태양, 10. 달, 11. 불, 12. 그의 형제인 태초부터 존재하던 초인, 13. 지옥의 사자, 14. 빵, 15. 포도주 등이다. 그리고 그 끝에는 자신을 상징하는 머리 둘 달린 독수리 문양을 넣어 두었다. 각 세력들을 나타내는 상형문자 아래로는 또한 그들을 대표하는 문자도 표기되어 있었다. 예를 들어 1번 세력은 P.D.E., 2번 세력은 L.S.P. 등등으로 표기되었다.

문자와 상형문자와 기호가 뒤섞인 이 조합은 마치 원시시대에 사용했던 표의문자 단계가 연상된다. 알파벳이 나오기 전에 멕시코나 중국의 고대인들은 이러한 표의문자를 사용했다.

아메리카와 오스트레일리아의 원주민들도 문자라기보다는 간소화한 그림의 형태를 사용해서 기록을 남겼다. 예를 들어 "새처럼 날쌔게 다닐 수 있다면"이라는 뜻을 표현하기 위해서 팔 대신 날개가 달린 사람의 형상을 그렸다. 이러한 문자들은 사실 기록물의 역할을 하기보다는 구전하는 노래나 이야기를 보다 생동감 있게 받아들일 수 있도록 보조하는 역할을 했다.

어떤 부족들은 좀 더 진일보한 형태의 문자를 발전시키기도 했다. 예를 들면, 아메리카의 마야족은 손에는 약초를 들고 발에는 날개가 달린 사람을 그려서 치료사를 나타냈다. 그를 필요로 하는 사람들에게 신속한 조치가 요구된다는 것을 암시하는 것이다. 비는 양동이를 그려서 표현했다.

고대 중국어에서는 여자 셋을 붙여서 성적으로 문란하다는 뜻의 문자를 만들어 내고, 해와 달을 합쳐서 '밝다'라는 뜻을 가진 문자를 만들었다.

이러한 원시적인 표기는 우리 시대의 현학자들이 그렇게나 자랑스러워하는 수사학적인 비유가 지적인 우수성을 과시하기보다는 오히려 그 빈약함을 드러내는 표현이라는 것을 보여준다.

이러한 표의문자를 일정기간 사용하다 보면, 보다 문명화된 종족들은 한 단계 진보해서 상형성이 강한 문자와 그렇지 않은 문자들을 분류할 수 있게 된다. 직접적이고 일차원적으로 개념을 표현하는 것을 넘어서서 간접적으로 연상할 수 있는 형태로의 진화도 이루어진다. 이에 더해서 불확실성을 방지하기 위해서 좌변이나 우변에 이전 시대의 것보다는 좀 더 간략화된 상형문자를 더해서 뜻을 더욱 명료하게 만들어 주기도 한다.

그리고 일단 언어가 안정화되고 난 후에는 단어의 소리에서 연상되는 뜻을 사용하는 방식으로 단어의 채용이 이루어진다. 멕시코의 위대한 왕이었던 이츠코아틀의 경우 두 개의 그림문자가 합쳐져서 표기되는데, 창을 가리키는 문자의 '이츠'라는 소리와 뱀을 가리키는 문자의 '코아틀'이라는 소리의 조합을 취한 것이다.

이렇게 고대의 전통을 되살려 우리의 과대망상증 환자는 미치광이들이 선사시대 이전의 정신적인 단계로 회귀하는 경향이 있다는 사실을 입증해 준다. 사실 범죄자들에게서도 이러한 모습을 찾아볼 수 있다. 물론 이 환자의 경우에 국한해서 볼 때 그가 어떤 정신적인 과정을 거쳐서 이러한 표기법에 이르게 되었을지는 비교적 쉽게 이해할 수 있다. 과대망상에 사로잡혀서 그는 자신이 모든 요소를 주관하는 신이라고 인식하고 있었다. 그는 세상에 존재하거나 상상할 수 있는 모든 권세와 권능보다도 우월한 존재이기도 했다.

그렇기 때문에 무지하고 의심이 많은 평범한 인간들이 사용하는 언어로는 자신의 의사를 충분히 표시할 수 없었던 것이다. 기존의 표기법으로 그의 새롭고 경이로운 생각들을 담아내기에는 역부족이었다. 사자의 발톱, 독수리의 부리, 뱀의 혀, 번개의 섬광, 태양광선, 원시시대의 무기 등이 그 자신을 표현하는 데 있어 훨씬 효과적이었다. 또한 사람들에게 그를 두렵고 숭배해야 할 대상으로 만들어 줄 것이라는 계산도 있었다.

이러한 것이 이 환자에게만 국한된 사례도 아니다. 라지는 광기에 대한 기록들을 종합 분석한 연구에서 이와 매우 유사한 예를 소개했다. 그리고 모셀리 교수는 이보다 더욱 흥미로운 사례를 제공하고 있다.

T모 환자는 목공일과 가구 만드는 일을 같이 하고 있었다. 그는 목공예에도 솜씨가 있어서 그가 만든 가구는 찾는 사람이 많았다. 약 칠 년 전부터 그는 우울증을 앓고 있었는데 시청 지붕 위에서 투신자살을 시도한 적도 있었다. 지금은 망상 속에서 자신만의 세상

에 빠져서 살고 있다. 그의 주된 관심사는 정치이고, 공화주의적이고 무정부주의적인 생각을 바탕으로 정치적인 야심을 펼칠 기회를 보고 있다. 그는 상상 속에서 위대한 범죄자들과 자신을 동일시하기도 한다. 그는 항상 그림을 그리거나 나무를 깎아서 소품을 만들고 있다. 보통은 뭔가를 연상시키는 대표적인 물건들을 그 소재의 대상으로 한다.

이중에서 가장 흥미로운 것은 군인 복장을 하고 있는 남자를 조각해 놓은 것이다. 이 남자는 날개를 단 채로 비유적인 글들이 가득 새겨진 받침대 위에 서 있었다. 머리에는 트로피 같은 것이 놓여 있고, 그 외에도 T모씨의 환상 속에 나오는 것들을 상징하는 물건들이 그 주위로 배치되어 있었다. 그 날개는 그가 처음으로 정신이상을 일으키던 순간을 연상시킨다. 당시에 그는 포르토 르카나티 광장에서 그가 만든 조각상들을 팔고 있었다.

그중에는 1솔드(이탈리아 화폐 단위로 1/20리라 가치의 동전 – 옮긴이 주)짜리 천사상들이 여러 개 있었다. 돼지 훈장은 경멸을 표상하는 것으로써, 그는 부와 권세를 누리는 세상의 모든 이들에게 그 훈장을 달아주고 싶어 했다. 챙에 등불을 매달은 투구에서는 오펜바흐 산적들의 흔적을 엿볼 수 있는데, 그를 병원까지 이송했던 근위 기병을 상징하고 있다. 잎담배를 십자형으로 배치해 놓은 모양은 그가 제왕들과 독재자들에 대해 가지는 혐오감을 표상한다. 다리의 자세는 그가 자살시도 당시 골절을 입었던 기억을 반영한 것이다.

받침대에 새겨진 명문들은 시 구절이나 신문에서 따온 것들로 T모씨가 항상 인용하기도 하고 나름의 중요한 의미를 부여하는 글귀만을 모아놓은 것이다. 그 글귀들은 보통은 그가 처해 있는 노예 상태(병원에 수용되어 있는 상황)에 대해 토로하면서 자신을 억류하고 있는 이들에게 복수를 다짐하는 내용이다.

머리에 얹혀 있는 트로피가 그중에서도 가장 특기할 만하다. 이것은 사실 다음에 소개하는 노래를 시각적으로 표현해 낸 것이다. 다만 이 노래가 본인의 자작인지 당시에 유행하던 노래를 가져온 것인지는 확실하지 않다.

독약은 준비되어 있다.
품에는 단도 두 자루가 있다.
이 불행한 삶도 언젠가는 끝을 보리라.
무덤에 가는 순간까지 난 그대를 사랑할 것이요,
죽어서도 나는 여전히 그대를 사랑할 것이오.

나의 죽음을 알리는 종소리 울려 퍼지면,
그대는 장례 음악 소리에 놀라서 귀 기울이리라.
— 나는 여전히 그대를 사랑할 것이오.

길고 슬픈 십자가가 길을 따라 움직이는 것을 그대는 보리라,
교수대 옆의 사제가 슬픈 성가를 읊조릴 것이다.
— 나는 여전히 그대를 사랑할 것이오.

트로피는 이 노래의 가사를 상징하는 것들로 장식되어 있다. 트

로피에 있는 컵은 첫 줄에 나오는 '독약'을 나타내는 것이다. 두 번째 줄에 나오는 '단도 두 자루'도 트로피에서 찾아볼 수 있다. '삶의 끝'과 '무덤'은 석관으로, 사랑은 꽃가지로 표상되어 있다. 2절에 나오는 '종'은 쉽게 찾을 수 있을 것이다. 아래쪽에 트럼펫 두 개를 교차해 놓은 것은 '장례 음악'을 상징하는 것이다. 3절에 나오는 '십자가'도 빠지지 않고 들어 있으며, '사제'는 사제관으로 표현되어 있다. 대미를 장식해야 할 교수대가 빠져 있다는 것이 의문스러울 뿐이다.

숟가락과 포크는 T모씨가 애용하는 설치품이다. 그것들은 그가 노예 상태에서 먹고 마시고 있다는 사실을 의미한다. 그는 자신이 쓰는 숟가락과 포크도 나무를 깎아서 손수 만들어 가지고 다녔다. 그는 그 식기들을 단춧구멍에 끼워 넣거나 모자 안에 넣거나 해서 늘 몸에 지니고 있었다.

원주민들이 그들의 역사를 기록할 때, 시와 그림문자를 혼용했다는 점을 독자에게 다시 한 번 강조하고 싶다. 이의 가장 흥미로운 예는 윌리엄 노이예 박사의 책에서 찾아 볼 수 있다. 노이예 박사는 연구 기록에 풍성한 삽화를 삽입해 놓았는데, 그가 소개한 환자가 매우 정밀한 그림으로 된 상징을 활용했기 때문이다. 그 환자는 특히나 일반적인 정신병자들에게서 볼 수 없는 높은 예술적인 수준을 보여주었다. 이 환자는 사실 파리에서 제롬에게 사사하고 미국에 돌아와서 책과 잡지의 삽화 작가로도 활약했던 인물이었다. 그는 종교적인 환각에 시달렸는데, 그것들을 매우 예술적으로 아름답게 재현해 놓았다.

여기에서는 총 아홉 개의 그림들을 복사본으로 소개할 텐데, 모두 그가 정신병원에 수용되어 있는 동안 작업한 것이다. 원형의 도안은 성령이 역사하는 과정을 그림 안에 담아낸 것이다. 수채화 물감으로 세밀하게 색채 작업이 되어 있는 원본의 아름다움을 전달할 수 없는 것이 유감스럽다. 그 수채화적 아름다움은 흑백 이미지 안에 담아낼 수 있는 수준이 아니다. 노이예 박사의 설명을 보도록 하자.

원의 중앙에 위치한 비둘기는 성령을 상징하는 것이다. 그 둘레로 일곱 개의 십자가를 배치해 놓았는데, 각각 성 안드레, 성 콜롬바, 성 미카엘, 대선지자, 성 에반젤리, 왕의 권능을 가진 제사장을 상징한다. 이를 주의 깊게 관찰하는 동안, 이들이 정말 경탄할 만한 원리로 구성되어 있다는 것을 발견할 수 있다. 도안을 보고 있으면 새롭게 눈에 띄는 십자가들이 생길 것이다. 이 도안을 작성한 환자의 말을 빌리면, 그 자신도 이와 같은 방식으로 십자가들을 완성하게 되었다고 한다. 그러니까 성 안드레에 해당하는 십자가를 그리고 있는 동안 갑자기 선들이 새로운 형태를 구성하고 있는 것이 눈에 들어와서 보면, 그것이 성 미카엘에 해당하는 십자가가 되는 식이다. 이것은 그에게는 매우 의미심장한 일인데, 이는 그를 움직이는 것이 저 높은 곳의 권능을 가진 분이고 그가 만들어 낸 것은 정말 계시에 의한 것이라고 느끼도록 해주었다.

중앙에 있는 이 십자가들의 바깥쪽으로는 세 명의 고대 신들이 배치되어 있다. 그들은 각각 고유한 성질을 대변하고, 작가는 그들에게 그 성질에 따라서 신체의 각 부분을 귀속시키고 있다. 그리고 이러한 요소들을 체화하고 있다고 여겨지는 성경 속 위인들의 이름이 보인다. 비둘기 왼쪽으로 비너스가 배치되어 있는데, 피를 상징하고 이를 체화한 성경 속 인물은 모세다. 위쪽으로는 오시리스가 자리를 잡았고 그는 육신을 상징한다. 그 현신은 아담이다. 오른쪽에는 프시케가 배치되었고 물을 상징하며 이것이 정형화된 인물은 노아다. 이들 셋은 인간의 육체적인 부분에 지나지 않는다. 물론 인간을 형성하는 데 필수적인 요소들인 건 분명하지만 진리와 영혼에 비하면 어디까지나 부차적이고 종속적인 부분일 뿐이다. 이러한 진리와 영혼의 궁극적인 현신이 그리스도인 것이다.

사자는 권능을 표상하고, 독수리는 투쟁을 상징한다. 십자가 위를 휘감고 있는 뱀의 도안과 책이 펼쳐 있는 위로 검과 펜이 교차되어 놓여 있는 도안이 의미하는 것은 명확하지 않다. 하지만 그 책은 아마도 성경일 것이며, 그 안에 전쟁과 평화의 상징들을 품고 있는 것으로 보인다. 또한 뱀은 배반의 상징으로 볼 수 있을 것이다. 그 외에는 그가 달아 놓은 주석 덕분에 굳이 추측할 필요가 없어 보인다.

십자가들을 둘러싸고 있는 원의 바깥으로는 성령을 봉인하고 있는 인장들이 있다. 크고 밝은 색의 세모꼴 속에는 열두 사도의 이름들이 있고, 이것이 선지자의 봉인을 형성한다. 밑에는 신체 각 부분의 이름이 적혀 있고, 이 세모꼴의 위쪽으로는 황도 12궁의 기호들이 자리를 잡았다. 이 기호들은 고대의 신화에서 따온 것이다. 이 황도 12궁이 황도의 봉인을 형성한다.

이 열두 개의 밝은 세모꼴들 사이로는 타원형으로 표현된 열두 개의 거룩한 돌들이 위치하고 있다. 이들이 모여서 '거룩한 돌들의 봉인'을 형성한다. 이 거룩한 돌들의 바로 위쪽으로 어두운 색의 작은 세모꼴들이 붙어 있는데, 그 안에는 각각 이스라엘 열두 부족의 이름들이 들어 있다. 세모꼴들이 주황색으로 칠해져서 복사본에서는 그 안의 글씨를 확인할 수 없을 뿐이다. 이 작은 세모꼴들이 열두 부족의 봉인을 형성한다. 거룩한 돌들의 바로 아래쪽으로 큰 세모꼴 사이사이를 메우고 있는 부분들은 보석의 봉인으로 짙은 녹색이다. 큰 세모꼴의 꼭대기에서 양쪽으로 내려오는 세모꼴들은 유혈의 봉인으로 짙은 붉은 색으로 칠해져 있다.

원주 둘레로는 별자리의 이름들과 함께 이에 해당하는 그 달의 정보가 같이 적혀 있다. 별자리의 이름들 또한 기호와 마찬가지로 신화에서 그 기원을 찾을 수 있다. 제일 위에는 7월에 해당하는 사자자리가 적혀 있고, 차례로 8월의 처녀자리, 9월의 천칭자리, 10월의 전갈자리, 11월의 궁수자리, 12월의 염소자리, 1월의 물병자리, 2월의 물고기자리, 3월의 백양자리, 4월의 황소자리, 5월의 쌍둥이자리, 6월의 게자리가 적혀 있다. 이것들이 최종적으로 태양의 봉인을 구성한다.

바깥 쪽 원주 상에서 한 지점을 정해서 중앙까지 짚어나가면 천문학적으로 계절을 정리할 수 있다. 먼저 별자리의 이름을 만날 수 있고, 그에 해당하는 달의 정보를 알게 되며, 그 밑쪽으로 그림으로 형상화된 별자리를 보고, 그 다음으로 이에 상응하는 인체의 부위를 알 수 있다. 오래 전의 천문학에서는 신체의 부위가 각각 황도 12궁에 상응하는 상징으로 쓰였다.

다음에 나오는 복사본은 네 개의 도안들을 한 판에 합쳐 놓은 것이다. 첫 번째 도안은 유대인들에게 신의 영광스런 임재를 상징하는 기적의 빛기둥 셰키나를 표현한 것이다. 두 번째 도안에는 대천사 산달폰이 주가 되어 있으면서 한쪽 옆에 성배가 배치되어 있고, 위쪽으로는 알파와 오메가에 해당하는 문자가 들어 있다. 세 번째와 네 번째 도안은 아름다운 환상을 그려낸 것이다.

이러한 도안들을 작업하는 중에도 그는 동시에 장서표를 만들고 있었다.

큐피드가 알파벳을 배우고 있는 모습을 담고 있는데 그의 말을 빌

세키나 산달폰

은밀한 회합 도깨비와 개구리들

리면 온통 상징으로 가득 채워져 있다. 큐피드는 글자 알파를 손가락으로 짚고 있는데, 이는 그의 교육이 시작되었다는 것을 의미한다. 책너머로 큐피드의 표적이 보이는데, 중앙에는 심장이 그려져 있고 큐피드의 화살이 그 심장을 꿰뚫고 있다. 화살 통은 책 오른편에 기대서 있다. 'Veritas(진리)'라는 글씨 아래 이상하게 생긴 물고기는 초기 기독교인들의 표식을 상징하는 것이다.

윈편 위쪽 귀퉁이에 배치된 삼중의 십자가도 기독교를 상징하는 것으로 음영을 통해서 부각되어 보인다. 지식의 책 위에 걸터앉은 흰

비둘기는 순수함의 표징이고, 책의 왼편에 배치된 올리브나무 가지와 어릿광대의 지팡이 아래로 보이는 종려나무의 가지는 다른 종교에서 차용된 상징들이다. 지식의 등불이 큐피드의 앞쪽에서 환하게 타오르고, 그의 발치에는 도안가의 직업을 드러내는 여러 가지 제도 용구들이 배치되어 있다.

_미치광이 예술가들의 성실성 정밀함

일부 미치광이 예술가들의 경우, 극도로 사실적인 묘사를 추구하다가 세밀함이 지나쳐서 오히려 전체적인 구상이 흐트러지는 결과를 초래하기도 한다. 특히 편집광들에게 두드러지게 나타나는 특징이다. 토리노의 살롱에서 낙선한 작품들 중 풍경화 한 점은 전체적인 시골의 풍경을 담고 있는데, 그 안에 잎사귀 하나하나까지도 세밀히 묘사했다. 또 다른 그림을 보면 붓 자국이 거의 연필 선으로 그린 것과 같은 효과를 내는 것을 볼 수 있다.

_고대의 향기 격세유전

정밀함과 상징의 남용은 모두 격세유전에 따른 현상이다. 이에
더해서 원근법의 부재도 그 특징으로 볼 수 있다. 특히나 다른 면에서
는 나무랄 데 없는 예술성을 보이면서 원근법에서만 문제를 보이는
경우가 많이 있다. 누군가는 그런 이들도 예술가 대접을 해줄 것이다.
그 누군가가 중국이나 고대 이집트에서 날아온 사람이라면 말이다.
이는 분명한 격세유전의 징후이다. 특정한 신체기관의 발육이 지체
되어서 그 신체기관을 사용하는 작업에도 그 영향이 미친다. 어느 프
랑스인 선장은 마비성 발작 증세가 있었는데, 그가 그린 그림 속에 나

마녀

오는 인물들은 마치 이집트 벽화에 나오는 사람들의 모습처럼 뻣뻣
하게 경직된 모습이다.

레조에 사는 과대망상증 환자는 저부조로 만든 작품에 색을 넣었는
데, 손발의 크기가 제멋대로였다. 또 얼굴 크기들은 지나치게 작게 만
들어 놓았고 팔다리는 막대기같이 뻣뻣한 것이 13세기 미술을 연상
시켰다. 제노바 병원의 또 다른 환자는 파이프나 꽃병에 양각 부조를
새겼는데 신석기 시대의 유적에서 볼 수 있는 것들과 똑같이 닮았다.

어느 편집광 환자가 깎아 만든 부싯돌들을 레지에게서 받아보았는
데, 그 환자는 고고학에는 완전한 문외한인데도 부싯돌의 형상이 고
대 이집트나 페니키아 인들의 부적을 떠올리게 했다. 이를 통해서 유
사한 물리적 조건이 있으면 그 작업 결과물도 유사성이 있다는 것을
알 수 있다.

_그들의 예술적 취향 아라베스크

토셀리가 소개한 소수의 환자들에게서 보이는 한 가지 종류에
편향된 취향이 나의 주의를 끌었다. 그들은 특히 순수한 기하학적인
형태를 취하면서도 우아미를 잃지 않는 아라베스크를 제작하거나 장
식품을 제작하는 일에 몰두하는 모습을 보였다. 편집광뿐만 아니라
착란 증세가 심한 환자들의 경우도 정신적으로는 매우 혼란스러운
상태인데도 고유한 예술적 취향을 고수하는 모습을 보여준다.

어느 치매환자는 잘게 부수어진 나뭇조각들로 일종의 배와 같은
구조물을 만들어 냈는데, 정말 가는 조각들을 매우 다양한 방식으로

피해망상증 화가의 아라베스크 작품

결합했고 각 조각에 색까지 입혀 놓아서 전반적으로 정말 유려한 작품의 외양을 갖추고 있었다.

_ 예술과 외줄 타기 외설스러움

음란증이나 마비 증상이 있는 환자들과 망령이 난 환자들의 작품에서 가장 특징적인 것은 외설스러움이다. 가구 장인이 가구의 귀퉁이마다 성기를 과시하는 남자들을 새겨 넣은 것이 그 예다. 성기를 이곳저곳 전면배치했던 고대인들이나 미개인들과 일맥상통하는 면이라고 할 수 있다. 제노바 병원의 선장은 사창가의 모습을 즐겨 그렸다. 많은 경우 이러한 외설스러움에 대해 예술적인 이유로 핑계를 댄다. 편집광 환자였던 어느 사제는 자신의 나체를 즐겨 그렸는데 그 위에 교묘하게 선을 입혔다. 하지만 여전히 신체 부위를 확인할 수 있었다. 그는 악마에 홀린 사람들의 눈에는 자신의 형체가 외설스러워 보일 수 있다고 자신을 변호했다.

M모씨는 기이하고 아름다운 시를 지어내기도 하고 또 이를 그림으로 묘사하곤 했다. 보통 괴물 같은 야수들이 남자와 여자와 한데 뒤엉켜 있는 모습이었고, 수도사나 수녀의 모습이 보일 때도 있었다. 그들은 벌거벗은 채로 퇴폐적이기 이를 데 없는 자세를 취하고 있었다.

그밖의 다른 환자들에게서도 외설적인 경향이 매우 분명하게 드러난다. 특히 망령이 든 환자들에게서 더욱 그렇다. 예전에 한 노인환자의 경우는 자신의 아내에게 보내는 편지의 주소란에 항상 여자의 성기를 그려 넣고, 그 둘레로 외설스러운 2행시를 방언으로 같이 적어 보내곤 했다.

묘하게 공통점이 있는 두 명의 화가들이 있었다. 각각 토리노와 레조에서 활동하고 있었는데, 신기하게도 두 사람 모두 과대망상증과 가학적 성향이 있었다. 그들은 또한 자신이 신적인 존재이자 세상의 제왕이라는 망상에 젖어 있었다. 세상을 지어 낸 것도 자신들이고, 모든 것이 자신들의 신체에서 뿜어져 나왔다고 믿었다. 그중 한 명이 실물 크기의 자화상을 그렸는데, 벌거벗은 채로 여자들에 둘러싸여 있으면서 성기에서 세상을 뿜어내는 모습이었다. 그의 옆으로는 힘을 나타내는 온갖 상징들이 배치되었다. 이것은 이집트인들의 남근상 숭배를 재현하는 것으로 볼 수 있다. 또한 남근상 숭배에 대한 이해를 돕기도 한다.

_방황하는 예술의 여정 범죄성과 도덕적 문란

미치광이 예술가들의 상당수가 도덕적으로 문란한 경향을 보인다는 점은 특기할 만하다. 그들은 상식적으로 이해가 가지 않은 비정상적인 행위들을 저지른다. 〈섬광〉을 남긴 화가는 동성애자였다.

섬광

레조 정신병원에 전시된 대단한 건물 모형을 만든 이는 앞서 말했듯이 화가도 조각가도 건축가도 아니었다. 그는 그저 정신병자일 뿐이었고 이해하기 힘든 경향이 있는 도둑이기도 했다. 그는 충동적으로 갑자기 병원에서 도망쳐서 몇 날 며칠을 떠돌아다니기 일쑤였다. 그리고 수중에 있던 돈이 다 떨어지면 도둑질을 하면서 생활을 충당했다. 그러다가 잡히면 정신병자라는 이유로 형을 면제받고 다시 레조의 정신병원으로 되돌려 보내졌다. 그리고 또 오래 지나지 않아 이 모든 과정을 되풀이하곤 했다.

한번은 탐부리니 박사가 이 환자들에게 예술적인 소질과 도덕적인 문란함이 공존한다는 사실에 자신도 매우 충격을 받았다고 내게 털어놓은 적이 있다.

_그 누군가에게만 특별한 무용성

많은 환자들이 일반적으로 쓸데없는 일에 몰두하는 특징이 있다. 여기서 헤칼트의 금언을 다시 한 번 떠올리게 된다.

그것은 피곤할 일이 전혀 없는 일에, 하찮은 일에
자기의 골수를 완전히 긁어내는 미치광이들의 작업이다.

피해망상에 시달리던 제네바의 환자는 달걀과 레몬 표면을 꾸미는 일에 여러 해 동안 몰두했다. 그녀의 작품은 충분한 미적 가치가 있었다. 하지만 그녀가 너무나 빈틈없이 그 작품들을 잘 숨겨 둔 덕분에 아무런 득이 되지 않았다. 누구도 그녀의 작품을 볼 수 없었기 때문이다. 그녀는 내게 무척이나 호의적이었지만, 그런 나조차도 그녀가 죽고 난 후에야 그 작품들을 볼 수 있었다. 예술계의 천재들과 마찬가지로 이들은 진리와 미, 그 자체를 추구했던 것이다.

때로 매우 유용한 결과물이 나오기는 했지만, 그 작가에게 별 이득이 되지 않고 작가의 생업과는 직접적인 연관성이 없는 경우도 있다. 어느 미치광이 선장이 나에게 폭력적인 환자용으로 특별히 제작한 침대를 보여 준 적이 있다. 그 침대가 실용화된다면 참으로 유용하게 쓰일 것이라는 걸 나는 믿어 의심치 않는다. 또 다른 환자 두 명은 함께 소뼈를 깎아서 성냥갑을 만들었는데, 장식적 가치가 매우 높은 작품이었다. 하지만 돈을 받고 파는 물건이 아니라고 고집했기 때문에 그들에게 실제적으로 이익을 가져다주지는 못했다.

몇 가지 예외적인 경우들도 물론 있다. 살인과 자살 충동을 가지고 있던 우울증 환자는 식사할 때 식기를 쓸 수 없었다. 왜냐하면 그에게는 금속제품의 사용이 허가되지 않았기 때문이다. 그는 식사 후 남은 뼛조각들을 이용해서 자신이 사용할 식사용 나이프, 포크, 스푼을 직접 제작했다. 과대망상증 환자였던 카페 주인은 요리를 내놓고 남은 자투리를 이용해서 훌륭한 술을 제조해냈다.

어떤 미치광이 범죄자는 작은 나뭇조각들을 결합해서 열쇠를 만들어내기도 했다. 여기에 철이나 돌로 흉갑을 제작한 이들은 포함시키지 않기로 하겠다. 그들 역시도 가상의 재난에서 자신들을 보호하겠다고 그 고단한 작업을 해냈다. 하지만 들인 노력에 비해 실제로 얻은 것은 없다고 볼 수 있다.

_ 미치광이 예술가들의 보물 작품 소재로서의 광기

많은 미치광이 화가들이 작품의 소재로 광기를 택했다. 비르길리오 교수가 내게 매우 흥미로운 초상화 한 장을 보여 준 적이 있다. 어느 환자의 발작 순간을 그대로 묘사한 그림이었다. 그 환자는 눈동자가 뒤집히고 머리카락이 곤두서 있고, 팔을 활짝 벌리고 있었다. 발치 아래쪽으로 '발광하는 중'이라는 제목이 붙어 있었다. 이 그림은 알코올 중독이 있는 동성애자가 그렸다고 한다.

정상적인 화가가 미치광이의 광란 상태를 그려내는 데는 어려움이 있다고 본다. 하지만 정신병자들이 광기를 소재로 하는 경우는 많이 볼 수 있다. 정신병원에 있는 시인들은 자신들이 경험하는 광기를 묘사하려는 경향이 강하다. 사실 위대한 시인들 중에서도 건강 상태가 좋지 않았던 타소, 레나우, 바바라, 뮈세 등은 작품 소재로 광기를 즐겨 사용했다. 만치니가 병에서 회복되자마자 처음으로 그린 작품에는 미치광이의 작품을 팔려고 내놓는 여자의 모습이 담겨 있다. 길은 생트엔 병원에서 끔찍한 진실에 발광하고 있는 미치광이를 그렸다.

_파격이 인정되면 예술, 아니면 부조리

미치광이들의 예술에서 가장 두드러진 특징은 합리적이지 못한 점일 것이다. 특히 어떤 정신병자들의 경우는 머릿속에서 생각들이 갈피를 잡지 못한 채로 서로 얽히면서 오히려 정상적인 사고의 흐름이 끊기기도 한다. 어느 화가는 '가나의 혼인 잔치'를 그리면서 사도들의 형상은 매우 훌륭하게 그려 놓고서 그리스도가 있을 자리에는 꽃무더기를 그려 넣었다.

경련과 마비 증상의 환자들의 그림을 보면 비례 관계가 맞지 않는 구성이 눈에 띈다. 암탉을 말의 크기로 그려 넣거나 체리를 수박만 하게 그리는 것이다. 또한 도안에 엄청나게 공을 들여놓고서 실제 완성 단계에서는 아이가 장난쳐 놓은 듯한 결과를 내놓기도 한다. 스스로를 제2의 오라스 베르네라고 생각했던 환자는 작대기 네 개에 꼬리를 그려 놓고 말이라고 우겼다. 치매 환자들의 경우는 기억상실로 자신들의 구상에서 가장 핵심적인 부분을 놓쳐버리는 경우도 있다. 예를 들어, 페사로의 M모씨는 자리에 앉아 있는 장군의 모습을 정말 훌륭하게 그려 놓고, 의자를 그려 넣는 것을 잊기도 했다.

_원시시대의 발자국을 따라서 모방

모방에 탁월한 솜씨를 보이지만 독창적인 것을 만들어내는 능력은 없는 정신병자들도 있다. 그들은 정신병원의 외관을 그럴 듯하게 그려 낼 수 있고, 동물들의 머리를 정밀하게 묘사할 수 있을지도 모른다. 하지만 이러한 모방은 원시시대 예술의 특징이기도 하다. 백치들 중에서도 훌륭한 모방 솜씨를 가진 이들이 있는데, 그들이야말로 원시인들의 작업 과정을 그대로 재현해 냈다고 할 수 있겠다.

_자기만의 규칙에 갇히다 획일성

많은 미치광이 예술가들이 같은 주제를 반복적으로 변주한다. 프리게리오가 소개한 환자는 종이마다 온통 개미 머리를 물어뜯고 있는 벌 그림으로만 채워 넣었다. 또 다른 환자는 자신이 총상을 입고 있다는 착각에 빠져 있었는데, 그래서 그랬는지 총기류만 그려댔다. 또 어떤 환자는 고집스럽게 아라베스크만 그렸다.

_상상력이 맘껏 날다 요약

　　이러한 특성들은 정신병자들이 때로 완벽한 수준의 작품을 선보일 수 있는 이유를 설명해준다. 반복해서 같은 동작을 연마한다면 결국 완벽에 가까워질 수밖에 없다. 미치광이 시인과 작가의 예에서 보았듯이, 환각이 불러일으키는 열정과 끈기가 그 전까지는 그림과 전혀 상관없던 사람을 화가로 만들어 내기도 한다. 블레이크는 이미 죽은 사람들이나 천사들이 마치 자신의 눈앞에 살아 움직이는 듯이 생생하게 묘사해 낼 수 있었다.

　　괴팍스러웠던 미치광이 시인 존 클레어는 자신이 나일 해전의 현장에 있으면서 넬슨의 죽음을 직접 목격했다고 믿었다. 또한 샤를 1세의 죽음의 현장에도 배석했다고 확신했다. 실제로 그는 이 사건들을 매우 정확하고 성실하게 기록하고 있는데, 그가 맑은 정신이었다면 그렇게 멀쩡하게 해낼 수는 없었을 것이다. 전혀 상식적이지 않았기 때문에 오히려 가능한 일이었다.

　　그의 경우를 보면 미치광이 중에 화가와 시인이 그렇게나 많은 이유를 이해할 수 있다. 자신들의 눈으로 직접 본 것을 작품으로 재현해 내는 것이 그리 어렵지는 않았을 것이다. 무엇보다도 이성이 그 힘을 잃을 때 상상력은 오히려 아무런 제약 없이 맘껏 나래를 펼 수 있다. 사실 이성이 환영이나 환상을 억제하면서 정상인 사람들에게서 회화적 또는 문학적 영감의 원천을 박탈하는 것일 수도 있다.

　　물론 반대로 예술이 광기를 키우기도 한다. 바자리가 소개한 아레초의 화가 스피넬리가 그 예다. 그는 흉측하게 일그러진 사탄의 모습을 그렸다가 꿈에서 자신을 추하게 그렸다고 추궁하는 사탄을 만난

다. 이에 혼비백산한 화가는 심하게 앓아눕는 지경에 이르고 이후로
도 몇 년 동안 그 환영에 시달렸다고 한다.

_노래에 걸려들다 광인의 음악적 능력

　　음악에 대한 열정이 넘쳤던 이들도 광기의 침범을 받으면서 음
악적인 재능이 유실되는 경우가 종종 있다. 아드리아니 박사는 그가
치료하던 대부분의 음악가들이 정신병을 앓으면서 자신들의 음악적
역량을 모두 잃는 것을 보았다. 여전히 토막 연주가 가능할 수는 있지
만, 매우 기계적인 움직임에 지나지 않았다. 그리고 아무런 예술적 표
현력도 발휘하지 못하는 모습들이었다. 옆에서 따라하던 치매환자들
의 연주와 그다지 차이가 없을 정도였다. 오히려 치매환자들이 반복
적으로 따라하면서 여러 소절을 이어서 연주할 수 있었다.

　　도니체티는 치매의 말기에 접어들면서 그가 가장 즐겨 듣던 선율
조차도 제대로 인식하지 못했다. 그의 마지막 작품들을 보면 광기의
영향이 여실히 드러난다. 슈만의 협주곡 〈메시나의 신부〉는 비평가들
에게 정신병이 치명적인 영향을 끼친 작품이라는 평을 받았다. 이를
도니체티에게도 그대로 적용할 수 있다.

　　정신병으로 이전에 없던 예술적 재능을 발견할 수도 있다고 말한
앞서의 주장이 이러한 사례들로 뒤집히는 것은 아니다. 이는 그저 본
래부터 재능이 있던 이들의 경우, 정신병으로 재능과 솜씨가 증폭되
지는 않는다는 것을 보여줄 따름이다.

　　탐부리니 박사가 치료한 환자 중에서 매독에 걸린 적이 있는 과대

망상증 환자가 있었다. 그 환자는 광적인 흥분 상태에 이르면 아름다운 노래를 불렀는데, 동시에 즉흥적으로 피아노를 연주하며 반주를 대신했다고 한다. 그런데 신기하게도 두 개의 전혀 다른 곡을 동시에 연주했고, 더군다나 두 곡 모두 노래와는 전혀 동떨어진 곡조였다는 것이다. 대뇌 반구들이 각각 독립적으로 활동한다는 루이스의 발견을 확인시켜주는 예라고 할 수 있다. 내가 병원에서 치유시킨 한 젊은이도 표현력이 풍부하고 독창성이 돋보이는 선율을 작곡한 적이 있다.

레기에게 전해들은 우울증 환자의 사례를 보면, 이 환자는 증세가 발현하는 동안에는 그의 연주에서 아무런 열정이나 감흥을 느낄 수가 없었다고 한다. 하지만 일단 증세에서 벗어나면 피아노 앞을 하루 종일 떠나지 못한 채 가장 어려운 악보들을 섭렵하면서 예술혼이 실린 연주를 들려주었다는 것이다. 또 다른 마비증 환자도 같은 경우인데, 광적인 음악애호가로서 온갖 악기의 소리를 모방하는가 하면, 피아노 선율을 들으며 열광적인 흥분 상태에 빠지곤 했다고 한다.

레기가 소개한 사례 중에는 마비증과 치매를 앓고 있는 또 다른 환자가 있었다. 그 환자는 창문에서 뛰어 내리면서 허벅지 뼈가 부러져서 붕대를 감고 있었는데, 목청껏 노래를 부르며 엉덩이를 들썩여 대는 통에 붕대가 끊어져서 남아나지 않았다고 한다. 자신이 제독이라고 믿고 있던 또 다른 마비증 환자도 역시 계속해서 노래를 불러댔다고 한다. 정신병자들의 경우 빠르고 경쾌한 노래를 즐겨 부르고 특히나 반복적인 리듬을 선호하는 경향을 보인다.

정신병원에 방문해 본 경험이 있다면, 노랫소리와 고함소리가 여기저기서 끊이지 않는다는 것을 알 것이다. 톤이 높고 음색이 가는 목소리들 사이로 열렬한 박수소리도 섞여 나오는데, 그 소리가 우렁차기도 하다.

스펜서와 아르디고가 보여 준 것과 같이 리듬의 법칙은 자연에서 에너지가 그 형체를 드러내는 가장 일반적인 형태이다. 수정이며, 별이며, 하물며 동물의 기관들에 이르기까지 리듬에 따른 움직임을 보여준다.

그러므로 인간도 유기물에게 보편적으로 나타나는 박동에 자신을 맡기게 된다. 이성의 제어가 느슨하면 느슨할수록 더욱 기꺼이 몸을 리듬에 맡긴다. 이런 이유로 정신병원에서 많은 시인들이 배출되는 것이다. 그리고 같은 이유로 미개인들이 그렇게나 음악과 더불어 사는 모습을 보여주는 것이다. 어느 선교사가 스펜서에게 이런 이야기를 한 적이 있다. 그가 미개인들에게 음악을 이용해서 시편을 가르치자 그들이 하룻밤 만에 이를 완전히 익혀서 나타났다는 것이다.

미개인들이 만들어서 쓰는 단조로운 음률은 마치 우리가 시를 낭송하는 것과 유사하게 들린다. 원시시대에는 시를 노래로 불렀다. 그런 이유로 노래와 연관된 많은 단어들이 시와 시인에게도 적용이 된다. 고대의 주술이나 비법 등도 역시 노래의 형태로 전수되었다. 그렇게 해서 'enchantment'(문자 그대로 풀이하자면 노래에 걸려들었다는 의미인데, 실제 단어의 의미는 마법에 걸렸다는 뜻이다 – 옮긴이 주)라는 단어가 나온 것이다. 심지어 오늘날에 이르러서도 노비와 울스 지역에서 여인네들이 대화를 나누는 소리를 들으면 말소리에 노랫가락이 실린 듯 음률이 느껴진다. 이런 맥락에서 다음에 나오는 허버트 스펜서의 글은 음미할 필요가 있다.

노래하는 행위는 열정을 나타내는 자연의 언어를 사용하는 것이며, 그 언어적 표현을 증폭시키기도 한다. 정신적인 흥분이 근육의 움직임으로 전환되는 것이다. 어린 아기는 보모의 품에서도 밝은 색이나 새롭게 듣는 소리에 반응하여 까르르 웃고 몸을 들썩일 것이다.

강렬한 감각이나 고통스러운 감정은 모두 우리가 신체적으로 반응하도록 만든다. 다시 말하면, 감각이나 감정은 그 강렬함에 비례하는 근육의 움직임을 촉발하는 것이다. 약간의 통증에는 신음이 나오는데 비해, 심한 고통에는 울음이 터져 나오게 된다. 목소리의 높낮이도 역시 감정 상태에 따라 변동이 생긴다. 감정이 격해지면 목소리는 한없이 치솟아 오른다. 그런데 노래를 하는 동안은 의도하지 않아도 근육을 움직일 수밖에 없다. 감정이 최고로 격해지는 순간, 또는 광기에 사로잡히는 것과 같은 격세유전의 상황에서 이러한 경향이 더욱 부각되는 것은 자연스러운 일이 아니겠는가.

이를 통해서 병적인 소양을 가진 천재들이 많은 경우 음악가가 될 수밖에 없는 이유를 알 수 있다. 모차르트, 슈만, 베토벤, 도니체티, 페르골레즈, 페니키아, 리치, 로키, 루소, 헨델, 두세크, 호프만, 글루크, 페트렐라 등의 경우를 보라. 음악은 사고를 표출하는 가장 주관적인 표현 방식이다. 마음을 움직이는 감정과 가장 밀접한 관계에 있으면서 모든 예술 중에서 바깥세상과의 연결 고리가 가장 약한 것도 음악이다. 그렇기 때문에 영감을 얻는 과정에서 가장 강렬한 감정적 자극이 소요되고 그래서 또 감정의 소모도 큰 예술이다.

이렇게 미치광이 예술가들의 작품 세계를 연구해서 이 알 수 없는 질병을 이해하는 데 새로운 지평이 열릴 것이라고 생각한다. 이에 더해서, 이 연구 결과는 미학적으로도 매우 유용하게 쓰일 것이다. 적어도 예술 비평의 분야에 기여하는 점이 있으리라 믿는다. 정밀한 묘사, 복잡한 비문의 사용, 특정한 색에 대한 천착, 외설적인 소재의 선택, 도가 넘치는 독창성의 과시 등은 단순한 예술적 기호의 표출이라기보다는 예술가의 병적인 내면 상태가 반영된 것으로 파악된다. 따라서 이들에 대한 예술병리학적인 접근이 요구된다고 할 수 있겠다.

독특하고 '낯선' 사람들
문학계와 예술계의 반미치광이들

정의 - 신체적·정신적 특징 - 문학계에서의 활약상 - 대표적인 예
- 재판광 - 반미치광이 천재 - 보시시오 - 퇴폐적인 시인들 - 베를렌
- 예술계의 반미치광이들

● 이제까지 미치광이들 중에서도 광인의 거죽을 쓰고 있지만 그 이면에 천재로서의 특징을 가진 이들을 살펴보았다. 하지만 천재로서의 모습과 보통 사람으로서의 특성이 혼재하는 양상 또한 매우 다양하게 존재한다. 이들은 미치광이 천재와 정상인과 미치광이 사이에 있는 존재들이라고 할 수 있는데, 나는 이들을 반미치광이라고 부르겠다.

정신병리학에서는 이 부류를 천재의 특별한 형태라고 파악하고 여타의 다른 부류와 구분한다. 모즐리는 이들을 미치광이의 기질이 있는 '남다르고, 특이하고, 낯선' 사람들이라고 정의한다. 이에 앞서 모렐도 이 점에 유의한 적이 있다. 르그랑 디 솔과 슐레는 이들을 유전적 신경병자들로 여겼다. 레기는 신경쇠약 환자들이라고 생각했다. 이제는 많이들 피해망상증 환자라고 하는데, 이 용어는 많은 혼란을 초래하기도 한다.

여기에 예로 드는 필서광 환자는 가장 흔한 유형을 대표한다고 할 수 있다. 그는 여러 가지 부정적인 특징들이 있었지만, 두개골의 모습 등 물리적인 조건에 있어서는 정상인과 다름이 없었다. 따라서 그의 병적 특징들을 유전의 결과라고 볼 수는 없을 것이다. 굳이 유전적인 요인을 따지고 들자면, 천재인 아버지 밑에서 태어나기는 했다. 하지만 그가 저지른 일탈적 행동의 수준은 사실 누구에게서나 흔하게 찾아 볼 수 있는 정도다. 반미치광이들에게 나타나는 퇴행의 징후는 미치광이들에 비해 미미한 수준이다. 33명의 반미치광이를 대상으로 조사한 결과, 그중 21명이 퇴행적인 특성들이 있었다. 그들 중에서 12명은 2가지 징후들이 있었고, 2명은 3가지, 또 다른 2명은 4가지, 1명은 6가지의 징후들을 보였다.

그들은 또 매우 가족애가 강한 모습을 보여준다. 사실 전인류에 대한 박애정신으로까지 확대될 수 있을 정도로 매우 이타심이 넘치는 모습을 볼 수 있다. 물론 이러한 미덕을 수행할 때 보여주기 식의 허영심이 작용하는 것도 사실이다. 보시시오는 후세의 번영과 이미 죽은 이들의 형편까지도 살피고 배려했다. D모씨의 경우는 아내와 손자들에 대한 사랑이 각별했고 늘 가족을 위해 헌신했다. 치안케티니는 농아인 누이를 부양하고 있었다. 스바르바로, 라차레티, 코카피엘르는 모두 아내들을 매우 아꼈다.

얼마 전에 감옥에서 수혈이 필요한 수술을 집도한 적이 있었는데, 피를 제공해줄 건강한 수혈자를 찾느라고 상당한 시간이 소요되었다. 모두가 거절하는 와중에 폐결핵 환자였던 반미치광이가 이 소식을 듣자마자 자발적으로 수혈 의사를 밝혀 왔다. 그리고 수혈자로 적당하지 않다는 판정을 받자 오히려 부끄러워서 어쩔 줄 몰라 했다.

그들은 자신들의 역할과 공헌도에 대해 자만에 가까운 자신감이 있다. 하지만 주로 글을 통해서 이를 과시할 뿐 평소에는 말과 행동으로 드러내지는 않는다. 그렇기 때문에 같이 있으면서 행동의 모순이 느껴지거나 거부감이 들지는 않는다.

치안케티니는 스스로를 갈릴레오나 예수 그리스도에 비견했지만 군대 막사에서 비질이나 하는 신세였다. 파사난테는 요리사로 일하는 동안에도 자신이 정치 모임을 주관하는 대표라는 것을 내세웠다. 맨지오니는 스스로를 조국 이탈리아와 자신의 재능을 위한 순교자로 분류했다. 하지만 그가 자신을 순교해서 해낸 일이라고는 한낱 중개상의 소소한 거래들이었을 뿐이다. 카이산트는 자신이 추기경이 될 사람이라고 떠들고 다녔지만, 실제로는 영악하게 남에게 기생하는 존재였을 뿐이다.

그는 자신의 정신병을 이용해서 엄청난 이득을 보기까지 했다. 블리에는 자신이 주님의 사도이자 페르미시의 백작이라고 믿었다. 자신을 지칭할 때도 최소한 왕족의 예우를 원했다. 하지만 그 동안에도 마구간에서 말을 길들이면서 생계를 유지하는 데 거부감이 없었다.

스튜어트는 기이한 면모를 가진 작가로서 『몸으로 하는 철학의 새로운 체계』라는 책을 낸 적이 있다. 그는 진실의 양극성을 찾겠다면서 세계 곳곳을 여행하고 다녔는데, 지구상의 제왕들이 자신의 업적을 무너뜨리기 위해서 모두 동맹을 맺었다는 황당한 주장을 펼쳤다. 그는 이를 피하기 위해서 자신의 원고들을 모두 친구들에게 맡겼다. 그 원고들을 잘 싸서 멀리 외진 곳에 묻어달라는 부탁과 함께였다. 그는 또한 친구들에게 죽기 전까지는 절대 열어보지 말라는 당부도 잊지 않았다.

정신착란 상태에서 요크 대성당에 불을 냈던 조나단 윌리엄스의 형제이자, 회화계의 새 지평을 열었던 존 윌리엄스의 형제이기도 한 마틴 윌리엄스는 영구운동 이론을 주제로 많은 글을 발표했다. 서른여섯 번의 실험을 거쳐서 그는 이미 영구운동을 과학적으로 시연하는 것이 불가능하다는 것을 깨닫게 된다. 하지만 이후 하나님이 자신을 세상 모든 것의 궁극의 원인이 되는 것을 탐구할 사람으로 선택하는 꿈을 꾸게 된다. 그 궁극의 원인은 영구운동의 원인이 되는 것이기도 했다. 그래서 그는 그 불가능한 과제에 계속해서 정진했다.

단순히 한 가지 주제에 미쳐서 매진하는 것만으로 이들에게 반미치광이라는 꼬리표가 주어지는 것은 아니다. 이 점은 오히려 편집광이나 천재들에게서 볼 수 있는 특징이기도 하다. 그보다는 이들이 황당무계한 가치를 추구하거나, 지속적으로 모순되는 행동을 취하며, 광기의 힘을 빌리고자 시도하는 등의 모습을 보이기 때문에 반미치광이라고 한다. 여기에 더해서, 다른 모든 특징을 덮을 만큼 두드러지는 특징으로 허풍스러움을 들 수 있다. 이는 미치광이 천재들에게서도 유난히 두드러지던 특징이었다. 215명의 반미치광이 중에서 44명이 자신들이 신의 예언을 전하는 선지자라고 떠벌리고 다녔다.

필로판티는 자신의 아버지 베릴로가 목수이며 자신의 어머니 베릴라는 반신의 존재라고 밝혔다(예수의 아버지 요셉이 목수였고 어머니 마리아가 성모로 숭배 받는 것과 비교해 보자 - 옮긴이 주). 그는 세 명의 아담을 발견했고, 그들 각자에게 연대에 따른 자세한 이야기를 붙여주고, 그에 걸맞은 활약상들로 살을 붙여서 소개해주기도 했다.

코르디글리아니는 연금을 타기 위해서 국민회의를 모욕할 준비가되어 있었다. 그렇게 해서 정부의 신임을 얻어 낼 수 있으리라 생각한것이다. 기토는 자신이 통령을 시해해서 공화국을 구해낼 수 있을 것이라고 생각했다. 그는 스스로를 대율사이자 대학사로 지칭했다. 파사난테는 사형제의 폐지를 주창해 놓고서는 재판에 끌려나온 의원들에게 직접 사형을 선고했다. 또한 정부의 여러 형태를 존중해야 한다고 공식적으로 천명하고서는 본인은 군주정을 성토하면서 직접 국왕의 시해를 기도했다. 그는 "모든 수전노와 위선자들을 말살하라"고 건의하기도 했다.

의사인 S모씨는 출혈이 생길 정도로 과도하게 빛에 노출시키는 처방을 인쇄해서 돌리는 한편으로, 두 권짜리 두꺼운 책을 출간하면서그 안에서 "질병은 완전히 파악하기 어려운 대상이다"라고 공표했다.

비평가들은 데몬스의 작품들에 대해서 그가 말하는 변증법의 진수라든가 성의 진수야말로 황당무계함의 진수라고 평하고 있다. 글레이즈는 육체에는 아무런 종교성이 없다고 확인해주었다. 푸치라는 신학자는 월경 혈이 화재를 진정시키는 신묘한 힘이 있다고 주장한다.

하네퀸은 허공에 대고 손가락으로 필기를 해대고는 했다. 그는 또한 향기를 발사하는 트럼펫을 갖고 있었는데, 이를 통해 공중에 흩어져 있는 영혼들과 소통한다고 주장했다. 그는 미래에는 많은 남성들이 여성이나 반신적 존재로 변하게 될 것이라고도 단언한 적이 있다.

어용은 금석문학회에서 발표한 논문에서 아담의 키는 40피트에 달하고, 노아는 29피트, 모세는 25피트였다고 주장했다.

파리에서 활발한 의정활동을 하고 있던 르루는 윤회를 믿고 있었고 밀교의 신자이기도 했다. 그는 사랑이란 "무한의 존재에서 떨어져 나온 한 부분이 실체화된 것을 다시 이상화한 것"이라고 말하기도 했다. 그는 또 헌법의 서문에 무슨 요소든 셋을 모아야 안정적이고 완전하다는 원칙을 명문화해서 넣으려고 했다.

애스길은 인간이 신앙을 통해서만 영생을 누릴 수 있다는 입장을 고수했다.

하지만 이렇게 혼돈스러운 정신들로부터 획기적으로 새로운 개념이 만들어지기도 한다. 정신병이 가져다주는 천재성의 유일한 증상이 새로운 것에 대한 혐오감을 완화시키는 것이기 때문이다. 그렇게 해서 일견 터무니없어 보일 수도 있는 많은 의견들이 생명을 얻는다. 그중에는 눈여겨 볼만한 것들도 들어 있기 마련이다. 예를 들자면, 치안케티니에게서도 드문드문 쓸 만한 생각들을 찾아볼 수 있다.

모든 동물은 자기보존 본능이 있다. 고단함을 최소화하고, 문제의 소지를 피해가며, 삶의 기쁨을 누리기 위해 노력한다. 이런 모든 것을 얻기 위해서는 자유가 필수불가결한 요소이다.

인간을 제외한 모든 동물들이 이러한 본능에 만족하고 있으며, 이제까지도 만족해왔고, 앞으로도 만족하며 살아갈 것이다. 유독 인류는 사회를 구성하고 이에 구속되는 삶을 살고 있다. 그 안에서는 아무도 평화와 자유를 얻을 수 없고, 이 구속을 끝낼 방법도 알지 못한다.

내가 이 지점에서 제안하는 것은 굳게 잠겨 있는 문을 부수지 않고 여는 방법은 그에 맞는 열쇠를 쓰는 것뿐인 것처럼, 자유를 잃은 우리의 상황을 타개할 수 있는 유일한 방법은 우리의 입에 물린 재갈을 풀어버리는 것뿐이라는 것이다. 우리의 본성을 지키면서 우리를 자유롭게 만들 수 있는 유일한 길은 적극적으로 의견을 피력해 나가는 것뿐이다.

파사난테의 평전에 나오는 그의 글이나 어록을 보면, 간혹 독창적이면서 역동적인 생각들을 엿볼 수 있다. 이것들만 보아서는 그가 가진 병의 실체에 대해서 심각하게 생각하지 못할 수도 있을 것이다.

소위 배웠다고 하는 이들이 스스로를 잃는 지점에서 무지한 이들이 승리를 얻어낼 수도 있으리라.

사람들로부터 배우는 역사가 책을 읽으면서 공부한 역사보다 훨씬 유익하다.

블리에는 숙녀와 단순한 처녀를 구별하면서 다음과 같이 말했다.

숙녀는 악에 대항할 의지가 있지만 힘이 부족할 뿐이고, 처녀는 힘이 없을 뿐만 아니라 그런 의지조차도 없다.

_뚜렷한 흔적을 남기는 광기의 인장 신조어, 괴상한 손글씨 등

　　반미치광이들이 구상한 개념들을 보면 물론 뛰어난 정치가와 사상가의 개념을 반복하는 경우가 많다. 하지만 그들은 이를 과장하고 또한 자신만의 표현을 입혀서 내놓는다. 보시오는 동물 애호가들이 조심스럽게 내놓는 걱정을 과장해서 받아들이고, 맬서스 이론을 적용할 필요가 있다는 시론에 대해서 클레멘스 루아예와 콩트가 내놓을 만한 논거들을 자신이 미리 발표하기도 했다. 부정직한 중개인이었던 디토마시는 다윈의 자연선택설을 실용화시킬 방법을 찾아냈다. 치안케티니는 사회주의를 실현하려는 소망이 있었다.

　이 모든 것들에도 불구하고 광기의 인장은 뚜렷한 흔적을 남긴다. 그들의 생각이 과장되어 있어서만은 아니다. 그보다는 그들의 표현과 사고의 수준이 탁월함에서 평이함으로 급속하게 전환되는 모습을 보이기 때문이다. 탁월함을 잃었을 때의 그들은 보통 수준에 미달하는 모순적인 행태를 드러낸다. 그리고 이미 널리 받아들여지고 있는 주류의 개념들에 대척되는 의견만을 고집하기도 한다. 자신들이 처한 위치와 받아 온 교육에 역행하는 그런 모습은 돈키호테의 경우가 그랬듯이 존경을 이끌어 내기는커녕 실소를 자아낼 뿐이다. 적어도 돈키호테의 경우 다른 시대, 다른 사람들의 눈에는 영웅적으로 비추어질 수도 있지만 말이다.

　반미치광이들에게서 나타나는 천재성은 예외적인 현상일 뿐이지

정해진 법칙성이 있는 것은 아니다. 그들 대부분은 영감이 넘쳐나기보다는 오히려 결핍되어 있다. 그들은 명확한 의도도 살아 있지 않고 나름의 풍미를 찾아볼 수도 없는 잡설들로 책 한 권을 빼곡히 채워 넣기도 한다. 사고의 평범함과 문체의 빈곤함으로 빈자리는 물음표와 느낌표를 남발해가며 간신히 메워 넣는다. 편집광들에게서 볼 수 있었던 것처럼 신조어를 만들어 쓰면서 자신들의 남루함을 감추려고 애쓰기도 한다.

때로는 괴상한 손글씨를 만날 수도 있다. 아래위로 길게 뻗은 선을 가로선이나 밑에서 감아올리는 선으로 끊어 내는 모양도 있다. 또 치안케티니의 글씨에서 볼 수 있듯이 독특한 자신만의 형태로 문자들을 그려내기도 한다. 글 쓰는 중간에 수시로 문자 대신 그림을 삽입하기도 한다. 마치 고대에 상형문자를 사용하던 때로 회귀한 것처럼 전달하려는 의미를 강조하기 위해 그림을 상징으로 사용한다.

왈투크는 두 권의 사이코그래피 관련 책들을 출판했다. 사이코그래피는 새로운 종류의 철학체계인데, 이에 대한 관심을 가지고 해설을 자처한 철학자도 있다. 물론 매우 정상적인 정신 상태의 철학자였다. 이 외에도 소수의 학자들이 사이코그래피에 대한 진지한 접근을 시도했고, 이를 정리해서 왈투크가 책으로 펴낸 것이다. 사이코그래피에 따르면, 관념이라는 것은 복잡하게 꼬인 대뇌 조직들 속에 수많은 이미지의 형태로 표상된다. 물리학의 상징은 촛불이 되고, 판단 능력의 상징은 코나 냄새를 맡는 기관이 되고, 윤리학은 반지, 움직임은 낚시 바늘 등이 상징이 될 수 있다. 말로 자신을 이해시키고 글로 철학을 논하는 것에 한계를 느낀 저자는 뇌와 상호작용하는 그림기호들로 구성된 다양한 도표들을 책 속에 가득 우겨 넣었다.

사이코그래피의 원칙들이 문학에도 적용될 수 있다는 것을 증명하기 위해서 〈욥〉이라는 비극 작품이 제시되기도 했다. 이 작품에서 등장인물들은 모두 비슷비슷하게 보이는 기호들로 머리를 가리고 있다. 그리고 사이코그래피적 관계를 연상시키는 대사를 읊는다.

이미 합체되어 있는 나 자신과 불경함을 분리할 수만 있다면, 나는 올바른 이요, 사탄은 불경스럽다네.

예수회 선교사 파올레티는 세인트 토마스에게 반기를 드는 내용의 책을 쓰고, 표지에는 태버내클 교회에서 사용된 잔들을 그려 넣었다. 잔이 상징하는 것은 예정된 운명에 따라서 아담의 자손들의 미래가 결정된다는 것이었다. 각각 신의 의지와 인간의 의지가 형상화된 두 개의 구들이 반대 방향에서부터 잔을 따라서 돌다가 결국에는 공통의 중심에 이르러 만나는 형상이었다.

반미치광이들의 작품들을 보면 제목이 길고 독특한 경우가 많다. 내가 소장하고 있는 책 중에서는 제목이 18줄이나 되는 것도 있다. 표지에는 부제에 해당하는 설명도 같이 붙어 있는데, 이를 포함하지 않고 제목만을 따져서 18줄이 나온다. 이탈리아인 저자가 이탈리아어로 저술했지만, 오스트레일리아에서 출간된 사회주의 서적은 제목이 개선문의 아치 모양으로 배치되었다.

반미치광이 데몬스의 책 제목은 '무에서부터 네 번째 부분을 제시하는 것은 대단한 일이다 : 무에서 유가 창조되는데, 무의 그 마지막

사분의 일에서 정수가 뽑아져 나오기 때문이다. 이에 기반하여, 프랑스를 침탈하는 악령들의 기원을 찾아주는 성스럽고 영력이 있으며 신실한 데몬스의 기도를 위한 계율들을 담고 있다'였다.

그들은 대괄호를 사용해서 문장들과 연속한 숫자들을 뒤섞어 쓰기도 했다. 정신병자들 중 일부에게서도 볼 수 있는 행동이다. 소브리라의 저서 『666』의 경우는 모든 시 구절들이 숫자 666을 동반하고 있다. 이상한 일이지만 동시대의 포터라는 사람도 영국에서 666을 주제로 책을 출판했다. 그는 666이 가장 완벽하고 완전한 수라고 주장한다. 라차레티도 이 숫자를 특히나 선호했다.

스판드리, 레브론, 또 C모씨의 경우에는 3이라는 숫자에 열광했다. 반미치광이들에게 특징적으로 나타나는 또 다른 행동은 정신병자들에게서 볼 수 있었던 것처럼 동일한 단어나 구절을 반복적으로 사용하는 것이다. 한 면에만 수백 번을 반복하는 경우도 있다. 파사난테는 짧은 글 안에 한 단어를 143번이나 집어넣은 적이 있다.

일부는 자신들이 사용할 종이를 특별히 주문제작하기도 한다. 워그먼은 사백 장이 넘는 분량의 책을 색색깔의 종이로 제작하느라 엄청난 추가 비용을 지불했다. 책 한 권에 들어간 비용만 2,200파운드에 달했다. 필론도 자신의 책을 모두 다른 색의 종이로 만들게 했다고 한다.

_또 다른 징후들 독특한 표기법, 필체, 말장난 등

반미치광이들의 또 다른 특징은 독특한 표기법이나 필체를 채용하는 것이다. 대문자를 활용하거나 단어에 밑줄을 그어서 사용하기도 했다. 때로는 개인적인 편지를 세로로 두 줄 맞춰서 쓰기도 하고, 세로 길이가 긴 문자들에 가로선이나 대각선을 그어 놓기도 했다. 한 단어 안에서도 자신이 좋아하는 특정한 글자에만 밑줄을 그어 부각시켰다. 성경에 나오는 시 구절처럼 분절된 형식으로 글을 작성하기도 했다. 괄호 안에 또 다른 괄호가 들어있기도 하고 주석문에 또 다른 주석이 달려 있는 경우도 있었다. 심지어 표지에 주석이 달려 있기까지 했다. 대학교수인 La모씨의 경우는 열두 장짜리 글을 발표하는데, 그중 아홉 장이 주석으로만 채워져 있었다.

헤파인은 생리학적 언어라는 것을 만들어 냈다. 문자는 우리가 쓰는 문자를 뒤집어 놓은 형태이고 숫자는 우리가 쓰는 그대로 사용했다.

많은 반미치광이들이 본인에게 특화된 필체를 개발해서 사용한다. 붙여 쓰거나, 이어서 쓰거나, 문자의 하나하나를 길게 늘려 쓰거나, 그렇게 각각의 특징들이 있는데 모두들 매우 알아보기 쉽고 또렷한 글씨체라는 특징이 있다.

그들은 또한 대화 중 끊임없이 말장난을 배치한다. 야시오라고 하는 사람은 '손'과 하나님이 세상을 창조한 '7일' 사이에 유사점이 있다는 것을 'main(손)'과 'semaine(7일)'의 단어적 유사성을 통해서 증명하고자 했다. 헤카트는 광인의 특징이 쓸데없는 일에 자신을 소모하는 것이라고 본인 입으로 말해 놓고서, 자기는 발랑시엔 출신의 미치광이에 대한 전기를 저술했다. 그는 단어들이 온통 도치되어 있는 문장들로 작성된 기이한 책도 내놓았다.

파리국립도서관에 소장되어 있는 『아나그라마타』(철자를 뒤섞어 놓은 단어를 모아 놓은 책 – 옮긴이 주)에 보면, 저자가 여백에 손글씨로 다음과 같은 고백을 적어 놓았다. 사실 저자 자신에 대한 정확한 진단이라고 하겠다.

아나그램(단어의 철자를 뒤섞어 놓은 것)은 인간이 할 수 있는 가장 어리석고 헛된 짓이다. 아나그램을 가지고 허송세월을 보내는 이는 명청이가 아닐 수 없다. 그런 명청이는 아나그램을 만들어 내는 명청이보다 더욱 구제불능이다.

필로판티는 루터의 포교 활동을 신의 변덕에 의한 것이라고 설명한다. 전신인 마르스를 수도사로 만들어 놓아서, 그 수도사가 마틴이 되고, 결국 마틴 루터가 되었다는 것이다(마르스Mars와 마틴Martin의 단어적 유사성을 연결 지은 것이다 – 옮긴이 주).

글레이즈가 채식을 고집하게 된 것은 어느 날 꾸게 된 꿈 때문이다. 그는 꿈결에 "글레이즈는 교회라는 뜻을 가진다"라는 소리를 듣는다 (교회église의 형태와 발음이 글레이즈와 유사하다 – 옮긴이 주). 그는 하나님이 인류에게 당신의 교리를 설파하기 위해서 자신을 세운 것이라고 생각했다. 두모닌은 역병을 참수시키라는 명을 내렸다. 그의 말을 그대로 옮기자면, "이 머리를 치워 버리도록 하라. 이 머리로 새로운 화가 시작되어 우리네 사람들의 머리를 치우는 일이 생길까 두렵다"라고 지시했다.

_많은 양의 종이를 희생하고 반미치광이들의 저작물

　　　　　반미치광이들에게 나타나는 더욱 일반적인 특징은 그들이 남긴 저작물의 양이 엄청나다는 것이다. 블리에는 180권이 넘는 책을 남겼다. 하지만 하나같이 바보스러운 내용으로 가득 차 있었다. 맨지오니는 한 손이 불구가 되어서 글씨를 쓰기가 힘든 상태에서도 인쇄 비용을 충당하기 위해서 끼니를 거를 정도였다. 그는 작가라는 직함을 유지하기 위해 매달 상당량의 은화를 소요했다. 파사난테가 얼마나 많은 양의 종이를 소모했는지 모두들 잘 알 것이다. 그는 또한 별것도 아닌 자신의 편지들을 모아서 출판하는 일을 자신의 목숨보다도 중요하게 여겼다. 기토는 종이 값을 충당하느라고 갚기 힘들 만큼 무거운 빚을 지기까지 했다. 조지 폭스는 출간한 책이 너무 많아서 서지학자인 론데스가 감히 그의 도서 목록을 작성할 엄두를 내지 못할 정도였다. 하월란트의『투르네에 관한 소론』은 총117권의 길이다.

　　때로 그들은 자신들의 엉뚱한 생각들을 집필해서 인쇄해 놓는 것만으로 만족한다. 사람들이 알면 좋겠다고 생각하면서도 그 출판물을 일반에 배포하지는 않는다.

　　사실 그들이 내놓은 저작물들은 그 장황함과 지루함을 떠나서, 집필 의도 자체가 유용성도 없고 내용이 이치에 맞지도 않는다. 그들이 가진 사회적 지위와 그때까지 쌓은 교양과도 동떨어지는 주제를 다루고 있다. 의사 두 명이 기하학과 점성술에 대한 가설을 저술하기도 하고, 외과 의사와 수의사와 산부인과 의사가 항공술을, 선장이 농촌 경제학, 군대의 병장은 치료법, 요리사가 고차원적인 정치 논쟁을 다루는 책을 내기도 했다. 어떤 신학자가 월경에 대처하는 법에 대해 글

주제	권수	주제	권수
자전적 또는 전기적 소재	51권	정치학	4권
의학	36권	정치·경제학	4권
철학	27권	노업	3권
한탄과 비관	25권	수의학	2권
연극	7권	문학	2권
종교	7권	수학	2권
시	6권	문법	1권
천문학	4권	사전	1권
물리학	4권	총 권수	186권

을 낸 반면에 짐 마차꾼이 신학 책을 쓰기도 했다. 짐꾼이면서 비극 작품들을 내놓은 작가가 둘이나 되고, 사회학 책을 저술한 세무원도 있다.

그들이 어떤 주제를 다루고 있는지 보기 위해서 내가 소장한 그들의 도서 186권을 분류한 결과는 위의 표와 같다.

논란의 소지가 많은 논문, 자기장에 관한 연구, 추도연설문, 수용하기 어려운 신학 관련 저술, 문학사 조사 자료, 선언문, 결혼 장려글 등과 같은 잡다한 저작물들은 포함되지 않았다.

필롬니스티는 유럽에서 인지도 있는 도서들을 대상으로 다음과 같은 분류표를 제공했다.

미치광이들이 주로 시 분야에 편중되었던 데 비해, 반미치광이들은 신학과 예언에 집중적인 관심을 보였다. 자연과학자나 수학자를 찾

신학	82	항공술	2
예언	44	화학	1
철학	36	물리학	1
정치학	28	동물학	1
시와 연극	9	전략서	1
언어학과 문법	8	연대학	1
애정소설	5	위생	1
상형문자	3	교육학	1
천문학	2	고고학	1

아보기 어려운 것을 보아도 알 수 있듯이, 추상적이고 확실한 결과를 보기 어렵고 아직 정립되지 못한 분야에 대해서는 그다지 관심을 보이지 않는다. 신학자와 철학자가 모두 162명이나 되는데도 그중 무신론자는 3명에 지나지 않는다는 것도 특기할 만한 점이다. 반면에 심령술에 대한 관심은 높아서 그 방대한 양 때문에 필롬니스티가 분류표에 넣을 엄두를 내지 못했다.

반미치광이들은 모든 주제에 욕심을 냈다. 그들의 전문성이나 직분과는 전혀 동떨어진 분야에 대해서도 마찬가지다. 그들은 가장 괴상하고 난해한 주제, 불가능한 난제들에 우선적으로 달려든다. 원적법(원과 같은 넓이의 정사각형을 만드는 방법 – 편집자 주), 상형문자, 묵시록의 해설, 비행선, 심령술 등이 그 우선 대상들이다. 그들은 또한 가장 주목받을 수 있는 주제에 큰 관심을 보인다. 데몬스에 대해 노디에가 남긴 평을 보아도 이를 엿볼 수 있다.

데몬스는 편집광이 아니었다. 오히려 그 반대쪽이었다. 그는 다면성을 보여주는 미치광이였다. 신기한 일을 들으면 무엇이든지 따라하려는 태세가 되어 있었다. 카멜레온을 닮은 몽상가로서 그때그때 눈에 띄는 색상을 홀린 듯 뒤집어쓰는 것이다.

따라서 국가적으로 재정 적자가 심각한 시기에는 이탈리아 경제를 살리기 위한 제안들이 쏟아져 나왔다. 프랑스의 아시냐 지폐를 도입하자는 안부터 유대인들이나 성직자들의 재산을 압류하거나 강제 공채를 발행하자는 안까지 다양한 방안들이 모색되었다. 그 다음에는 사회문제와 종교문제로 그 관심이 흘러갔다가 근래에는 펠라그라 피부병이 주된 관심사가 되었다.

많은 이들이 달려든 보람이 있어서 그중 파리라는 사람이 이 질병의 원인이 특정한 균에서 비롯된다는 것을 밝혀냈다. 짚으로 엮은 더러운 지붕에서 균이 생겨나서 농부의 식탁에 그 균이 떨어지고, 그걸 먹은 사람들이 감염되었던 것이다. 증거가 매우 명백했다. 오두막에서 찍어 온 사진을 현미경 아래 놓고 보면, 도시 가옥들에 비해서 균이 대량으로 번식해 있는 것을 누구나 확인할 수 있다.

하지만 이러한 균이 펠라그라 병을 일으키는 이유는 무엇인가. 그 이유는 아주 간단하다. 이 종류의 균은 47도에서 타기 시작하는 균소가 있다. 그런데 바깥의 기온이 13도이고 체온은 32도라고 해보자. 이 두 열량이 합쳐지면 균소가 탈 수 있는 환경이 조성된다. 펠라그라 병 환자가 햇볕에 그을린 것 같은 피부 증상으로 고생하는 것이 그 이유다.(실제로 펠라그라 병은 비타민 B 복합체인 니코틴산 결핍으로 생기는 것으로 온도하고는 아무 상관이 없다 - 옮긴이 주)

보시시오, 치안케티니, 파사난테, 맨지오니, 디토마시 등 거의 모든 반미치광이들의 책을 보면 확고한 태도를 고수하고 있다. 그들의 글은 이치에 맞지 않고 장황한 경향이 있다. 하지만 대신에 그들이 말할 때는 조리 있고 신중한 모습을 보여준다. 그들은 반론에 대해서 한마디로 논박하기도 하고, 자신들의 특이한 점에 대해서 설명하면서 매우 상식적이며 열의가 넘친다. 이 때문에 그에 대한 지식이 없는 일반 사람들의 눈에는 반미치광이들이 오히려 신중하고 지혜롭게 비치기까지 한다. 하지만 그들은 일단 종이의 세계로 들어서면 광기를 맘껏 풀어놓는 것이다.

감시관은 진정한 민중의 수호자이자, 정부, 자유, 언론의 수호자이기도 하다.

파사난테가 한 말이다. 말이라고 다 말이 아닌 것처럼 이 문장만 봐서는 그 뜻을 명확히 읽을 수가 없다. 그는 이에 대해 다음과 같은 설명을 내놓았다.

언론의 자유와 신문의 무료 배포가 오히려 사람들의 권리를 억압하고 감시하는 역할을 한다.

어느 날 보시시오에게 꼴사납게 하고 다니는 이유를 물은 적이 있다. 그는 더운 7월이면 모자도 쓰지 않고 반쯤 벗은 모습으로 샌들을 끌고 다녔다. 그가 내게 해준 대답은 다음과 같다.

로마인들을 따라하는 거지요. 머리를 건강하게 유지하는 방법이기도 합니다. 사실 이렇게 눈에 띄게 하고 다니면 사람들이 제 이론들에 관심을 가져줄 거라는 생각도 있습니다. 내가 이런 차림이 아니었다면 선생께서 저를 불러 세우셨겠습니까?

천재와도 다르고 광인과도 다른 이 반미치광이라는 존재들은 그들끼리 공감하는 그들만의 정서가 있다. 그들은 천재를 공동의 적으로 상정하고 천재들에 대한 미움으로 대동단결한다. 반미치광이들은 서로 간에 프리메이슨처럼 동류로서의 연대감이 있다. 그들이 공동으로 추구하는 것은 사방에서 자신들을 공격하고 웃음거리로 삼는 이들의 공격을 막아내고, 자신들의 대척점에 서 있는 천재들을 박멸하는 것이다. 그래서 반미치광이들은 자기들끼리는 서로 간에 증오하고 있을지라도 천재라는 공동의 적 앞에서는 일치단결하는 모습을 보여준다. 서로 다른 누군가의 영광을 같이 기뻐해주는 법은 없지만, 남의 불행에는 한마음으로 기꺼움을 느낀다.

_실상은 망상, 겉으로는 평정 천재들과 대조된 모습

이제까지 보아 온 것으로 알 수 있는 것처럼, 저급한 이들은 반미치광이와 천재 사이에서 선택해야 하는 순간이 오면 망설임 없이 천재를 희생시키는 방향으로 움직인다. 지금도 의사들의 행태를 보면 방사선 기사를 귀하게 떠받드는 반면에 동종 요법을 주장하는 선구자들은 비웃고 무시할 뿐이다. 학계에서도 슐리만과 아르디고를 비웃었던 이들이 세키 신부의 고고학적 발견에는 전혀 다른 대접을 해주는 것을 볼 수 있다. 코카피엘라와 스바르바로가 그들이 우러러 보아야 할 존재들보다 훨씬 미친 짓을 하고 있는데도 사람들이 그들에게 그토록 공감해주는 것만 봐도 이를 확인할 수 있다.

도데는 『자크』에서 반미치광이에 대해 이렇게 말했다.

이 사람들이 파리에서 서로를 찾아다니는 것을 눈여겨 본 적이 있나요? 그들은 서로를 알아보고 이내 무리를 형성합니다. 불평불만에 가득 차 있고, 이런저런 요구만 많으면서, 자신들은 나태하고 게으른 주제에 자기 잘난 멋에 허영은 얼마나 심한지요. 실제로는 서로를 경멸하고 있으면서 이름만 그럴싸한 모임을 결성해 놓고 마치 세상에는 자기들밖에 없는 듯이 행세하고 다닙니다.

1849년에 로마 공화정에서는 신분을 따지지 않고 모두에게 참정권을 부여했는데도, 일반 민중들이 의원 선거에서 키케루아치오에게 투표할 생각을 하지 않은 것은 어쩌면 이런 이유일 것이다. 키케루아치오는 성실한 노동자였지만 정신이 멀쩡한 사람이었던 것이다.

범죄자들이나 실제 정신병자들과 구별되는 반미치광이들만의 특징으로 극도의 검소함을 들 수 있다. 사실 이들은 거의 고행하는 수도자들에 비견할 만하다. 보시시오는 소금도 치지 않은 옥수수죽으로 연명했다. 파사난테는 빵만 뜯어 먹고 살았으며, 라차레티는 감자 몇 알로 하루를 버티고는 했다. 맨지오니는 콩과 쌀을 주식 삼아 식비를 최소화했다. 고대의 금욕주의자들이나 위대한 사상가들이 그러했듯이 반미치광이들도 자신들의 연구에 열중하면서 그 안에서 충분한 만족을 찾아서였다고 생각할 수도 있다. 하지만 그보다는 그들이 일반적으로 곤궁한 처지에 있었고, 그나마 있는 돈도 위장을 채우는 데 쓰기보다는 학문적 성취를 공고히 하는 데 투자하고자 했기 때문이다.

정리하자면, 반미치광이들은 그들의 글에 담긴 생각들을 보면 제정신이 아닌 것이 분명해 보인다. 하지만 일상에서는 전혀 그런 기미를 엿볼 수가 없다. 그들은 실제 상식적이고 기민하게 행동하고 매우 체계적인 생활을 유지한다. 앞에서 광기로 각성한 천재들을 보면 문학적 재능이 뛰어날수록 실생활 면에서는 미숙한 모습이 특징적이었다. 이와 비교해 보면 반미치광이는 진정한 천재들과는 매우 대조되는 모습이다. 이런 관점에서 보면, 황당무계한 의학 서적을 출판한 저자들이 의외로 훌륭한 평판을 가진 의사들이라는 사실이 납득될 정도다. 그런 이들 중 세 명이 심지어 병원장의 신분이었다.

형편없는 책을 쓴 작가이지만 선장이자 병참 장교로서의 직분을 훌륭히 수행하고 있는 경우도 있다. 또 다른 경우로는 선사시대에나 쓸 만한 물건을 발명이랍시고 내놓고 헛웃음이 나올 만한 작품을 써서 발표하는 인물이 있었다. 그런데 그가 교양 있는 사람들과 한 사무실에서 근무하면서 업무를 주고받는 동안 아무도 그를 정신 나간 생각을 하는 사람이라고 의심하지 못했다고 한다. 반미치광이 중에 교수 노릇을 하는 이들만 다섯 명이다. 그중 두 명은 대학에 정식으로 채용되기도 했다. 이외에도 의원직을 가진 이들이 세 명, 원로원 의원도 두 명, 주장관이 한 명, 도지사가 한 명, 대법원장이 한 명 있다. 지방의회 의장도 셋이나 되고, 성직자는 다섯 명이 있다. 거의 대부분 어느 정도 연배도 있고 자신의 분야에서 존경받는 위치를 차지했다.

프리콧은 헤스롭의 시장이었고, 르루와 아스길은 중앙의회의 의원들이었다. 반미치광이 신학자였던 시몽 모랭, 르브레통, 죠프뢰 발리, 바나니 등은 오히려 너무나 진지하게 받아들여진 그들의 저작들이 화가 되어 불행히도 화형 또는 교수형으로 생을 마감한다. 조리스도 발레의 교수대 아래에서 저작물들과 함께 뼈를 태우는 형을 받았다. 켈러는 조리스의 증거품을 손댔다는 것만으로 참수형을 당했다.

반미치광이들은 실상은 망상에 사로잡혀 이를 완강히 고수하고 있는데도 겉으로는 평정을 유지하는 모습을 보인다. 이는 보통의 정신병자들과는 차별적인 그들만의 특징이라고 할 수 있는데, 사실 편집광들에게서도 이를 찾아볼 수 있다. 그리고 이렇게 겉으로만 멀쩡한 모습은 술 취한 사람들에게서 자주 볼 수 있는 모습이기도 하다.

하지만 일반적인 정신병자들의 경우에서처럼 반미치광이들의 그런 표피적 평정은 가벼운 발작만 와도 쉽게 깨질 수 있다. 그들은 환각을 겪거나, 배고픔이나 감정의 억압과 같은 자극을 받으면 광증을 보인다. 또한 코르디글리아나나 맨지오니의 경우처럼 병으로 신경쇠약을 겪으면서 광증을 동반한다.

따라서 신경 이상을 일으키는 증상을 동반하는 질병을 앓고 있다면 이를 보다 유의해서 살펴보는 것이 필요하다. 지로와 스판드리는 얼굴에 경련을 일으키곤 했다. 특히 오른쪽 눈꺼풀이 처지는 모습이었다. 라차레티와 맨지오니, 디토마시 등은 마취와 비슷한 상태에 빠졌고, 코르디글리아니는 잠깐씩 환각에 시달렸다.

P모씨는 뛰어난 능력이 있는 젊은이였는데 티푸스에 걸려서 심한 열에 시달리고 난 후 반미치광이가 되었다. 쿨만은 열여덟 살에 뇌에 병이 생겨서 심하게 고생하고 난 후부터 자신이 예언자라고 생각했다. 이렇게 급작스럽게 신경 이상이 발생하는 경우는 정신의학자들에게는 매우 중요한 연구 과제다. 이러한 경우가 낯설다 보니 종종 정신병을 사칭한다거나 정신이 멀쩡하다고 오진하는 경우도 있었다. 그리고 이런 사람들을 격리해내지 못하는 것은 정치가들에게도 골치 아픈 문제였다. 사실 일반적인 정신병자들보다도 이렇게 갑작스럽게 돌변하는 경우가 더욱 위협적이다.

_특히 위험한 부류 '소송광' 걸핏하면 자신이 피해자

무엇이든 써 갈기지 않고서는 견디지 못하는 서광증 환자들 중에서도 특히 위험한 부류는 '소송광'이라고 칭할 만한 이들이다. 이런 증상의 사람들은 걸핏하면 자신이 피해자라고 주장하면서 다른 사람들을 고소한다. 그들은 놀랄 만큼 열성적이면서, 법에 대해서도 세세한 부분까지 많은 정보가 있다. 언제나 자신들에게 유리한 방향으로 법을 적용하고, 진정서와 진술서를 산처럼 쌓아 올린다.

그리고 또 유력자를 찾아나서 어떻게든 그 힘을 빌리고자 한다. 그렇게 해도 안 되면 결국 국왕이나 의회까지 찾아 가서 진정을 하는 것이다. 처음에는 재판에 절박한 소송인이라고만 보고 의회에서도 진지하게 검토를 시작한다. 하지만 그들의 막무가내에 결국 다들 진저리를 치게 된다. 그들은 자기들의 뜻에 맞지 않으면 법의학적인 증거도 뒤엎어버리고, 필요하면 폭력 행사도 불사하는 모습을 보인다. 그리고 자신들이 한 일은 모두가 이유 있는 행동이라면서 스스로에게 정당성을 부여한다. 소송광들은 배심원제에서는 가끔 자기들이 원하는 판결을 얻어낼 때도 있다.

G모씨는 이성을 잃고 콜리 백작에게 총상을 입힌 적이 있다. 하지만 배심원들에게 대단한 웅변을 토해내고서는 무죄 판결을 얻었다. 십 년 후에 그는 자신이 이미 처분한 아파트를 다시 되돌려 받아야겠다고 우기며 무장한 채로 난동을 부리는 사건을 일으킨다.

음란증 환자는 자신의 이상형을 발견하면 이내 그 이상형이 자신과 사랑에 빠졌다는 착각에 빠진다. 정작 그 사람은 이 환자와 생면부지 관계일 때가 많은데도 말이다. 철저하게 자기중심적으로 생각하는 것이다. 이 소송광들은 만약에 변호사든 판사든 자신들의 편을 들어주지 않으면 모두 자신들의 적으로 간주하고 온갖 증오를 쏟아 붓는다. 그리고 자신들에게 발생한 불행을 모두 그들의 탓으로 돌리는 것이다.

소송광들은 자신의 사건에 스스로 판사가 되어서 판결을 내리고 책임을 따지고 반대심문을 하고 집행까지도 맡으려고 한다. B모씨 같은 경우는 사제에게 적법한 계약으로 토지를 넘기고 나서 이를 빌미로 마을의 모든 사제들을 괴롭히기 시작했다. 그는 '천주교는 정부의 적'이라며 자기 행동에 대한 변명으로 삼았다. 같은 이유를 들어서 그는 성당을 없애겠다며 불까지 내려고 했다. 그는 줄지은 소송 끝에 원칙적으로 모든 것을 인정했지만 이후에도 행동에는 변화가 없었다.

이 사람들의 경우에도 다른 반미치광이들과 유사하게 특징적인 필체를 보여 준다. 문자들을 길게 늘려 쓸 뿐만 아니라 문자 형태에 대한 왜곡도 심하다. 하지만 그들의 문제는 다른 반미치광이들과 마찬가지로 그들 자신에게 한정되어 있다. 그저 문제를 해결하는 방식이 조금 더 폭력적일 뿐이다. 사회나 종교 문제에 관심을 보이는 경우도 있지만, 따져 보면 그 문제가 자신들에게 영향을 미쳤을 때 이에 대한 반동으로 인한 것이다.

하지만 개인적인 소송이라고 해도 정치적인 차이로 발생하는 경우가 많다. 실상 우리 시대에는 이 점이 가장 위험한 요소라고 할 수 있다. 이 소송광들은 보통은 충분한 교육도 받지 못하고 경제적으로 빈곤층에 속하기 때문에 자신들의 생각을 인쇄해서 공표할 여력이 없었다. 그렇게 표현하지 못하고 억눌린 감정들이 결국 폭력으로 표출되어 나오는 것이다. 산돈이 나폴레옹이나 빌로트에게 난동을 부렸던 것도 이런 배경에서 이해할 수 있다. 그는 정치 방면의 반미치광이라고 할 수 있겠다. 코르디글리아니, 파사난테, 맨지오니, 기토 등도 마찬가지 경우다. 크라프트에빙이 소개해준 한 남자는 억압받은 사람들의 모임이라는 것을 결성했는데, 그 모임은 법정에서 정의실현을 보지 못하고 국왕에게 재심을 청구하는 사람들을 대상으로 결성되었다.

_모순과 역설 속에서 반미치광이 천재들

정상인과 광인 사이, 미치광이와 반미치광이 사이에서 구별이 어려운 존재들이 있는 것처럼, 미치광이, 반미치광이, 진정한 천재 사이에도 구별이 어려운 부분이 있다. 너무나 어려워서 나는 특히나 구별이 힘든 이들을 별도로 관리한다. 보시시오가 그 대표적인 경우다. 로디 출신의 보시시오는 지금 쉰세 살이다. 그에게는 크레틴병으로 백치 상태인 사촌이 한 명 있다. 어머니는 정상인이고 교양을 갖춘 사람이다. 아버지도 교양이 있는 사람이기는 하지만 알코올 중독자다. 보시시오에게는 형제가 둘 있었는데 모두 뇌막염으로 잃었다. 그는 젊어서는 세무원으로 일했다. 그리고 1848년에 고향을 떠났다.

그 후 토리노에서 아사할 지경까지 형편이 안 좋아져서, 발코니에서 몸을 던진 적도 있다. 이 사건으로 다리가 부러졌다. 그는 1859년에 승진한 후 충실히 직무를 수행하다가, 1866년에 명예롭게 퇴임한다. 퇴임에 이르러서, 그는 업무 수행에 있어서는 무리 없이 정확한 모습이었지만 때로 정부 관리가 할 거라고 예상하기 어려운 기이한 행동을 하기 시작했다.

어느 날 보시시오는 한 마을에서 매물로 나온 모든 새들을 구매한 후 바로 풀어 놔 주기도 했다. 신문을 읽는 데 하루 종일 걸리기도 하고, 무절제한 삼림 파괴와 조류의 남획에 대해서 정부의 조치를 촉구하는 항의 서한을 보내는 일에 열성을 보이기도 했다. 퇴임 후 약소한 연금에 의지하게 되자 그는 모든 사치스런 생활을 끊어버리고 옥수수 죽으로만 연명하며 소금도 치지 않았다. 가지고 있는 옷도 셔츠와 바지 몇 벌만 남기고 하나씩 처분해버렸다. 그는 얼마 안 되는 돈마저 책을 사서 보거나 종이를 사는 데 주로 지출했고, 자비로 후대의 각성을 촉구하는 책들을 출간하기도 했다. 그 책들은 무료로 배포되었다. 그렇게 나온 책들로는 『우리 시대에 대한 반성』, 『자연의 아우성』 등이 있다.

이 책들을 읽어 보거나 보시시오가 말하는 것을 들어 본다면, 그가 나름대로 논리적인 체계를 세우고 있다는 걸 알 수 있다. 그는 병충해로 포도와 누에 농사가 망하고 홍수로 게를 잡을 수 없는 상황이 생기는 것이 전 지구적인 환경 파괴의 결과라고 진단한다. 삼림을 파괴하고 조류들이 멸종에 이르기까지 남획하고 있으며, 또한 지구 표면을 뒤덮는 철도 또한 환경적 재앙이라고 말한다(철도를 언급하는 지점에서 사실 우리는 그의 광기를 엿볼 수 있다). 그의 견해에 따르면, 경제적인 문제에 있어서도 우리는 잘못된 길을 가고 있다. 재앙에 가까운 부채의 증가는 이후 세대에게 크나큰 부담을 지우는 것으로 그들의 미래를 담보로 한다고 그는 맹렬히 비판한다.

이에 더해서 고대 로마인들은 우리보다 훨씬 더 많이 움직이고, 우리가 가진 사치품들을 누리지 않았고, 커피를 마시지도 않았다. 이 모두가 사실 인류의 안녕을 해쳐서 미래 세대를 좀먹는 것들이다. 더욱 문제가 되는 것은 여성을 천시하는 것과, 경제적인 보상을 바라고 혼인하는 것과, 제대로 된 방향을 잡지 못하고 자선을 남발하는 것 등이다. 불구이거나 폐병을 가지고 태어난 불행한 아이들을 구태여 살려두려고 하지 않는다면 그런 문제들이 다음 세대로 전달되는 일은 없을 것이다. 같은 맥락으로 병원에서 병든 사람들을 살리기 위해 들이는 엄청난 노고와 비용을 남은 사람들이 건강하고 튼튼하게 살 수 있도록 투자한다면 인종적인 개량을 이룰 수 있을 것이다. 도적들이나 강도들의 경우, 비록 그들이 육체적으로 병든 것은 아니지만 그들 역시도 청산해야 할 병적 존재들이다.

인간의 탐욕은 추하고 결국 파국을 불러온다. 앞으로 다가올 세대의 운명에 대해서 고려하지 않은 채로 사람들은 당장의 식욕을 채우는 데에만 급급하다. 그런데다 하늘의 뜻을 잘못 읽고 있는 출산광들은 지금도 각국의 미래를 깊은 심연에 밀어 넣고 있다. 이는 맬서스가 익히 경고한 적이 있다. 이 상황이 나에게는 미다스 왕의 이야기를 떠올리게 한다. 그는 신에게 자신이 만지는 모든 것이 금으로 변하게 해달라는 소원을 빌었다. 그 지고한 존재는 이를 허락해 준다. 하지만 처음에는 환희를 부르던 그의 능력이 곧바로 회한과 절망의 대상으로 전락하게 된다. 자신이 손대는 음식까지 모두 금으로 변해버리면서, 그는 자신이 굶어죽을 운명에 처했다는 걸 깨닫고 절망에 빠진다.

활발하고 강인한 면이 있는가 하면 어느 한순간 온전하지 못한 일면을 보일 수도 있는 정신 상태가 있다는 것을 증명하는 이보다 훌륭한 예는 없다. 클레멘스 루아예와 콩트의 글을 읽었다면 보시시오의 이러한 생각들이 정신적으로 크게 문제가 안 된다는 것을 알 수 있다. 단지 소금을 먹지 않는 습관, 철도가 지구에 환경적 재앙을 불러온다는 생각, 몸이 훤히 드러나는 의복 상태 등에서 그의 정신 상태를 의심해 볼 뿐이다. 하지만 야만인들의 경우도 소금이 없지만 건강한 상태를 유지한다는 것이 그의 변명이다. 또한 의복 문제에서도 로마 시대의 단순한 의복을 예로 들면서 그의 모습이 특별히 기행적이지는 않다고 주장한다. 그는 또한 모자를 쓰는 습관이 오히려 대머리를 양산하는 것이라고 말한다. 무엇보다도 그는 이러한 기이한 면모로 그나마 사람들이 자신에게 관심을 보이는 것이라고 본다. 그에게는 자신의 철학을 널리 알릴 수 있는 기회인 것이다.

보시시오의 병적인 면은 오히려 단지 정치 잡지들에서 얻은 정보로 이 모든 결론을 끌어낸다는 점이다. 학문적 연구를 위한 자료로는 빈약하다고 할 수밖에 없다. 그는 이에 대해서 자신을 다음과 같이 정당화한다.

나에게 무슨 다른 도리가 있겠는가. 정치 잡지들은 현대적인 학문 연구가 반영된 것들이다. 비록 나도 그 잡지들을 좋아하는 것은 아니지만 나에게는 정보를 얻을 별도의 통로가 없을 뿐이다.

하지만 보시시오에게서 더욱 병적인 면은 그가 이러한 정보를 참조한다는 사실 자체에 있는 것이 아니라, 여기서 얻은 아주 사소한 정보에 과중한 의미를 부여한다는 점에 있다. 리스본에서 아이가 강에 떨어졌다거나 어느 부인이 자신의 치마에 불을 붙였다는 소식을 들으면 그는 즉시 이를 인류가 퇴행하는 증거라고 치부해버린다.

위생학을 공부하는 학생이라면 소금도 치지 않은 옥수수죽만 먹고서도 강인한 체력을 유지하는 사례를 보고 무척 놀랄 것이다. 보시시오는 심지어 하루에 이십 마일이 넘는 거리를 걸어 다녔다. 보시시오야말로 광기가 지적인 자극제 역할을 해서 천재의 수준까지 끌어올려진 특이한 사례다. 심리학자들도 이러한 사례에 꽤나 큰 관심을 보인다. 보시시오가 한낱 세금징수원이 아니라 법학도 또는 의학도가 될 수 있었다면, 그래서 되는 대로 얻은 지식이 아니라 풍부한 교양을 쌓을 수 있었다면, 그도 클레멘스 루아예나 콩트와 같은 인물이 될 수 있었을 것이다. 아무리 못해도 적어도 푸리에급으로는 성장할 수 있었을 것이다. 사실 보시시오의 철학 체계는 푸리에와 유사하다. 단지 정신적인 일탈로 조금 기이한 면모가 있을 뿐이지만 말이다.

하지만 보시시오의 총체적인 일생과 그가 삶에 적용하는 방법론이나 우선순위를 따져 볼 때, 그를 단지 불안정한 정신을 가진 존재라고 묵살해 버려도 될까. 그의 철학에서 보이는 사상적 신선함을 보면서 그를 앞에 소개한 황당무계한 반미치광이들과 동류로 치부해버려도 되는 걸까. 그럴 수는 없다.

주세페 페라리가 교양이 있고 훌륭한 환경에서 성장하지 못하고, 보시시오가 받은 교육 수준에 머물러 있었다고 생각해 보라. 아마 그도 전 세계가 떠받드는 석학의 위치에 이르지 못하고, 보시시오와 비슷한 수준의 인물로 성장하는 데 그쳤을 것이다. 사실 역사적 산술법에 기초하여 제왕들의 죽음이나 공화정 등의 정치 체제의 종말을 예측할 수 있다는 주장을 보면, 페라리도 정신 이상의 세계에 발을 디밀고 있었다는 것을 추정할 수 있다.

미슐레에게도 같은 말을 할 수 있을 것이다. 자연사에 대한 그의 특별한 관심과 기이한 학문적 성향, 또 그 유명한 자만과 허영을 생각해 보라. 특히 그가 저술한『프랑스사』의 마지막 책을 보면 온갖 풍문과 터무니없는 낭설을 모아 놓았을 뿐이다.

푸리에와 그의 제자들은 또 어떠한가. 누구라서 감히 8만년 후를 내다보며, 그때가 오면 인간의 수명이 144살에 달한다고 장담할 수 있나. 또한 시인의 수가 3천7백만 명에 달하고, 뉴턴 수준의 수학자들의 수도 마찬가지에 이를 것이라고 누가 말할 수 있단 말인가.

르메르시의 경우를 봐도, 그가 훌륭한 희곡들을 남긴 것은 사실이지만 개미와 바다표범, 심지어 지중해가 수취인이 되는 글을 쓰기도 했다. 부르키엘로는 화가에게 지진이 일어날 때 공기의 상태를 그려 달라고 부탁하고, 종탑에서 쓸 안경을 캐낼 수 있는 산이 있다는 말도 했다. 시체 해부를 보조하는 사람들은 모두 알 만한 시체 방부처리 비법을 자신이 발견했다고 주장했던 그 사이비 지질학자의 경우는 화장을 하면 세상이 정화된다고 믿기도 했다.

이탈리아의 유명 대학에서 여러 해 동안 교수 노릇을 하고 있는 한 남자는 물에 빠진 사람을 소생시킬 수 있는 기구를 고안했다고 논문에서 밝히고 있는데, 이는 건강한 사람도 질식사시킬 만한 기구였다.

20도의 물에서 목욕하는 것을 권하고, 물고기가 숨을 내뱉었기 때문에 바닷물을 쓰는 것이 좋다고 말하는 자도 있었다. 하지만 이 사람의 책 중에는 쓸 만한 내용을 담은 것도 많았고 개정판까지 나온 책들도 있다. 그리고 그의 동료 중 누구도 이 사람의 정신이 온전하지 않으리라고 의심하지 못했다. 그럼 이 사람은 어느 부류에 속하게 될까. 아마도 미치광이와 천재 사이의 중간 어디쯤이 될 것이다. 그는 뚜렷한 목표가 드러나지 않고 냉정한 태도를 유지하며 끊임없이 모순을 찾아다닌다는 점에서 서광증 환자로 의심되는 면도 분명히 있다.

이밖에도 이탈리아에는 두 명의 재능이 넘치는 반미치광이의 예가 있다. 이미 『삼인의 호민관들』에서 내가 소개한 인물들이기도 하다.

그들은 짧은 시간이나마 우상처럼 떠받들어졌다. 코카피엘라와 스바르바로가 바로 그들이다. 이들은 비록 부도덕함과 소심함, 모순과 역설 속에서 헤어나지 못했지만, 새로운 사상을 흡수하는 놀라운 능력을 보이는 등 천재들에게 있는 몇몇 특성들을 공유했다.

_배척될 수밖에 없는 존재들 퇴폐적인 시인들

　　문학계에 나타난 미치광이들과 교분을 나누는 사람들에게 들었는데, 17세기 프랑스에서 프레시외(언어적 세련을 추구하는 살롱 문학의 일파)가 있었다면 오늘날에는 고전주의, 상징주의, 퇴폐주의가 득세하고 있다고 한다.

　　르메트르는 이들에 대해서 다음과 같이 정리했다.

　　그들의 시를 읽어 보았다. 하지만 옛 우화 속 칠면조가 본 것만큼도 보지 못한 것 같다. 칠면조는 사물을 분간하지는 못할지언정 적어도 무언가를 보기라도 했지만, 나는 이들이 나열한 단어들 사이에서 아무것도 건지지 못했다. 분명히 문법에 맞게 단어들을 엮어 놓기는 했는데, 도무지 무슨 의미인지 알 수가 없다. 그저 해답이 없는 수수께끼를 보는 것처럼, 그 시를 읽는 이들의 머리는 공황상태에 빠질 뿐이다.

　　내가 달콤한 혼수상태에 빠지기로 유명한
　　너의 레이스 옷 속에서 우리는

집약된 입술의 맹세와 같은
사연 없는 난로를 위해 입을 다문다.

어떤 구역 밖에 있는 모든 어둠은
빛이 발산될 때
잇달아 흔들리는
꽃잎들로 물든다.

그나마 그중 한 명이 그들이 의도하는 것이 무엇인지를 설명해 주고 있다. 스테판 말라르메는 소책자를 통해서 그들이 상징과 시적인 수법을 창안하고자 했다고 밝힌다.

상징주의자들이 창안했다고 하는 상징과 시적인 수법이라는 것은 시인의 감정, 생각, 정신 상태 등을 말로 하지 않고 시각적인 이미지로 표현하는 것으로 보인다. 사실 이것이 전혀 새로운 시도라고 할 수는 없다. 상징이라는 것은 간단히 말하면, 우리가 비유를 들 때 그 비유의 본체 대신에 그 대상이 되는 것만을 부각시키는 것이다. 단순하게 보면 상징은 선조들이 즐겨 사용했던 우의적 표현과 다르지 않다.

잘난 상징주의자들이 발견했다고 주장하는 두 번째 요소를 보도록 하자. 호메로스의 시절부터도 인간들은 특정한 소리, 형태, 색을 특정 정신 상태와 연관 지어 생각했다. 예를 들자면 '아' 소리가 반복적으로 들리면 신선하고 편안한 느낌을 준다. 색과 마찬가지로 소리의 경우도 감정의 기복을 표현한다고 알려져 있다. 하지만 이

러한 연관성은 일시적일 뿐으로 영속적이거나 명확하게 규정되는
것은 아니다.

일단 다음의 관계를 살펴 보자. a = 검정, e = 흰색, i = 파랑, o = 빨강,
u = 노랑의 관계가 성립한다고 보는 것이다. 다음으로 검정 = 오르
간, 흰색 = 하프, 파랑 = 바이올린, 빨강 = 트럼펫, 노랑 = 플룻의 관계
를 세운다. 그 다음으로 오르간은 단조로움, 의심, 단순함을 표현한
다. 하프는 고요함과 평온함, 바이올린은 열정과 기도, 트럼펫은 영
광과 박수갈채, 플룻은 미소와 솔직함을 표현한다고 해보자.

상징주의를 표방하는 젊은 시인들이 단어의 의미를 어느 선에서
취하게 될 것인지 가늠하기란 어렵다. 어느 경우가 되었든 직접적
인 의미는 희미해져 있을 것이다. 이 때문에 나로서는 그것이 단지
모호한 표현인 건지, 아니면 의미전달에 실패한 표현인 건지 구별
이 어려울 뿐이다.

요약하자면, 상징주의 시는 철학이 없는 시의 형태로 원시적이고
미묘한 표현으로 가득해서 고전 시가처럼 깊이 있는 생각들을 담고
있지도 못하고, 고전주의 시인들이 그랬듯이 물리적 세상을 정확하
게 그려내지도 못한다. 정신의 상태를 그려낸다고 하지만, 감각과
그에 대한 정서가 너무나 밀접하게 연결되어 자아를 주변의 객체
들로부터 구별하는 것은 어려운 일이 된다. 정서라는 것은 물론 감
각에서 기인한 것인데, 감각이라는 것이 사실 무작위하게 발생하는
것으로 그에 따른 정서적 반응을 표현한다는 것은 정말 심상이 떠
오르는 대로 받아 적으면 되는 일이다.

이해가 가는가? …… 나도 이해가 가지 않는다. 술 취한 사람이나

이것을 이해할 수 있을 것이다.

내가 이해하기로도 여기에서 정의하고자 하는 시의 종류는 완전히 고립된 사람이나, 극도로 신경이 예민한 사람, 광인에 가까운 사람들의 전유물이 될 수밖에 없을 것 같다. 이러한 시는 이성과 광기의 경계에서 꽃피울 수 있을 것이다. 이런 반미치광이들의 세계에도 베를렌과 같은 천재가 나오기는 했다. 르메트르가 그에 대해 전하는 말을 들어 보자.

그는 일자무식임이 분명했다(베를렌은 실제로는 고등 교육을 받은 지식인이었다 – 옮긴이 주). 그의 머리 모양은 몹시 특이했는데, 소크라테스의 옆모습처럼 앞이마가 엄청나게 튀어나와 있었다. 그의 두개골은 마치 얇은 구리 대야가 울퉁불퉁 찌그러진 것 같은 모양이었다. 그는 문명과는 거리가 멀었고, 모든 도덕적인 금기를 무시했다.

어느 날 베를렌이 사라져 버린 적이 있다. 그가 어떻게 되었던 것일까? 그는 타고난 본성이 규범적인 사회에서는 배척될 수밖에 없는 존재였다. 나는 그를 철창 뒤에서 발견했다. 하지만 뷔용이 그런 것처럼 도적질이나 강도질 따위에 휩쓸린 것이 아니었다. 단지, 사회의 규범과 관습에서 배덕하다고 규정하는 연애에 상처받은 채 그 상대에게 꿈결에 복수의 칼날을 휘두른 죄였다(베를렌과 랭보 사이의 연애사는 유명하다. 여기서 '복수의 칼날'은 랭보에게 총격을 가한 사건을 가리키는 것으로 보인다 – 옮긴이 주). 물론 사회적으로 물의를 일으켰지만, 그는 여전히 순수했다. 그는 자신이 죄를 저지르면 바로 회개했다.

천주교에서 회개하는 것처럼 이유를 따지지 않고 또한 배움을 내세우지도 않고 진심으로 우러나서 속죄했다. 죄 사함을 받는 순간에도 그는 순전히 감정에 좌우되는 존재였다.

그때 한 부인이 베를렌을 동정해서 손을 내밀었고 그는 마치 어린 아이처럼 그 부인을 따랐다. 그는 다시 세상에 나오게 됐지만 세속으로부터 동떨어진 삶을 고수했다. 번화가나 극장이나 살롱과 같은 곳에서는 그의 모습을 찾아 볼 수 없었다. 그는 파리 구석진 곳에 위치한 술도가의 뒷방에 숨어서 싸구려 술에 취해 살았다. 마치 거대한 숲 속에서 살아가는 순진한 사티로스(상반신은 사람, 하반신은 염소의 형체를 가진 신화 속의 반인반수)처럼 그는 그렇게 사람들과는 멀리 떨어져 지냈다. 병이 들거나 가진 것이 다 떨어지면, 옥중에서 교분을 쌓았던 의사가 병원에 넣어 주었다. 베를렌은 그렇게 병원에 머무는 동안은 시를 쓰기도 했다. 그는 병원의 하얀 옥양목 커튼 뒤에서 기이하고 슬픈 노랫소리를 들을 수 있었다. 그는 학교를 다녀 본 적이 없기 때문에 낙제를 경험한 적도 없다. 그의 경우는 정말 드물고 특이한 사례다. 이 문명사회에서 자신의 자유로운 본성을 유지한 채로 살아가는 방법을 체득했던 것이다.

때로는 동시대의 시인들에게 잠깐씩 관심을 가지는 경우도 있었지만, 결국 극단적으로 예민한 자신의 본체를 더욱 각성시켰을 뿐이다. 베를렌에게는 어떠한 스승도 없었다. 그는 자신이 뜻하는 대로 언어를 가지고 놀았는데, 학자처럼 언어에 조예가 깊어서가 아니라 어린 아이처럼 오히려 규칙에 무지했기 때문에 가능한 일이었다. 그는 매우 단순한 심상이 있었기 때문에 단어에 대해서 전혀 엉

378

미 쳤 거 나
천 재 거 나

뚱한 의미를 갖다 붙이기도 했다. 베를렌을 따르는 이들은 그를 완벽한 예술가로 떠받들었다. 하지만 그는 기술학교의 생도나 대단치 않은 화학자들이 그러하듯이 동기와 여건이 부여되는 경우에만 작품을 내놓았다. 환상이라고는 믿지 않는, 이 흠 없는 예술가가 환희에 대해 예리하게 포착해내는 것을 보면 그저 놀라울 뿐이다.

> 언어를 술잔처럼 세공하고
> 흥분된 시를 아주 차갑게 만드는 우리……
> 그런 우리에게 필요한 것은 등잔 빛으로 밝힌
> 정복된 과학과 길들여진 잠이다.

사실 이 시인은 남들처럼 시 쓰는 작법을 익힐 수 있기를 소망했지만, 어찌된 일인지 자신만의 독특한 작법을 이미 갖추고 있었다. 베를렌의 시에서 느낄 수 있는 나른한 매력은 시어의 음성학적인 아름다움과, 감정의 명료함, 의미적인 모호함이 한데 합쳐진 효과라고 할 수 있다. 그가 꿈꾸는 미지의 여인에 대한 시를 보도록 하자. 그녀는 그를 사랑하고 이해하고 그와 함께 울어주는 존재로 묘사된다.

> 그녀의 이름? 내 기억에 그건 이미 이승을 떠난 사랑하는 이들의 이름처럼
> 달콤한 선율 같은 이름이었다.

그녀의 시선은 조각상들의 시선과 같고,
고요하며, 장중하게 울리는 아득한 그녀의 목소리에는,
저세상으로 간 사랑스러운 억양들이 배어 있다.

나는 '가을의 노래'라는 시를 특히 좋아한다. 비록 몇몇 단어들의
의미가 대단히 모호하고 앞서 말했던 '나른한' 매력과도 부합하지
않은 면이 있지만 말이다.

가을날
바이올린의
긴 오열이
지루한 우수에 잠긴
내 마음을 후비네.

종소리가 울리면
나는 숨이 막히고
창백해지면서
그 옛날을 떠올리며
눈물을 흘리네.
그리고 고약한 바람이
이끄는 대로
이리저리 부딪히며
나는 가네,

마치 낙엽이 쓸려가듯.

그가 동정녀 마리아에게 바치는 찬가는 특히나 빼어난 작품이다.

이제 나는 내 어머니 성모 마리아만 사랑하려네.

내가 아직 부족하고 악했을 때,
손은 거만하게 늘어뜨리고 눈은 세상에 현혹되었네,
그녀는 내 두 손을 조아리게 하고 두 눈을 낮추게 했네,
그리고 사람들이 열광하는 언어를 가르쳐주었네.

십자가와 보호막을 향한 이 모든 선한 노력을
그녀는 내 허리에 둘러주었네, 내가 기도한 그대로.

그의 독실한 신앙이 다음과 같이 아름다운 시구를 낳기도 했다.

너무나 달콤한 이 노래를 들어주오.
오직 당신만을 기쁘게 하려고 구슬피 우는 노래,
이끼 위에서 파르르 떠는 물의 전율처럼
수수하고도 가벼운 이 노래를!

당신이 알아차린 그 음색은
선함은 곧 우리의 삶이며

죽음이 다가올 때 증오와 질투에서
남는 것은 아무것도 없다고 노래하네.

순수한 결혼 축가 가운데
영원히 울리는 그 소리를 받아주오.
영혼의 슬픔을 덜어주는 것보다
영혼을 위해 더 좋은 것은 없으니!

하지만 이미 그의 처녀작 『토성시집』에서부터 몇몇 시구에서는
정의내리기 힘든 특이함이 나타난다. 시인이 살짝 광기에 취해 있
거나, 반쯤 몽롱한 상태이거나, 혹은 악몽이나 숙취로 두뇌 활동이
둔화된 상태가 아닐까 의심스러운 시구들이 보이는 것이다. 모든
사물들이 마치 안개 너머로 보이는 듯 명확하지 않고, 안일한 기억
으로 단어의 선택마저도 적절치 않아 보인다. 다음의 예를 보면 알
수 있다.

달의 둔각이
아연으로 물들었다.
뾰족한 높은 첨탑들에서
짙고 검은 연기가
5자 모양으로 빠져나왔다.

하늘은 잿빛이었다. 바슨처럼

북풍이 울었다.
멀리서, 용의주도한 수고양이가 추위에 떨며
신비스럽고 가냘프게 칭얼댔다.

나는 신성한 플라톤과
페이디아스를 꿈꾸며,
살라미나 섬과 마라톤 평원을 향해 떠났다.
깜빡거리는 푸른색 가스 가로등이 나를 지켜보았다.

여기서 끝이다. 이것을 어떻게 이해해야 할까. 이것은 단지 파리
의 밤거리를 거닐며 갖게 된 하나의 단상일 뿐이다. 거리를 배회하
다가 '깜빡거리는 푸른색 가스 가로등' 아래에서 플라톤과 살라미
스를 떠올렸고 그런 자신이 우습다는 단순한 감상이다. 이것이 우
습게 여겨지는 이유가 무엇인가. 나도 알 수 없다.

누군가는 폴 베를렌이 오로지 감성과 감각에 치중한, 그리고 다
른 어느 누구도 아닌 온전히 자신의 만족을 위해 시를 지은 유일한
시인이라고 말할 수 있을 것이다. 그렇기 때문에 그는 시에 자신의
철학을 주입해야 한다는 의무감을 떨쳐 낼 수도 있었다. 스스로에
게 이미 분명한 것을 굳이 시적으로 표현해야 할 필요를 느끼지 못
했던 것이다. 이 시인은 이해받고자 하는 욕심도 없었고 자신이 무
언가를 증명할 필요가 있다고 느끼지도 않았다. 이런 이유로 그의
시 세계를 간결하게 정리하는 것이 어려운 것이다. 베를렌의 시는
어지러운 그의 정신 상태를 반영하고 있다. 논리를 따질 수 없는 꿈

의 세계를 닮아 있고, 아이처럼 칭얼대는 불편한 영혼의 울림이며, 그러한 영혼을 달래고 쓰다듬어 주는 위로가 혼재되어 있다.

폴 베를렌의 시에는 무의식과 비논리가 편재되어 있다. 그가 온전히 맑고 이성적인 움직임을 그려내는 것은 거의 보기 어렵다. 그렇기 때문에 그의 시가 의미하는 것을 명확하게 알 수 있는 사람은 오직 시인 자신밖에는 없을 것이다. 사실 그가 운용하는 운율조차도 때로는 자기 자신만이 인지하고 느낄 수 있을 뿐이다. 물론 그가 즐겨 사용했던 두운이나 반해음의 반복을 통해 만들어 내는 음악성은 여기서 논하지 않겠다. 베를렌은 이러한 기계적 음악성을 만들어 내는 데 있어서는 그야말로 대가의 솜씨를 지녔다.

하지만 베를렌에게는 양면적인 모습이 있다. 한편으로 보자면, 그는 무척이나 형식을 존중했다. 물론 매우 뒤늦게 정립되었고 명확한 기준을 파악하기는 어렵지만, 그 스스로는 확고하게 따르는 자신만의 형식이 있다. 하지만 다른 한편으로 그는 참으로 단순함을 추구하기도 했다.

여기까지가 르메트르의 평이다.

이들 퇴폐주의자들을 진단해 보면 문학 방면의 반미치광이의 기준에 꼭 들어맞는 것으로 보인다. 조금의 새로운 면이 있지만 사실은 오래 존속해 온 구태를 벗어나지 못한다는 점에서 그렇다. 하지만 격세유전적 특징을 보이는 반미치광이들 중에서도 가끔은 독창적인 천재의 모습을 찾아 볼 수 있었다.

이 모든 사례들을 통해서 우리가 알 수 있는 것은 정상인과 미치광이 사이에는 점진적인 단계들이 존재한다는 것이다. 무엇보다도 이러한 점진적인 단계들의 존재로 정상인과 미치광이의 관계를 진화의 관점에서 바라볼 수 있다. 자연이라는 거대한 영역에서는 진화가 끊임없이 진행된다. 그런데 그 과정은 세대를 하나씩 거치면서 단계적으로 이루어지는 것이지, 세대를 건너 뛰어 몇 단계씩 비약하는 법은 없다. 문학계의 미치광이들에게 이러한 점진적 단계들이 존재한다면, 범죄계의 미치광이들에게도 이러한 단계들이 있으리라고 당연히 추정할 수 있다. 그렇다면 결과적으로 죄가 있다고 판정을 받았거나 광인이라서 면책을 받은 경우 오직 절반의 책임을 다했을 뿐이라고 할 수 있다.

또한 광기는 어느 시대에 발현되는가에 따라서 그 양상이 달라진다. 보시시오는 새를 방생하고 다음 세대를 위해 순교를 감내할 수 있는 사람이었다. 그가 중세에 속한 사람이었다면, 예수회를 설립한 성 이그나티우스 같은 인물이 되었을 수도 있다. 혹은 좀 더 후세에 스페인 또는 멕시코에서 태어났다면, 저 무시무시한 종교재판소장 토르케마다와 같은 인물이 되었을 수도 있다. 하지만 보시시오는 1870년대 이탈리아를 기반으로 활동했던 것이다.

이를 통해 먼 옛날 야만과 미개의 시대에 광기의 폭발이 그토록 만연했던 이유를 설명할 수 있다. 얼마나 많은 광기에 휘둘린 인간들이 역사적 사건들에 개입했을지 익히 짐작할 만하다. 재세례론자들, 스스로에게 채찍질하는 고행을 통해 수도하는 자들, 마녀사냥, 태평천국운동이 모두 그러한 결과들이다.

정신 이상은 때로는 예상치 못한 생각의 물꼬를 열어주기도 한다.

근거 없는 확신만으로도 생각의 규모가 커지고 보다 효과적으로 발전할 수도 있다. 또한 기괴한 복장이나 괴짜 같은 행동이나 금욕적인 생활 등은 정신 이상의 결과일 뿐이지만 예상치 못하게 대중을 현혹시키기도 한다. 무지와 야만 속에 있는 사람들은 설명할 수 없는 대상에 대해 경외하는 마음을 품는 것이 사실이다. 무지한 이들은 자신이 이해할 수 없는 것을 늘 동경하는 법이다.

환각에 시달리는 우리의 가련한 정신병자가 대중에게 자신의 철학을 받아들이도록 하기 위해 필요한 것은 오직 시대를 잘 타고나는 것뿐이다. 단련된 육체의 힘이나 심지 있는 사상이나 궁핍을 이기는 인내 등으로는 관철할 수 없다. 청렴함이나 확고한 신념도 모두 부가적인 사항에 지나지 않는다. 보시시오가 다른 시대에 태어났더라면 이탈리아의 마호메트가 될 수도 있었으리라.

_영감을 받아서 일하는 사람 예술계의 반미치광이들

로마에 비토리오 에마누엘레 2세의 기념관을 세우기 위해 공개적으로 그 설계를 모집했을 때, 이는 매우 국제적인 행사였다. 그리고 행사에 참가한 인파들 속에는 각국에서 모여든 반미치광이들도 섞여 있었다. 296명 중에서 13퍼센트에 해당하는 39명이 반미치광이로 추정된다. 사실 의심스러운 38명을 더하면 그 비율은 25퍼센트까지 치솟는다.

이들이 제안한 설계의 일반적인 특징은 몹시 어리석은 시도라는 것이다. 일례로 돌로 만든 정육면체의 구조물은 지붕이 없이 제작되었는데, 마치 프랑스 남부에서 누에를 키우는 건물을 연상시켰다. 설계자는 이를 '정사각형 탑'이라고 명명하고 이 안에 국왕의 시신을 모셔 놓으면 티베르 강의 범람을 방지할 수 있다고 주장했다. Tr모씨는 오벨리스크를 중앙에 배치하고 이를 열두 개의 첨탑이 둘러싸고 있는 구조물을 제출했다. 각 첨탑은 위에 얹힌 흉상을 받치고 있었는데, 흉상의 주인공들은 이탈리아의 위인들이었다. 그중 6개는 현재 저명한 인물들이 사망하면 대체할 수 있도록 하는 것이 설계자의 계획이었다. 또 다른 경쟁자들 중에는 기념관의 하단에 공중화장실을 배치해 놓은 이가 둘이나 된다. 출품자들 사이에는 묘한 공통점이 발견되었다. 그건 바로 기존의 기념비적인 건축물을 자신들의 기념관을 위한 자재로 사용할 계획이라는 것이다. 그들의 작품을 건립하기 위해서는 기존 건축물들의 철거가 필수불가결한 일이 된다.

하지만 그들이 과시하고자 하는 천재성을 찾아보기는 어려운 반면, 기괴한 모양이나 뜻을 알 수 없는 비문들은 무더기로 볼 수 있다. 일부 구조물들은 그저 잡다한 비문들이 결집되어 있을 뿐 아무런 특징도 찾아 볼 수 없다.

여기서 볼 수 있는 그들의 가장 특징적인 면은 병적 수준의 허영심이다. 그들은 하나같이 자신의 작품이 희대의 걸작이라는 착각에 빠져 있다. 칸포라는 스스로를 공학자나 건축가 따위가 아니라 신으로부터 영감을 받아서 일하는 사람이라고 선언했다. B모씨는 결국 자신의 작품을 위원회에 제출하지 않았는데, 이곳에 출품하기에는 너무나 위대한 작품이기 때문이라고 설명했다. 또 다른 이는 자신의 작품에 "얼마나 위대한 예술 정신의 표현인가!"라는 찬사를 붙여 놓기도 했다.

사실은 거의 모두가 예술에는 전혀 문외한이라고 할만 했다. 개 중에는 수학 선생이나 문법 선생도 있었고, 의학 박사와 법학 박사도 있었으며, 군인이나 회계사도 끼어 있었다. 이전에는 연필이나 제도 용구를 잡아본 적이 없다는 이들도 여럿 있었다. 하지만 각자 자신의 분야에서는 사회적으로 만만치 않은 위치를 차지했다. 이러한 점 때문에 나는 그들이 표면적으로는 정상인 척 자신을 꾸미지만, 실제로는 특별한 예술적 광기에 사로잡힌 백치이거나 미치광이일 것이라고 추정한다.

이들이 내놓은 엉터리 같은 작품들을 보면 미치광이 화가들의 기괴한 회화 작품들과 비교해서도 한층 더 기괴하면서 전혀 균형이 맞지 않는 모습을 보여준다. 하지만 과하다 할 정도로 독창성이 돋보이는 것도 사실이다. 그 안에서 묘하게 원시적인 아름다움이 표출되면서 마치 중세 회화의 걸작을 연상시키기도 한다. 또한 그 풍부한 상징적 요소들로 중국이나 일본의 회화 같은 느낌을 주기도 한다. 여기서 주지할 점은, 그들의 예술이 실패한 이유는 근본적인 자질의 결함이나 부족함 때문이 아니라는 것이다. 오히려 천재성이 과다하게 분출되면서 스스로 무너져 내렸다.

결론적으로 미치광이 예술가들은 반미치광이 예술가들과 비교해서 예술적 성취 면에서는 우월한 모습을 보이는 반면, 실생활 면에서는 부족한 모습이 나타난다는 것을 알 수 있다. 예술적인 면에서만 보면 반미치광이들은 거의 백치 수준에 가깝고, 미치광이들은 오히려 천재적 수준을 보여준다.

인류의 진보에 기여한 천재들
정치계와 종교계의 미치광이들과 반미치광이들

인류의 진보에 기여한 미치광이들 - 원인 - 중세의 종교적 열풍
- 아시시의 프란체스코 - 루터 - 사보나롤라 - 콜라 디 리엔조 - 캄파넬라
- 프로스페르 앙팡탱 - 라차레티 - 파사난테 - 기토 - 남미인들

● 지금까지의 내용을 통해서 우리는 정치와 종교적인 면에서 국가를 뒤흔들 만한 거대한 변혁의 흐름을 주도한 이들이 주로 미치광이거나 반미치광이였던 이유를 이해할 수 있게 된다. 그들은 남보다 독창적일 뿐 아니라, 그로 인해 비할 수 없는 희열을 느낀다. 이러한 희열은 그들이 어떠한 희생도 감수할 수 있도록 만들기도 한다. 그들은 자신들이 새롭게 구한 진리를 널리 알리기 위해서 개인적인 이익뿐만 아니라 심지어 목숨까지도 불사할 수 있다. 평범한 사람들은 혁신에 대해 거부감이 있다. 그들은 혁신을 주도하는 이들에게도 적대적이며, 때로는 핏빛 폭력을 행사하는 일까지 있

다. 하지만 미치광이와 반미치광이들은 그러한 이들에게 아랑곳하지 않고 그저 자신의 일에만 몰두할 뿐이다.

　모즐리는 이들에 대해 다음과 같이 평했다.

　이런 종류의 사람들은 사상을 탐구하는 데 있어서 주류보다는 지류를 추구하는 경향이 있다. 보통 안정을 추구하는 학자들이 택하지 않는 방향이다. 하지만 그냥 묻혀 버릴 수도 있는 것들에 새로운 빛을 제공해서 아무도 생각하지 못한 새로운 발견들이 이루어질 수도 있는 것이다. 사실 특별한 천재성이나 재능이 없어도 이러한 성향을 보이는 사람들이 있다. 그들은 사물을 보는 새로운 시각이 있기 때문에 행동이 상식적인 범위를 벗어나기도 하고, 평범한 사고나 감정의 틀을 깨고 나오는 경우도 생긴다. 그렇기 때문에 개척적이면서 독창적인 행보를 보이기도 한다.

　주목할 만한 사항은 그들이 대상에 접근하는 방식이 어떠한 속박에도 얽매이지 않는다는 점이다. 무릇 세상 만물에는 인습적으로 형성된 관념이나 정서가 덧씌워져 있기 마련이다. 하지만 이 사람들은 주류에서 벗어난 이단적인 사고방식으로 생각의 대척점들 사이를 아무 때나 넘나드는 것이다. 그들은 일단 자신들이 옳다고 믿는 것에 대해 확고한 신념을 고수하고 이를 옹호하는 데 열과 성을 다한다.

　그들은 실제로 어떠한 장애에도 굴하지 않고 어떠한 의혹에도 흔들리지 않는다. 그렇기 때문에 그들이 사회와 종교개혁을 주도하는 선도자가 될 수도 있다.

그렇지만 그들이 무에서 유를 창조하는 것은 아니라는 점을 이해할 필요가 있다. 시대와 여건이 무르익으면 사회에는 변혁의 움직임이 일게 된다. 그들은 이때 그 흐름을 감지하고 방향을 제시하는 역할을 담당할 뿐이다. 그들은 항상 참신하고 독창적인 것에 열광하고 이런 것들에서 미래를 본다. 따라서 쇼펜하우어의 경우도 비관주의와 신비주의가 유행하기 시작할 때 그저 이들을 하나의 철학 체계로 융합시킨 것에 불과하다. 시저는 호민관 제도가 열어 놓고 닦아 놓은 길을 따라 나아갔을 뿐이다.

새로운 문명이 새로운 예술을 잉태하는 시기에는 보통 열 명의 인재들이 그 시대 사람들의 정서를 표현하고, 다른 한편으로 그들의 중심에 한 명의 천재가 그 새로운 형태의 예술에 존재감과 실체를 부여한다고 텐은 말한다. 카스트루, 모레토, 로페 데 베가 등의 중심에는 칼데론이 있었고, 반 다이크, 요르단스, 드 보스, 스나이데어스 등의 중심에는 루벤스가 있었다. 루터 역시도 동시대와 앞선 시대의 다양한 철학자들의 사상을 자신 안에 갈무리했을 뿐이다. 사보나롤라의 경우만 보아도 이는 충분히 알 수 있다. 지구가 둥글다는 주장은 이미 토마스 아퀴나스도 인정한 적이 있었고, 단테의 작품도 그러한 세계관을 기반으로 이루어져 있었다. 콜럼버스의 발견은 그 이후의 일로서 카나리아 제도와 아이슬란드와 카보베르데의 발견보다도 때늦은 것이었다.

만약에 새로운 사상이 기존에 만연하고 있는 의견들과 너무 다르거나 그 자체적으로 지나치게 황당무계한 경우, 보통은 그 주창자가 사망하면서 함께 소멸해버리고 만다. 사실 그 주창자의 몰락을 가져오는 경우도 있다. 브레시아의 아르놀드, 크누첸, 캄파넬라 등은 성직자들의 특권과 교황의 세속적인 권력을 무너뜨리려고 노력했다. 하지만 그들은 교회의 박해를 받고 처참한 결말을 맞이한다.

미치광이는 의견을 개진할 때 오직 소수의 동조자를 끌어들일 뿐이다. 그리고 그런 점은 개혁가들도 마찬가지다. 단지 개혁가들은 체제 내에서 통용되는 개념보다 한 단계 진보적인 지향을 내세우기 때문에 사람들이 이를 수용하는 데 그렇게 큰 저항감을 느끼지 않는다. 반면에 미치광이들의 생각은 인류의 보편적인 정서에 반하는 경우가 많아서 사람들이 이를 수용하기에 큰 어려움을 느낀다. 따라서 미치광이와 그를 따르는 소수의 추종자들의 운명이 다하면 그 생각은 따라서 사멸하고 만다.

인도에서는 최근에 케슈브 춘더 셴의 주도 하에 근대적 합리주의와 회의주의를 신격화하는 새로운 종교가 일어나고 있다. 하지만 케슈브의 광기는 분명 그 사회가 수용할 수 있는 한계를 넘어섰다. 우리와 같이 지식적인 면에서 훨씬 진보된 사회에서도 그와 같은 종교가 성립할 가능성은 희박하다. 불교도 인도에서는 카스트 제도라는 높은 벽에 부딪혀서 제대로 뿌리내리지 못하고, 중국과 티베트로 그 근거지가 옮겨 갔던 전례가 있다. 케슈브는 모데나에 출현했던 B모씨와 비슷한 전철을 밟게 될 것이다. 괴상한 합리주의자 B모씨는 자신이 신의 계시를 받았다고 주장하고, 자신이 예지력을 갖춘 선지자라

고 선언했다

정치에서도 비슷한 양상을 볼 수 있다. 역사에 길이 남을 위대한 혁명의 경우에도 작은 사건들이 오랜 세월 차곡차곡 쌓이면서 그 길을 예비해 놓지 않았다면 결코 일어날 수 없었을 것이다. 하지만 그 시기가 조금 당겨졌을 수는 있다. 천재들의 예측할 수 없는 행동이 위기를 촉발하기도 하고, 특정 사건의 진행을 재촉하기도 하는 것은 사실이다. 그들은 평범한 사람들의 시각으로 볼 수 없는 사건의 추이를 예측하면서, 자신의 안위는 아랑곳없이 과감하게 움직이며 시류에 맞서는 행동도 서슴지 않는 것이다. 마치 이 꽃, 저 꽃을 날아다니면서 꽃가루를 실어 나르는 곤충들과 같은 역할을 한다. 만약 곤충들 없이 온전히 바람의 흐름에 의지해서 수정이 이루어진다면, 그 과정은 당연히 하염없이 오랜 시간이 필요할 것이다.

거침없고 추진력이 넘치는 광인의 기질과 신중하고 총명한 천재로서의 자질이 합쳐진다면 어느 시대에 데려다 놓아도 다수의 무기력한 군중들을 불타오르게 할 도화선의 역할을 충분히 해낼 수 있을 것이다. 냉정한 사색가들이나 관찰자의 입장에서 보면 불가사의한 일이지만, 군중들은 이러한 이들이 출현하면 마치 모든 의지를 상실한 듯이 그 광기가 이끄는 대로 따르는 경향이 있다. 고대 야만인들의 삶에서 이미 이러한 광기의 영향력을 확인한 적이 있다. 이러한 광기는 거부할 수 없는 힘이라 해야 할 듯하다.

고대의 야만인들이나 미개인들에게 미치광이는 매우 중요한 위치를 차지했다. 이 점은 병리학적이라기보다는 역사학적 연구 대상일 것이다. 미치광이는 무리에서 공포와 경외의 대상으로서 종종 지배자의 위치를 점하기도 했다. 인도에서도 일부 광인들은 매우 존귀하게 떠받들어졌으며, 브라만들조차도 국가의 중대사에 관해서 이들의 의견을 경청했다고 한다.

고대 인도에서는 여덟 명의 미친 악귀들에게 최고신의 지위를 부여했다. 약사는 헤아릴 수 없이 깊은 지혜를 지녔고, 데바는 힘과 지혜를 겸비해서 그 힘을 빌리기 위해 특히 브라만들도 찾았던 대상이고, 간다르바는 신들을 위한 찬가를 담당했다. 하지만 미치광이에 대한 숭배가 어느 정도나 되는지 또 이러한 전통이 오늘날에는 얼마만큼의 영향력을 가지는지 제대로 이해하고 싶다면 아직까지 인도 각 종파에 존속하고 있는 종교 의식을 보면 된다. 그들은 자신들의 신앙심을 증명하는 방편으로 소변을 마시기도 하고, 뾰족뾰족한 자갈길을 걷기도 하고, 땡볕 아래 여러 해 동안 움직이지 않은 채 고행을 하기도 하고, 신이 현신했다고 믿는 대상을 찾아서 꽃과 음식을 봉헌하며 기도를 올리기도 한다.

고대 히브리 민족에게도 광기가 만연해 있었다는 것은 그 역사와 언어를 통해 확인할 수 있다. 성경에는 다윗이 살해당할 수 있다는 두려움 때문에 거짓으로 미친 척하는 이야기가 나온다. 아기스는 이를 보고 "내가 미치광이가 더 필요하다고 생각해서 지금 미친 척하는 이를 내 앞에 데려온 것이냐?"라고 말한다. 이 구절을 보면 당시에 광인이 많았다는 것을 알 수 있다. 또 미친 척하며 목숨을 부지하려 했다는 점에서 광인이 신성불가침의 대우를 받았다는 것도 알 수 있다. 이는 아랍문화권에서 미치광이를 선지자와 동일시하는 믿음이 광범위하게 퍼져 있었기 때문이다.

사실 성경에서는 예언자의 의미가 있는 'navi'라는 아랍어를 미치광이와 혼용해서 쓰고 있다. 사울은 왕좌에 앉기 전에도 선지자로서의 면모를 보인 적이 있다. 그리고 즉위한 후에는 어느 날엔가 악귀에 쓰인 채 하늘의 뜻을 받았다면서 다윗을 벽에 박아두려고 창을 날리기도 했다. 예레미야서 29장 26절에는 "주께서 너를 제사장으로 삼는 것은 …… 미친 자나 선지자라며 나서는 자를 옥에 가두고 형구를 채워 두려고 하시는 것이니라"라는 구절이 나온다. 열왕기상서 18장을 보면 바알을 섬기는 선지자 무리들이 마치 미친 자들처럼 울부짖으며 자신들의 생살을 베어내는 대목이 나온다. 사무엘상서에는 사울이 선지자가 되어서 벌거벗은 채 들판을 누비는 사건이 기록되어 있다. 다른 어딘가에는 선지자들이 공공연히 죄악으로 물든 장소를 찾거나, 자신들의 손을 잘라 내거나, 오물을 먹는 이야기가 나온다. 아랍에서는 '메지도브', 페르시아에서는 '다바나'라고 부르는 이들이 비슷한 행태를 보인다.

베르브뤼게(프랑스 고고학자 – 옮긴이 주)도 미치광이자 예언자인 사람들에 대해 언급한 적이 있다.

'메지도브'는 특별한 환경이 조성되면 얀센파 광신자와 같은 상태에 빠지는 사람들을 일컫는 호칭이다. 그런 이들이 알제리에도 아주 많은데, 그곳에서는 '아이사와' 또는 '암마림'이라는 호칭으로 잘 알려져 있다.

베르브뤼게가 번역한 물라 아메드의 여행 기록에는 또 다음과 같은 내용이 나온다.

메지도브인 시디 압둘라는 잔인하고 약탈을 일삼는 하미스 부족 사람으로, 부족 내에서 가장 큰 영향력이 있는 인물이었다. 그는 먹지도 마시지도 않고 통나무처럼 꼼짝도 않은 채 사나흘을 보내기도 하고, 사십 일 동안 한잠도 자지 않고 종국에 심각한 경련으로 쓰러질 때까지 버틴 적도 있었다.

아메드의 기록에는 시디 압드엘카드라는 이름도 보이는데, 그는 자신이 누구인지 가족은 어떻게 되는지에 대한 기억을 모두 잊은 채 이지역 저 지역을 떠돌아 다녔다고 한다. 영적인 세계에 깊이 침잠한 결과였다.

드루몬드 헤이는 모로코와 주변 지역의 유목민들이 미치광이들을 얼마나 대단하게 생각하고 있는지에 대해 다음과 같이 전해주었다.

무어인이 우리에게 말해주기를, 미치광이는 육신은 땅에 매여 있지만 정신은 신과 함께하는 자들이라고 한다. 따라서 미치광이나 백치가 입을 열어 말을 한다면, 이는 신께서 그들의 정신이 육신을 찾아 가도록 허락한 경우다. 그들의 말은 또한 선지자들의 계시와 마찬가지로 귀하게 존중받아 마땅하다.

저자 자신도 동행한 영국인 영사와 함께 이 신기한 성자들 중의 한 명에게 목숨을 위협받는 일을 겪기도 했다. 그 성자들은 벌거벗은 채 무장해서 다니면서 자신들이 내키는 대로 온갖 변덕을 부리고 혹 그에 거스르기라도 하면 또 내키는 대로 포악을 떨었다.

파난티가 전하는 바에 따르면, 북아프리카에서는 대규모 상단에서조차 관례적으로 미치광이 성자들의 자문에 따른다고 한다. 어떤 성자는 사원에 들어오는 이들의 목을 졸라 살해했다. 또 다른 이는 공중목욕탕에서 새 신부를 겁탈하기도 했다. 그 혼인의 일행들은 오히려 그 남편에게 이를 경하 받을 일이라고 전했다고 한다.

오스만 제국 사람들은 미치광이들을 이슬람 사제들과 마찬가지로 존중했다. 그들이 신성한 존재와 특별한 관계에 있다고 믿었기 때문이다. 심지어 지역을 관할하는 지방 장관들도 관저에서 미치광이들을 영접했다고 한다. 그들은 '율리아 울라 델리'라고 불렸는데, '신성한 자들' 또는 '하나님의 아들들'이라는 의미로 통용되었지만 실제 의미는 '하나님의 미치광이들'이다. 이밖에도 다양한 종파의 이슬람 사제들이 미치광이와 다름없는 행태를 보여준다. 거의 모든 수도원에서는 나름의 기도와 춤을 연마하는데, 그 모습이 발작에 몸을 경련하는 형상과 그다지 다르지 않다. 몸을 좌우로 흔들어대는 이들도 있고 앞뒤로 흔드는 이들도 있다. 그들의 동작은 기도가 진행되면서 점점 가속이 붙는다. 이러한 몸짓은 신의 영광을 드높이고 유일하신 신을 찬양하기 위한 표현이었다.

쿠파이스라고 불리는 이들은 특별히 다른 이들보다 신성하게 여겨졌다. 그들은 거의 잠을 자는 법이 없었고 그나마 잠을 자는 동안에도 발을 물에 담근 채로 누웠다. 또한 몇 주에 걸쳐 단식하며 수행하기도 했다. 어떤 이들은 알라를 찬양하면서 서로의 팔뚝을 잡아 지탱한 채,

회전하는 동작을 한 상태로 앞으로 행진해나간다. 진행 중에 그들의 목소리는 점점 커지고 동작은 점점 빨라진다. 이내 팔을 서로의 어깨에 걸쳐 서로 의지하는 상태가 된다. 땀이 차오르고 눈에는 열기가 차오르며 얼굴은 창백해진다. 그리고 할룩이라고 부르는 일종의 발작성 경련 상태에 빠지는데, 그들은 이를 신성시하고 있었다. 이렇게 종교적 열광 상태에 들어간 채로 그들은 달구어진 쇠에 생살을 가져다 대는 고행을 기꺼이 받아들인다. 그렇게 해서 화상을 입은 살을 다시 칼로 도려내기까지 한다.

바타키에서는 악귀에 사로잡힌 사람을 숭배하며, 그 사람이 내뱉는 말은 모두 신탁으로 간주하고 모두가 즉시 복종하고 따른다.

마다가스카에서는 미치광이를 떠받든다. 1863년에는 한꺼번에 많은 수의 인원이 경련하는 발작을 일으키면서 자신들에게 다가오는 사람들에게 마구잡이로 폭행을 가했다. 그들은 죽은 여왕이 무덤에서 나오는 환각을 보기도 했다. 왕은 이 사람들에게 함부로 하지 말라는 명령을 내렸다. 그 때문에 두 달이 넘는 기간 동안 병사나 일개 관리들이 자신들의 상관을 매질하는 광경을 목도할 수 있었다고 한다.

중국에서는 도교를 따르는 이들은 사람이 악귀에게 홀린다는 것을 믿는다. 그들은 미치광이들이 내뱉는 말 속의 숨은 뜻을 찾아서 미래를 읽어 내려고 애쓴다. 악귀에 홀려서 미쳤다고 믿으며, 미치광이들이 하는 말이 악귀에게서 나오는 것이라고 생각한다.

오세아니아의 타히티에서는 신성한 영혼에 사로잡힌 선지자들의 존재를 믿었고 이들을 '유타오아'라고 불렀다. 그 섬의 지도자는 스스로를 '나쁜 사람'이라고 칭했다. 오마이라는 통역인이 전달한 것에 따르면, 이러한 선지자들은 사실 미치광이들로서 그들은 착란 상태에서 무의식 상태로 일을 벌이고 나중에 깨어난 후에는 아무런 기억도 못한다고 한다.

미국의 스쿨크래프트는 그의 방대한 저작 『아메리카 원주민들의 역사와 통계』에서 북아메리카에서는 가장 원시적이라는 평가를 받는 오레곤 지역의 부족들에게서 특히나 광기를 추종하는 면이 두드러지게 나타난다고 전한다. 그중 한 여자는 거의 모든 종류의 광기를 한 몸에 지니고 있었는데, 기괴한 모습으로 노래를 부르고 다녔다. 그러면서 자신이 가진 잡동사니를 사람들에게 나눠 주고, 혹시 거절이라도 당하면 자신의 살을 칼로 도려내는 기행을 보였다.

파타고니아에서는 치료사와 주술사의 자리에서 주로 여자들이 활약한다. 남자들도 어렸을 때 특별한 자질이 보이면 신관으로 뽑힐 수도 있지만, 그런 경우에도 반드시 여장을 해야만 한다. 그 자질이라는 것이 발작성 경련인데, 그들은 이러한 발작 상태에서 예언을 내놓는다. 여기서 알 수 있는 것은 그들이 간질환자들을 신성한 영을 접신한 존재로 생각했다는 것이다.

페루에서도 신관들과는 별도로 무당에 해당하는 존재들이 있다. 그들은 몸을 뒤틀고 경련을 일으키는 과정 속에서 예언을 내놓는데, 일반인들에게는 영향력이 있었지만 상류계급의 사람들에게는 멸시를 받았다.

알제리와 수단의 혁명을 주도한 이들은 하나같이 미치광이거나 신경증 환자였다. 그들은 자신들의 병적 증상을 이용해서 광신도들을 모으고, 자신들이 신의 부름을 받은 사도들이라고 믿게 만들었다. 마흐디와 오마르가 그 대표적인 경우고, 중국의 태평천국의 난을 주도한 자도 마찬가지다.

내 생각에는 이렇게 특정 현상이 완전히 일치된 양상으로 다발적으로 일어나는 것은 그것이 동일한 원인들로부터 기인했기 때문이다. 다음은 이러한 원인들을 나름대로 추적해서 정리한 결과다.

1. 일반 대중은 자신들에게 익숙한 감각과 다른 새로운 것을 대하면 경외하는 마음이 생긴다. 경외감은 너무나 인상적인 것에 처음으로 노출되면서 이에 대해서 미처 완벽하게 대응할 수 없을 때 반사적으로 나타나는 결과이다. 페루 사람들은 신성함의 의미를 가지는 '후아카'라는 단어를 다양한 곳에 사용한다. 제의용 희생 제물이나, 사원, 높은 탑, 거대한 산, 흉포한 동물, 손가락이 일곱 개인 사람, 반짝이는 돌 등을 묘사하는 데 이를 적용한다. 셈어에서도 신성함을 의미하는 '엘'이라는 단어는 위대함, 빛, 새로움 등의 의미를 같이 내포하고, 강인한 사람이나 나무, 산, 동물 등의 자연을 일컬을 때도 사용된다. 사실 사람들이 자신과 같은 사람이면서 이해할 수 없는 행동을 보이는 대상에게 놀라는 것은 당연한 일이다. 목소리나 태도가 완전히 돌변해서 기이한 언행을 보이면, 훨씬 진보된 과학 지식을 보유한 우리들도 여전히 그 이유를 이해하지 못하는 경우가 많다.

2. 미치광이들 중 일부는 엄청난 괴력을 발휘하기도 한다. 사람들은 강인함에 대한 동경이 있다.

3. 때로 그들은 냉기나 열기에 무감각한 모습을 보여주고 상처입거나 굶주림에 둔감하기도 하다(아랍의 성자들과 우리 주변의 미치광이들에게서 이런 모습을 볼 수 있었다).

4. 자신들이 지고한 존재의 선택을 받은 특별한 존재라고 믿는 미치광이들은 사람들의 구미에 맞는 의견으로 먼저 그들의 환심을 얻는다.

5. 근본적으로 이러한 미치광이들에게는 보통 사람들을 뛰어넘는 탁월한 지적인 능력이 보인다. 더욱이 그들은 요란한 과시를 통해 대중을 현혹시킨다. 만약에 열정이 지력을 배가시킨다고 하면, 열정이 병적으로 폭발했다고 할 수 있는 광기는 지력을 백 배로 증폭시킨다고 말할 수 있다. 그들은 환각 속에서 발견한 진리에 대해 절대적인 확신에 차 있다. 이러한 확신을 바탕으로 자신들의 신념에 대해 유창한 웅변을 토해낸다. 빛나는 현재의 활약과 보잘것없는 과거가 대비되면서, 보통 사람들의 눈에는 광기가 평범하고 정상적인 정신보다 우월하게 비춰진다. 라차레티, 브리앙, 로욜라, 몰리노스, 잔 다르크, 제세례론자 등이 이를 증명하는 예다. 또한 최근 세벤느 산맥과 스톡홀름 지역에 불어 닥친 광적인 종교 열풍을 봐도, 일자무식인 사람들이 심지어 어린 아이에 이르기까지 영적으로 충만한 설교를 늘어놓기도 한다.

하녀살이를 하던 여자가 "불구덩이에 장작을 던져 넣으면서 지옥의 불길을 생각하지 않을 수 있겠느냐? 장작이 더해질수록 화염이 더욱 심해지리라"라는 말을 하고, 요리사였던 여자는 "하나님께서는 이 분노 가득한 포도주에 저주를 걸어놓으셨다. 이를 마시는 죄인들은 그 죄악의 정도에 따라 심판을 받게 되리라. 이 포도주가 급류가 되어 지옥에 흘러가서 그들을 태우는 연료가 되리라"라고 울부짖었다고 한다. "하늘에 계신 주께서 모든 죄인의 죄를 사해주시기를 빕니다! 골고다로 가십시오. 그곳에는 연회복이 준비되어 있습니다"라고 말한 네 살배기 아이도 있었다고 한다.

6. 야만인들 사이에서는 광기가 마치 전염병처럼 일어나는 때가 있다. 그리스의 아브데라에서 비극 공연에 심취된 사람들이 집단적 광기를 일으킨 사례가 있었다. 바커스 신을 섬기는 여사제들은 피에 대한 갈증과 광신의 열기에 빠져서 아테네와 로마에서 성적으로 문란한 장면을 연출하기도 했다. 특히 중세에는 이곳저곳에서 전염병이 퍼지듯이 광기가 번지는 현상을 목격할 수 있었다.

어떤 광기는 진짜 전염병이라도 되는 것처럼 온 마을을 휩쓸고, 온 나라에 퍼져서 남녀노소를 가리지 않는다. 하다못해 정말 어리숙한 이에서부터 가장 이성적인 회의주의자에 이르기까지 감염시킨다. 보통 악귀가 씌었다는 말을 듣는 미치광이들은 다소간 색정광의 모습을 보이거나 경련을 동반한 발작을 일으킨다. 그 때문에 사람들에게 보통 마녀라거나 악마가 들어 있는 존재로 낙인찍혀서 공포와 혐오의 대상이 된다. 이들의 병증은 환각 속에서 그 본모습을 드러낸다. 이들은 환각 속에서 악령과 거래를 하거나 동물의 형태를 취하기도 한다. 이들은 또한 성인의 유골 등 성스러운 것에 대한 반감도 심하다. 때로는 신체적 능력과 지적 능력이 엄청나게 발달해서 이전에 익숙지 않았던 언어를 유창하게 한다거나, 아주 오래 전의 상황을 세밀하게 기억해내기도 한다. 이런 종류의 광기는 때로는 성적인 황홀감을 동반하기도 하고, 또 때로는 마취된 듯한 상태에 떨어지기도 한다. 또 종종 폭력적인 경향을 보이기도 해서 사람들을 마구잡이로 물어뜯거나 살인을 하거나 자해의 충동을 느끼기도 한다. 때로는 끔찍하게 공포스러운 환각에 시달리기도 하고, 그보다 더 빈번하게는 우울한 환영에 잠겨 있기도 한다. 하지만 그들은 자신들이 보는 것이 진리라는 확고한 믿음이 있다.

세벤느 산맥 지역에서 광신적 열풍이 전염병처럼 퍼졌을 때 여자나 아이까지도 이 바람을 피해갈 수 없었다. 그들은 최고의 신이 태양과 바람을 주관하는 것을 보았다. 수천 명의 여자들이 집단적으로 교수형을 당하는 현장에서도 그들은 찬송과 예언을 그치지 않았다. 빌라니는 이에 대해서 도시 전체가 악마에게 사로잡힌 것 같았다고 평한 적이 있다.

1374년에 엑스라샤펠에서는 사람들에게 무차별적으로 간질과 무도병이 유행했는데, 노쇠한 늙은이들이나 임신한 여인네들도 가리지 않았다. 광장에 나가 기괴한 소리를 떠들어대면서 춤추고 돌아다니는 사람도 있었다. 그들에게 환영이 나타나기도 했다. 그들의 눈앞에서 하늘 문이 열리면서 신의 은총을 받은 사람들이 줄지어 서 있는 모습이 보였다. 그들은 또한 붉은 색에 미친 듯이 열광했다. 이러한 광기는 쾰른에까지 전파되어 그곳에서는 500명에 달하는 시민들이 이상 행동을 보였다. 그리고 메츠로 이동해서 그곳에서는 춤추고 돌아다니는 이들이 1,100명에 이르렀다. 연이어 슈트라스부르크와 다른 지역들로도 전파가 이루어졌다. 이러한 현상은 신속하게 가라앉지도 않고, 주기적으로 재발되는 양상을 보였다. 특히 성 비투스 축일만 되면 그의 유골 인근으로 수천 명이 모여 들어 춤판을 벌였다. 1623년까지도 비투스 성인에 대한 이러한 순례가 지속되었다고 한다.

정말로 신기하게도 중세에는 이러한 종교적 순례에 아이들까지 동참했다. 계속되는 십자군 원정의 실패로 사람들이 낙담하고 있을 때, 1212년 방돔의 클로리스에서 양치기 소년이 나서서 자신을 하나님이 보낸 목자라고 주장했다. 하나님이 낯선 이의 모습으로 나타나서 자신의 빵을 받아 드시고 또 왕에게 보내는 친서를 맡겼다는 것이다. 이 말에 인근의 모든 아이들이 그 아이의 밑으로 구름처럼 몰려들었다. 추종자가 3만 명에 이르렀다고 한다.

얼마 지나지 않아서 설교도 하고 기적을 일으키는 여덟 살짜리 아이가 새로 출현했다. 그 아이는 자신을 추종하며 따르는 무리를 이끌고 클로리스의 성자에게 합류했다. 그리고 그들은 국왕의 만류와 부모들의 반대를 무릅쓰고 예루살렘을 향해 길을 나선다. 고된 여정을 거쳐서 그들은 예루살렘 행 뱃길이 시작되는 마르세이유에 도착하고, 그곳에서 그들을 태워 주겠다는 화물선 두 척을 구하는 데까지 성공한다. 하지만 그들이 올라탄 배는 그들을 성지가 아닌 동방의 노예 시장으로 끌고 가서 팔아버린다.

이러한 광신적인 움직임이 처음 시작되었을 때 사람들이 우선적으로 보이는 반응은 그러한 열풍을 주도하는 개인들에 대한 선망이다.

추종할 만한 대상이 출현한 것이다. 하지만 사람들이 그렇게 쉽게 휩쓸리는 근본적인 원인은 그들이 지역적으로 고립되어 있고 무지하기 때문이다. 문명이 발달된 곳에서는 다수의 사람들과 많은 접촉을 할 수 있기 때문에 다양한 유형의 사람들을 경험할 수 있다. 무엇보다도 각양각색의 감각과 생각을 접할 수 있다. 따라서 사람들이 집단적으로 한 방향으로 움직이는 일은 거의 없다. 실제로 유행처럼 집단적인 광기에 빠져 들었던 현상은 대개 배우지 못한 사람들을 대상으로 확산되었다. 그리고 지역적으로도 중심지에서 멀리 떨어진 외곽 지역에서 시작되었다는 것을 확인할 수 있다.

산악 지대인 콘월, 웨일즈, 노르웨이, 브르타뉴와 저 먼 미국의 식민지, 프랑스의 험한 계곡, 이탈리아에서는 알프스의 협곡 지대 등 하나같이 매우 외진 곳이었다. 역사가들에 따르면 오디베르티라는 사나이는 아미아타 산에서 씻지도 않고 원시적인 생활을 영위하면서 그 이유만으로 성자로 추앙받았다고 한다.

또 그곳에서 멀지 않은 곳에 올리베따노의 수도회에 속해 있는 수도사의 소작인이었던 바르톨로미오 브렌다노가 살았다. 그는 16세기 말엽의 사람이었는데, 스페인 점령기였기 때문에 삶이 더욱 곤궁했던 시기였다. 그런 생활 속에서 그는 광신에 빠져 자신이 세례 요한의 현신이라고 믿었다. 세례 요한의 복장을 재현하기 위해서 무릎까지 오는 수도자복을 뒤집어쓰고 맨발로 다니기까지 했다. 손에는 십자가를 들고서 팔에 해골을 매달고 다녔다. 그는 시에나 지역을 탁발하고 다녔는데, 설교도 하고 예언도 남기고 기적을 행하기도 하면서 자신의 밑으로 신도들을 모았다. 그렇게 로마에까지 이르러서 그는 성베드로 대성당의 광장에서 교황과 추기경들을 힐난하는 설교를 펼친다. 하지만 당시 교황이었던 클렌멘스 7세는 그를 교수대에 매다는 대신에 감옥에 보냈다. 당시에는 미치광이를 악마가 씌었다는 죄목으로 화형에 처하거나 아니면 세상과 떨어뜨려 놓기 위해서 감옥에 가두는 경우가 흔했다.

감옥에서 풀려난 후 브렌다노는 시에나로 돌아갔다. 그리고 스페인 점령군의 사령관이었던 돈 디에고 멘도사를 비난하면서 다녔다. 하지만 멘도사는 그가 성자일지 선지자일지 미치광이일지 확신할 수 없자 지방 장관에게 그 처분을 넘겨버렸다. 시에나의 장관은 "그가 성자라면 갤리선에 보내 노역을 하게 할 수도 없고, 선지자라면 처벌할 근거가 없고, 미쳤다면 처벌을 면제받는 대상이 된다"라고 말하고 그에게 아무런 처분을 내리지 않았다고 한다. 브렌다노는 그렇게 해서 짧은 감옥 생활을 마치고 예언자와 퇴마사로서 여생을 보낸다.

최근에도 피드먼트의 외딴 마을에서 두 명의 성인이 출현했다. 한 명은 20년형을 받은 전과자였고, 다른 한 명은 이미 300명의 신도를 거느리고 있었다. 거기에서 멀지 않은 몬테네로의 산골 마을에서는 1887년에 그리스도의 재림을 믿는 종교적인 광풍이 일어났다. 눈이 내리는 날씨에도 이를 영접하기 위해 3천 명이 넘는 주민들이 모였다고 한다. 같은 시기에 구세주를 사칭하는 방랑자가 아브루치의 베졸라에서 체포되는 일도 있었다.

지적 능력이 퇴행적으로 변질되는 양상에 대해서 야만인들은 정상에서 벗어난 현상이라는 인식이 그다지 강하지 않다. 그들은 환상과 실제를 구분하지 못하고, 환각으로 보이는 것과 자신들의 욕구를 혼동하며, 현실적으로 가능한 것과 초현실적인 것의 차이를 모른다. 또한 그들은 자신의 상상을 제어하지 못한다.

1842년, 노르웨이에서는 '노비병'이라는 현상이 유행했다. 주로 하인과 하녀들, 그리고 그 자녀들을 대상으로 나타났기 때문에 이런 이름이 붙여졌다. 레드루스를 휩쓸었던 현상도 '매우 교육 수준이 낮은 하층민들' 사이에서 유행했다. 반면에 최근에 열풍이 일었던 자기장 이론이나 심령술과 같은 것은 허점이 많다는 점을 제외하고는 뚜렷한 특징이 없다. 그저 고립적인 생활을 하는 사람들이 대상이라는 특징을 보일 뿐이다.

얼마 전에는 아이티의 흑인들이 나무에 천 조각이 걸린 형상에서 성인들의 모습을 찾아낸 일이 있다. 누비아인들도 바위가 쪼개진 형태 속에서 자신들이 모시는 신들의 형상을 본다. 야만인들은 아주 사소한 계기로 공포를 느낀다. 그리고 그 공포심에서 미신으로 가는 길은 그저 한 발짝 차이에 지나지 않는다. 이러한 미신은 문명 세계에서라면 비웃음의 대상이고 논리 앞에 설 자리가 없겠지만, 야만인들에게는 광신적인 믿음이 자라는 가장 주된 요소로 작용한다. 이델러는 1842년 스톡홀름에서 유행한 현상에 대해 역사적 사실에 입각한 기술을 남겼다. 그에 따르면, 그 현상이 시작된 지역은 오랫동안 부흥 설교와 포교 활동으로 다른 지역에 비해서 비정상적일 만큼 종교적으로 고양되고 정신적으로 취약한 사람들이 많았다. 그런 이유로 기이한 현상에 현혹되는 사람들이 눈에 띄게 증가했던 것이다.

이를 통해서 고대에서 현대까지 역사상으로 그 발자취를 확인할 수 있는 예언자들에 대해서도 설명이 가능하다. 사실 병적으로 야심이 크거나 자신이 신이라는 착각에 빠진 불행한 인간들을 사람들은 예언자라고 떠받들고, 망상에 지나지 않는 그들의 생각을 묵시로 여겼던 것이다. 이것이야말로 종교와 자유의지 사이에 치열한 투쟁을 부추겨 온 그 수많은 종파들의 기원이다. 중세에도 그랬고, 현대에도 마찬가지다.

피카르는 자신이 하나님의 아들이라고 주장했다. 그는 자연 그대로의 나체로 지내면서 공동체적인 생활을 해야 한다고 주장했다. 그리고 자신은 이를 실현하기 위해서 이 땅에 보내진 새로운 아담이라고 말했다. 결국 추종자들과 함께 아담종파를 창시하기에 이른다(아담종은 그 이전에 이미 2세기에 창시되었고, 피카르의 이 종파는 네오아담종의 하나다 — 옮긴이 주). 이 종파는 1421년에 후스의 추종자들에 의해 궤멸되다시피 했지만 이후에 투르팽의 지도 아래에 다시 재건되기도 했다.

제세례론자들은 뮌스터와 아펜첼에서 천사들과 용들이 빛을 뿜어내며 전투하는 것을 보았다고 주장했다. 그들은 또한 자신들의 형제와 가장 사랑하는 자식을 죽이라는 계시를 받았다고 믿었다. 몇 개월이나 단식을 하라는 명령도 받았다고 했다. 그들은 또한 숨을 한 번 내쉬거나, 단지 시선을 한 번 주는 것만으로도 군대를 궤멸시킬 수 있다고 말한다. 이후에 출현한 칼뱅파와 얀센파의 그 많은 종파들도 모두 유사한 기원이 있다. 마법사니 악령이니 하는 것들도 이러한 망상의 결과일 뿐이다.

문학계와 철학계의 미치광이들을 살펴보면, 인간의 어리석음에 대해서 실소하는 동시에 깊은 탄식을 금할 수 없다. 예를 들어, 18세기

중엽에 활동한 클레이노프는 자신이 시온의 왕이라고 선언했고, 그의 추종자들은 또한 자신들이 그 자식들이라고 주장했다. 칼라브리아의 요아힘은 기독교 세계가 1200년에 종말을 고할 것이라고 단언했다. 그때가 되면 새로운 구세주가 새로운 복음을 들고 나타날 것이라고 말했다. 스베덴보리는 여러 행성들에 속한 영혼들과 몇 날 며칠 동안, 때로는 수개월에 걸쳐서 대화를 나누었다고 믿었다. 그는 목성의 거주민들을 만났다고도 했다. 그들은 손과 발을 같이 써서 걸어 다닌다고 한다. 화성인들은 눈으로 대화를 나누고, 달의 주민들은 위胃를 이용해서 대화를 나눈다고 한다. 믿기 힘들겠지만 오늘날까지도 이런 이야기를 믿는 사람들이 있다.

어빙은 1830년에 성령으로부터 방언의 은사를 입었다고 주장하며 새로운 종파를 창시했다. 미국에서 존 험프리 노이스는 자신이 예언의 은사를 입었다고 믿었다. 그는 퍼펙셔니스트라고 하는 종파를 열고 오네이다 공산촌을 세웠다. 그는 혼인 관계와 재물이 개인에 속할 수 없다고 생각하고 세속의 법률을 인정하지 않았다. 또한 아주 사소하고 기본적인 행동까지도 하나님의 뜻에 합당해야 한다고 주장했다.

19세기 초에는 율리히 데 크루데네르라는 여자가 왕실 예언가로서 큰 위세를 떨었다. 그녀는 아주 신경질적인 데다가 남들이 보는 앞에서 가수에게 무릎을 꿇고 애정을 호소할 정도로 색정적이었다. 그녀는 실연으로 매우 낙담에 빠진 후 고대의 신앙에 깊이 빠져 들었다. 자신이 인간을 구원으로 이끌기 위해 선택받은 존재라고 믿은 채 엄청난 웅변을 토해내기도 했다. 그녀는 어느 도시에서는 메시아의 재림이 임박했다고 설교해서 그 도시를 완전히 뒤집어 놓았다. 그녀를 찾아 순례를 온 사람들만 2만 명이 넘었다. 사태의 심각성에 놀란 의회에서는 즉각적으로 그녀에게 추방조치를 내린다. 그녀는 급히 바덴으로 넘어갔는데, 그곳에서도 벌써 4천 명이 넘는 인파가 그녀의 옷깃이라도 만져보겠다고 광장에서 대기하고 있었다. 한 여자 성도는 그녀에게 새 성전을 건축하는 데 보태달라고 금화 만 냥을 헌금으로 바치기도 했다. 그녀는 세상의 종말이 임박했다고 정말로 믿었기 때문에 그 돈을 바로 가난한 사람들에게 나눠 주었다.

그녀는 결국 바덴에서도 추방당해서 스위스로의 귀국길에 오르게 되는데, 당시에 수많은 추종자들이 그 뒤를 따랐다고 한다. 비록 정부의 박해를 받았지만 그녀는 사람들의 찬탄과 축복 속에 이 도시, 저 도시를 다녔다. 그녀는 자신이 무슨 일을 하든 천사의 계시가 있다고 말하기도 했다. 그녀를 경멸했던 나폴레옹은 흑천사였고, 러시아의 알렉산드르 1세는 빛의 천사였다. 그녀는 알렉산드르 1세에게 영감을 주기도 했다. 신성동맹이라는 개념은 온전히 그녀에게 영향을 받은 것으로 보인다.

로욜라는 전투에서 중상을 입고 병상에 있으면서 종교에 심취하게 되었다. 그는 루터의 종교개혁에 크게 위협을 느끼고 예수회를 창립한다. 로욜라는 자신이 성모 마리아의 특별한 가호를 받았다고 믿었다. 늘 천상의 소리가 자신을 에워싸서 모든 것을 참고 견딜 수 있도록 격려해주었다고 한다. 조지 폭스와 초기 퀘이커교도들에게도 이와 비슷한 현상이 일어났다고 한다.

_고귀한 기질의 천재 성 프란체스코

프란체스코는 신앙심이 깊은 모친에게서 태어났다. 그는 조르조 파의 사제에게서 기본적인 교육을 받고 바로 사업에 투신했다. 유복한 집안에 태어나서 원하는 대로 돈을 쓸 수 있었기 때문에 그는 또래의 젊은 친구들 사이에서 대단한 환대를 받았다. 그들은 밤낮으로 도시를 누비며 유흥에 몰두했다. 그는 상인의 아들이라기보다는 오히려 대공의 아들이라고 하는 것이 더 적합해 보였다. 아시시의 시민들은 그를 '젊은이들의 꽃'이라고 칭했고 프란체스코의 주변에서는 그를 우두머리로 치켜세웠다. 그는 노래 실력도 뛰어났다. 프란체스코의 전기 작가들은 하나같이 그의 목소리가 아름답고 힘이 있다고 칭송한다.

그는 격투에도 능했다. 프란체스코가 감옥에 수감되었던 적이 있는데, 그때 페루지아 출신의 수감자들과 아시시 출신 수감자들 사이에 싸움이 벌어졌다고 한다. 당시 프란체스코는 아시시의 동료 수감자들을 독려하고 싸움을 주도했다는 것이다. 그는 고귀한 기질을 타고나서, 이것이 외모와 행동에도 묻어 나왔다고 알려진다. 또 넉넉한 마음씨는 가난한 사람들에게 기꺼이 모든 재산을 나눠 준 행동으로 충분히 읽을 수 있다.

프란체스코는 스물네 살일 때 중병으로 오래도록 병상에 있었다고 전해진다. 회복기에 접어들면서 그는 지팡이를 짚은 채 밖으로 나가서 아시시의 아름다운 전경을 둘러보았는데, 이전만큼의 감흥을 느끼지 못했다. 그날 이후로 그는 우울하고 생각이 많은 모습이었다. 때로는 같이 어울리고 있던 무리에서 말없이 자리를 떠나버리기도 했고, 그러고 나서는 동굴로 숨어들어 몇 시간이고 명상에 잠겼다고 한다.

고통에서 벗어나기 위해 프란체스코는 전적으로 기도에 의지했다. 어느 날 그렇게 기도에 열중해 있던 중에 십자가에 못 박힌 그리스도를 본다. 그리스도의 수난은 프란체스코의 골수에까지 새겨졌다. 그 장면만 떠올리면 애끓는 비통함을 금할 수가 없었다. 그 후로 사람들은 그가 미친 듯이 들판을 방황하고 다니는 것을 볼 수 있었다. 얼굴은 온통 눈물범벅인 채였다. 누군가 그에게 어디가 아프냐고 물으면, "내가 눈물을 흘리는 것은 우리 주 예수님의 고난을 생각하기 때문입니다"라고 대답했다고 한다.

하루는 친구가 아내의 기준을 묻자 그는 "세상에서 최고로 고귀하고, 최고로 부유하고, 최고로 아름다운 숙녀 분"을 원한다고 답했다. 하지만 그렇게 말한 바로 그날, 그는 자신의 신분에 맞는 옷을 내던지고 걸인의 옷을 뒤집어쓴다. 프란체스코의 아버지는 이에 격분해서 할 수 있다면 그를 감옥에 처넣고 싶어 했다. 이 일은 당시에 엄청난 화젯거리였다. 『피오레티』를 읽어 보면 많은 이들이 프란체스코를 어리석은 인물이라고 조롱했고, 어떤 때는 돌팔매질을 당하는 일도 있었다. 가까운 친족에서부터 생판 모르는 사람에 이르기까지 모두 그를 조롱하는 무리에 합류했다. 그는 묵묵히 이 모든 조롱과 학대를 견뎠다. 마치 귀머거리에 벙어리가 된 것 같았다.

아시시의 성 프란체스코는 매우 독창적이고 위대한 인물이었다. 여타의 금욕주의자들이 그렇듯이 금식과 고행과 기도를 실천하며 종교적 환영과 황홀경을 경험했기 때문이 아니라, 오히려 그러한 금욕주의와는 상반되는 자질이 있었기 때문이다. 그는 따뜻함과 상냥함이 깃든 인간미가 있었다. 금욕주의는 자연이나 삶 속에서 사람들이 애정을 갖는 모든 요소를 혐오하고 배척한다. 그들은 자신들만의 세상에 고립된 채 명상에 몰두하는 고고한 삶을 추구한다. 이에 반해, 프란체스코는 사람들이 일과 생활에 있어서 자연을 사랑하고 서로 화합하며 상호 존중하는 마음을 가져야 한다고 설파했다. 그리고 몸소 행동으로 실천하고 계율로도 새겨 넣었다. 금욕주의자들은 세상에서 아름다운 모든 것들을 사탄의 유혹이라고 말해왔는데, 프란체스코가 이를 하나님의 작품이라 일컫고 찬양과 감사를 바친 것은 실로 혁명적인 일이었다.

프란체스코의『태양의 찬가』가 나온 배경에는 이토록 전혀 새로운 범신론이 있었다. 그의 범신론은 모든 것을 사랑하고 삶에 열정적인 모습이었다. 그 안에서는 세상에 속한 모든 것이 형제애 속에서 평화롭게 공존하고, 햇살은 따사롭게 비추고, 달과 별들도 밝게 빛나고 있으며, 바람과 구름과 하늘과 물과 그 모든 것들이 꾸밈없이 소박하고 맑고 귀하기만 하다. 어머니 대지는 굳건히 우리를 떠받치고 있고, 또한 우리에게 일용할 양식을 제공해 준다. 내세만을 바라보며 세속적인 모든 것을 경멸하도록 가르침을 받아왔던 인간들도 이제는 이 모든 것들을 허락하신 주의 영광을 찬양할 줄 알아야 한다. 이토록 풍요롭고 다채로우며 아름다운 우주를 창조해 주신 것에 감사드리고 이 모든 것을 사랑으로 대해야만 한다.

이토록 과감하고 전복적이기까지 한 변화의 의미를 새겨보면『태양의 찬가』를 읽으면서 그저 한가로운 미소를 짓고 있을 수만은 없으리라. 더욱이 『태양의 찬가』가 이탈리아에서 종교적인 영감을 지방 방언으로 노래한 최초의 시도였다는 것을 떠올리면 그 무게가 더해진다. 프란체스코는 이러한 찬가를 내놓을 정도로 열정적인 마음의 소유자였다. 그가 주창했던 우주 만물에 대한 사랑도 이미 그 안에서 온전한 형태를 갖추었을 것이다. 사물에 인격을 부여하고 적대화하며, 숲이며 산이며, 공기와 물 등을 공포의 대상으로 대하는 미신적 경향은 고대에 이미 시작되었다. 프란체스코는 이러한 공포를 완전히 극복해 낸 것이다. 더욱이 '성벽을 쌓고 도랑을 파면서 서로에게 으르렁대는 시대'에 인간들을 서로 사랑하는 관계로 세우기 위해서, 그는 따사로운 해와 달을 넘어서 이빨을 드러내는 늑대까지도 포용해야 했으리라.

『태양의 찬가』를 지어 놓고 프란체스코 본인도 정말 흡족한 나머지 이에 곡조를 붙이게 된다. 그리고 포교 활동에 나서는 제자들에게 이를 가르쳐서 내보냈다. 그는 자신의 추종자들 중에서 찬양 부대를 선발해서 내보낼 생각도 했다. 그들은 청중을 회개시키는 '주의 어릿광대들'이 될 것이었다. 프란체스코는 종교적인 송가를 세속의 언어로 녹여 낸 최초의 인물이면서 동시에 이를 고무하는 데 있어서도 가장 활동적이었다.

_환각 증상에 시달린 천재 루터

루터는 자신이 겪은 신체적 고통과 악몽이 악마의 소행이라고 생각했다. 하지만 그가 남긴 기록을 검토해 보면, 그가 신경 이상으로 고통을 받았던 것을 분명히 알 수 있다. 그는 가끔 특별한 계기도 없고 그 이유도 알 수 없는 비통함을 느꼈다. 루터는 이를 하나님께 불경한 죄로 그 분노를 받는 것이라고 여겼다. 27살에는 현기증 증상이 시작되었는데, 극심한 두통과 이명을 동반해서 일단 증상이 시작되면 아무 일도 할 수 없을 정도로 심한 고통을 겪어야만 했다. 이러한 강도의 현기증은 32살, 38살, 40살, 52살에도 다시 경험하게 된다. 특히 여행 중이면 겪게 되는 증상이었다. 서른여덟 살에는 환각을 보기 시작했다. 환각은 그가 홀로 있을 때 찾아오는 경향이 있었다.

1521년, 파트모스 섬에 머물고 있을 때 내 방에는 식사를 가져다 주는 사환 두 명 말고는 아무도 들이지 않았다. 어느 날인가 밤에 잠자리에 들었는데 땅콩이 자루 안에서 움직이는 소리가 들렸다. 그러더니 이내 천장으로 날아오르고 내 침대 주위로도 날아다녔다. 애써 잠을 청했지만 마치 열매가 한꺼번에 쏟아져 내리는 것 같은 소리가 울려대자 자리에서 일어나지 않을 수 없었다. 나는 "당신께서는 누구십니까?"하고 외쳐 물었다. 우리 주 그리스도에게 나를 처음 선보인 순간이었다.

하루는 루터가 비텐베르크의 교회에서 로마서를 강독하고 있었다. 그런데 "의인들은 믿음으로 말미암아 살리라"라는 구절이 돌연 그의 심중에 파고들었다. 그는 이 구절이 귀 속에서 크게 울리는 소리를 몇 번이나 들었다. 1507년 로마에서는 그가 스칼라 산타 성단의 계단에 발을 딛는 순간 같은 구절이 마치 천둥소리와 같이 귀에 울렸다. 그는 또 "한밤중에 잠에서 깨어 사탄과 예배 문제로 논쟁하는 일이 매우 잦았다"라고 고백하면서, 악마가 내놓은 논거에 대해서 매우 자세하게 제시하기도 했다.

_광기를 전염시킨 천재 사보나롤라

모든 면에 있어서 가장 그럴듯한 그림이 완성되는 것은 사보나롤라의 경우다. 그는 어린 시절부터 종교적 환영을 보았고, 이를 통해서 자신이 그리스도로부터 부패에 물든 나라를 구하게 될 소임을 받은 존재라고 믿었다. 하루는 수녀와 대화를 나누고 있는데, 갑자기 하늘이 열리면서 교회가 환난에 처하는 환영이 나타났다. 그는 사람들에게 이를 고지하라는 사명을 받게 된다.

묵시록과 구약성경 속의 선지자들에게 나타났던 환영이 사보나롤라의 눈앞에 펼쳐졌다. 1491년에는 정치적인 설교를 중단하고자 했지만, 다시 한 번 그를 다잡는 소리를 듣는다.

나는 토요일 하루 낮과 밤을 기도하며 주님의 말씀을 기다렸다. 이윽고 동이 터 올 무렵에 "어리석은 자야, 하나님이 네게 예비하신 길은 오직 한 길이라는 것을 보지 못하겠느냐?"라는 소리를 들었다.

1492년에는 강림절 주간에 검이 나타나는 환영을 보았다. 검신에는 '땅 위에 재림하실 주님의 검'이라는 글귀가 새겨져 있었다. 그 검은 갑자기 방향을 틀어 지상을 향했고, 하늘이 어두워지면서 검과 화살과 불덩이가 비처럼 쏟아져 내렸다. 그리고 세상에는 기근과 역병이 창궐했다. 사보나롤라는 이 시점부터 피렌체에 역병이 올 것이라고 예언했는데, 이후 실제로 역병이 대유행했다.

또 다른 환영에서는 그리스도의 대사 자격으로 천국을 향한 긴 여정에 나서기도 했다. 도중에 수많은 성인들을 만나고, 성모 마리아와도 담화를 나누었다고 한다. 그는 성모 마리아의 옥좌에 박혀 있던 보석의 개수까지도 기억할 수 있다고 공언했다. 라차레티도 이와 흡사한 장면을 묘사한 적이 있다. 사보나롤라는 자신에게 나타난 환영들을 끊임없이 곱씹으면서, 그중에서 천사들이 보여주는 것과 악마가 농간을 부린 것을 구별해내려고 애썼다. 그는 이 점에 있어서는 자신의 판단에 오류가 없으리라 자신했다. 그가 남긴 대화에 다음과 같은 내용이 있다.

선지자를 사칭하며 다른 사람들을 속이는 것은 하나님을 사기꾼으로 만드는 행위다. 그렇다면 지금 스스로를 속이고 있는 것은 아닐까? 아니다. 나는 하나님을 경배하고 오직 그의 가르침대로 살아가기를 원할 뿐이다. 하나님이 나를 시험하는 것일 리가 없다.

하지만 여기서도 정신이 어지러운 이들에게 특징적으로 보이는 모순을 찾아 볼 수 있다. 바로 전에 그는 "나는 선지자도 아니고 선지자의 자손도 못된다. 억지로 나를 선지자로 만든다면 그것을 죄를 짓는 것이다"라고 기록한 적이 있었던 것이다. 또한 신의 은총과 묵시를 보는 것은 별개의 일이라고 써놓고, 그곳에서 몇 장을 넘긴 곳에서는 은

총과 묵시는 매한가지라고 하기도 했다.

빌라리가 그에게 남긴 논평은 매우 적절한 것이다.

이런 점이야말로 그가 가진 독특한 성격을 보여 준다. 피렌체에 최고의 공화정을 선사하고, 전체 민중을 마음대로 휘두르고, 세상을 자신의 웅변으로 가득 채웠던 인물이자, 최고의 사상가였던 이가 자랑거리로 내세우는 것이 허공에서 나는 소리를 듣고, 주님의 검을 보았다는 것뿐이었다.

그리고 그의 결론은 다음과 같다.

사보나롤라에게 나타난 환영들이 그토록 유치하다는 것은 그가 망상의 제물이었다는 것을 증명하는 것이다. 그 환영들이 하등의 가치가 없고 때로는 오히려 사보나롤라에게 재앙을 불러들일 수도 있는 것을 생각하면 이는 더욱 확실해진다.

만약에 그가 대중을 속이려고 지어낸 것이라면 그러한 환영들에 대해 논문까지 작성할 필요가 있었겠는가. 굳이 자신의 모친에게 그 환영들을 고백할 필요가 있었겠는가. 그 환영들에 대해 고민하고 사색한 내용을 굳이 성경책 속 여백을 찾아서 적어 놓아야 할 필요가 있었겠는가. 그의 추종자들이 가장 감추고 싶어 했을 법한 내용이나, 생각이 있는 자라면 결코 출판하지 않을 만한 내용도 사보나롤라는 계속해서 책으로 찍어 내고 세상에 퍼뜨렸다.

그는 자신의 안에서 타오르고 있는 불꽃을 느낄 수 있었다고 고백한다. 그 불꽃은 그의 뼈를 태우고 또 그가 설교하지 않을 수 없도록 내몰았다. 그러한 착란 상태의 황홀경 속에 있었기에 그가 그토록 강력한 영향력을 발휘할 수 있었던 것이다. 사실 그의 설교를 글로 접해서는 도저히 이해할 수 없을 것이다. 그는 말로써 청중을 압도했다.

우리는 이를 통해서 사보나롤라가 어떤 방식으로 광신적인 열풍을 이끌어 낼 수 있었는지 이해할 수 있다. 그는 단지 사상을 전파시킨 것이 아니라 실제로 광기를 전염시켰다. 생전 교육이라고는 받아 본 적도 없는 신도가 그러한 광기에 힘입어 즉흥적으로 설교도 하고 글을 쓰기도 했다. 도미니코 체키는 『신성한 개혁』이라는 책을 펴냈다. 그 안에는 더 나무랄 데 없는 개혁안들이 들어 있었다. 시의회를 소소한 잡무에서 해방시키는 방안부터, 교회 재산에 세금을 부과하는 방안, 독신세를 부과하는 방안, 군대를 모집하는 방안, 여자들의 혼인 지참금을 고정하는 방안 등이 그 예다. 서문에서 그는 다음과 같이 적었다.

이런 책을 내고 싶은 마음이 있었기 때문에 나는 정말 애썼다. 다른 생각은 할 수 없었다. 밤낮으로 매달렸고 기적이라고 할 수 있을 만큼 노력했다. 하지만 모든 것이 지나갔고, 이제 그 결과 앞에서 나는 실로 놀라움을 금치 못하겠다.

피렌체에서 재봉사 일을 하고 있던 조반니라는 사람은 병적인 열광 상태에 빠져서 시집을 냈다. 그는 다가올 피렌체의 영광을 찬미하고 라차레티의 작품에 버금가는 시구들을 보여주었다. 그 안에는 다음과 같은 예언도 담겼다.

피사의 인간들은 너무나 많은 슬픔과 고통을 야기한 원흉이므로 발에 족쇄를 찬 채 시궁창에 버려지고 말 것이다.

우리 병원에도 이런 비슷한 환자들이 있느냐고 질문을 받는다면, 이런 환자가 없는 정신병원이 이탈리아에 어디 있겠느냐고 대답하겠다.

_역사가들에게 수수께끼 같은 존재 콜라 디 리엔조

1330년, 로마는 혼돈에 빠져들고 있었다. 역사가들은 하나같이 무질서하고 무정부적인 상태에서 강도와 다름없는 귀족들의 횡포로 무법천지가 벌어졌던 당시의 시대상을 끔찍한 참상으로 기록하고 있다.

그 시대의 제반 여건들은 민중 혁명이 일어나기에 알맞은 조건이었다. 귀족들의 든든한 보호막이 되어 주던 로베르트 왕이 서거한 후, 토디, 제노바, 피렌체 등에서는 이미 민주정의 단초가 보이기 시작했다. 이것이 후에 치옴피의 난으로까지 이어진다. 채 무르익지 못한 혁명의 기운으로 전 유럽이 불안에 떨고 있었다. 봉건주의와 전제군주가 굳건했던 프랑스까지도 이러한 기운이 스며들고, 파리에서는 마르셀의 주도 하에 짧게나마 민중 봉기가 일어나기도 했다.

이러한 환경에서 콜라 디 리엔조가 출현했다. 그는 1313년에 티베르 구역에서 여인숙을 하는 아버지와 빨래 일을 받아 하던 어머니 사이에서 출생했다. 그는 막일꾼과 다름없는 처지에서 학업에 정진해서 공증인이 되었고, 조국의 역사와 고대 유물에 대한 교양도 갖추어 나갔다. 그러던 어느 날, 동생이 흉악한 정부 관원에게 살해당하는 일을 겪게 된다. 로마의 폭정에 희생당했다고 하는 것이 더 적절한 표현일 것이다.

리엔조는 이미 고서들을 섭렵하면서 로마의 쇠락을 애석해 하고 있었다. "그 옛날의 훌륭한 로마인들은 다 어디로 가버렸나? 그들이 세운 정의는 어떻게 된 것인가?"라고 한탄하며 눈물을 흘리기까지 했다고 어느 이름 모를 역사가는 전한다. 그런 차에 허망하게 동생을 잃으면서 리엔조는 책에서 배운 이상의 실현을 위해 나서야겠다고 각성했다.

공증인으로서 그는 사회적 약자들을 보호하는 일에 헌신했다. 그리고 사람들에게서 그들의 집정관이라는 칭호를 듣는다. 그는 목수와 직물인과 다른 상공인 조합의 집정관으로 떠받들어졌다.

1343년에는 로마에서 크고 작은 봉기가 끊이지 않았다. 사람들은 원로원을 무너뜨리고 교황을 통치자로 세우는 새로운 정부를 세우고자 했다. 리엔조는 이러한 민중운동의 대변인 자격으로 아비뇽에 파견되었다. 그곳에서 그는 악마에게 넘어간 로마의 참상을 생생하게 그려냈다. 열정과 힘이 넘치는 그의 웅변은 얼음장 같던 고위 성직자들을 녹여냈고, 1344년에는 공식 직함을 받기까지 했다.

리엔조는 로마로 귀환한 후에도 열성적으로 일했다. 더 이상 일부 사람들이 공치사로 불러주는 집정관이 아니었다. 이제는 로마의 집정관이라고 불렸다. 그는 남에게 공손한 태도를 보이면서도 정의를 집행하는 데는 엄정하기 이를 데 없었다. '정부의 개'라고 부르는 부류를 만나서 훈시하지 않고 넘어가는 법도 없었다.

어느 날엔가 의회에서 리엔조는 귀족들을 향해 "당신들은 사악하기 이를 데 없고, 인민의 고혈을 빨아먹는 존재들"이라고 고래고래 소리를 질렀다. 그리고 그 옆의 장관들과 관리들에게도 그들의 소임은 국가를 위해 봉사하는 것이라고 호통을 쳤다고 한다. 하지만 이 때문에 콜로나 가문의 격한 반발을 사고, 보다 유화적인 접근법을 찾을 수밖에 없었다. 리엔조는 그림을 통해서 로마가 겪어 온 과거의 영광과 현재의 비참함을 대비시키기 시작했다. 살인자와 각종 악행을 저지른 자들은 유인원이나 고양이로 묘사했다. 그리고 부패한 판사와 공증인들에겐 여우의 형상을 입히고, 의원들과 귀족들은 늑대나 곰으로 표현했다.

베스파시아누스 황제의 유명한 탁자를 전시해 놓고 사람들을 불러 모은 적도 있었다. 그 자리에는 귀족들도 불려나왔다. 리엔조는 하얀 두건이 달린 독일풍의 망토를 뒤집어쓰고, 그 위로 머리에 관을 쓰고 있었다고 한다. 머리에 쓴 관도 하얀색으로, 둘레에는 왕관 모양의 장식이 촘촘히 매달려 있었다. 그중 하나의 왕관은 중앙이 은색 검으로 갈라진 모양이었다. 이 기괴한 조형을 통해서 상징하는 것이 무엇인지 정확히 알려진 것은 없다.

하지만 이를 통해서 리엔조에게 나타난 광기의 징후를 읽어 낼 수 있다. 이렇게 상징을 즐겨 사용하면서 때로는 상징의 원래 주체와는 상관없이 그 결과물에 집착하는 모습은 앞에서 봤듯이 편집광들에게 나타나는 특징 중 하나였다. 아마도 리엔조는 베스파시아누스에게 법령을 제정할 권한, 로마와 이탈리아의 행정 구역까지도 좌지우지할 권한, 각 식민지의 왕을 세울 권한 등을 부여한 원로원의 칙령을 상기시키고, 그 결과로 로마가 현재 어떠한 처지로 떨어졌는지를 일깨우려고 했던 것이리라.

이 외에 그는 매우 기괴한 언행들을 일삼았다.

사람들이 내가 하는 말 속에서 범죄의 요소를 찾으려고 혈안이 되어 있다는 것을 잘 알고 있다. 그들은 나를 시기한다. 하지만 하늘에 감사하게도 다음 세 가지가 나의 적들을 해치워 버린다. 사치와 시기와 불길이 바로 그 세 가지다.

마지막 두 항목은 특히나 대단한 갈채를 받았다. 하지만 나로서는 전혀 이해할 수 없다. 내 생각에 그 갈채는 청중이 제대로 이해하지 못했기 때문에 오히려 가능했을 것이다. 거리의 웅변가들을 보면 그저 낭랑한 어조로 의미 없는 단어들을 나열하면서 사상의 빈약함을 채우고서도 때로는 엄청난 반향을 얻어냈다.

실상 상류계급의 사람들에게 그는 사회의 구경거리에 불과한 존재였다. 그래서 그저 정신이 나간 사람으로 통했다. 귀족들은 그와 논쟁하는 재미에 서로 경쟁했다. 리엔조는 그들에게 자신이 앞으로 정부를 이끌면서 만들어 갈 영광스러운 미래에 대해서 말했다. 그리고 무시무시한 경고를 날린다.

내가 왕이나 황제의 보위에 오른다면 당신들 모두를 쓸어버릴 것이다. 누군가는 교수대에 매달릴 것이고, 누군가는 목이 날아갈 것이다.

그는 한 사람도 그냥 넘어가지 않고 한 명, 한 명 이름을 불러가면서 면전에다 이렇게 일갈을 날렸다. 그리고 늘 자신이 생각하는 이상적인 국가의 모습과 이를 복원해 낼 방안에 대해 떠들어댔다.

그가 미친 척 위장한다고 말하는 이들도 있다. 특히 페트라르카가 대표적이다. 그는 리엔조가 제2의 브루투스라고 말했다. 하지만 잘난 척 하기 좋아하고, 사치를 일삼고, 상징을 즐겨 사용하며, 화려한 복장에 빠져 있던 리엔조의 모습을 보면 그의 광기를 지어낸 것이라고 보기는 어렵다. 더욱이 정치적 입지가 올라가면서 이러한 경향이 더욱 심화되는 것을 볼 때, 그의 광기는 분명히 그 모습이 드러난다.

그는 상징적인 표현을 채워 넣은 그림들을 계속 그렸다. 그중 하나에는 다음과 같은 명문이 들어 있었다.

심판의 날이 오고 있다. 지금 이 순간에도 대비해야 할 것이다.

이 글귀가 들어 있는 그림 속에는 작은 새에게 목관을 물어 오는 흰 비둘기의 형상이 담겨 있다. 흰 비둘기는 성령을 상징하며 작은 새는 리엔조 자신을 가리킨다. 이것이 형상화하는 것은 자신이 로마라는 영광의 관을 쓰게 될 미래를 나타내는 것이었다. 1347년, 사순절 주간의 첫째 날에는 성 조르조 성당 앞에 다음과 같은 내용이 쓰인 새로운 현수막을 내걸었다.

영광스런 로마의 복원이 멀지 않았다.

_귀족들에겐 그저 미치광이 리엔조의 거사

귀족들에게 그저 미치광이로 여겨졌을 뿐 경계의 대상이 아니었던 덕분에 리엔조는 비밀리에 음모를 도모할 수 있었다. 그는 여론이 무르익을 때를 기다리며 자신과 뜻을 함께할 적당한 인물들을 물색하고 하나하나 포섭해나갔다. 그리고 4월의 마지막 날, 정부의 수뇌들이 도시를 비운 틈을 노려 자신의 사람들을 아웬티누스 언덕에 포진시켜 놓는다.

모두가 모인 곳에서 그때까지 비밀리에 있던 이상국가의 실현이라는 대망의 계획이 선포되었다. 리엔조는 확고한 자세로 열변을 토해냈다. 상류계급이 만들어 낸 난맥상, 더욱 어려워져만 가는 서민들의 곤궁한 처지, 무장한 도적 떼의 창궐, 혼인식에서 끌려 나가는 신부들, 살해당하는 순례자들, 주지육림에 빠져 허우적대는 성직자들, 아무 힘도 지혜도 보여주지 못하는 무능력한 통치 권력 등등. 그가 토해낸 현실이 너무나 적나라했기 때문에 회중은 깊은 인상을 받았다.

귀족들은 오직 공포의 대상일 뿐 아무런 희망도 품을 수 없는 존재라는 것도 강조되었다. 이러한 혼란과 무질서 속에 그들은 어디에 있나. 이렇게 모든 것이 엉망진창으로 무너져 내린 로마를 뒤로 하고, 그들은 한가로이 자신들의 사유지에서 휴일을 즐기고 있다.

하지만 민중파의 당원들은 거사에 필요한 자금을 걱정하며 여전히 참여를 망설였다. 리엔조는 교황궁무처에서 들어오는 돈을 쓸 수 있을 거라고 그들을 안심시킨다. 소금으로 거둬들이는 세금이 금화 1만 냥이고 아궁이세만도 10만 냥에 달하는 규모라고 그는 말했다(하지만 시스몽디는 얼토당토않은 수치라고 확인해주었다). 또 자신은 교황의 뜻을 받아서 움직이는 것으로 교황청의 전체 수익을 관장하도록 허가받은 상태라고도 했다(물론 사실이 아니었다).

1347년 5월 18일, 콜로나 가문의 수장이 부재하는 틈을 노려 리엔조는 거사를 도모한다. 거리마다 트럼펫을 불고 다니면서 다음 날 밤 산탄젤로 교회에서 새로운 국가의 건설을 위한 회합이 있다고 전체 시민에게 알렸다. 19일이 되자 그는 갑옷을 갖춰 입고 백 명이나 되는 무장 호위대와 함께 나타났다. 교황의 보좌신부도 자리를 같이했다.

즉석에서 조직된 회합이었지만 그 안에서 논의하고 채택한 의제들 중 일부는 오늘날 우리 시대에 적용해도 좋을 정도였다. 다음은 그 몇 가지 예다.

- 모든 소송은 15일 이내에 종결되어야 한다.
- 교황궁무처는 과부와 고아들에게 원조를 제공한다.
- 로마의 모든 행정구역마다 관창을 설치하고 비상식량을 비축한다.
- 군복무 중 전사한 로마인의 경우, 그 상속자들에게 보상금을 지급한다. 보병에게는 100리라, 기병에게는 금화 100냥을 지급한다.
- 도시와 요새의 수비대는 로마인들 중에서 선발한다.

- 남을 무고하는 이들은 피해자들이 입은 손해에 대해 배상의 책임을 진다.
- 사형수의 가옥은 철거하지 않고 자치정부의 관할로 넘긴다.

리엔조는 이 인민들의 회합에서 도시에 대한 전권을 위임받았다. 그리고 그는 호민관의 지위를 가지고 혼돈으로 가득했던 도시에 평화를 복원하는 기적을 일구어 낸다. 오만한 귀족들도 그의 발 앞에 엎드렸다. 개혁에 적대적이었던 저 권세 높은 주지사 비코마저도 그 앞에 고개를 숙이고 무릎을 꿇었다.

리엔조는 귀족과 평민의 신분을 가리지 않고 엄정하게 동일한 잣대를 적용했다. 오르시니, 사벨리, 가에타니 등 로마의 전통적 명문가의 자제들도 죄가 있으면 가차 없이 교수형에 처했다. 심지어 성직자도 법망을 피해갈 수는 없었다. 아나스타시우스 파의 수도사가 여러 건의 살인혐의로 재판에 넘겨져서 사형에 처해졌다.

소위 말하는 '평화의 법정'을 통해서 리엔조는 서로 원한 관계에 있는 시민 1천8백 명의 화해를 조정했다. 또한 그는 귀족을 떠받드는 칭호인 Don의 사용을 금지시켰다. 하지만 시도로만 그친 셈인데, 이 호칭은 남부지방에서 오늘날까지도 여전히 사용된다.

그는 도박과 축첩, 그리고 식료품 거래에서 폭리를 취하는 것을 금지시켰다. 특히 마지막 항목으로 민심을 얻는다. 끝으로 리엔조는 민병대를 조직해서 진정한 국토방위군을 만들었다. 이뿐만 아니라, 그는 귀족가문의 문장들을 모든 궁전에서 보이지 않게 치워 버리도록 했다. 마차와 군기 등에 사용하는 것도 금지했다. 로마에는 교황과 그를 제외하고는 다른 어떤 주권자도 있을 수 없기 때문이다.

리엔조는 로마의 통치권이 미치는 모든 도시와 촌락에 아궁이세를 부활시켰다. 면세를 요청할 만한 토스카나 지방에서도 이에 순순히 응했다. 세금 징수원의 일손이 부족할 정도였다. 대부분의 지역에서 각 지방의 수장들도 그의 통치를 인정했다. 그는 일종의 판사직을 신설해서 형사 사건까지도 주재할 수 있도록 했다. 그는 이밖에도 많은 일을 해냈다. 리엔조는 교황파와 황제파를 초월한 '통일 이탈리아'라는 개념을 처음으로 구상한 인물이다. 단테도 이에는 생각이 미치지 못했다. 리엔조는 프랑스의 국민의회와 같은 조직을 구성하려고 시도했다. 하지만 이탈리아에서는 처음으로 시도하는 것이다 보니, 고작 35군데의 코뮌에서 이를 이해할 수 있었을 뿐이다.

리엔조는 아비뇽에서 자신에 대한 사면을 받아냈다. 사실 이 일이야말로 그에게는 일생일대의 모험이었다고 생각한다. 왜냐하면 누구도 그토록 교황에게 적대적인 말과 행동을 쏟아내고서 사면을 받은 예는 일찍이 없었기 때문이다. 특히나 당시의 성직자들은 자비라고는 모르고, 완고하기 이를 데 없었던 것이다. 리엔조는 사면을 받았을 뿐만 아니라 다시 직위를 회복하기까지 했다. 비록 단기간 동안이었고 권한이 많이 축소되기는 했지만, 충분히 교회에 위협이 될 수도 있는 자리였다.

하지만 이 모든 기적들은 단지 찰나의 시간 동안 지속되었을 뿐이다. 리엔조는 정치적인 식견에 있어서는 시대를 뛰어넘었을 뿐 아니라 현대 사상가들에도 못지않았다. 그리고 만치니와 카보우르에 앞서 이탈리아의 통일을 구상한 선각자였을지 모르지만, 실상 그저 편집광 환자에 불과했다. 위대한 사상을 품을 수는 있었지만, 실행하는 것은 어리숙하고 무능했다. 그가 비코를 처리한 예만 보아도 알 수 있다. 그의 가장 큰 정적이었는데도 자신의 손에 떨어진 비코를 맥없이 풀어주고 만 것이다. 대신 손자를 인질로 잡아두기는 했지만, 리엔조는 귀족들을 상대로 얻은 이 귀한 승리에서 실익을 챙기는 데 실패하고 말았다. 게다가 리엔조는 무엇이든 결론내리고 결정하는 것을 어려워했다. 비단 신학적 문제가 아닌 모든 일에 대해서 언제나 성령의 은혜를 방패삼았다. 그의 과업도 성령의 가호를 받아서 시작된 것이었으니, 두말하면 무엇하랴.

_그리스도와의 공통분모를 찾다 리엔조의 망상

리엔조가 자신의 망상을 한층 더 확신할 수 있었던 것은 당시 유행하던 이단 종파 덕분이었다. 그들은 성령이 세상을 새롭게 재편하러 온 것이라고 가르쳤다. 이에 더해서 자신이 우화적인 그림을 사람들에게 보여주고 있을 때 흰 비둘기가 날아와서 자신을 빛내주자, 리엔조는 더욱 확신에 차게 된다. 그리고 이를 자신이 콜로나 가문과 강대한 주지사를 상대로 승리하리라는 징조로 해석했다.

리엔조는 가장 중요한 사안들에는 하나님이 꿈이나 다른 신호를 통해서 자신에게 나아 갈 방향을 계시해준다고 믿었다. 그는 하나님에게 모든 것을 의논하고 의지했다. 이러한 영감에 높은 가치를 부여한 나머지, 리엔조는 종교령들을 발효하기도 했다. 일례로 일 년에 한 번은 진정성 있는 고해성사를 해야 하고, 또한 재산의 삼분의 일을 국가에 헌납하도록 했다.

일상적인 모순의 표출이 미치광이들의 특징이라고 할 때, 리엔조도 이를 피해가지 못했다. 신앙심이 매우 깊었는데도 그는 자신이 서른세 살에 위대한 전기를 맞이했다는 점에서 그리스도와 공통점이 있다고 내세우는데 아무런 거리낌이 없었다. 실각한 후에도 역시나 그리스도와의 공통분모를 찾아냈다. 특별한 숫자에 의미를 부여하는 것은 그야말로 미치광이의 정석이라고 할 만한데, 마엘라에서 망명생활을 보낸 기간이 또 맞춤하게 서른세 달이었던 것이다.

망명 기간 동안 그는 거칠고 외로운 은둔처에서 환각에 빠진 인물들에 둘러싸여 지냈다. 그들은 성령을 신봉하는 자들이었는데, 리엔조에게 그가 다시 한 번 승리를 얻을 것이며 그때는 온 세상을 지배할 거라고 예언했다. 이러한 과대망상들 덕분에 리엔조는 이탈리아를 구원할 모든 희망이 자신의 한 몸에 달렸다고 믿었다. 자신이야말로 구세주로서 로마제국의 영광을 복원하고 더 나아가서 죄악으로 물든 세상을 구원해야 할 사명이 있었던 것이다.

프라하의 감옥에 갇힌 순간에도 리엔조는 자신이 악마가 만들어놓은 환상에 잡혀 있는 것이라고 생각했다. 죽을 수 있다는 생각을 하면서도 자신은 그저 하늘의 뜻을 따를 뿐이라고 받아들이는 마음도 있었다. 그는 당시 "나는 감방의 열쇠에 입을 맞추었다. 그것은 하나님의 선물이었다"라는 말을 했다고 한다.

어느 날은 권좌에서 일어나 그를 따르는 신실한 추종자들에게 다가가며 다음과 같이 말했다고 한다.

우리는 클레멘스 교황이 우리의 법정에 설 것을 명한다. 그는 또한 로마에 상주해야 할 것이다. 우리는 추기경단들도 같이 로마에 복귀할 것을 명한다. 각기 신성로마제국의 황제임을 주장하는 보헤미아의 카를 국왕과 바이에른의 루드비히 국왕은 청구인들로서 출석해야 할 것이다. 우리는 독일의 선제후들이 무슨 근거로 제국의 주권자 로마인들에게 전적으로 귀속하는 권리를 찬탈해서 자기들 마음대로 제국의 향방을 결정지었는지 밝힐 것을 명하는 바이다.

그런 다음 리엔조는 검을 빼어들고 세 번 휘두른 채 흥분에 겨워 "이 또한 나에게 속하는 것이다"라고 세 번 외쳤다고 한다. 이 모든 것은 그가 콘스탄티누스 대제가 세례를 받았다는 연못에서 목욕을 하고 난 후 벌어진 일들이다. 그는 이 특별한 장소에서의 의식을 통해서 자신이 황제의 권위를 계승했다고 믿었다.

리엔조가 이런 일들을 벌이고 있는 동안 교황의 특사가 이에 동조해주었더라면 이 황당한 일들이 어느 정도의 정당성을 확보할 수 있었을지 모른다. 하지만 특사는 비록 미약하나마 그가 가진 모든 힘을 동원해서 이에 대해 반대하는 뜻을 피력했다.

이것은 산 마리노의 집정관에 불과한 이가 자신이 다수의 지지를 받고 있고, 나폴레옹의 모자를 써보았기 때문에 오스트리아와 독일, 그리고 러시아 황제를 소환할 권한이 있다고 하는 것과 마찬가지였던 셈이다. 지금과 같은 시대에 벌어진다고 해도 황당하게만 여겨질 텐데, 천부적인 권위가 세속적인 권력보다 더욱 강조되던 그 시기에는 어떠했겠는가. 이러한 일탈이 일시적인 것도 아니었다. 위에 언급한 미친 짓을 벌이고 난 후에 리엔조가 작성한 외교 문서가 아직 남아 있는데, 다음은 그중 일부를 발췌한 것이다.

하나님과 성령과 로마인들에게 부여받은 권한으로 선언하는 바, 로마제국에 대한 모든 권리와 선거, 재판의 권리는 전적으로 로마 시와 이탈리아에 속하는 것이다. 신성로마제국의 군주권도 응당 그러하다. 이것의 합당한 근거는 적당한 시기와 장소를 정해서 추후에 공표할 것이다. 먼저 대공들과 제후들에게 소집령을 내린다. 오늘부터 다음 성령강림절 기간에 이르기까지 라테른 궁전으로 찾아올 것이며, 이에 불복한다면 법에 의해 처벌받을 것이고, 성령의 진노를 피할 수 없을 것이다.

리엔조는 혹시라도 이 고지를 이해하지 못하는 자들이 있을까 염려하며, 자신의 뜻을 보다 명시적으로 알리는 다음 문구를 덧붙였다.

이제까지의 포괄적 고지에 더해서, 이에 해당하는 당사자들을 호명하도록 하겠다. 본인들이 황제의 지위에 있다는 것을 주장하는 바이에른 대공 루드비히와 보헤미아 대공 카를은 반드시 소집에 응해야 할 것이다. 작센 공작과 브란덴부르크 후작도 본인이 직접 출석해야 한다. 이에 따르지 않을 때에는 반항으로 간주하고 응분의 책임을 물을 것이다.

이것은 도가 지나친 도발이었다. 콜로나 가문과 오르시니 가문은 오랜 두 가문의 대치상황을 일시적으로 중단했다. 리엔조에 대항해서 힘을 합친 것이다. 그들은 공개적으로 리엔조에 대적했을 뿐만 아니라 뒤로 비밀스러운 음모도 진행시켰다.

그들의 사주를 받고 이 호민관의 목숨을 노린 암살자가 체포되었다. 고문 끝에 암살자는 배후에 있던 귀족들의 이름을 내놓게 된다. 그 순간부터 리엔조는 독재자로서의 운명을 걷는다. 얼마 후에 그는 갖가지 명목으로 자신의 정적들을 초청해서 수도에 모이게 한다. 오르시니 가문의 일원들이 다수 포함되었고 콜로나 가문에서도 세 명이 초대에 응했다. 그들은 회합이나 만찬에 참석할 것을 기대하면서 도착했다. 하지만 리엔조는 그들을 먼저 자리에 안내해 놓고 바로 체포했다. 결백 여부와는 상관없이 모두 끌려갔다. 그들은 시민들이 모두 모인 자리에서 리엔조를 암살하려고 모의했다는 죄목으로 고발되었다. 이 귀족들의 목숨을 구하려고 변호에 나서는 이들은 단 한 명도 없었다.

그들은 각자 독방에서 밤을 보냈다. 스테파노 콜라노는 몇 번이고 감방의 문을 두드리면서 비참하게 하느니 차라리 빨리 죽여 달라고 애원했다. 고해신부가 찾아오고 장례의 종이 울리는 소리를 들으면서 그들은 자신들을 기다리는 운명을 예상할 수 있었다. 재판이 벌어지게 될 의사당의 중앙 홀에는 흰 색의 천과 붉은 색의 천이 걸려 있었는데, 사형선고가 예고되는 경우에 통상적으로 준비하는 것들이었다.

모든 것이 그들의 최후를 선고하기 위한 준비로 보였다. 그때 호민관이 군중들 앞에 서서 그들을 변호하기 시작했다. 이후 그들은 무죄

선고뿐만 아니라 공직에도 임명되었다. 리엔조를 위협하기에 충분한 권한이 있는 직위들이었다. 그 시대에는 결코 생각할 수도 없는 일이 일어난 것이다. 페트라르카마저도 그가 지나치게 너그럽게 처신했다고 생각했고, 하층민들은 직설적으로 바보짓을 했다고 떠들었다.

_온화함에서 흉포함으로 리엔조의 심각한 정신분열증

　　어느 이름 없는 역사가는 리엔조가 광기 때문에 자신의 적들이 전열을 재정비할 수 있는 기회를 허용했다고 평가한다. 이후에 리엔조는 전령을 보내 그들을 다시 소환했다. 전령은 부상을 입고 돌아왔다. 그는 다시 전령을 보냈고 이번에는 온몸에 칠을 당한 채로 머리가 바닥을 향해 매달린 상태로 돌아왔다. 그들은 또한 반격의 일환으로 네피를 점령했다. 리엔조는 이에 대해서 그들 대신 개 두 마리를 물에 던져 넣어 죽이는 것으로 응징을 끝내버린다. 그렇게 피를 흘리지 않았지만 실익도 거두지 못한 채 그는 로마에 귀환했다. 그리고 버젓이 황제의 복장을 갖추고 세 번째로 왕관을 머리에 올린다. 같은 시기에 리엔조가 교황의 특사인 베르트란도를 추방한 것은 상황을 더욱 악화시켰다. 그는 가장 필요한 순간에 안전을 담보할 수 있는 최후의 보루를 포기해버린 셈이다.

　콘스탄티누스 황제의 성역을 침범했던 사건 이후로도 리엔조는 자신이 성령의 기사라고 주장하며 그에 대한 서품을 받기도 했다. 더욱이 이러한 기행에서 끝나지 않고 자신이 콘스탄티누스 황제를 계승했기 때문에 로마는 전 세계에 대한 통치권을 회복했다는 황당한 주장을 내놓는다. 그리고 로마가 세계의 수장이며, 제국의 주권과 황제 선출권은 오직 로마시와 로마인과 이탈리아에 귀속되는 특권이라는 선언을 내놓는다. 이것은 교황과 황제 모두에게 전쟁을 선포하는 것과 마찬가지의 도발이었다.

뒤이어 8월 15일에 리엔조는 각각 다른 종류의 나뭇가지로 엮은 화관 여섯 개로 된 왕관을 머리에 쓴다. 담쟁이는 종교를 상징하고, 파슬리는 독에 대한 내성을, 그밖의 식물들도 각각 상징하는 것이 있어서 상징에 집착하는 그의 편집광적인 면모를 읽을 수 있다. 이 화관들 위로 트로이의 왕관과 은관도 얹었는데, 이들에 대한 특별한 이유는 밝혀지지 않았다. 그레고로비우스는 이 모든 것이 그가 황제의 지위에 욕심이 있었다는 것을 증명한다고 보았다.

로마 황제들은 관습적으로 대관식 후에 칙령을 반포했다. 리엔조 역시 위의 의식을 치른 후에 바로 로마 시민의 권리를 확정하는 법령을 이탈리아 전역에 선포한다. 알베르토 아르젠타로가 전하는 것에 따르면, 리엔조는 클레멘스 교황에게 로마로 복귀하지 않겠다면 폐위시키고 새로운 교황을 선출하겠다고 위협했다고 한다. 과거의 로마가 세계를 제패했던 시절로 리엔조가 이탈리아를 복원하고자 했다고 빌라니는 평가한다. 하지만 이것이 정신 나간 계획이라는 것은 리엔조가 유지했던 군대의 규모만 봐도 알 수 있다. 그가 조직한 신성부대는 최대 1천6백 명 규모였고, 군대 전체의 규모도 보병과 기병 모두 합쳐서 2천 명을 넘지 못했다.

귀족들을 상대로 실익이 없는 허울뿐인 승리를 얻어낸 후에, 리엔조는 이전에는 아량을 베풀었던 과부들에게 죽은 자를 위해 곡하는 것을 금한다는 명령을 내린다. 그에게 충성하던 신성기사단은 이렇게 원시적이고 어리석은 조치에 죄의식을 느끼고, 그를 위해 복무하는 것을 거부하고 나선다. 이때부터 리엔조의 광기는 의심할 수 없이 확실해졌다. 양식이 있는 사람이라면 그를 경멸하지 않는 이가 없었다고 페트라르카는 쓰고 있다.

리엔조가 애초부터 그렇게 거창한 칭호를 좋아했던 이유를 이제 이해할 수 있을 것이다. 그는 '과부들의 집정관'에서 '로마의 집정관'으로 불리던 시기를 거쳐서 호민관의 직함을 받아들였다. '엄격한 호민관 클레멘스'로 사람들의 입에 오르내리다가 '호민관 황제'로 불린 적도 있다. 이름에서 읽을 수 있는 모순 따위는 그가 거창한 이름을 유지할 수 있는 한, 전혀 문제되지 않았다. 실각 후 망명지에서 유배생활을 하는 중에 그가 그토록 카를 4세에게 의지했던 것도 당연하다. 아무리 따분하고 평범할지라도 카를 4세는 황제였던 것이다.

리엔조가 처음 실각했을 때 로마는 다시 혼돈과 무질서에 빠져들었다. 바롱셀리가 호민관의 자리에 있었지만 이를 진정시키기에는 역부족이었다. 아마도 이런 이유로 교황이 리엔조의 복권을 추인했을 것이다. 하지만 복귀한 리엔조로서도 손쓸 수 없는 상황이 지속되었다. 애초에 그가 휘두르던 고대로부터의 전권은 더 이상 유효하지 않았다. 그리고 광기와 결합하여 가난한 수재의 능력을 백 배 이상 증폭시킬 수 있었던 젊은 객기도 이제는 남아 있지 않았다.

더욱이 리엔조가 실각했던 것은 이미 민심을 잃었기 때문이다. 미치광이거나 천재거나 상관없이 사람의 힘으로 자연의 흐름을 거스를 수는 없다. 마르셀은 리엔조보다 훨씬 많은 실권을 누리고 지방을 휩쓸던 자크리와 내통한 상태에서도 파리를 완전히 장악하는 데 실패했다는 사실을 떠올려야 할 것이다.

리엔조는 이때 미치광이 천재들이 반짝 하고 드러내는 능력조차도 기대할 수 없는 상태였다. 이미 정신분열증이 심각한 단계에 이르렀기 때문이다. 그가 처음 정권을 잡았을 때는 냉철하고 금욕적이어서 밥 먹을 시간도 없이 일에 열중하는 모습이었다. 하지만 나중에는 전혀 상반된 모습으로 변모해간다. 그는 만찬을 즐기고 알코올 중독에 빠졌다. 투옥생활 중 독에 감염된 여파로 술을 찾는다는 것이 그의 변명이었다. 하지만 그보다는 그의 병증이 심화되면서 나타난 현상으로 보는 게 맞을 것이다. 리엔조가 처음 호민관이 되었을 때 일찍이 변화가 시작되었기 때문이다. 또한 중독이 진행되는 경우는 병약해지는 것이 일반적인데, 그는 오히려 비대해졌던 것이다.

그는 매시간 먹을 것을 챙기고 음주를 즐겼다. 특별히 때를 가리지도 않았고 순서도 상관없었다. 그는 여러 종류의 술을 섞어 마시기도 했다. 그리고 아무 때고 새 병을 땄다. 그에게는 과음이 점차로 일상이 되어 갔다.

무엇보다도 그는 이제 말도 못하게 비대해졌다. 얼굴이 둥글둥글하고 쾌활해 보이는 것이 편하게 놀고먹는 수도사의 얼굴처럼 되었다. 혈색 좋은 얼굴빛에 수염도 길게 길렀다. 그의 눈이 갑자기 피처럼 붉은 색이 돌 때가 있는데, 그럴 때면 마치 눈동자가 타오르는 것처럼 보인다.

간단히 말하면, 리엔조는 정신분열증 환자들의 경우처럼 몸이 비대해지고, 눈이 충혈이 되며, 표정이 흉포해졌다. 정신활동이 점차로 둔화되었고 성격도 근본적으로 변해갔다. 한때 대중의 마음을 사로잡았던 특이한 면과 변덕스러운 기질과 지칠 줄 모르던 활동성 등이 퇴행을 했다. 그러면서 이러한 점들이 오히려 자신에게까지 상처를 입힐 수 있는 약점이 되어버렸다. 리엔조를 계속 보아왔던 사람들은 그가 변했다고 말했다. 그는 시시각각 마음이 변했고 얼굴표정부터 전과 달랐다. 리엔조는 또 한 가지 생각에 15분 이상 열중하지 못했다. 그는 팔레스트리나를 포위시켰다가 바로 풀어버리기도 하고, 노련한 사령관을 임명해 놓고 바로 면직시켜버리기도 했다.

리엔조의 집권 후반기에는 술과 소금에 세금이 부과되었다. 가난한 사람들에게도 예외가 없었다. 그는 자신의 사치스러운 기질을 자제하고 표면적으로는 금욕적인 모습을 되찾았다. 하지만 다른 면에서 사악한 기질은 변하지 않았다. 초기에 간혹 보여 주었던 관대한 모습은 어느덧 차갑고 이기적인 모습으로 대체되었다. 잔혹했던 당시의 시대상을 감안해도 그의 변신 후 모습은 무서울 정도였다.

리엔조는 프라 몬레알레가 자신에게 빌린 돈을 갚지 못했다는 이유로 교수형에 처한다. 모든 로마인들의 존경을 받던 판돌포 판돌리피니는 특별한 이유도 없이 교수형에 처해졌다. 리엔조가 그의 평판을 심하게 질투한 결과였다. 그는 이렇게 훌륭한 인사들을 희생시키고 재산까지도 몰수해버렸다. 온화함에서 흉포함으로 극단적인 기질의 변화를 보였던 것이다.

_광기의 향기를 풍기다 리엔조의 편지들

리엔조가 웃다가 울다 하는 걸 반복하는 모습도 볼 수 있었다. 그러한 감정변화에 특별한 이유가 있는 것도 아니었다. 그는 기뻐서 날뛰다가도 이내 한숨을 쉬고 눈물을 흘리고는 했다. 하지만 리엔조의 천재성과 광기의 면면이 여실히 드러난 것은 그가 남긴 편지들을 통해서다. 콜라 디 리엔조의 편지들은 특별한 호기심을 불러 일으켰다. 페트라르카의 말을 빌리면, "그것들은 지구 반대편에서 떨어진 것 같았다. 혹은 달세계로부터 온 것이라 할만 했다."

리엔조의 편지들은 현재 만토바, 토리노, 파리, 피렌체 등 네 군데에 수집 보관되어 있고, 게이, 사드, 홉하우스 등 여러 사람들에 의해서 출간되었다. 리엔조에 대한 진단을 내리기에도 충분한 자료들이었다. 실제로 어느 한 장도 광기의 인상에서 자유로운 편지가 없다. 병적인 허영심과 말장난이 뒤섞여 있어서, 어느 모로 보나 미치광이의 특징을 드러내 보인다. 첫 번째로 주목할 점은 편지의 엄청난 양이다. 특히나 그 시대는 아직 글을 쓰는 일이 보편적이지 않았던 때였다.

리엔조가 처음 실각했을 때, 사람들은 그의 집무실에서 쌓여 있는 편지 무더기를 발견하고 놀랐다고 한다. 작성해 놓고 아직 보내지 못한 편지들이 산처럼 쌓여 있었던 것이다. 그가 구술하는 분량이 너무나 많아서 고용하는 서기마다 얼마 안 돼 나가떨어졌다는 이야기는 유명하다. 리엔조는 공화주의자들과도 많은 서신을 교환했다. 하지만 그와 적대적인 지배자들에게도 끊임없이 특사를 파견했다. 프랑스 국왕은 그에게 답장을 보내면서 궁수를 시켜서 활로 쏘아 보낸 적도 있다고 한다. 일종의 조소였다. 페라라, 만토바, 파두아의 군주들 역시 그의 편지들을 그대로 반송시켰다.

편지는 문체부터 유별났고, 길이는 턱없이 길었으며, 본론보다도 추신이 더 길었고, 서명도 거창하기 이를 데 없었다. 더욱이 자신을 가리키는 칭호는 동방의 군주들이나 쓸 법한 부담스러운 상찬으로 꾸며졌다.

리엔조의 편지들에는 나름의 고유한 향기가 있었다. 고전작가들의 절제된 멋과는 다른 활기가 엿보였다. 그 넘치는 자신감은 읽는 이에게 거짓말조차도 믿게끔 만들었다. 사실은 그 자신조차도 자신이 지어낸 이야기가 실제인 양 빠져들었던 것이다. 이는 미치광이들이나 구제불능의 거짓말 중독자들에게서 흔히 볼 수 있는 현상이다.

라틴어에 정통한 사람이라면 하지 않을 실수들을 제외하더라도, 전혀 외교적이지 않은 세세한 내용들이나 앞에서 이미 언급되었던 그 장황함은 참으로 병적인 수준이었다. 동시대의 정치가들에게서는 찾아보기 어려운 모습이었는데, 당시에는 지금보다도 더욱 신중하고 조심스러운 행보들을 보였던 것이다. 특히나 말장난 같은 언어의 사용은 극도로 경솔한 행동이다. 이는 중세 외교관이 갖춰야 할 덕목과는 너무나 거리가 먼 태도였다.

암흑기라고까지 하는 그 시대에 어떤 사람이 그가 1347년 8월 5일에 교황에게 보낸 것과 같은 편지를 쓸 수 있었겠는가.

성령의 은총으로 공화국이 해방되어 이제 나의 통치 하에 놓였습니다. 이어 8월(August)의 시작과 더불어 이 미천한 사람이 일찍이 아우구스투스(August)가 받았던 칭호를 물려받게 되었습니다.

8월(August) 5일,

보내는 이:

미천한 종,

성령의 후보자, 엄격한 니콜로 클레멘스,

로마의 해방자, 이탈리아의 열사,

세상을 섬기고 신의 은총을 받은 이들의 발에 입 맞추는 이

이 길고 긴 서명 아래로도 편지는 세 장이나 더 이어진다. 뒤에 더욱 시급하고 중요한 문제가 나오지만, 리엔조는 'August'라는 단어로 만들어 내는 언어유희를 살리고자 이를 뒤로 미루었던 것이다.

리엔조가 귀족들을 몰아내고 득의에 넘쳐서 보낸 편지들을 봐도 광기의 증거는 명백하다. 그는 "하나님께서 펜대를 쓰는 데 익숙한 손가락들을 전쟁으로 이끄셨다"라고 쓰면서, 마치 자신과 신성한 존재 사이에 밀접한 교류가 있었던 것처럼 허풍을 떨고 있다. 사실 그는 전쟁에 대해 완전히 무지했다. 이보다 더 극명한 예는 리엔조가 콜로나 가문에게 뒤집어씌운 혐의였다. 자신이 황금으로 만든 왕관을 맡겨 놓은 성당을 그들이 털어갔다는 것이다. 리엔조는 사건을 맡은 성직자가 이 일의 처리에 회의를 품자 다음과 같은 편지를 보내기도 했다.

이 일이 있기 이틀 전에 보니파티우스 교황께서 환영으로 강림하셨다는 것을 잊지 않고 말해두어야 하겠습니다. 그분께서는 우리가

저 독재자들을 몰아내고 승리할 것이라고 미리 예언해 주신 적도 있습니다. 로마 시민들을 모두 모아 놓고 이에 대해 보고한 적도 있습니다. 성 베드로 성당에 있는 성 보니파티우스 제단 앞에서 그 분께 성배와 베일을 바치기도 했습니다.

그리고 하나님이 보우하사 그 환영은 그대로 실현되었던 것입니다. 주님의 호민관이신 마틴 성자의 가호에 감사드릴 뿐입니다(같은 편지에서 두 장 앞에서는 승리의 공을 로렌스 성자와 스테판 성자에게 돌렸다. 여기서는 이를 완전히 잊고 있다). 저 반역자들이 순례자들을 약탈했기 때문에 성자께서는 호민관의 손을 빌어 그들을 응징하신 것입니다. 그날은 마침 성 콜롬바(Columba) 축일이었습니다. 그분께서는 우리에게 비둘기(Columba)를 보내셔서 그 영광을 밝히셨습니다.

여기서도 말장난의 흔적을 찾아볼 수 있다. 이어서 편집광 환자들에게서 흔히 볼 수 있는 것처럼 추신이 길게 붙어 있는데, 사실 그의 편지 대부분이 이렇게 추신으로 끝난다.

11월 3일 승전일에 콜로나 가문의 독재자 여섯 명이 처참하게 죽임을 당했다. 오직 연로한 스테파노 콜로나만이 살아남았고 그 역시도 반송장에 다름이 없었다. 그는 일곱 번째 희생물이 될 것이다. 하나님의 뜻이 있어서 우리의 대관식에 쓰일 왕관의 수와 콜로나 가문의 시체의 수가 같다. 마침, 성령의 일곱 가지 선물을 상징해서 나뭇가지 수도 일곱으로 일치한다.

이 속에 드러난 생각들이나 사용한 단어들로 판단해 볼 때, 리엔조의 광기는 부정할 수 없는 수준이다. 그는 신성한 하나님이 말장난의 아귀를 맞추기 위해 한 가문을 멸족시키는 일에 개입하는 존재인 양 써놓고 있다. 그 앞쪽에서는 "우리는 아무리 정의를 위해서라고 할지라도 멋대로 칼을 휘두르고자 하는 마음은 없다. 상처 없이 자유와 정의와 평화를 돌려놓기를 바랄 뿐이다"라고 써놓고서, 이내 그 위선의 탈을 벗어 던진 것이다.

리날로 오르시니에게 보낸 편지 속에도 그의 우스꽝스럽고 미치광이 같은 면모가 그대로 드러난다. 1347년 9월 22일자 편지에 리엔조는 애써 체포에 성공한 귀족들을 맥없이 풀어 주었던 어처구니없는 사건에 대해서 이런저런 이야기를 지어내가면서 애써 무마하려 한다.

이번에 우리는 혐의가 인정되는 귀족들에 대해서 시민과 함께 처분을 내린 바 있습니다. 그들이 결국 우리의 손에 떨어진 것은 하나님의 뜻일 것입니다.

우리는 리엔조가 귀족들을 감언이설로 꾀어서 초대했다는 것을 이미 알고 있다.

우리가 그들을 지하 감옥에 가두었던 것은 사실이지만, 이내 그들의 혐의가 다 풀렸기 때문에 그저 약간의 책략을 이용해서 그들이 우리와 화해할 수 있는 기회로 삼았습니다. 또한 그들이 하나님과도 화해할 수 있는 기회가 되었으리라 믿습니다. 그렇지 않다면 우리가 무슨 이유로 그들에게 고해의 기회를 제공했겠습니까? 우리는 9월 15일에 고해신부들을 그들에게 보내주었습니다. 물론 신부들은 우리의 선의를 모르고 가혹한 처벌이 내릴 것이라 믿었다고 합니다. 그래서 귀족들에게 "호민관 나리는 당신을 사형에 처할 것"이라고 전하게 됩니다. 그 사이에 의사당의 종소리가 울려 시민들이 소집되었고, 혼비백산한 귀족들이 절망했던 것입니다. 죽음이 눈앞에 있다고 믿고서 그들은 눈물로 매우 독실한 고해성사를 올렸습니다. …… 그 후에 본인이 그들을 칭송하는 연설을 했던 것입니다.

어떠한 도덕관념이 있으면 이런 편지를 쓸 수 있을지 독자의 판단에 맡기겠다. 더욱이 외교적으로 볼 때, 이런 식의 변명은 실효도 없으려니와 오히려 후환을 초래할 수도 있는 것이다. 특히 성직자들에 대한 변명은 말이 안 되는 것이었다. 그가 내린 결론 또한 얼토당토않은 내용이었다.

그들의 마음이 우리의 마음이나 시민들의 마음과 다르지 않기 때문에 우리 조국의 번영을 위해서 이 연대는 계속 지속되어야 할 것입니다. 그들은 이미 우리의 공정함을 보았습니다. 우리가 가혹하게 처리할 수도 있었지만 그렇게 하지 않았다는 것을 알 것입니다.

_편집광적 특징이 역사와 얽히다 리엔조의 광기는 진행형

별 소용도 없는 리엔조의 이러한 위선은 여기서 그치지 않았다. 앞에서 언급한 대로 모든 시민들은 일 년에 한 번 고해성사와 성찬식을 마쳐야 하며, 재산의 삼분의 일을 헌납해야 한다는 법이 생겼다. 몰수된 재산의 반은 헌납자가 속해 있는 교구의 교회 몫으로 가고, 나머지 반은 시의 재정으로 쓰이게 되었다. 그리고 공증인들은 유언장을 작성할 때마다 의무적으로 그 자료를 시에 보고해야만 했다. 리엔조는 위의 편지 속에 그가 발표할 새로운 칙령에 대해서도 추신으로 언급한다. 반복해서 말하지만, 편지에 추신을 자주 덧붙이는 것은 편집광들에게서 흔히 볼 수 있는 특징이기도 하다.

제2의 아우구스투스가 된 자격으로 공화국의 이익을 위해서 그 영적인 안녕을 도모하지 않을 수 없다.

이것은 사실 어찌 보면, 최근의 관점으로 보더라도 교황에 속한 권리와 의무를 탈취했다고 볼 수 있다. 심지어 리엔조는 성직자들에게 자신이 규정한 의식을 자신이 규정한 절차에 따라서 집행하도록 요구했던 것이다. 그는 또한 로마에 복귀하지 못한 교회의 수장들을 탄압하는 법령을 제정하기도 했다. 이것은 후에 그가 프라하와 아비뇽의 법정에서 주로 추궁 받았던 사안이기도 하다. 그는 이를 반박하기 위해서 허위 진술을 동원해야 했다.

리엔조가 성령이 내리는 경험에 대해 쓴 기록도 남아 있다. 그는 자신의 경험에 대해 매우 확신에 차 있었는데, 어리숙한 것이 아니라면 환영을 보았던 것이 분명하다. 그렇지 않고서는 그토록 확고한 믿음을 보여줄 수는 없다.

다른 편지에서 리엔조는 콘스탄티누스 황제의 성역에서 목욕을 했던 일을 언급하고 있다. 그건 마치 라차레티가 자신의 이마에 새겨진 문신에 대해 특별한 의미를 부여하는 것과 같은 자세를 보여준다. 상징에 집착하고 그 상징에 특별한 의미를 부여하는 것은 미치광이들에게는 일반적인 모습이다. 리엔조는 이 사건을 일종의 황제 서임의 의식으로 간주했다.

카를 4세에게 보낸 장문의 편지는 1350년 7월, 감옥에서 작성되었다. 그는 이 편지에서 카를 4세의 모후와 하인리히 7세 사이에 떠돌던 흥미로운 이야기를 자세히 언급하고 있다. 그런데 이야기의 소재와 전달방식을 보면 그가 미치광이가 아니고서는 감히 그럴 수 없는 표현들로 가득하다.

같은 해 8월 15일에 다시 보낸 편지에는 의미도 불분명한 말장난만이 가득했다. 앞의 편지에 비해서 몇 배나 이상한 내용과 말투성이였다. 리엔조는 세베리누스 보에티우스의 모친이 보헤미아의 왕좌를 내려놓았기 때문에 같은 이름을 쓰는 자신이 그보다 존귀한 칭호를 사용한다고 쓰고 있다. 그리고 또한 별자리를 활용한 기구를 도입한 이야기를 늘어놓는데, 이는 황제의 관심사가 될 수 없을뿐더러 그 자신에게도 아무런 소득이 없는 주제였다. 모든 것이 광인으로서의 특징을 나타낼 뿐이다.

리엔조가 마엘라의 은둔자 무리와 함께 칩거하면서 지내는 동안에 그의 복권이 이루어진다. 사실 그는 칩거 중에도 다시 한 번 성령의 은사를 입게 된다면 구름을 거두고 나오는 태양이 더 찬란한 것처럼 자신의 재기도 처음보다 더욱 영광스러울 것이라고 말하고는 했다. 그리고 실제로 복권이 이루어진 것이다. 황제는 리엔조가 조부인 하인리히 7세를 능멸한 것에 분개했지만, 로마의 정치적 공백을 해결하기 위해서 그를 복권시키고 제국의 재건을 위해 기여할 것을 명한다. 또한 그가 새로이 라테른 궁전과 침례교회와 콘스탄티누스 황제의 성역에서 세례를 받도록 했다. 세례 요한이 그리스도의 길을 예비하기 위해 먼저 온 것처럼 황제를 위한 선구자로서의 역할을 기대했기 때문이다.

실제로 카를 4세는 기적이 있어야만 제국을 다시 일으켜 세울 수 있을 것이라고 말했다. 성 프란체스코가 교회를 구해낸 것처럼 이 보잘것없는 사람이 무너져 가는 제국을 구해낸다면 그야말로 기적이 아니겠는가. 그를 깨워서 그 손에 칼을 묶어 보내자. 그가 수사들의 묵시 따위에서 벗어나도록 해주자. 그는 로마를 통치할 수 있을 것이다. 만약에 리엔조가 해내지 못한다면 카를 4세는 로마에서 거둘 수 있는 세금 황금 십만 냥을 포기해야 했다. …… 교황은 죽어야 할 것이고 추기경들에게도 피바람이 불 것이다. …… 15년 내로 오직 한 명의 목자와 하나의 신앙을 세울 것이다. 그리고 새 교황과 카를 황제와 리엔조가 지구상의 삼위일체를 구성할 것이다.

로마로 귀환하는 길에 리엔조는 일단 황제를 지지하는 역할에 만족했다. 로마의 시민들과 이탈리아의 민중들과 함께 새로운 길을 개척해 낼 작정이었다. 그렇게 되면 카를 황제도 그들에게 평화적인 수단을 사용할 것이고, 선대 황제들의 귀환과는 달리 자신은 로마시와 이탈리아에 피바람을 몰고 가지는 않을 것이었다.

　프라하 대주교는 황제에게 다음과 같은 편지를 보냈다.

　　한때는 신의 뜻을 실현하는 것이라고 생각될 만큼 훌륭한 업적을
　남기고 한없이 겸손하던 사람이 어떻게 해서 자신의 업적을 성령의
　역사로 포장하고 스스로를 성령의 권위를 가질 만한 후보자라고 지
　칭할 수가 있는 것입니까.

　당시 사람들은 리엔조의 광기를 단지 그 시대에 유행하던 미신의
여파라고만 생각했다. 이에 대한 황제의 답변은 지극히 상식적이었다.

　　무지한 은둔자인 척 굴지 마시오. 자신의 죄도 극복하지 못하고
　자신의 영혼도 구제하지 못하면서 겸손의 허울을 쓰고 세상의 숨은
　이치를 꿰뚫어 보고 있다는 듯이 나서지 마시오.

　황제는 이후에 그에게 다시 다음과 같은 충고를 한다.

　　이 모든 변화에 대해서 더 이상 생각하지 마시오. 그의 본성이 어
　떻든 간에 우리 모두가 하나님의 피조물로서 아담의 자손이며 이
　지상에 속한 존재임을 기억하시오.

　재미있는 점은 보헤미아 국왕이 공화주의자인 전직 호민관에 대
해 매우 민주적인 정신이 담긴 충고를 남겼다는 것이다. 하지만 이 모

든 것이 부질없는 것이었다. 우여곡절 끝에 이전의 권좌에 복귀해서 그 권력의 한 자락이나마 다시 움켜지게 되자, 리엔조는 곧바로 의기 양양한 모습으로 되돌아갔다. 피렌체에서 발표한 선언문에는 다음과 같은 내용이 포함되었다.

여자들과 아이들과 사제들과 모든 이들이 손을 흔들며 환영하러 나왔다. 올리브 가지를 들고 나팔을 불며 환영의 함성이 드높았다.

페트라르카가 나서서 그토록 옹호하고 한때나마 황제의 마음을 사기도 한 인물이 이토록 병적이고 이단적이었다는 것이 가능한 것일까 의심하는 이들이 있다. 하지만 가능하고 아니고 여부를 떠나서 이것은 부정할 수 없는 사실이다. 황당한 내용의 편지들을 무시한다고 해도 리엔조의 일생을 찬찬히 살펴본다면, 그의 광기는 진행형으로 계속해서 심화되는 모습이었다. 그가 성공한 것은 전례가 없는 대담함 덕분이었다. 보헤미아인들은 리엔조의 웅변에 크게 마음이 움직인 반면, 그의 여러 가지 추문에는 그다지 구애받지 않았다. 리엔조가 궤변으로 자신을 변호했을 때도 그들은 진심으로 감동했다.

무엇보다도 보헤미아의 주교들이 리엔조의 편지들을 논박하고 나서자 그는 이를 철회했던 것이다. 역사가들이 놓치고 있는 미묘한 외교적 문제로 리엔조가 교황청의 법정에 출두했을 때는 그 편지들이 제출되지 않았다. 교황은 이미 정치적인 고려를 마치고 그의 복권을 결정한 상황이었다. 그 때문에 편지들의 공개로 얻을 것이 없었다.

그렇게 해서 리엔조는 역사가들에게 수수께끼 같은 존재로 남게 되었다. 사실 그를 온전히 이해하기 위해서는 역사학적인 접근이 아니라 정신병리학적 접근이 필요했던 것이다. 과학적인 접근을 통해서 우리는 리엔조가 편집광적 특징이 있다는 것을 확인할 수 있었다. 독특한 손글씨, 상징에 대한 유별난 집착, 말장난을 애용하는 점 등의 일반적인 특징은 물론이고, 자신의 사회적 지위에 걸맞지 않게 행동하면서 기행을 저지를 때마저도 독창성이 두드러지는 모습 말이다. 그는 자기과시가 넘쳐나는 엄청난 양의 기록물도 남겨 놓았다. 이러한 독특한 면모는 초기에는 눈치 있고 유능한 일처리와 어우러져 오히려 대중들을 매혹시키는 요소였다. 하지만 광기가 진행되면서 도덕관념이 무너지고 점차로 기행적인 모습이 두드러지면서 그는 이해하기 어려운 존재로 변해갔다.

_문제적 인물 캄파넬라

콜라 디 리엔조가 역사가들에게 풀기 어려운 수수께끼 같은 존재였다면, 캄파넬라도 이에 못지않은 문제적 인물이었다. 그는 칼라브리아에서도 극히 가난하고 변변하지 못한 교구에 소속된 보잘 것 없는 수도사에 불과했다. 그런데 스페인에 맞서고 교황의 권위에까지 맞서다 보니 스스로 자신이 반신적 존재라고 주장하게끔 이르렀다. 그러면서 그는 군주로서의 권한을 선포하는 입장에까지 섰던 것이다. 그러나 자신의 위치와 명성을 좀먹는 모순된 행동을 거듭하다가 결국 갑작스럽게 모든 열정을 잃고 좌초한다.

이제 와서야 마침내 캄파넬라를 이해할 수 있는 단초가 마련되었다. 발다키노, 스파벤타, 피오렌티노, 아마빌레 등이 그에 대한 연구를 진행해준 덕분에 풍부한 사료가 더해졌다. 그리고 카를로 팔레티가 이들에 대한 종합적 비평을 제공해서 각종 전설과 역사적 편견으로 오도된 캄파넬라의 진면목이 드디어 명백히 드러났다. 그는 캄파넬라에 대해 다음과 같이 평했다.

캄파넬라는 두개골이 매우 울퉁불퉁한 형태였다. 일곱 개나 되는 혹이 있었고, 그는 이들을 자신의 머리에 솟은 언덕이라고 부르길 좋아했다. 그는 신경이 매우 예민했고, 지능이 뛰어났으며, 쉽게 기분이 좋아지는 성격이었다.

캄파넬라는 14세에 도미니크 수도회에 입회해서 평생을 세상과는 유리된 삶을 살았다. 8년 동안 칼라브리아의 학교에서 수업을 받다가 스승과 동료, 그리고 제자들과 저마다 분쟁을 일으키고는 도망치다시피 떠나온다. 그는 코센차를 거쳐서 나폴리로 향했다. 하지만 그곳에서도 좋은 꼴을 보지는 못한다. 도착한지 얼마 되지도 않아서 파문이 대수로운 일이 아니라는 입장을 밝혔다가 바로 고발되었다. 그는 로마로 호송되어 그곳에서 판결을 받고 복역했다.

석방 후 캄파넬라의 다음 행선지는 파두아였다. 하지만 가는 길에 가지고 있던 필사본들을 모두 도둑맞는다. 파두아에 도착하고서는 사흘 만에 다시 말썽에 휘말렸다. 도미니크 수도회의 교단 대표에게 폭력을 쓰고 다시 투옥된 것이다. 복역 후 그는 사람들과 자신의 정치적 이상에 대해 공개적으로 토론하며 세월을 보냈다. 이번에는 그 사상의 위험성 때문에 다시 감옥으로 복귀한다. 스물여섯 살이 되었을 때는 그가 그때까지 겪은 수감 생활이 이미 삼 년에 달했다.

스무 살 무렵에 코센차의 수도원에 머무르면서 캄파넬라는 아브라모라는 사람과 교류하며 주술과 마법을 배우기도 했다. 그리고 캄파넬라는 아브라모라에게서 자신이 언젠가는 왕이 될 것이라는 예언을 듣는다. 캄파넬라의 망상이 부풀어 오르기 시작한 것이 바로 이때부터다. 이에 더해서 1597년에 점성술을 배우면서 그는 여러 점성술사, 수학자, 고위 성직자들과 교분을 맺는데, 하나같이 세상에 종말이 가까웠다고 믿는 인물들이었다.

캄파넬라는 그들의 주장에 흥미를 느끼고 예언에 깊이 빠져 들었다. 성경을 뒤지고 신부들을 괴롭히면서 고대의 시인들을 찾아 읽었다. 그는 또한 새로운 시온에 등장하는 백마와 백의를 입은 장로들이 상징하는 것이 도미니크 수도회의 형제들이라고 생각했다. 이후 캄파넬라는 신성공화국이라는 예언의 실현이 도미니크 수도사들의 손에 달렸다고 확신하면서 스틸로에 은거한다. 그 시대에 정치적으로나 사회적으로 발생한 모든 돌발 상황들이 캄파넬라의 눈에는 미래를 예시하는 징후로 읽혀졌던 것이다. 이뿐만 아니라 지진, 기아, 홍수, 혜성 등을 전조로 해석하기도 했다. 예언은 분명 실현되었다. 의심할 것 없이 1600년은 대재앙의 해였고, 이는 위대한 변화와 혁명이 임박했다는 것을 의미했다.

캄파넬라는 예언을 널리 퍼뜨리고 신성공화국을 건설하기 위한 기반을 다지기 시작했다. 예언이 실현되고 혁명이 일어날 것이라는 그의 주장에 대해서 아무도 의문을 제기하지 않았다. 칼라브리아의 비참한 현실이 이를 절실하게 갈구하도록 만들었다. 부당한 현실에 대해 복수를 꿈꾸던 이들은 예언에 열광했고, 그들의 격분한 마음에 캄파넬라의 연설은 반역의 도화선이 되어주었다.

도적떼의 수괴였던 마우리지오 디 리날디도 이에 동조했다. 그는 종교개혁에는 그다지 신경을 쓰지 않았다. 묵시록에 나오는 일곱 개의 봉인에 대해서도 그가 알 바 아니었다. 그저 스페인에 맞서 싸우는 일은 말과 글로 되는 것이 아니고, 무력으로 이루어져야 한다는 것을 너무나 잘 이해하고 있었다. 또한 도적들을 규합하는 것만으로는 부족하다는 것도 이해했다. 그래서 터키와 접촉을 시도한다. 그는 진정 반역을 꿈꾸었고, 또한 칼라브리아를 스페인으로부터 해방시키기 위해 목숨을 바친 순교자였다. 이 반역 모의와 관련한 주요 인물들 중에서 자신이 반역자임을 자백한 이는 리날디 한 명이었다. 다른 이들은 반역 모의 자체를 부정하거나 자신들이 무관하다고 주장했다.

신대륙의 발견으로 세상이 두 배로 확장되면서 이권 쟁탈을 위한 전쟁이 유럽 전역을 혼란 속으로 밀어 넣었다. 캄파넬라는 이에 전 세계가 하나의 통치권에 속하는 통일국가를 꿈꾸게 된다. 그 새로운 세상은 교황과 자신을 중심으로 재편될 것이라고 생각했다.

_전 세계의 군주를 꿈꾸다 세상을 개조하려는 캄파넬라

캄파넬라는 자신이 꿈꾸는 이상향을 『태양의 도시』에 기술했다. 태양의 도시에서 주민들은 모두 교육의 기회를 제공받고 서로에 대한 호칭은 '형제'였다. 모두가 존중받아야 마땅한 하나님의 자식들이었고 그들에게는 이기심이 존재하지 않았다. 모두가 공공선을 우선적으로 추구하며, 사제들과 대표자들의 지도로 행복한 삶을 이어나간다. 모두가 교육을 받기 때문에 지식이 모든 영광의 기반이 되며, 지식을 다투는 고귀한 투쟁만이 존재한다. 태양의 도시의 주민들은 기술과 과학의 진보를 이루어 낸다. 돛과 노가 필요 없는 배를 만들고, 바람의 힘으로 달리는 차도 있으며, 하늘을 나는 법도 알아냈다. 새로운 별들을 발견할 수 있는 기구들도 발명했다. 그들은 우리 모두가 거대한 동물의 몸체에 붙어살고, 그 몸체가 되는 지구가 땀을 흘린 것이 모여서 바다가 형성된다는 것과, 모든 별들이 움직인다는 것도 알았다. 신에게 끊임없이 경배하고 제물을 바치기도 하지만, 피 흘리는 제물은 쓰지 않고 태양이나 별을 숭상하지도 않았다.

이렇게 소박하고 행복과 번영이 넘치는 사회가 가능한 것은 우선 모두가 교육을 받고, 모든 것을 공유하는 공산주의라는 기반이 있기 때문이다. 다음으로 중요한 요소는 모든 행정관들이 성직자들로 구성되었다는 점이다. 도시의 최고 지도자 호크Hoch는 영적으로나 세속적으로나 도시를 총괄한다. 폼Pom, 심Sim, 몰Mor은 그를 보필하면서 각각의 몫을 담당한다. 폼은 국방을 책임지고, 심은 기술, 산업, 교육을 관장한다. 몰은 세대의 전승과 어린이들의 교육을 담당한다. 건강하고 튼튼한 자손의 출산을 위해서 성생활에 대해 규제할 뿐만 아니라, 강한 자에게만 자녀의 출산을 허용한다.

태양의 도시는 전쟁을 도발하지 않는다. 하지만 응전을 거부하지도 않는다. 전투에 임할 때 시민들로 구성된 군대는 매우 강력한 힘을 발휘한다. 그들은 조국의 안녕뿐만 아니라 자연법, 정의, 종교 등의 신넘을 수호하기 위해 싸운다. 태양의 도시의 번영은 물질과 배우자, 즐거움, 지식 등을 서로 공유하기에 가능한 것이다. 또한 건강한 다음 세대를 생산하기 위해 체계적인 관리가 이루어지며, 성직자들이 모든 행정을 책임지면서, 종교적으로 단순한 것도 번영하는 요인이라고 할 것이다.

캄파넬라는 칼라브리아에 태양의 도시의 원형을 구축하려고 계획했다. 그의 이단 혐의에 대한 재판의 내용을 보면, 그가 종교개혁을 꿈꾸면서, 인간의 본성과 조화를 이루는 종교를 건설하고자 했다는 것을 알 수 있다. 그의 자백에는 성직자들로만 정부를 구성하고자 했다는 계획도 포함되었다. 나우델이 확인해 준 것에 의하면, 캄파넬라는 그의 권위를 전 세계로 확장시키기 위해서 우선 칼라브리아의 왕이 되려는 복안이 있었다. 아마빌레의 자료를 보면 캄파넬라는 태양의 도시와 유사한 공화국을 건설할 수 있다고 생각했다.

이 신성한 공화국의 호크는 철학자여야 하는데, 이는 자기 자신을 염두에 둔 것이었을 것이다. 이 새롭게 건설된 시온의 번영을 본다면 다른 국가들도 이 체제를 받아들일 것이다. 따라서 캄파넬라 본인은 전 세계의 군주이자 영도자가 될 것이라고 생각했다.

미치광이가 아니고서야 단칼에 사회를 총체적으로 개조하겠다고 나서진 못할 것이다. 정부의 체제를 바꾸고 가장 오랜 관습과 제도, 법률, 전통들까지 모두 뒤엎는 근본적인 변화라면 더 말할 것도 없다. 하지만 이러한 변혁이 사회개혁에 대한 깊이 있는 성찰의 결과로 주도되는 것이라면 광기로 느껴지지 않을 수도 있다. 캄파넬라가 남긴 기록을 보면, 그의 광기를 증명할 만한 유치한 문구들도 분명 존재한다. 하지만 그가 정상인이었다면 그 사상이 그토록 놀라운 내용을 담아내지는 못했을 것이다. 그는 기존의 신학적 믿음을 깨부수고 합리성을 따지기 시작했다. 현대국가에 근접한 그림을 그려내고 당시로서는 파격적이라고 할 만한 자유주의적인 개혁안을 제안했다. 다음은 그의 기록에서 발췌한 내용들이다.

법은 만민의 동의를 바탕으로 성립되는 것이다. 공익을 위해서는 반드시 명문화되어야 하며, 공표되어야 한다.

법률은 평등을 확립시켜야 한다.

법률은 사람들이 경애와 두려움으로 복종할 수 있게 해야 한다.

사치품이나 기호품에는 높은 세금을, 필수품에는 낮은 세금을 책정해야 한다.

정부는 정책의 일관성과 통일된 기조가 있어야 한다.

귀족들에게서 그들의 성을 몰수하고, 국가 상비군을 갖추어야만 한다. 교육은 무상으로 이루어져야 한다. 의료지원 역시 무상으로 이루어져야 한다.

캄파넬라는 쉴리, 리슐리외, 콜베르, 루이 14세 등이 프랑스를 강력한 국가로 건설하는 과정에서 실시했던 정책들을 이미 제안한 것이다. 이렇게 심오한 생각을 가진 사람이 외딴 시골에서 오직 소수의 추종자를 거느린 처지에서 전 세계를 호령하는 군주나 개혁가가 될 수 있다는 허황한 생각을 한다는 것은 그야말로 그가 광인이기 때문에 가능한 것이다. 그렇기 때문에 동시대인 중에서도 좀 더 현명한 이들은 그에 대해 매우 회의적인 시각이 있었다. 리슐리외와 절친한 관계였던 지아친토 신부는 그에 대해서 다음과 같이 기술하고 있다.

그가 하는 말을 쉽게 믿을 사람은 아무도 없을 것입니다. 그가 확실하다고 해도 보다 면밀한 검토가 필요하다는 것을 모르는 사람도 없습니다.

나는 항상 그가 파리보다 제멋대로인 사람이라고 생각합니다. 그리고 세상 이치에 대해서는 아이보다도 무지합니다.

_혹은 그저 '선량한 사람' 때로는 사도 같은 캄파넬라

페레시오는 캄파넬라를 그저 '선량한 사람'이라고 불렀다. 지적인 탐구의 끝에 캄파넬라는 범신론에 이른다. 범신론은 만물에 영혼이 깃들어 있다는 사상이다. 만물이 변화하고, 생물과 무생물이 서로 변형을 통해 위치를 바꿀 수도 있고, 태양이 숭배의 대상이 될 수도 있는 것이다. 하지만 역경을 겪으면서 그는 다시 범신론에서 천주교로 회귀한다. 천주교에선 천사와 기적이 있고, 현실에서 얻을 수 없는 안락함을 내세에서나마 기약할 수 있다. 그리고 사랑하는 이들의 부활도 기대할 수 있기 때문이다.

미치광이들이 모두 그러하듯이 캄파넬라에게도 중간이라는 것은 없었다. 그는 극단적으로 편협한 인물로 거듭난다. 자신이 그리스도의 사절이라고 칭하면서 신교도들을 핍박할 수 있는 잔혹한 제안들을 내놓기도 했다. 그는 자신의 이론들이 신교도들을 논박하는 근거가 되는 상상을 하면서 루터교와 칼뱅교의 논리를 반박하는 글을 작성하는데 열심이었다. 그는 또 천주교를 포교하기 위한 선교사를 양성하는 대학을 설립하고 싶어 했다. 그리고 그들에게 가르침을 주는 자신을 상상했다. 간단히 말해서 그는 돌고 돌아 다시 제자리로 회귀했다. 종교적인 야심을 실현할 망상에 젖었던 것이다. 단지, 그 성향이 한쪽 끝에서 다른 쪽 끝으로 이동했을 뿐이다.

되풀이해서 말하지만, 이러한 모순적인 행동은 편집광들에게 가장 두드러지게 나타나는 특징이다. 특히 종교적 광신에 해당하는 편집광들에게 더욱 특징적으로 나타난다. 내가 페사로 병원에서 치료한 환자 중에는 수녀들도 있었다. 그들은 착란 초기에는 폭력적이고 신성모독적인 언행이 두드러졌다. 하지만 정신이상이 진행되면서 사도와 같은 모습을 보였다. 사실 지독한 구두쇠가 미치면 엄청나게 낭비를 해대는 모습을 보여줄 수도 있다.

라차레티의 경우처럼 술주정뱅이에 신성모독을 일삼던 자가 금욕적이고 독실한 모습으로 변하기도 한다. 광적인 교황파가 바티칸에서 기피 인물이 되자 반교황파로 돌아서기도 한다. 최근에 드 니노가 펴낸『아브루치의 구세주』에서 보면 자신이 구세주라고 믿었던 성직자의 이야기가 나온다. 그는 정신이상의 상태에서 예배 의식에 관한 모든 것을 개혁해야 한다고 열심이었다. 그러다가 생애의 마지막 몇 달은 캄파넬라가 그랬듯이 자신이 개혁하겠다고 그동안 설치고 다니며 지었던 죄에 대해 속죄하려고 노력했다. 심지어 곡기를 끊기도 했다. 하지만 캄파넬라는 이 모든 노력에도 자신이 지옥에 떨어질 것이라고 절망했다.

_소명을 확신하는 정신이상 산 후안 드 디오스

후안 시우다드는 1495년 3월 8일, 포르투갈의 몬토오르오노보에서 태어났다. 여덟 살에 이미 집을 떠나기로 한 것을 보면 그는 어린 시절부터 역마살이 끼었던 것 같다. 어느 신부가 그를 오로페사까지 데려가 주었다. 그곳에서 그는 프랑스인 밑에서 양치기로 일했다. 그리고 몇 년 후에는 하던 일에 싫증을 느끼고 군대에 자원했는데, 어느새 그는 키도 크고 근골이 튼튼한 장정이 되어 있었다.

군대에서의 삶은 비참했다. 장교들이 솔선해서 약탈을 일삼았는데, 해적 떼보다도 탐욕스러웠다. 어느 날에는 장교 하나가 자신이 약탈한 몫을 그에게 맡겼다. 그는 잘못해서 이것을 잃어버리고, 교수형을 당할 처지에 빠진다. 다행히 지나던 상급 장교에 의해 목숨은 구제받지만, 이 일로 군대에서는 불명예 제대한다. 그는 오로페사에 돌아가서 하던 일로 복귀했다.

1528년에 후안 시우다드는 군대에 재입대한다. 그리고 오로페사 백작의 휘하에서 복무하게 된다. 전쟁이 끝나자 그는 부모를 찾아서 다시 몬토오르오노보로 돌아갔다. 하지만 기억상실증으로 부모의 이름조차 기억할 수 없었다. 할 수 없이 그곳을 떠나 안달루시아의 아야몬테로 가서 다시 양치기 일을 시작했다. 그리고 그곳에서 자신이 신의 부르심을 받았다고 믿게 되었다. 이후에는 자신이 하나님과 가난한 사람들을 위해서 헌신하는 꿈을 꾸기도 했다.

당시는 바르바리의 해적들이 횡행하던 시절이었다. 그들은 경비가 허술한 지역에 자신들의 후손을 심고, 주민들을 납치해서 노예로 팔기도 했다. 이 때문에 노예시장에 나온 천주교도들의 몸값을 모으는 것을 사명으로 하는 종파가 두 개나 생겨났을 정도였다.

후안 시우다드는 이 신성한 직분을 위해 투신할 마음이 있었던 것으로 보인다. 그는 세우타행 배에 몸을 실었고, 그곳에서 망명 신세의 몰락한 포르투갈인 가족을 만나서 그들에게 봉사하기 시작했다. 그는 수공업 일을 하면서 그들을 부양했다고 전해진다. 하지만 시간이 흐르면서 그러한 삶에 지쳐 결국 일을 그만두고 지브롤터를 향한 항해를 시작한다. 지브롤터에서는 유물이나 성물을 취급하는 소규모 무역을 시작했다.

이러한 상거래를 통해서 후안 시우다드는 얼마간의 돈을 모을 수 있었다. 그러자 그는 지브롤터를 떠나서 그라나다에 정착한다. 그라나다에서는 정식으로 점포를 열었다. 당시 그는 마흔세 살이었다. 그때 그가 소명을 확신하게 된 정신이상 증세가 찾아온다.

1539년 1월 20일, 그는 후안 다빌라가 설교하는 것을 들은 후에 광적인 흥분 상태에 빠졌다. 그는 큰 소리로 자신의 죄를 고백하고, 흙바닥을 굴렀다. 자신의 머리카락을 잡아 뽑고, 옷을 잡아 뜯었다고 한다. 그리고 밖으로 뛰쳐나가서 그라나다의 거리를 온통 휘젓고 다니면서 하나님의 자비를 구했다. 당시에 아이들이 그 뒤를 따르면서 그를 미치광이라며 놀렸다고 한다.

후안 시우다드는 자신의 서재에 가서 모든 세속적인 책들을 파기하고 종교적인 책들은 기부했다. 가구며 의복들도 필요하다는 사람들에게 모두 나눠 주었다. 수중에 있는 돈까지 다 내준 다음, 가슴을 치며 모두에게 자신을 위해 기도해달라고 부탁했다. 후안 시우다드는 무리를 이끌고 대성당으로 향했고, 그 앞에 이르러 절망하며 울부짖었다. 설교사 후안 다빌라는 그가 개심한 사실을 알고 그의 고해성사를 들어주고 위로와 충고를 건넸다. 하지만 시우다드는 이후에도 진정되지 않고 똥 무더기 위를 뒹굴고 자신의 죄를 큰 소리로 고했다. 모여 든 군중들은 휘파람을 불며 그를 조소하고 돌과 진흙을 던지기도 했다. 많은 이들이 그를 함부로 대했다. 하지만 일부 불쌍히 여긴 사람들이 그를 왕립 정신병원으로 보내 주었다. 그곳에서 그는 당시에 유행하던 치료법을 받게 되었는데, 그건 환자에게 붙은 악마를 떼어내기 위해서 환자를 묶고 학대하는 것이었다.

당시의 발작은 후안 시우다드가 일생 동안 겪은 발작들 중에서 가장 심한 편에 속한다. 일반적으로 정신병의 경우에는 증상의 정도가 심하면 심할수록 그 지속시간이 짧다. 이 급작스러운 신경발작증상이 가라앉으면서 그는 이내 자유를 회복하고 정상이라는 진단서까지 발부받는다.

그 동안 과달루페의 성모 마리아를 모신 성지를 순례하겠다는 서약을 했기 때문에, 후안 시우다드는 한겨울 맨발에 빈털터리로 길을 나섰다. 숲을 지날 때면 마른 나뭇가지를 모아두었다가 마을에 이르렀을 때 이를 지불해서 하룻밤 잠자리와 음식을 제공받았다. 과달루페에 도착했을 때 그의 생애에 결정적인 영향을 주는 환영이 나타났다고 전해진다. 성모 마리아가 나타나서 벌거벗은 아기 예수를 천과 함께 넘겨주고, 그에게 직접 아기 예수를 감싸 주도록 했다는 것이다. 그는 이를 궁핍하고 어려운 자들을 도우라는 소명을 받은 것으로 해석했다. 그리고 성모 마리아가 명하신 일을 이루겠다는 사명감으로 열성적인 활동에 나섰다.

후안 시우다드는 히에로니무스 파의 수도사에게 받은 흰 옷을 걸치고 순례자의 지팡이를 짚은 채로 오로페사에 귀환했다. 그리고 어느 가난한 집에서 하룻밤을 묵게 된다. 그 집 사람들의 비참한 현실에 마음이 아팠던 그는 밖에서 그들을 위한 모금에 나섰다. 그렇게 모인 돈을 모두 전해준 다음 그 집을 떠난다. 그 후로는 나뭇단을 엮어 광장에서 팔아가면서 본격적으로 가난하고 병든 자들을 구제하려고 나섰다. 본인은 마구간을 전전하며 하룻밤을 구걸하면서도 돈이 생기면 모두 빈민들을 위해 사용했다.

어느 날 후안 시우다드는 광장에서 '가난한 사람들에게 집을 세놓음'이라는 쪽지를 보았다. 그리고 이를 보고 빈민구제소를 만들면 되겠다는 생각을 한다. 그는 부자들에게서 돈을 모금하고, 그 돈으로 자리와 담요와 생활 집기 등이 갖추어진 보금자리를 마련했다. 그곳에서는 총 46명의 병자와 빈자들을 수용할 수 있었다. 저녁만찬 시간이면 부자들의 집을 돌아다니며 남은 음식을 모아다가 그들을 부양했다.

후안 드 디오스의 사례는 많은 이들의 관심을 끌었다. 그를 찾아와서 힘을 보태겠다고 나선 이들도 여럿이었다. 그렇게 모인 이들에게 필요한 일을 가르치고 지시했다. 그러면서 그는 자연스럽게 무리의 지도자가 되었다. 가담하는 인원이 늘어가면서 이내 커다란 규모의 집단이 생겼다. 쇄도하는 물자로 그는 병자들도 수용해서 치료를 제공할 수 있게 된다. 그는 환자들을 다루는 방식에 있어서 혁신적인 모습을 보여 주었다. 침대 하나에 환자 한 명이 수용되도록 했고, 병세에 따라서 환자의 등급을 구분해서 관리했다. 현대식 병원의 창시자라고 할 만하다. 또 부랑자 임시수용소를 도입하기도 했는데, 병원과 연계해서 무일푼으로 떠도는 노숙자들과 방랑객들이 자고 갈 수 있는 숙소를 마련한 것이다.

그가 후안 드 디오스(하나님이 보내주신 후안)라는 이름을 얻은 것도 바로 이 시기다. 그의 선행이 널리 퍼지면서 가난한 이들의 아버지 후안 드 디오스의 이름이 스페인에도 알려졌다. 덕분에 그는 스페인으로 외유에 나섰고 그라나다까지 방문하고 귀국했다. 돌아오는 길은 어마어마한 규모의 기부금과 함께였다.

후안 시우다드는 이후에 체력이 고갈된 상태에 이르는데, 나이가 들어서라기보다는 자신을 지나치게 혹사하면서 기력이 쇠한 결과였다. 그는 극도로 금욕적인 생활을 고수했는데, 늘 맨발로 모자도 없이 다녔다. 부드러운 린넨 천을 걸치는 법도 없이 낡은 회색 옷 한 벌을 고수했다. 그는 수시로 금식하고 어려운 일을 도맡아 했다. 불난 집에 뛰어들어 병자를 구해내기도 하고, 아이들을 구하기 위해 물 속에 뛰어들기도 여러 번이었다. 실로 너무 힘든 일을 많이 겪어서 죽음에 이르렀다고 할 수 있다.

죽을 날이 멀지 않자 후안 시우다드는 일찍부터 자신을 따르던 안토니오 마틴을 불러서 자신의 일을 계승하도록 했다. 그리고 죽음의 순간이 다가왔다고 느끼자 침상을 떠나서 기도하기 시작했고, 그 자세 그대로 영면한다. 그는 1495년 3월 8일에 출생해서 1550년 3월 8일 토요일에 세상을 떠났다. 그의 장례식은 장관이었다. 병자들이 몰려들어 그의 상여라도 한 번 만져 보려고 아우성이었다. 병을 고치는 기적이 일어날 것이라는 기대 때문이었다. 시체를 덮고 있던 천은 갈기갈기 찢겨나가고 그 한 조각, 한 조각이 유물이 되었다. 그는 1630년 9월 21일, 교황 우르바노 8세에 의해서 성인으로 서품을 받고, 그 후로 산 후안 드 디오스로 알려졌다.

_끝까지 환상을 버리지 않다 프로스페르 앙팡탱

프로스페르 앙팡탱은 기술자이자 철도감독관으로서 수학처럼 이성적이고 무미건조한 방면으로만 공부하던 사람이었다. 하지만 그는 1850년에 자신을 새로운 종교의 창시자로 내세운다. 그의 종교는 사실 생시몽의 사상을 조금 변형시킨 것이었다. 그는 준수한 외모였다. 이마는 넓고 훤했으며, 올림픽 선수를 해도 괜찮을 만큼 몸도 좋았다. 그는 정말 온화한 성격이었는데, 자신이 모든 주제에 정통하며 옳다고 생각하는 점에서만은 양보가 없었다. 산업문제뿐만 아니라 철학과 회화, 심지어 요리에 있어서도 그는 자신감이 넘쳤다.

새로운 종교는 남성과 여성의 동등한 위치를 주장하고, 재정과 산업 관련 언어도 시적으로 표현했다. 앙팡탱은 종교 안에서 자신이 '아버지'의 위치에 있다고 천명하고, '어머니'의 위치에 합당한 여성을 찾으려고 애썼다. 그 여성은 새로운 '이브'가 될 것이다. 이에 해당하는 여성은 자유의지가 있으며, 남자처럼 합리적으로 사고하는 존재여야 했다. 또 여자들이 필요로 하는 것에 관심이 있고, 여자들이 가진 능력에 대해서도 분명한 인식이 있어야 했다. 그리고 성에 대해서도 제한 없이 자신의 권리를 주장할 수 있어야 했다. 하지만 적합한 여성을 찾는 일이 쉽지는 않았다. 스탈 부인과 조르주 상드가 물망에 올랐지만 그녀들은 이 제안을 비웃어 넘겼다. 동방에서 찾아보겠다고 앙팡탱은 뜻이 통하는 사람들과 함께 직접 콘스탄티노플까지 갔지만, 실패한 채로 감옥에 갇히는 신세가 된다. 하지만 이 모든 불상사에도 그는 자신의 환상을 버리지 않았다. 그는 위대한 사람들만이 새 종교를 알아볼 수 있다고 믿었다.

앙팡탱은 또 매우 세심하게 마음을 쓰는 사람이었다. 자신의 추종자들을 자신의 자녀라고 부르면서 늘 그들을 위해서 희생했다. 이들은 모두 상징성을 지닌 복장을 제복처럼 갖춰 입었다. 하얀색 반바지는 사랑을 뜻하는 것이고, 빨간 조끼는 근면함, 파란색 외투는 신앙심을 대표하는 것이었다. 이것이 의미하는 것은 그의 종교가 사랑을 기반으로 성립되었고, 노동으로 굳세어질 것이며, 신앙으로 모든 것을 감싸 안는다는 것이다. 셔츠에는 모두 자신의 이름을 써넣고, 옷깃에는 삼각형과 반원 모양의 장식이 붙어 있었다. 반원 모양은 그들의 '어머니'가 결정되는 대로 원으로 대체될 것이다. 이러한 상징물의 사용은 편집광이나 반미치광이들에게는 일반적인 현상이다. 그들은 자신들을 알리기 위해 여러 가지 크기의 소책자들을 발행했는데, 그 안에는 다음과 같은 문구가 포함되었다.

남자는 과거를 일깨우고, 여자는 미래를 표상한다. 둘이 합쳐질
때만이 현재를 볼 수 있는 것이다.

이러한 면면에도 불구하고 앙팡탱은 여전히 수에즈 운하 개통의
필요성을 예견하고 직접 개착을 위해 나서기도 했다. 그의 추종자로
는 슈발리에, 램베르트, 주르당 등이 있다.

_'아이디어 보따리'로 불리던 소년 라차레티

더욱 독특하고 호기심을 자아낼 만한 예를 다비드 라차레티에
게서 찾아볼 수 있다. 그는 1834년 아르치도쏘에서 태어났다.

그의 부친은 목수였다. 술에 절어 살았던 것으로 보이지만 힘이 매
우 좋은 사람이었다. 그의 친척 중에는 자살 경향이 있는 사람들과 미
치광이들도 있었다. 종교적 광신에 빠져서 자신이 '영원한 하나님 아
버지'라고 믿었던 이도 있었다. 그 사람은 그 믿음을 간직한 채로 죽
었다. 라차레티의 형제 여섯 명은 모두 힘이 세고 체구도 매우 컸다.
다들 신장이 190에서 195센티미터에 달했는데, 사실 그 인근에서는
유별나다고 할 수 없었다. 그들은 또 꾀가 많고 기억력이 좋았다.

라차레티는 여러 가지 면에서 다른 형제들보다 우월했다. 일단 지
적 능력이 뛰어났다. 특이한 점은 머리가 세로로 긴 모양으로 무척 컸
다는 것이다. 또 그의 눈은 광기가 비친다는 말을 들을 정도로 열정적

으로 빛났다. 그가 젊었을 때 요도에 문제가 있거나 성적으로 불능이었을 것이라는 주장이 있다. 모렐과 르그랑 디 솔이 유전적인 정신병자들 중에 성적으로 불능인 사람을 여럿 발견했던 결과를 떠올려 볼때 매우 주목할 만한 주장이라고 할 수 있다.

라차레티는 어린 시절부터 극단적이고 모순적인 경향을 보인 적이 많았는데, 그런 기질의 사람들이 흔히 미치광이로 발전하는 것이다. 그가 어린 아이였을 때는 수도사가 되고 싶다고 했다. 그러나 아버지의 사업을 물려받으면서 생활이 불규칙해지자 이내 폭음을 일삼았다. 그래도 한편으로는 단테와 타소를 읽으며 정신을 배양하는 것도 게을리 하지 않았는데, 그와 같은 처지의 다른 사람들 경우에는 보기 힘든 면이었다. 15살에 그는 '아이디어 보따리'라는 별명을 얻게 된다.

라차레티는 또한 다투기를 좋아했다. 상스럽고 심한 욕을 해대서 사람들이 두려움을 느낄 정도였다. 한번은 자기 형제들과 함께 카스텔 델 피아노를 지나다가 그곳의 주민 전체를 상대로 싸움이 붙은 적도 있었다. 그러면서 그는 연설, 시, 설교, 연극 등 고상하고 멋진 것에 대한 동경이 있었다. 또한 그리스도와 마호메트를 숭상하면서 그 두 사람이야말로 지금까지 세상에 나온 가장 위대한 인물들이라고 말하고는 했다.

라차레티는 열네 살 때 이미 다양한 환각에 시달렸노라고 고백한다. 그리고 한번은 피티글리아노라는 유대인 여자에게 마음 깊이 동정한 일이 있었다. 그녀가 자신의 종교를 두둔하기 위해서 열변을 토해내는 것을 듣고 감동을 받았던 것이다. 하지만 아직은 자신이 극도로 혐오하는 것이 세 가지 있었는데, 그것은 바로 여자와 교회와 춤이라고 말하고 다녔다. 1859년, 스물다섯 살 때 그는 기병대에 자원입대한다. 1860년에는 치알디니가 주도한 전투에 참전했다. 하지만 병사라기보다는 장교의 보좌로서 복무했다. 전투 전에 라차레티는 애국심을 고취하는 시가를 지었는데, 이를 전해 받은 브로페리오는 그 고귀한 이상과 아름다운 시구에 감탄했다고 한다. 비록 표현이 투박하고 문법적으로 틀린 부분이 많았지만 여전히 그는 이를 높이 평가했다.

전쟁이 끝나자 라차레티는 다시 마부 일을 시작한다. 동시에 방탕한 생활과 상스러운 언어 습관도 되살아났다. 그는 3년 전에 결혼했던 아내와도 재회한다. 라차레티는 아내에게 시적인 애정을 품었고 실제로 그녀를 위해 연시를 지어 바쳤다. 그리고 야심찬 계획이 그를 사로잡았는데, 시와 비극을 써서 명성을 얻어 보자는 속셈이었다. 점차로 그의 환상은 다른 방향으로 발전하기 시작했다. 1867년에 서른

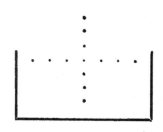

셋이 되었을 때 라차레티는 1848년에 처음 보았던 종교적인 환영을 더욱 뚜렷한 형태로 다시 마주했다. 그리고 어느 날 성모 마리아의 환영을 영접한 후 자취를 감춘다.

라차레티는 성모 마리아에게 로마로 가서 교황에게 신성한 사명을 받았다는 사실을 알리라는 명을 받았던 것이다. 처음에 교황은 그를 만나주지도 않았지만, 나중에는 후한 대접을 해주었다고 한다. 그 다음에는 사빈 지역에 위치한 몬토리오 로마노의 은거지를 찾아갔다. 그곳에는 프러시아 출신의 수도사 이그나치오 미쿠스가 살고 있었다. 그 밑에서 삼 개월 동안 신학수업을 받는다. 직접적인 증거가 없기 때문에 어디까지나 추측일 뿐이지만, 이 수도사의 휘하에 있으면서 라차레티가 이마에 문신을 새겼을 가능성이 매우 높다. 비록 그가 자신의 문신은 베드로 성인이 직접 새겨준 것이라고 주장했지만 말이다. 그는 문신을 머리카락으로 가렸는데 불경한 이들의 시선으로부터 보호하기 위해서라고 했다. 그는 오직 참신도에게만 문신을 보여 주었다.

이를 본 적이 있는 의료계 인사의 증언에 의하면, 문신은 불규칙한 평행사변형의 모양이고, 그 위쪽 방향으로 열세 개의 점들이 십자모양으로 배치되어 있었다. 이밖에도 어깨의 삼각근 위치와 다리 안쪽으로 다른 두 개의 문신이 더 있었는데, 그는 이 문신들에 대해서 하나님과 맺은 특별한 약속에 대한 봉인이라는 의미를 부여했다. 앞에서도 계속 말해 왔지만, 자신만의 상징에 기이하고 신비한 의미를 부여하는 것은 미치광이들에게 일반적으로 나타나는 경향이다.

이때부터 라차레티는 전혀 다른 사람으로 변모한다. 정신병자들에게서 종종 관찰할 수 있는 현상이기도 하다. 그는 원래 시비 붙기 좋아하고 불경스러운 데다가 무절제한 생활을 하던 사람이었는데, 온순하고 너그러우며 금욕적인 사람으로 다시 태어난다. 사빈에서는 물과 빵으로 생활했고, 산에서는 금식하며 소금과 식초에 절인 허브만으로 버티었다. 다른 때에도 라차레티는 옥수수 죽을 먹거나 마늘이나 양파를 곁들인 빵만 먹으면서 생활했다. 1870년에는 몬테크리스토 섬에서 한 달 조금 넘는 기간을 머물렀다. 그 기간 동안 허브를 조금 얹은 빵 여섯 덩이만으로 생활했다. 프랑스의 수도원에 의탁하고 있는 동안에는 며칠 동안을 하루에 감자 두 알만으로 지내기도 했다. 더욱 신기하고 놀라운 것은 정신없고 풍자적인 글을 쓰던 작가가 어느 시점부터인가 기품 있고 감동을 주는 글을 써내기 시작했다는 것이다. 정말로 초기 기독교 시대에 나온 경건한 글들에 비견할 만한 작품들이었다.

_ 신기하게도 숙명처럼 라차레티의 죽음

　　　라차레티가 속한 교구의 신부는 그를 고대 선지자들의 재현이라고 생각했다. 그리고 라차레티의 힘으로 성전을 재건축할 비용을 마련할 수도 있을 거라는 기대를 품는다. 사람들은 온전히 삶이 뒤바뀐 라차레티의 이야기에 이미 감명을 받은 상태였다. 거기에 그의 문신이 흥미를 더하고 연설도 힘이 넘쳤다. 멋대로 길게 자란 수염과 엄숙한 태도마저도 사람들에게는 매력을 더했다.

　　라차레티를 보기 위해 미사는 늘 성황이었고, 성직자들도 열성적으로 신도들을 이끌었다. 이내 라차레티를 내세우는 행렬이 꾸려졌다. 신부들과 영향력이 있는 신도들이 라차레티와 함께했다. 그들은 아르치도쏘까지 행진해 갔고, 이어서 로깔베냐, 카스텔 델 피아노, 카스타그나요, 치니지아노, 산타피오라 등을 경유했다. 가는 곳마다 사람들에게 열렬한 환대를 받았다. 어떤 이들은 무릎을 꿇고 그를 영접했다. 교구의 신부들도 그를 열렬히 환영했다. 그들은 라차레티의 얼굴과 손과 심지어 발에도 입을 맞추었다. 그 덕분에 드디어 성전건축이 시작된다. 그런데 건축 헌금이 계속 쏟아져 들어 왔어도 성도들의 주머니 사정이 넉넉하지 않은 관계로 여전히 충분한 자금이 모이지 않았다. 그러자 헌금 대신에 사역을 받는 방안이 나왔다.

　　교회의 건립 장소는 아르치도쏘에서 그리 멀지 않은 곳이었다. 신기하게도 숙명처럼 라차레티는 후에 그곳에서 죽음을 맞이한다. 수천 명이나 모인 신도들이 일하기 위해 몰려들었다. 남녀노소 가리지 않고 모두가 목재며 석재며 건축자재들을 운반하기 시작했다. 하지만 건축이란 것은 문법과 마찬가지로 나름의 규칙이 있는 일이었다.

아무런 훈련도 받지 않은 채 그저 신앙의 힘으로 모인 사람들은 안타깝게도 실제적인 도움이 되지 못했다. 그렇게 산처럼 쌓인 건축자재들과 구름처럼 몰려든 일꾼들이 하릴없이 세월을 보냈다. 마치 바벨탑을 쌓으려는 계획이 돌무더기만을 남기고 무산되었던 것과 같은 상황이었다.

1870년 1월, 라차레티는 '신성한 모임을 위한 사회'를 설립한다. 이는 회원 사이에 서로 원조를 제공하는 모임이었다. 같은 해 3월에 라차레티는 자신의 추종자들을 불러 모아 최후의 만찬을 나누었다. 그리고 라파엘로(건축가)와 주세페 비치와 동행하여 몬테크리스토 섬으로 떠난다. 그곳에서 여러 달 머무르면서 복음서, 예언서, 설교집 등을 집필했다. 그후 몬테라브로에 들어가서 자신이 받은 계시를 정리했다. 그곳은 라차레티가 사람들을 선동했다는 죄목으로 체포된 곳이기도 하다. 그는 석방된 후 다시 '그리스도의 가족'이라는 모임을 결성했다. 그런데 이것이 얼토당토않게 그가 선동과 사기를 재개했다는 혐의를 받는 근거가 된다. 그는 다시 투옥되었고, 사르뷔라는 변호사의 노력으로 석방될 때까지 7개월 동안 수감생활을 한다.

1873년, 라차레티는 새로운 소명을 받아 여정을 시작한다. 로마, 나폴리, 토리노를 거쳐서 최종적으로 그르노블의 수도원에 이르는 노선이었다. 그는 수도원에서 『참회하는 은둔자가 지켜야 할 규칙과 생활』을 썼다. 또 알파벳을 조합해서 암호를 고안하기도 했다. 『천상의 꽃에 관한 책』은 구술로 완성했다. 그 안에는 "위대한 인물은 그 산 속의 추종자들을 이끌고 산을 내려와야 할 것이다" 등의 내용이 씌어 있다. 그 책에는 또한 그 수도원에서 경험한 환영, 꿈, 계시들도 모두 들어가 있었다.

라차레티가 몬테라브로에 귀환하자 그에게 헌신하는 추종자들과 호기심에 모여 든 인파까지 더해져서 수많은 군중이 그를 맞이했다. 라차레티는 그들과 함께 산꼭대기에서 야영생활을 시작했다. 그는 무리에게 "주께서 우리를 지켜보시고, 심판하시고, 처벌하신다"는 내용으로 설교했는데, 이것이 빌미가 되어서 정부를 전복하고 내란을 일으키려 했다는 고발을 당한다. 1874년 11월 19일 밤에 그는 다시 체포되어 리에티의 재판정으로 호송되었다. 이번에는 당국에서 전문성이 떨어지는 전문가를 불러서 라차레티가 정신이 멀쩡하다는 진단을 받아내고 그를 교활한 사기꾼이라고 판결을 내린다. 사기와 부랑생활로 15개월의 수감형과 함께 이후에도 일 년 동안의 보호감독이 필요하다는 형을 받았다.

하지만 이 사건은 재심이 청구되어 페루자의 고등법원으로 넘겨졌다. 1875년 8월 2일, 라차레티는 다시 자유를 얻는다. 그는 몬테라브로에 돌아가서 회합을 재구성하고 임페리치 신부를 그 수장으로 삼았다. 사실 라차레티는 수감생활 중 건강이 크게 악화되어 있었다. 그는 10월에 프랑스로 요양을 떠난다. 사실 다시 체포되는 불상사를 피하고, 프랑스의 광신도들을 방문할 목적도 있었다. 프랑스에서 그는 신비한 힘에 이끌려 부르고뉴의 한 마을에 머무르게 된다.

그곳에서 그가 신비스럽다고 표현하는 책을 한 권 완성한다. '신과의 씨름'이라는 제목이 붙은 책이었다. '일곱 개의 봉인에 관한 책'이라고 부르기도 했다. 한마디로 창세기와 계시록을 뒤섞어 놓은 책이었다. 표현에 있어서도 정상적인 문장과 광시곡 같은 문장이 혼재해 있어서 미치광이의 작품이라는 것이 여실히 드러났다. 라차레티는 또한 전 세계 기독교 국가들의 군주들을 겨냥해서 선포문을 작성했다.

그 안에는 스스로를 위대한 군주라고 칭하면서 "예상치 못한 때에 세계의 종말이 올 것이고 라틴 국가들에게는 결코 바라는 일이 아닐 것이니" 자신과 동맹을 맺자고 제안했다. 같은 문서 안에서 라차레티는 자신이 지구상의 모든 지배자들을 압도하는 지도자이자 지배자이자 심판자이자 군주임을 선언했다. 이러한 문건들은 임페루치 신부가 복사본을 만들어서 보관했다. 그런데 신부가 눈에 띄는 실수들은 바로 고쳐놓고 그밖에도 내용을 걸러냈기 때문에 인쇄본이나 프랑스 번역본에는 빠진 내용이 많다.

_늘 그렇듯이 모순적인 행보 라차레티의 편집광 징후

얼마 지나지 않아 라차레티는 광란 상태에서 성직자들의 부패에 비난의 목소리를 높이고 자신이 고해성사를 집도하기 시작한다. 그에 대한 조치로 교황청에서는 라차레티의 교리는 허위이며, 그의 집필물은 체제 전복적이라고 선언했다. 이전에는 교황의 기호에 맞는 저자였는데, 이제는 교황권에 대적하는 발언을 서슴지 않는 모습을 보였던 것이다. 라차레티는 1878년 5월 14일에 동료 수도자들에게 교황권을 우상숭배 혐의로 고발하는 경고장을 날린다. 이 사건 이후에는 또 미치광이들이 늘 그렇듯이 모순적인 행보에 나선다.

라차레티는 로마에 가서 그의 상징물인 인장과 회초리를 옆에 두고 종교재판소 앞에 무릎을 꿇고 엎드려서 자신의 입장을 철회했다.

하지만 몬테라브로에 돌아온 후에는 다시 천주교에 비판적인 설교를 계속했다. 라차레티는 천주교회가 시장 바닥과 다름이 없으며, 성직자들은 실제로는 무신론자에 불과하면서 다른 사람들의 신앙을 통해 이익을 취한다고 비난했다. 종교개혁을 설파하면서 자신을 '신비의 존재', '새롭게 온 그리스도', '지도자이자 원수 갚는 자' 등으로 소개했다.

라차레티는 신도들에게 세속에서 분리되는 삶을 살아야 한다고 촉구했다. 그리고 식욕과 색욕을 억제해서 이를 증명해야 한다고도 말했다. 결혼한 자들의 경우에는 성교가 불가피하다고 하면 최소한 두 시간 전부터 나체인 상태로 기도하며 준비 후 침대에 들어야 한다는 수칙을 제시했다. 그는 또 10만4천 프랑에 해당하는 금액의 지폐를 발행한다. 하지만 이는 헛짓에 불과했다. 왜냐하면 그 지폐는 금고에서 고스란히 썩어나갈 운명이었기 때문이다. 이런 생각 자체가 그의 정신 나간 상태를 여실히 보여주는 셈이다.

라차레티는 그동안 모은 기금의 일부를 풀어서 깃발과 의복을 만들도록 지시한다. 회원들을 위한 의장을 마련하려는 것이었다. 의상에는 그가 환각 상태에서 본 이상하고 기괴한 동물들을 수놓도록 했다. 라차레티를 위해서는 좀 더 정교하고 복잡한 치장이 마련되었다. 가슴에 두르는 사각 모양의 장식에는 특별한 문양이 들어 있었다. 십자가를 중심으로 C가 두 개 대칭으로 배치되는 형태였고, 이것은 회합의 표식이었다.

ↄ†ɔ

  1878년 8월에 라차레티는 그때까지 없던 최대 규모의 회합을 소집한다. 그는 신도들에게 사흘 동안 밤낮으로 금식하며 기도하도록 주문했다. 그 기간 동안 여러 차례의 설교회가 있었다. 일반을 대상으로 한 것도 있었고, 다양한 신도 등급에 따라 특정 집단에 한정한 설교회도 진행되었다. 그리고 각각 14, 15, 16일에 회개를 위한 고행성사가 이루어지도록 지시했다. 17일에는 '공화국은 하나님의 왕국'이라는 문구가 적힌 커다란 깃발을 탑 위에 내걸었다. 그리고 전체 참석 인원들을 십자가 밑에 모아 놓고 충성과 복종의 서약을 받았다. 이 시점에서 그의 형제들이 위험한 일을 중단하라고 설득에 나섰지만 무위에 그쳤다. 문제가 발생할 수 있다고 걱정하는 이들에게 라차레티는 오히려 다음과 같이 대답했다.

  내일이면 그가 기적을 내보이고 자신이 하나님께서 그리스도의 형상으로 보내신 심판자이자 영도자임을 증명할 것이다. 지상의 어떤 힘으로도 그의 의지를 꺾지 못할 것이며, 감히 그에게 대항하며 나서는 이들이 있다 해도 그 위세는 그의 회초리의 그림자만 비추어도 궤멸되고 말 것이다.

정부에 대적하는 것을 지적하는 회중에게는 다음과 같이 말했다.

그는 손을 휘저어서 탄알을 막을 것이며, 그 자신과 신실한 그의 신도들을 대적하는 무기들을 모두 무력화시킬 것이다. 정부의 정예 기병들이 오히려 신도들 편에 서는 것을 영광스러워 할 것이다.

정신착란이 점차 심해지면서 라차레티는 치안 대장을 매우 혼란스럽게 한다. 처음에 명령을 내려놓고서 이후에 취소할 수도 있다고 언질을 주는 식이었다. 그는 다음과 같은 지시를 내리기도 했다.

더 이상은 지속하기 어려움. 하나님의 뜻과 반하는 지고의 명령을 새로 받았음.

라차레티는 신앙이 부족해서 그의 의지에 반역하는 이들에게는 신의 저주가 있을 것이라고 위협하기도 했다. 8월 18일 아침에 라차레티는 몬테라브로를 떠나서 그를 따르는 엄청난 인파를 이끌고서 아르치도쏘를 향한다. 그는 황제에 준하는 복장을 걸치고 있었다. 금실로 수놓인 자색의 가운을 걸치고 각종 열매로 장식한 왕관을 쓰고 손에는 홀을 들고 있었다. 그를 보좌하는 핵심 인물들도 조직에서의 위계에 따라 복장을 갖추고 있었다. 라차레티의 장엄함에는 미치지 못하지만 지위에 따라 별개의 색으로 제작된 특별한 의장들이었다. 일반 회중들은 일상복을 입었고 가슴에 앞서 소개한 특별한 표식을 달고 있었다. 일곱 명의 형제회 수도사들이 각각 '공화국은 하나님의 왕국'이라고 써진 깃발을 양손 가득 들 수 있는 만큼 챙겨서 다녔다.

그들은 라차레티의 찬송가를 부르며 행진했다. 찬송가의 각 절마다 '공화국은 영원하리'라는 후렴으로 끝을 맺는다. 그 최후가 어떠했을지 굳이 말할 필요가 없을 것이다. 자신이 왕 중의 왕이요, 무적이라고 주장하던 인물은 발포 명령이 떨어짐과 동시에 총탄에 쓰러지고 만다. 라차레티는 쓰러지면서도 환각 상태로 "승리는 우리의 것이다!"라고 외쳤다. 사실 라차레티가 이끌었던 행진은 무장을 하고 있지도 않았을 뿐 아니라, 어느 모로 봐도 위협적 요소는 전혀 없었다. 노치토는 이에 대해서 정부가 일개 편집광을 폭도로 오인한 것이라고 명쾌한 논평을 내놓는다. 그들의 기괴한 표식만 봐도 편집광의 징후는 명백하다는 것이다.

_고귀한 태생이라고 믿는 편집광 '왕 중의 왕' 라차레티

라차레티는 니케아 공의회의 결의를 받아들이는 입장이다. 그리스도가 죽은 자 가운데서 다시 살아나서 승천 후 하나님의 오른 팔의 지위에 오른 것을 믿었다. "그리고 주께서 산 자와 죽은 자를 심판하러 오실 것"이라고 믿었다. 하지만 아무리 기다려도 그리스도는 오지 않았다. 이에 라차레티는 자신이 바로 그리스도의 재림이라는 믿음이 생겼다. 그는 그리스도가 열두 사도를 거느렸던 것처럼 자신에게도 열두 명의 사도들이 있어야 한다고 생각했다. 그리스도에게 베드로 성인이 있었던 것처럼 자신에게도 베드로가 필요했다. 라차레티는 자신의 사도들 중에서 한 명을 베드로로 지정하고 가슴에 특별한 표식을 붙이고 다니도록 했다. 그리스도가 40일 동안 광야에서 금식했던 것을 따라 하기 위해서 한겨울에 몬테크리스토 섬에 들어가 금식을 단행하기도 했다. 라차레티는 폭풍우가 치고 천둥소리가 요란하며 온 섬이 진동을 하는 중에 하나님과 대화하는 경험을 한다. 그리고 그리스도의 최후의 만찬처럼, 자신의 사도들과 만찬을 나눈다. 1870년 1월 15일의 일이었다. 만찬 중에 그는 다음과 같이 말한다.

주께서 내게 명하신 일을 내가 행함에 있어서 몹시 흡족해 하심이 분명합니다. 이 만찬이야말로 가장 큰 신비를 담고 있다는 것을 아셔야 합니다. 그대들은 지금 하나님께서 당신의 거처로 정하신 장소에 있다는 것을 유념하시기 바랍니다. 그분을 경배하기 위한 장소라는 것이 더 맞는 말이겠습니다. 여기 우리가 있는 이곳에서 멀지 않은 곳에 성스러운 이름을 기리는 성대한 피라미드가 세워질 것입니다. 피라미드는 지고한 권능의 신탁을 받는 장소가 될 것입니다.

실제로는 이때의 만찬이 성찬식은 아니었다. 하지만 광기에 사로잡힌 정신을 막을 것은 아무것도 없었다. 그는 자기 방식으로 회개를 받고 고해성사를 집도했다. 하지만 이것으로는 충분하지 않았다. 다비드 라차레티는 1878년 8월 18일이 오면 자신이 변신하는 모습을 보여주고 지진을 일으키겠다고 약속했다. 그는 아들이 결석 때문에 수술을 받아야 하는데 외과 의사가 주저하자 자신이 칼을 뺏어들고 대신 수술을 하기도 했다. 결국 아이는 수술 중에 죽게 된다. 그런데도 라차레티는 별다른 동요를 보이지 않은 채 "다비드의 아들은 결코 죽지 않아"라고 몇 번이나 되뇌었다고 한다.

부검을 통해서 라차레티가 두 번째로 새긴 문신이 시신에서 발견되었다. 교황의 삼중관이 뒤집힌 모양 안에 평범한 십자가가 들어 있는 문양이었다. 이에 대해 추궁받자 그의 형제들은 라차레티가 프랑스에 있을 때 황금 인장을 구해서 그것이 황제의 인장이라고 말했다고 했다. 그리고 그것을 끓는 기름에 달구어서 자신의 생살에도 찍고, 자기 아내와 아들들에게도 찍어 놓았다는 것이다. 고통에 둔감한 것은 정신병자들에게 매우 특징적으로 나타나는 모습이다. 라차레티는 이 표식으로 자신이 콘스탄티누스 황제의 후손이라는 증표로 삼고자 했던 것이다.

하지만 그는 왕가의 후예라는 것만으로 만족하지 못하고 스스로가 세계를 다스리는 지배자가 되기를 원했다. 그래도 나중에는 한 발 양보해서 군주를 앞에 세우고, 자신은 후원자의 위치로 만족하리라는 생각을 하기도 했다. 그는 '전 세계 기독교 국가들의 군주들에게' 보내는 포고문을 발표하는데, 그 안에는 다음과 같은 내용이 담겨 있다.

전 세계 기독교 국가들의 왕족들에게 전하노라. 그대들이 세례를 받기만 했다면, 천주교에 속하든, 분리주의 교회에 속하든, 이단 종파에 속하든 개의치 않고 전하는 말이다. 또 그대들이 왕가의 혈통이기만 하다면, 현재 그대들에게 속한 국가와 권세가 있는지 여부도 따지지 않겠다. 그대들에게 나를 찾아오길 권하노니 내 앞에 제일 처음 나타나는 이를 왕으로 세울 것이다. 그는 나를 대신할 것이다. 나이가 많고 적고를 따지지 않을 것이며, 그저 온전한 신체만 있다면 충분한 자격이 되리라.

신기하게도 이 말을 심각하게 받아들인 이가 있었다. 샹보르 백작이 그에게 대사를 파견한 것이다. 라차레티는 이어서 다음과 같이 말한다.

나는 기독교 세계에서 동맹을 찾고 있다. 나는 오늘 이 원대한 계획을 서두르기로 결정했다. 만약에 이 포고문을 반포한 후 삼 년 안에 아무 기독교도 군주도 나타나지 않는다면 나는 유럽을 떠나서 이교 국가에서 찾을 것이다. 그리고 기독교도들과 하지 못한 일을 할 것이다.

하지만 그때는 그대들 모두에게 화가 미칠 것이다. 머리가 일곱 달린 적그리스도가 출현할 것이고 그에게서 벌을 받을 것이다. 적그리스도는 유럽 한가운데서 창성할 것인데, 내가 유럽을 떠나면 한 젊은이가 프랑스 북부에서 나와서 중앙으로 나아가며, 마치 나인 것처럼 행세하리라.

이때부터 다비드 라차레티에게는 자신이 왕 중의 왕이라는 생각이 굳어진다. 아르시도쏘의 자치장이 라차레티에게 복종하기를 거부하자 그는 다음과 같이 일갈한다.

나는 왕 중의 왕이요. 군주 중의 군주이니라. 내 어깨 위에 전 세계 왕가의 자식들이 매달려 있다. 그들에게 있는 전군이 모두 나의 것이요, 전적으로 나에게 의지하고 있다. 어떠한 밧줄로도 나를 묶어두지 못할 것이다.

말도 없이 라차레티에게서 도망치려던 미누치에게는 "너는 내가 왕 중의 왕이요, 이 세계의 지배자라는 사실을 모르는 것이냐. 네가 도망가려 한다면 나는 너를 그 자리에서 돌로 쳐 죽일 것이다"라고 말한 적이 있다. 로시라는 증인이 17일의 설교회에 참석해서 들은 것에 의하면, 라차레티가 스스로 자신을 왕 중의 왕이자 심판하는 그리스도라고 불렀다고 한다. 또 교황은 더 이상 로마에 머물지 않고 자신이 그를 위한 거처를 따로 마련해 줄 것이며, 이탈리아의 왕도 자신을 섬기게 될 것이라고도 말했다고 한다. 마리오티라는 증인은 자신이 들은 설교 내용을 다음과 같이 증언한다.

그는 자신이 무력을 두려워하지 않는다고 했습니다. 백만 대군이 온다고 해도 마찬가지라고 말했습니다. 신하가 온다고 해서 군주를 끌어내리지는 못한다고 말입니다.

마지막으로 주세페 토니니는 라차레티가 설교 중에 "왕 중의 왕이요, 전 세계를 호령할 것이다"라고 말한 사실을 증언했고, 발렌티노 마체티는 라차레티가 8월 18일에 행진을 강행하기로 결정하면서 "정부에서 우리를 체포할 거라고 생각하시오? 그럴 리가 없소. 신하된 자들이 그들의 군주를 체포하는 법은 없소"라는 말도 했다고 역시 증언했다. 라차레티가 채용한 표식은 정말 별것 아니었다. 그는 두 개의 'C'에 매우 중요한 의미를 부여했다. 그 'C'가 바로 두 명의 그리스도를 차례로 의미한다는 것이다. 먼저 나사렛의 요셉의 아들이었던 그리스도가 그 첫 번째이고, 아르시도쏘의 요셉 라차레티의 아들이 두 번째 그리스도가 된다는 것이다. 실상 그리스도가 어떻게 해서 콘스탄티누스 황제와 연결이 되고, 또 라차레티까지 이어지는지 도저히 이해할 수 없는 일이다. 하지만 모순과 억지를 거쳐서 이러한 관계가 성립되었다.

사실 편집광들은 자신들을 고귀한 태생이라고 생각하는 경향이 있다. 그래서 편집광들을 망상증 환자로 분류하고자 하는 이들도 있다. 실제로 그들은 자신들의 광증을 그럴듯하게 포장하고자 할 때면 이야기를 지어내기에 급급한 나머지 그 안에서 발생하는 모순에는 미처 주의를 기울이지 못한다. 파비아의 자수 장인은 자신이 보나파르트 가문의 후손이라고 믿고, 복장이나 사용하는 언어가 지체 높은 가문에 누가 되지 않도록 신경을 썼다. 하지만 그녀는 마리 루이즈의 딸이라고 주장하는 한편으로, 비토리오 에마누엘레 1세가 아버지라고 주장했다. 또 다른 경우로 한번은 자신이 먹던 달걀에 뱀의 독이 들어 있다고 우긴 적도 있었다.

마찬가지로 라차레티도 처음에는 교황이 이탈리아를 해방시켰다고 칭송하다가 자신을 파문에 처하자 교황이 우상화되었다고 비판했다. 또 자기 자신은 천주교 사도교회의 신도로 죽기를 희망하면서, 천주교의 가장 핵심이라고 할 수 있는 고해성사에는 온힘을 다해서 반대했다. 또한 자신이 다윗의 자손이라고 주장하면서 동시에 콘스탄티누스 황제의 자손으로 여겨지기를 희망했던 것이다.

_시해범이 될 뻔했던 무성욕자 파사난테

시해범이 될 뻔했던 나폴리의 파사난테는 혈통적으로 광기와 연관이 있지는 않았다. 29살 때의 기록을 보면, 그는 신장이 163센티미터이고 체중은 51.5킬로그램이었다. 당시의 나폴리 인들의 평균보다 14킬로그램이나 덜 나갔다. 파사난테의 머리 모양은 소두에 가까웠다. 두개 계수는 82였고, 뇌 수용력은 1천513 제곱센티미터에 불과했다. 외모적으로는 몽골 계통이나 크레틴 병자들과 유사한 특징을 보였다. 파사난테는 눈이 작고 푹 꺼져 있으며 두 눈 사이의 거리도 비정상적으로 떨어져 있다. 광대뼈가 높이 솟아 있고 수염은 숱이 매우 적었다. 눈동자의 움직임도 활동성이 매우 떨어졌다. 생식기가 위축되어 있어서 거의 무성욕증이었을 것으로 보인다.

다른 한편으로 간과 비장은 비대해져 있었다. 이는 파사난테의 체온이 높고, 맥박은 약하며, 근력이 부족하고 불균형 상태가 보이는 이유를 부분적으로 설명해 준다. 그의 근력은 오른쪽이 왼쪽보다 현저히 떨어졌다. 아마도 오른손에 화상을 입었던 과거에 기인한 결과로 보인다. 근력 이상 때문에 파사난테의 범행이 미수에 그칠 수밖에 없었을 것이다. 더욱이 그가 소지했던 어설픈 총기는 특히나 사용하기 힘들었을 것이다. 파사난테의 감각도 정상 범위를 벗어났다. 손등의 촉각 지수는 5밀리미터였는데 정상 범위는 16에서 20이다. 이마는 보통 20에서 22가 나오는데 그의 경우는 7이었다. 반대로 주삿바늘에 대한 피부의 예민 정도는 매우 약했다. 감옥에서 그는 환각을 동반한 정신착란에 시달렸다.

이 모든 특징들이 장기나 신경 중추에 질병을 앓고 있다는 것을 분명히 가리키고 있다. 그리고 이 환자에 대한 심리학적 연구를 보면 이는 더욱 확실해진다. 피상적인 접근으로는 파사난테가 감정이나 도덕적인 면에서 정상적인 상태라고 판단할 수 있다. 더욱이 그는 범죄에 대해 공포를 느끼고 매우 검소하고 금욕적인 생활을 고수했다. 그리고 때로는 지나치게 종교에 독실한 모습을 보이고 애국심에 불타는 모습이었다. 하지만 기본적으로는 항상 자신보다는 다른 사람들을 우선으로 배려하는 모습을 보였다. 따라서 정신병리학에 익숙하지 않은 사람들에게는 그가 권력에 희생되는 순교자처럼 보일 것이다. 정치적으로는 그에게 동조하지 않을지라도 인간적으로 존경하는 마음이 생길 정도로 말이다.

하지만 이러한 견해는 즉시 버리는 것이 좋겠다. 우리는 반미치광이들에게 검소함과 박애정신이 특징적으로 나타난다고 살펴 본 적이 있다. 사실 미치광이들에게도 드문 일이 아니다. 이런 사람들을 보면 국가나 전 인류를 자기 자신과 자신의 가족들보다 우선으로 생각한다. 파사난테가 살던 지역에서 벌어진 살인사건에 대해서 그가 쓴 글을 보면, 그는 이 사건에 대해 아무 감정이 없으며, 오히려 이를 즐기는 것처럼 느껴지기도 한다.

도끼를 휙휙거리며 그들은 외국인들에게서 돈을 빼앗았다.

파사난테는 또 가난한 사람을 데리고 재미 삼아 잔인한 장난을 치기도 했다. 체리나무를 아주 아끼는 사람이 있었는데, 그의 나무를 뽑아다가 열매를 다 훑어내고서는 헐벗은 채로 그 집 문 앞에 가져다

놓았다. 이렇게 병적일 정도로 감정이 결여된 듯한 모습은 범죄의 현장에서 그대로 드러났다. 그래서 성난 군중들이 그에게 질타하는 중에도 여전히 냉정하기 이를 데 없었다. 오르시니, 상드, 노브랑과 같이 정치적 사명감이 투철했던 인물들의 경우는 거사 후에 감정적 격동을 이기지 못하고 자살을 기도하기까지 했다.

하지만 파사난테의 감정 결여 상태는 그가 행동에 나선 동기만 봐도 충분히 파악할 수 있다. 그는 과격한 정치적 언동으로 일자리에서 쫓겨나고 부랑자로 체포되는 일을 겪었다. 경찰에게 험한 대우를 받으면서 술집에서 얻어들었던 영웅적인 행위들을 모방하고자 했던 것이다. 그는 자신의 목숨을 버리면서까지 타고난 허영심을 발휘해 남의 손을 빌려 극적인 장면을 연출하고자 한 것이다.

나는 고용주들에게 학대받으면서 사는 게 무섭기만 했습니다. 그래서 국왕을 시해하기로 마음먹었는데, 그러면 내 손으로 목숨을 끊을 필요가 없기 때문입니다.

파사난테가 체포된 직후 치안대장에게 한 말이다. 판사인 아차리티 앞에서 그는 다시 "저는 국왕의 목숨을 노리면 사형당하는 것이 분명하기 때문에 이 일을 저질렀습니다"라고 말했다. 실제로 이틀 전의 그의 상태는 자신의 파직으로 실의에 빠져 있었을 뿐 국왕시해 계획 따위에는 크게 신경을 쓰지 않았다. 그리고 체포 당시에도 파사난테는 어떻게든 상황을 보다 심각하게 몰아가려고 애썼다. 자신이 '국왕에게 죽음을! 공화국 만세!'가 적힌 종이를 가지고 나오는 것을 잊었지만, 본래 소지할 계획이었다는 것을 대리인에게도 잊지 말고 언급하도록 주문하기도 했다. 이것은 간접자살을 기도한 사건이라고 해야 할 것이다.

모즐리, 크라이튼, 에스퀴롤, 크라프트에빙 등의 기록에서 이와 같은 예를 많이 볼 수 있다. 이것은 미치광이나 저지를 법한 일이다. 혹은 정말 비겁하고 도덕관념이 결여된 사람이나 시도할 만한 일이었다. 그리고 이 사건에서는 파사난테가 주장하는 동기 이외에도 그의 맥락 없는 허영심을 만족시키고자 하는 욕구 또한 상당 부분 작용했을 것이다. 익히 잘 알려진 일이지만, 허영심에 찬 자살광들의 경우 장엄한 최후를 맞이하고자 하는 욕구가 매우 강하다. 어느 영국인은 자신이 작곡한 미사곡이 연주되고, 마지막 진혼곡이 울려 퍼지는 가운데 스스로에게 총을 쏴서 자살했다.

따라서 파사난테가 광적인 모습을 보이는 것은 정치적 신념과는 전혀 연관이 없는 것이고, 오히려 말도 안 되는 감정적 격발에 지나지 않는 것이다. 그는 자신이 속한 정당을 모욕할 때는 아무렇지도 않다가, 자신이 쓴 편지를 읽지 못하게 하자 화를 참지 못하고 눈물까지 흘렸던 것이다. 또한 그가 접시닦이 일을 하는 동안에도 일은 안 하고 계속 책만 읽었다는 증언이 나오자 또 심하게 반발했다. 그리고 그의 정신이 온전하지 않다는 증거가 재판에서는 오히려 유리하게 쓰일 수 있지만 파사난테는 이를 단호히 거부했다.

_똑똑하진 않지만 독창적 파사난테의 생각

　　파사난테는 똑똑하다고 할 수는 없지만 매우 독창적이고 특이한 면모가 있었다. 그리고 글보다는 말로 하는 표현에 더욱 능했다. 글에서는 쓸 만한 표현을 찾아보기 어려웠는데, 이 점은 반미치광이들과 구별되는 미치광이들의 특징이라고 할 수 있다.

　하지만 여기저기에서 그가 쓴 글을 긁어모아 놓고 보니, 그중에는 독창적이면서 흥미로운 생각도 얼마간은 있었다. 예를 들어, 파사난테는 관료를 뽑을 때 군인들이 징병제를 통해서 보충되는 것과 같은 제도를 활용한다면 "그들이 그렇게 권세를 부리지는 못할 것이다"라고 말했다. 참으로 독창적인 생각이다. 이에 버금가는 독창적인 생각은 수감자들이 그저 시간을 죽이고 있도록 두지 말고, 황무지 개간이라도 하도록 하자는 것이었다. 또 젊은이들이 생업을 위해 나서기 전에 군대에 복무하도록 하는 방안도 있었다. 가시나무를 재배한 사람은 맨발로 다니도록 하자는 안도 있었고, 마을마다 여행객이 머물 수 있는 무료숙박소를 설치하자는 안도 있었다.

　그가 이전에 써놓기는 했지만 자신을 변호하기 위한 논리로 쓰기에 알맞은 내용의 글도 있었다.

　　그저 정부의 체제 변화를 꿈꾸고 그 수장을 공격했다는 것만으로 당국이 엄격한 처벌을 부과하는 것은 비난받을 만한 일이다. 국가는 국민의 어머니로서 모두를 차별 없이 대해야 한다. 또한 법의 적용에 있어서도 차별이 없어야 한다. 죽음이 누구에게나 차별 없고 가차 없는 것처럼 법의 적용도 그러해야 한다.

혼자 있을 때와 일행과 함께 있을 때가 현격히 다른 점에서는 주스티의 표현에 비할 만했다.

그가 혼자일 때는 마치 유리컵처럼 약한 존재다. 유리컵을 보면 한 사람의 힘이라는 것이 그와 큰 차이가 없다고 생각하면 된다. 하지만 그들이 결집하면 갑자기 삼손을 천 명 모아 놓은 듯이 강력한 힘을 발휘하는 것이다.

파사난테가 다른 사람들보다 특출한 면은 그의 구두 심문의 내용에서 엿볼 수 있다.

사람들 틈에서 배우는 역사가 책에서 배우는 것보다 훨씬 쓸 만합니다. 사람들이야말로 최고의 역사 선생님입니다.

가난한 요리사에 어울리지 않는 학식을 과시한다는 말에 대해서는 다음과 같은 대답을 내놓았다.

배운 사람들이 길을 잃는 곳에서 못 배운 사람들이 승리하는 경우가 종종 있습니다.

'사람들이 나쁜 일을 하려면 양심에는 무슨 일이 생길까'라는 질문을 받았을 때의 대답은 다음과 같았다.

우리 안에는 두 개의 상반된 의지가 싸웁니다. 한쪽에서 밀고 다른 쪽에서 당기는 중에 더 강한 쪽으로 행동이 나타납니다.

하지만 파사난테가 가끔씩 드러내는 정치적 식견이야말로 그가 정상적인 상태가 아니라는 것을 가장 뚜렷하게 보여준다. 이것은 어디까지나 예외적으로 나타나는 현상이기는 하다. 그는 보통의 경우에는 평범하고 그저 기괴할 뿐이다. 파사난테는 위폐를 만드는 사람은 교수형에, 도적들은 화형에 처하자고 건의하면서 동시에 사형제를 폐지해야 한다는 의견도 내놓았다. 국왕을 살해하고자 하면서도 또 어디에선 국왕에게 연금으로 250만 냥을 청원하기도 했다.

_미치광이와 광신자의 후손 기토

기토에게도 같은 말을 할 수 있다. 그는 수없이 많은 퇴행적 징후들을 보여준다. 그의 손글씨는 특히나 반미치광이의 특징이 농후하다. 그리고 미치광이와 광신자가 유난히도 많이 출현한 가계의 후손인 것이다. 기토는 변호사, 신학자, 정치가에서부터 사기꾼에 이르기까지 온갖 직업을 전전했다. 그는 또 자신이 그리스도의 탄생에 관한 위대한 발견을 했다고 주장하기도 했다. 하지만 그가 한 일이라고는 그저 어마어마한 양의 종이를 소비해서 한두 편의 논문과 몇 권의 황당한 책을 발간한 것뿐이다.

기토는 신의 계시를 받았다고 믿었고, 이를 정리해서 『지옥의 존재』와 『진리』라는 책을 내기도 했다. 그러고 나서는 기묘하기만 한 그의 설교에 대한 보상으로 하나님께서 자신의 모든 빚을 대신 갚아주실 것이라고 생각했다. 그는 자신이 가필드 대통령을 저격한 것은 신의 명령에 따른 것일 뿐이라고 항변했지만, 실상은 기대했던 외교관직을 얻지 못한 것에 대해서 앙심을 품었기 때문이다. 자신은 가필드가 대통령으로 선출될 수 있도록 큰 고생을 마다하지 않았는데 가필드는 배은망덕한 모습을 보였다는 것이 그의 본심이었다.

_뇌의 이상으로 고통을 받는 인물들 남미인들

아르헨티나 공화국의 위인들 중에는 뇌의 이상으로 고통을 받는 인물들이 특히 많아서, 메히아가 이 주제로 책을 집필하기에 이른다. 신세계가 배출한 가장 진기하고 가치 있는 책이라고 할 수 있다.

메히아의 자료에 의하면, 리바두라는 건강염려증에 걸려서 뇌가 물러지면서 죽었다는 것이다. 마뉴엘 카르시아도 건강염려증 환자였는데 뇌에 이상이 생겨서 쓰러졌다고 한다. 브라운 제독은 자신이 박해를 받고 있다는 망상에 시달렸다. 바렐라는 간질을 앓았고, 프랑키아는 우울증 환자였으며, 로사스는 패덕했으며, 몬테아구도는 히스테리 병증이 있었다.

정상인 듯 정상 아닌 듯한 전체들
중급 : 전체들의 퇴행적 정신상태

Part 4

17가지 특성이 눈에 띄네
미치광이 천재들의 특징

특징 없는 성격 -허영 - 조숙함 - 알코올 중독 - 방랑벽 - 다재다능 - 독창성
- 문체 - 종교적 회의 - 비정상적인 성적 취향 - 자의식 과잉 - 기벽 - 영감

● 천재에게 병적이고 퇴행적인 특징이 있다
는 것은 개별적인 현상들을 철저하게 검증해나가다 보면 점점 더 확
실해진다. 화학적인 반응검사의 결과를 봐도 그렇고, 상호교류를 통
해 알아낸 것으로도 그렇다. 사실 정신이 병든 상태로 역사상 위대한
족적을 남긴 위대한 인물들을 보면, 여러 가지 면에서 평범한 사람들
과 구별되는 많은 특징들이 있다. 뿐만 아니라, 다른 한편으로 광기의
흔적이 전혀 없는 다른 천재들과도 구별되는 특징이 있다는 사실을
알 수 있다.

I. 이러한 미치광이 천재들을 보면 뚜렷한 성격을 말할 수 없다. 반면에 정직하고 정상적인 정신을 가진 사람들은 '어떠한 바람이 불어닥친다고 해도 쉽게 흔들리지 않는' 성격이 있기 마련이다.

타소는 늘 궁정정치를 맹렬히 규탄했지만 또 죽는 순간까지 그들이 던져주는 호의를 갈망했다. 까르당은 자신이 거짓말쟁이에 독설가에 도박꾼이라고 늘 자책했다. 루소는 극히 예민하고 감정적인 사람이었는데도 가장 절친한 친구의 원조 요청을 거절하고, 자신의 아이들을 방기했으며, 늘 자신이든 남이든 누군가를 비방하고, 세 번이나 개종했다. 처음에는 천주교를 부정하고, 그 다음에는 개신교를 부정하고, 더욱 심각한 문제는 철학이라는 종교까지 부정했다는 것이다.

스위프트는 성직자이면서 스트레판과 클로에의 사랑을 노래한 외설적인 시를 남기기도 했다. 그는 자신이 고위 성직자의 위치에 있고 이에 대한 자부심이 하늘을 찌를 정도이면서도 교회 자체를 비하했다.

레나우는 『사보나롤라』에서 광적인 신앙에 대해 매우 경건한 자세를 보여준 것과는 대조적으로 『알비주아파』에서는 매우 냉소적이고 회의적인 시각을 드러낸다. 그 자신도 이를 잘 알고 있다고 고백했으며 심지어 스스로 조롱하기까지 했다.

쇼펜하우어는 여자들을 경멸했다. 하지만 동시에 성적 대상이 되는 여성들에게는 열렬한 구애자이기도 했다. 그는 또 열반에 이르는 행복을 내세우는 한편, 자신이 백 살 이상 장수하리라고 예상했다.

II. 천재들은 자의식이 강하고 자부심도 강하며 수도승다운 겸양과는 전혀 거리가 멀다. 하지만 병든 뇌에서 끓고 있는 자만심으로 그들은 진리와 가설의 한계를 뛰어넘기도 한다. 타소와 까르당은 비밀스럽게, 마호메트는 당당하게 자신들이 하나님의 계시를 받았다고 선언했다. 그리고 그들은 아주 미미한 비판조차도 가공할 만한 핍박이라도 되는 듯이 받아들였다. 까르당은 자신에 대해서 다음과 같이 평가한다.

나의 본성은 인간의 본질과 조건이 갈 수 있는 극한까지 도달해 있다. 불멸의 존재에 가까운 그 언저리까지 도달한 것이다.

루소는 모든 사람들이 자신을 상대로 모략을 꾸민다고 의심했다. 때로는 모든 요소들을 자신에게 적대적인 범주에 넣었다. 아마도 이러한 생각 때문에 위대한 인물들이 다른 사람들과 어울리지 못하고 외톨이로 겉도는 불행한 삶을 살았을 것이다.

III. 이렇게 불행했던 인물들 중 일부는 천재성을 매우 이른 나이에 조금은 기괴한 방식으로 드러내고는 한다. 타소는 6개월 때 이미 말하기 시작했고, 일곱 살에 이미 라틴어를 익혔다. 레나우는 아주 어린 나이에 마음을 움직이는 설교문을 작성했고, 백파이프와 바이올린을 연주하는 실력은 경지에 이르렀다. 까르당은 여덟 살에 자신만이 볼 수 있는 천재를 만나서 도움을 받기 시작했다. 앙페르는 열세 살에 벌써 수학자가 되었다. 파스칼은 열 살에 이미 접시에 나이프가 부딪히는 소리에 영감을 얻어서 음향에 관한 이론 정립에 나섰고, 열다섯 살에는 원뿔곡선에 관한 그 유명한 논문을 작성했다. 할러는 네 살에 설교를 했고 다섯 살에는 엄청난 독서량을 보여주었다.

IV. 많은 천재들이 마약류나 흥분제와 각성제 등을 남용했다. 할러는 습관적으로 다량의 아편을 흡입했다. 루소는 지나치게 커피에 의존했다. 타소는 애주가로 잘 알려져 있다. 클라이스트, 제라르 드 네르발, 뮈세, 뮈르제, 말라스, 프라가, 로바니 등도 마찬가지였다. 중국의 독보적인 시인 이백은 술과 더불어 영감을 얻고 결국 술 때문에 죽었다. 레나우도 말년에는 포도주와 커피와 담배를 절제하지 못했다. 보들레르는 아편과 담배와 포도주를 남용했다. 까르당은 한번 마시기 시작하면 멈추는 법이 없다고 스스로 고백했다. 포와 호프만도 알코올 중독자였다.

V. 이 위대한 천재들 거의 대부분이 생식 기능에 이상이 있었다. 타소는 젊어서 매우 방탕한 생활을 하다가 서른여덟 살을 기점으로 아주 담백한 생활을 고집했다. 반대로 까르당은 젊어서는 불능이었는데, 서른다섯 살부터는 과할 정도로 방탕한 생활에 빠져들었다. 파스칼도 어릴 때는 향락을 추구하더니 이후에는 엄마가 아기에게 하는 입맞춤도 죄악시했다. 루소는 요도하열과 정액루에 감염되어서 변태적인 성생활을 유지했다. 뉴턴이나 스웨덴의 칼 12세는 절대적인 금욕을 고수했다고 알려져 있다. 레나우는 "고백하기 괴롭지만 나는 결혼에는 적합하지 않은 몸이다"라고 적었다.

VI. 한곳에서 호젓하게 공부에 몰두하지 못하고, 그들은 계속해서 떠돌아 다녔다. 레나우는 비엔나에서 스톡케로에 갔고, 그 다음 그문덴에서 있다가 최종적으로는 미국으로 이주한다. 그는 "내 피가 끓어오르게 하려면 가끔 기후 변화를 줄 필요가 있다"고 말했다. 타소는 페라라에서 우르비노, 만토바, 나폴리, 파리, 페르가모, 로마를 거쳐서 토리노까지 갔다. 포는 편집자들에게 최고의 골칫덩어리였다. 그가 보스턴, 뉴욕, 리치몬드, 필라델피아, 볼티모어 등을 전전하고 다녔기 때문이다. 지오다노 브루노의 경우도 파두아, 옥스포드, 비텐베르크, 마그데부르크, 헬름슈타트, 프라하, 제네바 등을 떠돌아 다녔다.

루소, 까르당, 첼리니는 토리노에도 머물다가 파리로 옮겨 갔다가, 피렌체, 로마, 볼로냐, 로잔 등으로 옮겨 다녔다. 이에 대해 루소는 다음과 같이 언급한다.

장소를 바꾸는 것이 나에게는 필수적인 일이다. 날씨가 좋을 때면 더욱이 한곳에서 이삼 일 이상을 버티기가 힘들었다.

VII. 때로는 경력이나 지향하는 학문까지도 연거푸 바꾸어 댔다. 마치 넘치는 지적 능력 때문에 한 가지 분야에 만족하고 정착하는 것이 불가능한 듯했다. 스위프트는 그의 전문 분야인 풍자시 외에도 아일랜드의 공업, 신학, 정치학, 앤 여왕 통치기의 역사까지 다양한 주제들을 섭렵했다. 까르당은 수학자이자, 물리학자이면서, 신학자였고, 동시에 문인이기도 했다. 루소는 그림도 그리고, 음악도 가르치고,

돌팔이 의사 노릇도 하고, 철학자이자, 식물학자이면서, 시인이기도 했다. 호프만은 법관이면서, 음악가, 낭만주의 작가, 극본가로도 활약하고 재미있는 그림을 그리기도 했다.

타소는 시문학의 모든 장르를 섭렵했다. 서사시, 극시, 교훈시 등을 가리지 않았다. 뉴턴과 파스칼은 물리학 대신 신학을 파고드는 일탈을 즐겼다. 레나우는 의학, 농학, 법률, 시, 신학 등에 조예가 깊었다.

VIII. 활력이 넘쳤던 이 지식인들은 또한 학문적인 면에서 진정한 개척자들이라고 할 수 있다. 그들은 위험을 무릅쓰고, 제아무리 어려운 일이 있어도 열정을 접지 않았다. 아마도 이를 통해 병적인 활력 과잉 상태를 진정시킬 수 있었을 것이다. 그들은 신기한 연결고리를 찾아내고 새로운 시각으로 사물의 본질을 파악해 낸다. 물론 미치광이 시인들과 화가들의 가장 기본이 되는 특징은 황당하게 느껴질 정도로 독창적인 면모다. 앙페르는 항상 가장 난이도 높은 수학 난제들을 찾아다녔다.

루소는 오페라 〈마을의 점쟁이〉에서 미래의 음악을 시도했다. 이후에 또 다른 미치광이 천재였던 슈만이 가게 될 길이었다. 스위프트는 가장 어려운 주제를 다루거나, 늘 하던 일에서 벗어난 일을 하고 있을 때만 마음이 안정된다고 말했다. 『하인들에게 주는 지침』을 읽어 보면 그 작가는 신학자나 정치가라기보다는 하인 그 자체라고 생각하게 된다. 『어느 도둑의 고백』은 특히 어느 유명한 범죄자의 행적을 연상시켰기 때문에 그 범죄자의 공범들이 자수하러 오는 일이 생겼다고 한다. 비커슈타프의 『예언록』을 보면 교묘하게 자신이 천주교도인 양 가장하고 있는데 로마의 종교 재판관도 속아 넘어갔다고 한다.

월트 휘트먼은 각운에 연연하지 않는 자유시의 창시자인데, 앵글로 색슨 계통의 사람들은 이를 시가 나아갈 미래라고 봤다. 확실히 기묘하고 거침없는 독창성이 있다.

포의 작품은 낯설음이 미적 요소로 쓰일 수 있다는 것을 보여주는 것 같다. 사실 이는 포의 열렬한 신봉자라고 할 수 있는 보들레르의 말이다. 포는 이러한 작품들을 모아서 '아라베스크와 그로테스크'라는 제목으로 묶어 놓았다. 작품들에 인간의 흔적이 들어 있지 않기 때문이었다. 여기서 우리는 미치광이 예술가들이 아라베스크를 선호하는 예를 다시 보게 된다.

보들레르는 산문시를 창작하면서 인공적인 아름다움에 대한 찬미를 가장 극한까지 표현한다. 그는 후각과 결부된 다양한 시적 표현을 시도한 최초의 시인이었다.

IX. 이렇게 병적인 면모를 보이는 천재들을 보면 자신들만의 독특한 문체를 사용했다. 열정적이고, 문장이 살아 움직이는 듯 약동적이면서, 생동감이 넘치는 색채 표현이 특징이었다. 그들을 다른 작가들로부터 확실하게 구별 짓는 이러한 특징들은 아마도 광기의 영향으로 가능한 것이었을 수 있다. 그렇기 때문에 영감이 떠오르는 때가 아니면 작품 활동이 가능하지 않다고 고백하는 것이다. 그들은 심지어 아무 생각도 할 수 없다고 말한다. 타소는 어느 편지에서 "모든 것이 어렵고 제대로 해낼 수가 없는데, 특히 작품을 쓸 수 없다"라고 썼다. 루소는 다음과 같이 고백한 적이 있다.

내가 생각하는 개념들은 온통 뒤죽박죽이다. 머릿속에 느리게 천천히 떠오르는데, 자체적으로 그 개념들이 발전해나간다. 열정에 사로잡히는 순간이 아니고서는 그 생각을 표현해 낼 도리가 없다.

까르당의 저작물들을 보면 서론은 늘 유창하고 생동감 있게 시작한다. 하지만 그 외 나머지는 지루하기 짝이 없다. 영감을 받고 시작할 때와 진행해나가면서 영감에서 멀어졌을 때가 그렇게 큰 차이가 나는 것이다. 할러는 그 자신이 성공한 시인이었지만, 시라는 예술은 어려움 속에 피어나는 것이라고 말하고는 했다. 파스칼은 『시골 친구에게 쓴 편지』의 열여덟 번째 편지를 열세 번이나 고쳐 썼다고 한다.
아마도 이러한 특성과 문체의 유사성으로 스위프트와 루소가 그렇게나 타소에 빠져들었을 것이다. 그 엄격한 할러는 스위프트를 좋아했다. 앙페르는 루소의 기이한 면모에 끌렸고, 보들레르는 포를 너무나 좋아해서 그의 작품을 번역하기도 했다. 또한 보들레르는 호프만도 매우 좋아했다. 거의 우상처럼 떠받들 정도였다.

X. 이렇게 위대한 인물들 거의 대부분이 종교에 대한 회의에 사로잡혀서 번민했다. 그들의 지성은 종교에 의문을 제기하면서, 내적으로는 소심한 양심과 병적인 감정이 이를 죄악시하기 때문에 갈등했다. 타소는 자신이 이단자가 되는 것에 대한 두려움에 고통스러워 했다. 앙페르는 의심이야말로 인간을 가장 고문하는 것이라고 자주 말하곤 했다. 할러는 일기에 다음과 같이 썼다.

주여, 저에게 한 방울만큼의 믿음을 허해 주시옵소서. 당신을 믿는 마음은 간절하나, 심장에서 이를 받아들이지 못합니다. 이것은 저의 죄입니다.

레나우는 죽음에 임박해서 다음을 반복해서 말하고는 했다.

내 심장이 고통스러웠던 그 시간 동안, 하나님이라는 개념이 내 머리에서 사라졌다.

실제로 그의 작품 『사보나롤라』에서 진정한 주인공은 '의심'이다. 이는 현재 모든 비평가들이 인정하는 것이다.

_천재는 바보와 통한다 자의식이 강한 그들

XI. 모든 미치광이 천재들은 무엇보다도 자의식이 매우 강하다. 그들은 때로는 자신의 병적 상태를 자각하고 있으면서 과감하게 공표하기도 한다. 그렇게 고백해서 그 병이 가하는 가차 없는 공격에서 놓여날 수 있을까 하고 희망을 품는 것이다.

그들은 뛰어난 지적 자질로 예민한 관찰자들이 될 수밖에 없다. 자신들의 비정상성과 넘치는 자의식에 대해서도 스스로 고통스러울 만큼 또렷이 인식할 수밖에 없다. 사람들은 자기에 대해 떠들어대기를 좋아한다. 미치광이들은 특히나 더 그러하다. 이 주제에 한해서만은 달변을 발휘하기도 한다. 광기로 갑자기 천재가 된 경우에는 더욱 대단한 이야기를 들을 수 있다. 까르당은 자서전도 물론 썼거니와, 자신의 불행을 담은 많은 시를 내놓았고, 『꿈』에는 자신이 꾸었던 모든 꿈과 경험한 모든 환각을 모아 놓았다. 휘트먼의 시는 자아에 대한 도취와 찬양의 표현이다. 루소의 『고백록』, 『대화』, 『고독한 산책가의 몽상』이나, 뮈세의 『세기아의 고백』 등은 모두 자신들의 미친 자아를 세밀하게 관찰한 기록에 지나지 않는다.

마찬가지로 포의 작품에 나오는 인간들은 매우 예외적인 모습을 보인다. 환각이 처음에는 의심스러운 대상이었다가 결국 이성으로도 확신하는 실체적 존재가 되고, 부조리가 생각을 점령해서 기괴한 논리로 환각을 이끌어 간다. 히스테리가 의지가 들어 갈 자리를 차지해 버리고, 신경과 정신이 대치하는 상황은 비통함을 웃음으로 표현하는 결과를 낳는다.

파스칼은 정신착란의 결과로 극도로 겸손한 태도를 가지게 되었고 기독교가 자신의 자아를 억제시켰다고 말하기도 했다. 따라서 그는 자서전을 남기지는 않았다. 하지만 영험한 부적을 지니고 다녔던 사실은 그가 환각에 시달렸다는 것을 말해준다. 또한 『팡세』에서도 다른 사람들의 이야기를 다루면서 은근히 자신의 이야기를 드러낸다. 다음 구절은 확실히 파스칼 자신에 관한 암시적 표현이라고 볼 수 있다.

극단의 천재는 또한 극단의 바보와 통한다. 사람들은 모두 미치광이들인데, 혹시 그렇지 않은 사람이 있다면 그 사람은 신종의 미치광이다.

미 쳤 거 나
천 재 거 나

병증은 우리의 판단과 지각에 영향을 준다. 병증이 심하면 당연히 그 영향이 두드러지게 나타나고, 미약한 병증이라고 할지라도 부분적으로나마 영향이 있기 마련이다.

천재들은 머리가 저 위에 붙어 있는 대신에 그 발은 나머지 사람들보다도 아래에 위치한다. 그들도 결국 같은 사람이고 우리가 밟고 있는 진흙 위에 서 있는 존재일 뿐이다.

할러는 일기에서 자신이 겪는 종교적 망상들을 자세히 기록했다. 그는 또 하루 만에 성격이 격변하는 경험에 대해서도 종종 고백한다. "하나님에게 고난을 받고, 인간들에게 멸시와 모욕을 당해서 정신없고 미쳐 있는 상태"가 되었다는 것이다.

후에 목을 매어 자살했던 레스만은 『어느 우울증 환자의 일기』를 썼다. 타소는 우르비노 공작에게 보내는 편지에서나 자신의 시구에서 자신의 미친 행각을 명확하게 그려내고 있다. 그는 어디에선가 "프란체스코, 오 프란체스코! 나는 사지에 힘이 없고 영혼마저도 유약하기 그지없습니다"라고 말한 적이 있다. 놀랍게도 그는 최초의 발작을 경험하기 바로 전에 다음과 같은 글을 작성했다.

내가 미쳤다는 것은 부정할 수가 없습니다. 아마도 너무 술을 마셨거나 실연을 한 결과일 테지요. 내가 너무 많이 마셔댔다는 것을 잘 알고 있습니다.

도스토예프스키는 반쯤 미쳐 있는 인물들을 작품 속에 계속 등장 시키고 있다. 『베시』와 『백치』에서는 간질환자가 나왔고, 『죄와 벌』에 는 도덕적으로 미친 행각을 보이는 인물이 등장한다.

제라르 드 네르발은 『오렐리아, 꿈과 인생』의 저자다. 이 작품은 열 정을 노래한 최고의 작품이라고 불리는데, 온통 이해할 수 없는 표현 과 시어들이 한데 뒤엉켜 있다. 바르바라는 『무질서』를 내놓았다. 버 스톤도 자신의 환각들을 세밀히 기록했다. 알리스는 의학전문가가 아니지만 광증의 치료법을 집필했다.

레나우는 실제로 광증이 발현하기 12년 전에 이미 이를 예상하고 다가올 병증에 대해서도 자세히 기술해 놓았다. 그의 시를 보아도 고 통의 색채가 너무나 생생하게 드리워져 있고, 자살 충동과 우울증 경 향이 여실히 드러나 있다. '건강염려증 환자에게 부치는 글', '미치광 이', '병든 영혼', '꿈속의 폭력', '우수어린 달' 등등 제목 몇 개만 보아 도 이에 대한 판단이 가능할 것이다. 특히 그가 『병든 영혼』에서 그려 낸 것보다 더욱 애절한 표현은 그 어디에서도 찾아볼 수 없을 것이다.

내 심장에는 깊은 상흔이 남았습니다. 나는 침묵 속에서 그 상처 를 무덤까지 가져갈 것입니다. 내 생명은 매순간마다 부서져 내립 니다. 오직 한 사람만이 내게 위안을 줄 수 있습니다. …… 하지만 그녀는 무덤 속에 누워 있습니다. …… 오, 어머니! 제가 간청하는 것을 들으시고 움직여 주십시오. 당신의 사랑이 죽음을 넘어서 아 직 여전하다면 말입니다. 당신께서 아직 당신의 아이를 걱정하신다 면 제 애원을 들어 주십시오. …… 제게 어서 이 삶에서 벗어나도록 해주십시오. 저는 죽음의 밤이 오기만을 기다립니다. 그저 당신의 정신이 나간 아들이 슬픔을 내려놓을 수 있도록 도와주십시오.

레나우는 『꿈의 폭력』에서 처음으로 자살 충동을 느끼게 될 때까지 자신이 겪은 다양한 환각들을 매우 진솔하게 그려냈다. 독자들은 그 시적인 생각과 표현에서 엿볼 수 있는 고립되고 분열된 모습에서 정신착란과 발작성 마비에 시달리는 병든 영혼을 읽어 낼 수 있을 것이다.

너무나 끔찍하고 과격하고 무서운 꿈이었다. 나 자신에게 이것은 단지 꿈일 뿐이라고 말해주고 싶었다. …… 꿈속에서도 흐느낌을 멈출 수가 없었고 심장이 무섭게 뛰고 있었다. 잠에서 깨어 보니 이불과 베개가 흥건히 젖어 있었다. …… 잠결에 그것들을 끌어다 얼굴을 닦았던 것일까. 모를 일이다. …… 자고 있는 동안, 흉악한 적들이 손님으로 와서 잔치를 벌이고 있었다. …… 이제야 모두 가버렸다. 그 야만인들, 그들은 이제 다 가고 없다. 하지만 그들의 흔적이 내게 눈물로 남은 것이다. 그들은 날아가버렸고 식탁 위에는 포도주만이 남아 있을 뿐이다.

그는 이보다 앞서 『알비주아파』에서도 꿈에서 받은 끔찍한 인상을 살짝 암시한 적이 있었다.

무시무시하다는 것이 때로는 꿈이 가진 힘이라고 할 수도 있다.

꿈은 나를 뒤흔들고, 아프게 하고, 압박하고, 위협하고, 심지어 제때 눈을 뜨지 못하면 순식간에 송장으로 만들어버릴 수도 있다.

_신비주의는 광기의 상징 연결고리를 찾아 해석

XII. 위대한 정신을 가진 이들이 가졌던 망상은 그들의 작품과 연설문 속에 그 자취를 남긴다. 비논리적인 결론, 부조리한 모순, 기괴하고 인간과 동떨어진 환상들이 모두 그러한 망상들이 작용한 결과들이다. 소크라테스는 직관적으로 기독교적인 도덕과 유대교의 유일신앙적 사상 체계에 이르렀던 위대한 천재였다. 그런 그가 중요한 결정을 하는 순간에는 재채기를 신호로 삼거나, 자신의 상상 속 천재에게서 들은 소리에 의지했다면 그 당시 그의 정신이 정상적이지는 않았을 것이다.

까르당은 뉴턴이 중력의 법칙을 발견하기 전에 이미 그에 대한 개념이 있었고, 신학에 있어서도 뒤피의 선각자라고 할 수 있다. 『정묘에 대하여』라는 저서에서 그는 환각이 귀신들린 사람들에게 나타나는 징후라고 설명한다. 또한 성인으로 추앙받는 은둔자들도 환각에 사로잡힌 것이라면서 그들을 말라리아에 걸려서 열에 들뜬 헛소리를 하는 사람들에 비견했다. 하지만 까르당 자신이 미치광이였다. 그는 가상의 천재에 기대어서 학술 연구를 진행하고, 탁자가 삐걱거리는 것에서부터 펜대가 흔들리는 것까지도 모두 그 존재의 영향으로 돌렸다. 또한 그가 여러 차례 악령에 사로잡혔다고 선언했을 때나 『꿈에 대해서』를 저술할 때도 그의 정신이 온전하지는 않았다.

까르당은 꿈이라는 현상을 관찰하여 매우 정확하고 흥미로운 기록을 『꿈에 대해서』에 담았다. 그에 따르면, 꿈에서 극심한 육체적 고통을 겪으면서도 실제적인 신체적 반응은 미약할 수 있으며, 반대로 꿈에서 별다른 사건을 겪지 않았어도 신체적으로 느끼는 피로감이 클 수도 있다고 한다. 정신과 의사들도 최근에 이를 확인해 준 적이 있다. 이 책 속에는 미치광이들이 더욱 쉽게 꿈속에 빠져든다는 내용도 담겨 있다. 또 마치 무대에서 그런 것처럼 꿈속에서도 일련의 관념들이 아주 짧은 시간 동안에 지나갈 수 있다고 한다. 그리고 사람은 자신의 일상적인 모습과 흡사한 꿈을 꿀 수도 있고, 때로는 전혀 동떨어진 꿈을 꿀 수도 있다는 것이다.

이렇게 명석한 분석을 내놓았지만, 그 다음에 까르당은 고대부터 믿어 왔던 황당하기 이를 데 없는 예지몽을 신빙성이 있는 이론인 양 승인하기도 했다. 예지몽에 대한 믿음이 확고했기 때문에 이를 위한 사전을 편찬하기도 했다. 사전의 형태와 기원은 고대 히브리 신비주의 종파에서 쓰던 그대로였다. 꿈속에 출현하는 모든 사물과 단어는 그 이면의 의미가 있어서 이에 대한 해석이 요구된다는 것이다. 예를 들면, '아버지'는 작가, 남편, 아들, 사령관 등을 의미할 수 있다는 것이다. '발'은 집의 토대나 미술, 일손 등을 나타낼 수 있다. '말馬'이 나오면 외유, 부유함, 아내 등을 상징하는 것이다. 또 '구두장인'과 '의사'는 서로 호환되는 의미가 있다.

다시 말해 꿈속에 나오는 것들은 그 자체의 의미보다는 소리나 형태적으로 연결고리를 찾아 해석하는 것이다. 그런 맥락에서 orior와 morior는 예지몽을 해석하는 데 있어서 동일한 가치를 가지는데, 그 이유는 "그 둘이 단지 한 글자가 다를 뿐이기 때문이다"라고 말하기도 했다. 까르당은 음식에 대한 꿈을 꾼 사람에게 라틴 경구를 가지고 언어유희적인 해석을 내놓기도 했다. 이런 황당한 해석을 내놓는 바로 이 사람이 수면 중에 느끼는 통증에 대해서는 존경할 만한 이론을 내놓은 사람과 동일 인물이었던 것이다. 그는 또 대적할 만한 존재가 없는 당대 최고의 의사이기도 했다.

뉴턴의 경우도 그가 묵시록의 해석에 매달리고 다니엘서의 뿔이 의미하는 것을 풀어내고자 애쓰는 것을 보면서 이를 정상이라고 말할 수는 없을 것이다. 그는 또 벤틀리에게 다음과 같이 써 보낸 적이 있다.

인력의 법칙에 의해서 혜성의 궤도가 길게 늘어진 것을 이해할 수 있다. 하지만 거의 원형에 가까운 행성 궤도의 경우는 그 측면의 차이를 얻기가 불가능하다. 이는 오직 하나님만이 가능할 것이다.

반면에 『광학』에서는 아리스토텔레스 학파가 초자연적인 속성을 인정해서 자연철학자들이 더 이상 연구를 진행하지 못하게 한 것에 대해서 통렬히 비난한 적이 있다. 더욱이 뉴턴의 관찰을 벗어났던 요소를 한 세기 후 라플라스가 찾아낸다. 그러면서 뉴턴이 불가능하다고 했던 것이 가능한 것이었다는 걸 증명해냈던 것이다.

앙페르는 진심으로 원을 사각형으로 변이시킬 수 있는 법칙을 발견했다고 믿었다.

파스칼은 확률의 법칙에 매진했던 거의 최초의 학자였다. 하지만 여전히 유물에 손을 갖다대는 것만으로도 눈물관을 고칠 수 있다고 믿었고, 이 내용을 자신의 저작물에도 적어 놓았다.

루소는 자신이 가진 광폭한 야만성을 인간의 이상적인 모습이라고 했다. 그리고 자연이 생산해 낸 것은 보기에 괜찮고, 먹어서 괜찮으면 무엇이든 무해한 것이라고 믿었다. 그의 논리를 따르면, 비소도 몸에 해로울 수가 없었다. 루소의 삶은 모순덩어리였다. 그는 전원을 선호했지만 번화가에 살았다. 교육에 관한 논문을 쓰면서 자기 자식들은 보육원에 보냈다. 또 루소는 다양한 종교들이 내세우는 주장들에 대해 한결같이 회의적이었는데, 그러면서 자신의 미래와 구원 여부를 알아보기 위해서 나무에 돌을 던지는 미신적 방법을 사용했다. 그는 신에게 편지를 쓰기도 했다. 그리고 마치 교회에 실제로 신이 살고 있기라도 하다는 듯이 편지를 교회의 제단에 놓고 오기도 했다.

보들레르는 '여인의 아름다움을 더욱 빛나게 해주는 입술연지처럼' 인공적인 것에 크게 가치를 두었다. 보들레르의 미친 생각은 그가 물도 없고 식물도 없는 금속적인 풍경을 묘사하게 했다.

모든 것이 단단하고 윤이 나게 닦여 있다. 열기는 전혀 없고 태양도 없다. 고요함 속에 푸른 물만이 황금대야 속에 담겨 있어서 마치 고대의 거울을 보는 것만 같다.

보들레르는 퇴폐주의를 담아낼 이상적인 언어가 라틴어라고 생각했다. 라틴어는 '온전한 열정적 표현을 담아낼 수 있는 유일한 언어'였다. 그는 또 고양이를 몹시도 사랑해서 고양이에게 바치는 시를 세

편이나 썼다.

레나우의 「우수어린 달」을 보면 그가 시를 창작할 때 다른 시인들과는 전혀 다른 형식으로 접근하고 있다는 것을 볼 수 있다. 그는 달이 물도 공기도 없이 차갑다고 노래한다.

달지기는 온실을 꼬아 엮은 밧줄로 잠자는 이들을 꽁꽁 묶어서 죽음으로 던져버린다. 그녀는 몽유병자들에게 손짓하며 그들이 길을 벗어나도록 만들고, 도적에게 조언해 준다.

레나우는 젊은 시절에 '신비주의는 광기의 상징'이라는 의견을 피력했다. 하지만 그 자신이 신비주의적인 경향이 농후했고, 특히 후기 작품에서는 그 경향이 더욱 두드러진다.

코란의 각 장들은 내용적으로 아무 연관이 없다. 반대로 동일한 장에서도 생각이 끊기는 일이 다반사고, 각 단락의 연결은 무작위적으로 보인다. 모르코스는 다음과 같은 말을 남겼다.

마호메트에 대해서는 가장 모순적이고 도발적인 판단이 존재할 수 있다. 그의 위대함을 부정하는 것은 불가능하지만, 그가 기념비적인 사기꾼이며, 무식한데다가 무모하기 이를 데 없었다는 것을 부인할 수도 없는 것이다.

무엇보다도 알코올에 지배되었던 위대한 문호들을 보면 매우 고유한 특징이 있다. 관능적인 표현을 즐기고, 아름답기보다 괴기스러울 정도로 표현의 수위와 수법이 변덕스럽다. 호불호가 확실하면서 표현에 절제가 없고 욕설이 난무하기도 한다. 극히 우울한 상태에서 급작스럽게 외설스러운 흥이 폭발하기도 한다. 또한 광기, 음주, 암울한 죽음 등을 즐겨 다루는 특징도 있다. 보들레르는 포에 대해서 다음과 같이 평했다.

포는 낡고 부패해서 기이한 빛을 띠는 녹색이나 보라색의 배경 속에 주인공을 배치하는 것을 좋아했고, 또 폭풍우나 광란의 파티와 같이 난장판의 분위기를 즐겨 그려냈다. 그가 기괴한 설정과 묘사를 파고들었던 것은 그 자신이 천성적으로 기괴한 것을 좋아했기 때문이었다. 공포를 추구했던 것도 역시 자신이 그것을 즐겼기 때문이었다.

보들레르 자신에 대해서도 마찬가지로 말할 수 있을 것이다. 그는 술과 아편의 효과에 대해서 즐겨 묘사하고는 했다.

결국 알코올 중독으로 죽음을 맞은 저 가련한 프라가는 다음과 같이 술을 찬미했다.

심장이 멎어버린 날들이 있다. 진창에 빠져 허우적대던 날들이 있다.

술 취하지 않은 이들이 마음껏 꾸짖게 하라. 모든 사람들의 멸시도 달게 받으리. 영원한 지옥불로 떨어져도 좋다. 그 길을 따라 내려가면서도 나는 손에 든 술잔을 놓지 않을 것이다.

주정뱅이 화가 스틴은 술 마시는 장면을 즐겨 그렸다. 호프만의 경우, 그림은 온통 익살스러운 묘사로 가득했고, 글에서는 기상천외한 소재와 이야기를 읽을 수 있었으며, 음악은 이해할 수 없는 소리의 조합으로 이뤄졌다.

뮈르제는 누렇게 뜬 낯빛에 입술이 파래진 여성들을 흠모했다. 의심할 여지없이 그는 색맹이었을 것이다.

_꿈과 영감에 의지한 그들 까르당, 레나우, 타소, 소크라테스, 파스칼 등

XIII. 지금까지 거론한 천재들 거의 대부분이 꿈에 중요한 의미를 부여했다. 까르당, 레나우, 타소, 소크라테스, 파스칼 등이 모두 그러했다. 그리고 그들의 꿈은 정상적인 정신을 가진 사람들의 꿈보다 훨씬 다채롭고 생동감이 넘쳤다.

XIV. 많은 경우 이들의 두개골은 용량이 매우 크면서 불규칙한 형태다. 그리고 미치광이들과 마찬가지로 신경 중추에 이상소견이 보였다. 파스칼의 대뇌는 정상인들보다 단단해져 있었고, 좌엽에는 화농이 있었다. 루소의 뇌는 뇌실에 수종이 발견되었다. 위대했지만 괴팍했던 천재들, 바이런과 포스콜로는 뇌 접합부의 골화가 때 이르게 이루어진 흔적을 보여준다. 슈만은 만성적인 뇌막염과 대뇌 수축 현상이 원인이 되어 죽음에까지 이른다.

XV. 천재들이 보이는 광증은 보통 한 가지 양상으로만 나타나는 법이 없다. 쇼팽, 콩트, 타소, 까르당, 쇼펜하우어는 심각한 우울증과 강한 자부심 등의 복합적인 증상을 보여주었다. 보들레르와 루소는 알코올 중독이 심했고, 다혈질에 충동적이고, 성적으로 도착적인 모습도 있었다. 제라르 드 네르발은 변덕스러운 알코올 중독자였고 자아도취가 심했다. 모르핀 중독자였던 콜리지는 의심증 환자이기도 했다.

XVI. 하지만 이들에게 가장 특징적인 모습은 매우 대비되는 성격이 극단적인 양상으로 오락가락한다는 것이다. 극도로 예민하게 굴다가 아무것도 상관하지 않고 완전히 풀어진 모습을 보이거나, 영감에 들떠 활력을 보이다가 완전히 맥을 놓는 모습을 보이거나 한다는 것이다. 하지만 이러한 점은 모든 천재들이 보이는 특징으로, 정상적인 정신을 가진 천재들도 예외가 아니다. 이러한 점 때문에 그들이 자신들에 대한 평가에 좌우되어 심한 감정의 기복을 보인다는 오해를 사기도 한다.

무엇이든 실행을 겁내는 나태한 영혼과 조금의 불편도 참지 못하는 괴팍한 기질이 한 성격 안에 결합되기는 힘들어 보인다. 하지만 그러한 성격을 기반으로 해서 '나'라는 존재가 생겨났다.

루소의 서간문 2집에 나오는 그 자신에 대한 고백이다. 보통 무지한 사람들이 자아의 변화를 겪으면 물질적이고 외부적인 대상에게서 그 원인을 찾는 것처럼, 천재들은 자신들의 영감이 악마나 천재적 존재나 하나님 등의 초월적 존재에게서 오는 것이라고 말한다. 타소는 자신에게만 나타나는 이러한 초월적 존재에 대해서 다음과 같이 말한다.

이것이 악마일 리가 없다. 이로 인해 성스러운 것에 대한 공포가 생긴다거나 하는 일은 전혀 없기 때문이다. 그렇다고 해서 이 세상에 속하는 것도 아니다. 이것이 나에게 불러일으키는 생각들은 이전에는 결코 존재하지 않았던 것들이기 때문이다.

까르당은 집필할 때나 심령에 대해 연구할 때나 의학적 소견을 말할 때에도 자기 안에 영감을 불러일으키는 천재가 함께 있었다. 타르티니가 소나타를 작곡할 때, 마호메트가 코란에 매달려 있을 때도 그들 곁에는 영감을 주는 존재가 함께했다. 반 헬몬트는 자신의 인생의 중요한 순간마다 눈앞에 나타나는 천재가 있었다고 주장했다.

1633년, 그는 자신의 영혼이 반짝이는 수정의 형태로 되어 있다는 것을 발견했다. 윌리엄 블레이크는 자신이 모세, 호메로스, 베르길리우스, 밀턴 등과 교분이 있다고 믿었으며, 그들과 대화를 나누기 위해서 종종 해변으로 갔다. 까르당은 그들의 생김새를 궁금해 하는 사람들에게 "그들은 그저 그림자로 나타난다. 장엄하고 회색빛의 그림자인데, 그림자이면서도 동시에 빛이 나는 존재다. 그리고 보통 사람들보다 엄청나게 크다"고 답했다. 소크라테스 역시 무슨 일을 하든지 자신이 의지하는 천재에게 조언을 구했다. 그 천재에 대해서 소크라테스는 다른 선생 천 명을 모아 놓은 것보다 더 대단하다고 표현했다. 자신의 친구들에게도 그 천재에게 지시받은 대로, 해야 할 일과 하지 말아야 할 일을 지시하고는 했다.

소인국이나 무시무시한 연옥처럼 온통 기괴하고 특이한 세계를 실제와 같이 생생하고 화려하게 그려낼 수 있었던 것은 그들이 직접 체험해 보았기 때문일 것이다. 그들은 환영을 보고 만졌으며, 자신들의 경험을 그대로 작품화했던 것이다. 그들에게 광기는 영감과 다르지 않았다. 광기와 영감은 온통 뒤섞여 있었고 작품 속에 하나로 녹여졌다.

루터, 마호메트, 사보나롤라, 몰리노스 등에게 있어서, 그리고 근대에 와서는 태평천국의 난의 우두머리에게도 '영감'이라는 것이 일종의 만능열쇠였다. 연설을 하거나 예언을 전하는 경우에 확고한 신념을 가질 수 있도록 해주고, 그러한 신념의 힘으로 무지한 군중들에게도 강한 설득력을 발휘할 수 있었다. 이것은 미치광이 천재들에게는 정말 일반적으로 나타나는 특징이고, 일탈의 정도에 있어서는 가장 경미한 수준의 특징이라고 할 수 있다.

영감이나 초월적 존재들의 가호에도 실패를 맞이하게 되는 경우, 천재들은 심각한 우울감과 좌절감을 경험한다. 자신들의 상태에 의문을 가지며 이상한 결론에 도달하기도 한다. 까르당처럼 독에 중독되었다고 믿기도 하고, 할러나 앙페르처럼 지옥의 불길에 던져질 것이라고 절망하는 경우도 있고, 뉴턴, 스위프트, 바르테즈, 까르당, 루소가 그랬듯이 적대적인 세력에게 박해를 당하는 것이라는 피해망상에 젖기도 한다.

무엇보다도 이들 모두는 마음속에 존재하는 신앙과는 별개로 지적인 통찰의 결과로 종교에 대한 회의를 품게 되는데, 이를 스스로 죄악시한다. 이 때문에 양가적 갈등이 진정한 재앙의 근원으로 작용하기도 한다.

XVII. 이러한 천재들의 기질은 보통 사람들과는 너무나 달라서 그들을 괴롭히는 정신병도 일반적인 양상과는 판이한 모습을 보여준다. 따라서 천재들의 정신병에는 별도의 접근이 필요하다.

틀 속에 넣을 수 없는 그들

정상인 천재에게서 발견하는 미치광이 천재와의 유사성

특정할 수 없는 성격 - 자부심 - 조숙함 - 알코올 중독 - 퇴행의 징후들
- 집착 - 혁명기의 천재들

● 앞 장에서 미치광이 천재들에게 나타나는 특징들을 살펴보았다. 하지만 그러한 특징들이 단지 미치광이 천재들에게만 국한되는 것은 아니다. 어떠한 정신 이상적 징후도 보이지 않았던 위대한 천재들에게도 미약한 수준이나마 그와 같은 성격을 엿볼 수 있다. 단지 미치광이 천재들에게는 좀 더 과장되고 극단적인 형태로 나타나는 것뿐이다. 따라서 소크라테스나 콜럼버스, 카보우르, 예수, 갈릴레오, 스피노자에게서 현저했던 특징이 나폴레옹이나, 베이컨, 키케로, 세네카, 알키비아데스, 알렉산더, 율리우스 시저, 마키아벨리, 칼라일, 프리드리히 2세, 뒤마, 바이런, 콩트, 불워 리튼, 페

트라르카, 아레티노, 기번 등에게 전혀 보이지 않았던 것은 아니다.

무엇보다도 그들은 자신들에 대한 자부심이 거의 믿기 힘든 수준이었다. 나폴레옹, 헤겔, 단테, 빅토르 위고, 라살, 발자크, 콩트 등은 하나같이 엄청난 자부심의 소유자들이었다. 앞에서 이미 나온 적이 있듯이, 카놀리, 루키우스, 포르타 등 천재라고까지 할 수 없었던 위인들까지도 드높은 자부심을 자랑했다.

정상적인 천재들에게도 조숙함은 일반적이었다. 모차르트, 라파엘로, 미켈란젤로, 칼 12세, 스튜어트 밀, 달렝베르, 륄리, 카울리, 오트웨이, 프라이어, 포프, 애디슨, 번스, 키츠, 셰필드, 휘고 등이 모두 조숙한 면모가 있었다.

알코올 중독에 빠지고, 성적 장애 혹은 과도한 성생활로 자식을 보지 못하며, 방랑을 일삼고, 충동적 폭력의 성향을 보이는 것까지 모두 정상인 천재들에게도 일반적으로 볼 수 있는 특징들이다. 비스마르크는 단순한 유희로 무엇이든 부수고 싶다고 생각한 적이 없는지 보이스트에게 물어 본 적이 있다고 한다. 글래드스턴과 벨기에의 말롱이 그랬던 것처럼, 그는 나무꾼처럼 벌목을 해서 육체를 단련했다.

천재들의 두개골과 뇌가 형태적으로 보았을 때, 여러 비정상적인 특징을 보이는 경우도 일부에서 볼 수 있다. 그리고 그들에게서는 말을 더듬거나, 왼손잡이거나, 조숙하거나, 자손을 보지 못하거나, 혹은 다산하는 등의 퇴행적인 징후들이 흔했다.

천재들은 또한 자신들의 창조물에 오히려 지배당하는 모습을 보여주기도 한다. 그들의 상상의 결과물이 환영으로 재현되는 것이다. 플로베르는 자신의 작품 속 주인공들이 자기를 쫓아다닌다고 말했다.

보다 정확하게 말하자면, 그가 작품 속에 사로잡혀 살았던 것이다. 그는 보바리 부인이 음독자살하는 장면을 집필하면서 자신의 혀끝에 맴도는 비소의 맛을 느꼈다. 그리고 실제로 음독이라도 한 것처럼 구토를 하기까지 했다. 디킨즈도 역시 자신의 주인공들이 마치 자기 자식들이기라도 한 것처럼 그들의 운명에 깊이 공감해서 실제로 비탄에 잠기기도 했다.

에드몽 드 공쿠르는 에밀 졸라에게 보내는 편지에서 다음과 같이 썼다.

내 생각에 내 동생은 과로로 죽었다네. 특히 문구를 조정하고 문체를 손보는 등 퇴고 작업에 너무 힘을 쏟았지. 우리가 같이 작업한 원고들을 조각조각으로 나누어서 이리저리 손보던 모습이 아직도 눈에 선하네. 이미 우리 둘이 흡족해 하며 완성해 놓은 원고들을 또다시 몇 시간이고 쳐다보면서, 때로는 한나절을 꼼짝없이 붙어서 작업하면서도 성에 차지 않아 했다네.

…… 자네가 꼭 기억해주었으면 하네. 우리가 함께했던 모든 글들은 독창적인 결과물이었다네. 사실 신경증으로 기인한 독창성이라고 말할 수 있네. 질병의 고통을 묘사할 때 우리는 온전히 경험에 의존해서 썼다네. 우리 자신을 분석하고, 연구하고, 철저히 파헤쳐서 마침내 극도로 예민한 감수성이 생긴 것일세. 삶에 부대끼며 끊임없이 그 비루함에 상처 입으면서 얻어냈던 셈이지. 나는 '우리'라고 말하고 있네. 『샤를 두마이』를 집필할 때 내가 그보다 병세가 더 심했기 때문일세. 그 후로 그가 주도해 나갔지. 샤를 두마이! 자신의

이야기를 십오 년이나 앞서 미리 풀어 놓다니, 정말 이상한 경험이었다네!

_ 집요함, 자부심, 조숙함, 무정함 천재의 특징

천재들의 집착과 집요함은 때로 그들을 이중인격으로까지 몰아간다. 박애주의자가 고압적인 독재자로 탈바꿈하거나 우울증 환자가 쾌활한 한량으로 돌변하기도 한다.

마지막으로, 가장 정상적이고 완벽한 모습의 천재들에게도 비록 미미하게나마 우울증이나 과대망상증, 환영 등의 흔적을 찾아 볼 수 있다. 예언자들이나 왕조를 개창한 시조들이 그토록 굳은 신념을 가질수 있었던 데는 이러한 영향이 있었다. 모즐리는 천재들이 독창적일수 있는 조건으로 현재에 만족하지 못하는 그들의 선천적 기질을 들고 있다. 또한 이들에게서 특정한 용어의 사용을 고집하는 면도 볼 수 있었는데, 이는 편집광들에게 흔한 특징이었다.

매사에 확신이 없고 지나치게 신중한 태도가 심화되면 의심증이된다. 이 모든 차이를 한 마디로 정리하자면, 정상인 천재들은 그 정도가 미약할 뿐이라는 것이다. 이중인격적인 측면은 표면적으로 드러나지 않고, 작품의 주제가 광기인 경우도 그 빈도수가 현저히 낮으며, 부조리한 언행도 그다지 두드러지지 않는다. 그렇지만 극과 극은통한다는 말처럼 황당무계한 것만큼 천재적인 것에 가까운 것이 없다는 것을 부정할 수는 없을 것이다.

또한 천재가 출현하면 미치광이의 수도 따라서 증가하는 현상을 유의해야 할 것이다. 우리는 이탈리아인, 독일인, 영국의 유대인들의 자료를 통해서 이러한 상관관계의 증거를 확인한 적이 있다. 이런 이유로 독일의 정신병자 수용소들에서는 광기의 원인이 되는 요소들을 조사하면서 부모 중에 천재가 있는지 여부를 확인한다. 천재의 출생이나 미치광이의 출생 모두 열정적인 수태 과정, 부모의 높은 연령과 알코올 친화성이 크게 영향을 미친다.

다른 퇴행적인 속성들과 달리 천재는 매우 제한적으로 유전된다. 대를 거치면서 신경증의 증세는 가중되고 생식력은 약해져서 결국 금방 대가 끊기는 것이다. 그런데 약한 생식력은 자연이 괴물들을 도태시키는 효율적인 수단이다. 이제까지 제시된 모든 증거들을 잊는다고 해도, 표트르 대제, 시저, 카를 5세 등의 족보만으로도 훌륭한 증거가 될 것이다. 그 안에는 간질병자와 천재와 범죄자가 속출하고 있으며, 생식불능인 천치를 마지막으로 대가 끊긴다.

이 책에서는 미치광이와 미치광이 천재와 정상인 천재를 거의 같은 비중으로 다루면서 이들에게 영향을 미치는 다양한 조건들을 살펴보았다. 인종, 따뜻한 기후, 기압, 높은 체온으로 인한 질병 등의 다양한 요인들이 있었는데, 이들의 영향이 가장 극명하게 드러나는 집단은 미치광이면서 치료과정 중에 천재성이 발현된 사람들이었다. 이러한 사례들을 통해서 선천적인 재능을 타고나지 않은 사람들도 정신이상의 결과로 독창적일 수 있으며, 예술적이고 미학적인 창작이 가능하다는 것을 알 수 있다. 마지막으로 반미치광이들의 독특한 면모 역시 소홀히 넘겨서는 안 될 것이다. 그들은 미치광이와는 분명히 차별되는 모습이었고, 천재는 아니지만 재능을 뺀 천재의 외형적 특징을 고스란히 보여준다.

이 모든 것을 고려해 보면, 천재가 퇴행적인 정신병의 결과라는 것을 확신할 수 있다. 그들은 다양한 정신병적 요소로 그 천재성을 얻는데, 각각의 요인이 되는 병증에 따라 고유한 특질이 생긴다. 이 때문에 서로 간에 구별이 가능하다.

도덕적인 면에서 정신이상인 천재들은 보통 무정함으로 확인할 수 있다. 심지어 성자로 추존될 정도로 이타적인 천재들에게서도, 드러나는 정도의 차이는 있지만 이러한 무정함을 볼 수 있다. 아마도 이러한 이유로 이 부류의 천재들이 장수할 수 있는 것이다.

또한 이들을 관찰하면서 나와 탐부리니가 확인한 특별한 상관관계가 있는데, 정신병원에서 가장 뛰어난 화가들을 보면 모두가 도덕적으로 정신병자들이었다. 애국자였던 클래프트족은 산적이었고, 위대한 정복자들의 상당수는 규모가 큰 산적 떼의 두목과 별다르지 않았다. 아비드 바린은 내 저서 『범죄인론』에서 산적들의 얼굴 모양을 분석한 결과를 보고, 그들이 미남형 얼굴이라는 것에 주목하여 다음과 같이 뛰어난 통찰을 제공했다.

그들이 하는 일의 특성상 그들에게는 높은 지적 능력이 요구된다. 그들에게 필요한 자질은 정복자들에게 필요한 자질과 매우 근접한 것이다. 참고로 정복자들의 경우에도 도덕은 안중에도 없었던 것이다. 역사는 도덕심이 지적인 능력과는 하등의 상관이 없다는 것을 증명해주고 있다. 위대한 인물들 중에는 이를 결여하고 있었던 경우가 많았다. 세상은 그들에게 예외적인 도덕성의 잣대를 적용해야 했다. 나폴레옹부터 벤베누토 첼리니에 이르기까지 숱한 이들이 "천재는 무슨 일을 하든 모두 허용된다"라는 지론이 있었고, 실제로 그렇다고 볼 수 있다.

_ 혁명의 한가운데 천재의 존재감

　　혁명의 중추에도 천재들이 있었다. 전제주의를 지켜내기 위해서는 가장 뛰어난 인재들을 제거해야 한다는 타르퀴니우스의 말을 역사가 기록한다. 칼라일은 역사란 위인들의 기록일 뿐이라고 믿었다. 에머슨은 모든 새로운 제도는 천재의 그림자를 부여잡기 위한 시도라고 썼다. 마호메트의 이슬람, 칼뱅의 프로테스탄티즘, 폭스의 퀘이커교, 웨슬리의 감리교, 클락슨의 노예폐지론 등이 그 예다.

　　플로베르는 많은 개별적인 성격들이 하나로 집약되어 있는 것이 천재이며, 그들로 인해 새로운 사람들이 인류의 정신적 역사에 동참한다고 썼다. 이것이 천재들이 그토록 엄청난 영향력을 누리는 이유들 중 하나다. 천재들은 새로운 것을 거부하는 사람들이 아니다. 오히려 그들은 낡은 것을 혐오하고 새로운 것과 미지의 것을 열렬하게 환영한다.

　　가리발디는 아메리카 대륙으로 이주해서 알려지지 않은 땅을 향해 나아가면서 "나는 미지를 사랑한다!"라고 외쳤다. 예수는 다가올 새로운 세상에 대해서 설교한 적이 있는데, 그것은 바로 완벽한 공산주의가 실현된 사회였다. 무수한 천재들이 무덤 속에서도 여전히 세상을 지배하고 있다. 시저는 시체가 된 후에 더욱 강력한 힘을 발휘했다고 미슐레는 썼다. 침묵의 왕 윌리엄도 마찬가지다. 막스 노르다우는 심지어 인류의 진보가 천재적인 폭군들의 덕분이라고까지 말했다.

모든 혁명은 자신들에게 맞지 않는 여건을 따를 수 없었던 소수가 모여서 만들어 낸 것이다.

역사상 진정한 혁신을 이루어 낸 인물들은 지식과 능력을 갖춘 폭군들이었다. 마키아벨리는 "지도자가 없이는 혁명은 성립하지 않는다"라고 썼다. 그는 다른 곳에서 "만일 머리가 없다면 손발이 여러 개라고 해도 아무 쓸모가 없다"라고도 썼다. 본래가 독창적인 기질이 있고, 무엇이든 독창적인 것을 사랑하는 천재들이 전통과 보수에 대적하는 것은 자연스러운 일이다. 천재는 혁명적인 속성을 타고났으며, 모든 혁명에서 그 선구자이자 가장 적극적인 개척자다.

영감의 섬광 속에서
천재의 간질병적 속성

병인학 - 증상 - 천재들의 고백 - 간질 병자였던 위인들의 생애 - 나폴레옹
- 사도 바울 - 성인들 - 히스테리 환자였던 박애주의자들

● 간질병에 대한 새로운 이론들을 기반으로 천재들에 대해 보다 심도 있는 연구가 가능해졌다. 임상과 실험 결과가 합치하는 연구 결과들을 참고해 볼 때, 이 병증은 대뇌 피질에 국부적인 자극이 가해져서 발생하는 것이다. 그에 따라 간헐적 경련 증세를 일으킬 수 있다. 경련은 금방 물러나기도 하고 때로는 오랜 시간 지속될 수도 있다. 유전적으로 발병하는 경우도 있고, 알코올 중독의 영향으로 생겨날 수도 있으며, 뇌병변이 원인이 되기도 한다. 우리는 여기서 또 다른 결론을 유추할 수 있다. 그건 바로, 천재의 창조적인 능력이 간질 때문에 퇴행하는 정신 상태의 한 형태라는 것이다.

천재를 자식으로 둔 부모가 알코올 중독이거나 나이가 많거나 미치광이거나 한 경우가 많다는 것은 확실히 이러한 결론의 신빙성을 더해준다. 천재들의 머리에서 병변이 발견되는 경우가 많은 것도 그와 같은 이유에서다. 그들은 두개골이 비대칭인 경우도 많고, 두개골의 용량이 비대하거나 때로는 비정상적으로 작기도 하다.

도덕적으로 문제가 있는 경우가 많고, 환영을 보는 경우도 많다. 성적인 면에서나 지적인 면에서 매우 조숙한 모습을 보이기도 한다. 그들에게는 몽유병이 결코 희귀한 병이 아니다. 여기에 더해서 자살로 생을 마감하는 비율도 매우 높은 편이다.

이것은 간질 환자들에게 일반적인 현상이기도 하다. 신체적인 기능이나 정신적인 기능이 일시적으로 저하되기도 하고, 기억상실증이나 통각상실증이 나타나기도 한다. 그들에게는 방랑벽도 일반적이다. 그리고 종교적인 성격도 강하다. 심지어 콩트와 같이 무신론자인 경우에도 종교에 대한 진지한 통찰을 보여준다.

월터 스코트, 바이런, 할러 등의 경우에서 볼 수 있는 것처럼 가끔 심각한 공포에 사로잡히기도 한다. 이중인격과 동시다발적인 망상으로 혼란을 보이기도 하는데, 이 또한 간질 환자에게서도 동일하게 찾아 볼 수 있는 현상이다. 극히 사소한 계기로 망상이 촉발되기도 한다. 그리고 익숙하지 않은 것에 대한 병적인 거부감이 있다. 도덕성의 결여라는 측면에서도 범죄자들과의 동질성을 찾아볼 수 있는 것이 사실이다.

_영감과 간질병적
발작의 유사성 나폴레옹, 줄리어스 시저, 플로베르, 도스토예프스키 등

이에 더해서, 범죄자나 백치들의 가계를 거슬러 올라가다 보면 천재와 간질병자의 자취를 같이 찾아 볼 수 있다. 시저와 카를 5세의 가계도도 이의 집대성이라고 할 만한다. 정처 없이 주변을 헤매고 다니거나 동물에 대한 유별난 애정을 보이기도 한다. 이는 퇴행의 징후를 보이는 정신병자들에게 일반적인 현상으로, 특히나 간질병자들에게 두드러지는 특징이다.

위대한 인물들은 가끔 알 수 없는 정신세계에 빠져든다고들 한다. 이는 그들이 간질병 때문에 정신적 혼란 상태에 빠진 것일 뿐이라고 톤니니는 쓰고 있다. 이에 대한 가장 확실한 증거는 정서적인 애착과 도덕성의 결여가 모든 천재들에게 일반적으로 나타난다는 것이다. 이는 정상이거나 미치광이거나 일관되게 나타난다. 이러한 점 때문에 위대한 정복자들이 그저 규모가 큰 산적 떼의 두목과 다를 게 없다고 하는 것이다. 이러한 결론이 간질병에 대한 최근의 연구 결과들을 접해 보지 않은 사람들에게는 낯설게 느껴질 수 있다.

하지만 최근에 와서 간질병의 영역이 크게 확장되었다. 이제까지 두통으로 간주되던 다양한 증상들과 단순한 기억력 감퇴까지도 간질병의 한 형태일 수 있다는 것이 이미 확인되었다. 더욱이 심각한 발작 증세를 보이는 간질병의 사례만도 넘치게 많은 것이 사실이다. 나폴레옹, 몰리에르, 줄리어스 시저, 페트라르카, 표트르 대제, 마오메트, 헨델, 스위프트, 리슐리외, 카를 5세, 플로베르, 도스토예프스키, 사도 바울 등등, 그들 모두가 심각한 간질병 환자였다.

이항정리나 계열의 법칙에 익숙한 사람들이라면 어떤 현상이든 단독으로 일어나는 법이 없다는 개념을 잘 알고 있을 것이다. 오히려 드러난 현상은 유사한 다른 많은 사례들이 존재한다는 방증이다. 가장 뛰어난 위인들에게서 간질병이 이렇게 흔한 것이라면 보통의 천재들에게도 이 질병이 광범위하게 나타나 있으리라고 예상할 수 있다. 또한 천재성 자체에 간질병적 속성이 있을 수도 있다.

이러한 맥락에서 볼 때, 천재들에게는 간질병을 의심할 수 있는 증상이 나타나면서 발작성 경련에 이르는 경우는 매우 드물다는 점이 시사하는 바가 크다. 이제는 납득할 수 있는 점인데, 이는 천재들이 발작성 경련과 호환관계인 창작 활동을 통해 그 병적 에너지를 모두 소진시키기 때문인 것이다. 이것은 간질 발작과 영감의 순간이 상태적 유사성을 보인다는 점에서 더욱 확실해진다. 활동적이고 폭력적인 무의식이 어떤 경우에는 창작으로 표출되고, 또 다른 경우에는 소동을 일으키는 방향으로 나타난다.

이 설명을 마칠 때쯤이면, 이 창조적인 영감이 간질병에서 오는 것이라는 것을 최근의 과학적 발견들에 무지한 일반인들도 수긍할 것이다. 고통에 무감하고, 맥이 일정하지 않으며, 몽유병 환자들의 경우처럼 무의식 상태로 행동이 나오는 것과 즉흥적이거나 간헐적인 행동 특성을 보이는 것 등의 유사성만으로 이런 주장을 내세우는 것은 아니다. 영감의 순간에 천재들은 간질 병자처럼 사지에 경련을 일으키는 경우가 있다. 또 영감의 순간이 지나면 일시적인 기억상실증을 보일 때도 있다. 영감은 그들의 뇌로 피가 몰려서 나타난다.

감각에 강렬한 자극을 받은 것이 원인이 될 때도 있다. 또한 영감으로 환영을 보기도 한다. 이 모든 것이 간질병적 특징을 보여주는 것이다. 영감과 간질병적 발작의 유사성을 보여주는 보다 직접적이고 설득력 있는 증거는 위대한 천재들의 이에 대한 고백들이다. 공쿠르와 뷔퐁을 읽거나 특히 마호메트와 도스토예프스키를 읽다 보면, 천재의 영감과 간질병적 발작은 서로가 혼동될 정도로 유사한 모습을 보여준다.

다음은 도스토예프스키의 『악령』의 일부다.

"그런 순간들이 있다. 5에서 6초간 지속되고 마는 것인데, 뭔가 영원히 지속될 것만 같은 조화로움을 느끼는 순간이 있다. 지상에 속하는 것도 아니고 천상에 속하는 것도 아니다. 설명할 수 없는 경험인데, 유한한 인간의 신체로는 견디어 내기 힘든 순간이 있다. 신체가 본질적으로 변이하거나 죽음을 통과해야만 감당할 수 있을 것 같은 순간이다. 하지만 매우 실제적이고 부정할 수 없는 느낌이다. 어느 한 순간 자연과 교감을 나누고 있다고 느끼는 것이다. 그러면 절로 '바로 이것이다'라는 말이 나올 것이다. 하나님이 세상을 창조하면서 하루를 마칠 때마다 '바로 이것이다. 보기에 좋구나!'라고 말했던 것처럼. …… 따스한 느낌이라거나 환희의 순간은 아니었다. 용서의 분위기도 아니었다. 용서할 것이 없었으니 말이다. 사랑이 넘치는 것도 아니었다. 오히려 사랑보다 숭고한 느낌이었다. 두려울 만큼 뚜렷한 감각과 온몸으로 느껴지는 황홀감은 무시무시할 정도였다. 이런 상태가 5초 이상 지속된다면 어떤 영혼도 감당하지 못하고 사라질 것이다. 그 5초의 시간 동안, 나는 인간으로서의 존재감을 만끽했다. 그 순간을 위해 내 전 생애를 바칠 수도 있다. 그리고 그 대가가 과하다는 생각도 하지 않을 것이다."

"당신, 간질병 환자가 아닌가요?"

"아니오."

"그렇게 될 겁니다. 그런 식으로 간질병이 시작된 이야기를 들은 적이 있습니다. 어떤 간질병 걸린 남자가 일전에 나에게 발작이 왔을 때의 감각을 아주 세세하게 들려주었답니다. 당신 이야기를 듣고 있자니 그 사람이 말하는 걸 듣는 것 같은 착각이 드네요. 그 사람도 무슨 5초의 시간을 얘기하면서 더 오래갔으면 견디지 못했을 거라는 둥 했답니다. 마호메트의 물병 이야기를 명심하세요. 물병을 비울 시간 동안 그 예언자는 천국에 끌려갔다 왔는데, 당신의 5초가 그 물병을 비운 시간이고, 당신이 조화롭고 어쩌고 하는 상태가 천국인 게요. 마호메트는 간질병 환자였고 말이오! 그렇게 되지 않도록 조심해야 할 거요."

다음은 도스토예프스키의 『백치』의 일부다.

"…… 나에게는 다른 것보다도 그에게 간질 발작이 일어나기 전에 나타나던 현상이 기억에 남는다. 완전히 낙담하고 정신병자처럼 불안에 쫓기는 상태에 있다가 갑자기 그의 뇌에 불꽃이 피어오르는 것 같았다. 정말 갑작스럽게 활력으로 가득차서 기운이 펄펄 넘치는 것 같았다. 살아 있다는 감각과 존재에 대한 의식이 찰나의 순간, 열 배는 증폭되는 것으로 보였다.

신기한 빛이 그의 마음과 정신을 비추었다. 불안함이 모두 가라앉고 의심스럽고 당혹스러웠던 마음도 저 높은 곳의 조화로움 속에서 그대로 풀어져버렸다. 참으로 고요하고 평화로우며 즐거운 상태였다. 하지만 이렇게 빛나는 한 순간은 바로 닥쳐 올 발작을 예비하는 서곡에 지나지 않았다. 발작의 과정은 이루 말로 표현할 수 없다. 후에 회복하고 나서 왕자는 이 순간을 회상하고 스스로에게 이렇게 말한다.

"그 찰나의 시간 동안 우리 의식에서 가장 숭고한 부분이 그 실체를 드러내는 것이다. 따라서 우리 인생에서 가장 숭고한 순간을 보는 것이라고 할 수도 있다. 그런데 이 모든 것이 질병으로 인한 것이고 정상적인 삶을 유예하고서야 얻을 수 있는 것이라면 그 순간이 더 이상은 숭고한 삶의 한때일 수 없을 것이다. 반대로 그 순간 더 낮은 곳으로 떨어지는 것이다."

하지만 그는 바로 가장 역설적인 결론에 이른다.

"무엇이 문제란 말인가? 이것이 질병이며 비정상적인 긴장 상태라고 해도 결과적으로 가장 숭고한 수준의 조화와 아름다움에 이르렀지 않은가. 지금 이 순간도 나는 말할 수 없이 조화롭고, 평화로운 상태를 경험한다. 나의 전존재가 기도로 열렬해지고 가장 숭고한 삶을 살게 된 것 같다."

이 말도 안 되는 횡설수설을 공작은 완벽하게 이해할 수 있었다. 그의 눈에 그저 한 가지 아쉬운 점이 있다면 그의 생각을 전달하기에는 표현이 조금 미약했다는 것이다. 그는 이러한 '아름다움과 기도'가 실제로 존재한다는 것을 의심할 수 없었다. 아니, 심지어 의심의 가능성조차도 인정할 수 없었다.

하지만 그가 경험한 것이 아편이나 대마초, 술 등에 취한 채 비몽 사몽 흐느적거리는 것과 같은 것이 아니었을까. 병적 상태를 벗어 난 지금 냉정하게 그 상황을 판단해 보았다. 이러한 순간이 다른 것 들과 차별화되는 유일한 점은 내면에서 이루 말할 수 없이 고양되 는 것이 느껴진다는 것이다. 그 발작이 일어나기 직전, 의식이 또렷 한 그 순간 환자가 말할 수 있다면, "좋군. 이 순간을 위해서 누군가 는 전 생애를 바칠 수도 있을 것 같아"라고 말할 것이다. 적어도 그 는 그 순간이 전 생애를 걸 만큼의 가치가 있다고 의심하지 않는다.

마호메트의 경험도 분명 이와 같았을 것이다. 그는 물병을 비워 내는 짧은 시간 동안에 알라 신이 거하시는 곳을 방문하고 왔다고 말했다.

플로베르의 『서간집』에서도 몇 줄 인용해 보기로 한다.

만약에 신경이 예민한 것만으로 시인이 될 수 있다면, 나는 셰익 스피어나 호메로스를 능가해야 할 것입니다. …… 나는 문이 닫혀 있어도 서른 걸음 정도 떨어진 곳에서 작게 말하는 소리까지 들을 수 있습니다. 그 사람의 배에서 내장이 들끓는 소리까지 들을 수 있 을지 모릅니다. 나는 또 1분의 시간 동안 머릿속으로 수만 가지 생 각이며 기억이 오갑니다. 온갖 것들이 일시에 폭주해서 마치 머릿 속에 폭죽이 터지는 것 같을 때도 있습니다.

이제 간질발작을 할 때의 정신 상태와 천재적 영감을 소유했던 작가들의 경험과 비교해 보도록 하자. 그 둘이 완벽하게 같은 현상으로 보인다는 것을 알게 될 것이다. 간질병 환자들의 경우, 각 기능이 제자리를 벗어나는 때가 있다. 특히 프리지리오 박사가 인용한 사례를 보면, 어느 간질환자는 발작 중에 성적인 흥분 상태를 느꼈는데, 생식기가 아닌 복부 상층부에서 반응이 왔고 사정에까지 이르렀다고 한다. 어떤 경우에는 간질병적인 상태가 발작을 할 때에만 국한되는 것이 아니라 전 생애를 관통하는 경우도 있다. 부르제의 논평에 의하면, "공쿠르 형제들의 삶은 간질발작의 연속이었다고 할 수 있다. 발작이 잠잠했던 때는 오히려 그들 삶의 공백기와 마찬가지였다." 공쿠르 형제들의 작품은 모두 자서전과 다름이 없었다. 졸라는 『자연주의 소설가론』에서 발자크에 대해서 쓰면서 다음과 같은 고백을 내놓는다.

그는 자신을 에워싸고 있는 힘의 지배를 받으며 작품을 집필했다. 어떻게 해서 그 힘과 결합하게 되었는지는 알 수 없다. 그가 온전히 자신의 주인이 아니었던 것은 분명하다. 그는 심히 변덕스러운 힘이 휘두르는 대로 흔들리는 장난감에 불과했다. 어떤 때에는 붓을 건드리지도 않았다. 한 나라를 준다고 해도 글 한 줄 쓰지 못하는 때가 있었다. 하지만 밤에 꿈을 꿀 때나 아침에 잠에서 깰 때, 환희의 순간에 잠길 때, 발갛게 타고 있는 석탄이 그의 뇌, 손, 또는 혀를 건드리는 것이다. 그러면 한 단어가 무궁무진한 생각으로 발전하기 시작한다. 이것이 예술가다. 횡포한 의지의 미천한 도구일 뿐으로, 그의 주인에게 복종할 뿐이다.

_위대한 정복자와 사도 나폴레옹과 사도 바울

텐이 현대의 위대한 정복자들에 대해 들려주는 이야기와 르낭이 기독교의 위대한 사도들에 대해서 전달하는 것을 들여다 보자. 텐은 나폴레옹에 대해서 다음과 같이 기록한다.

나폴레옹의 천재성에서 가장 특징적인 것은 그가 참으로 독창적이면서 포괄적인 능력의 소유자였다는 점이다. 그는 아주 작은 것도 놓치지 않았다. 어마어마한 양의 자료를 흡수하고 기억할 뿐 아니라, 이에 근거해서 다양한 생각들을 풀어내는 그의 능력은 인간의 한계를 초월한 것으로 보였다.

사람들을 통치하는 면에 있어서도 그는 천재적인 능력을 보여주었다. 그는 과학 실험과 마찬가지로 매우 체계적으로 일을 처리했다. 모든 이론은 명확한 조건에 따라서 정확한 과정을 거쳐서 검증되었다. 그의 어록을 보면 표현에서 불꽃이 이는 것만 같다. 그는 국무대신과의 논의 중 이혼이 화두가 되었을 때 다음과 같이 말했다고 한다.

"간통은 예외적인 일이 아닐세. 흔하디흔해서 마치 카나페를 먹는 것과 같다네."

자유에 대해서는 다음과 같이 말한 적이 있다.

"자유는 자연으로부터 다른 평범한 인간들보다 뛰어난 능력을 부여받은 소수의 특별한 인간들에게나 필수적이야. 따라서 제한한다고 해도 뒤탈이 없을 수 있어. 반대로 평등은 다수를 만족시키는 것이지."

나폴레옹은 일생 동안 이에 대한 소신을 버리지 않았다. 그는 우리 모두를 중세시대로 이끄는 능력이 있었다. 그 시대를 다시 그려내는 그 상상력은 경악스러울 정도다. 그가 실제로 이룩해낸 것만 해도 놀라움을 금할 수가 없다. 하지만 그는 그 이상을 계획했고, 심지어 원하는 수준은 더욱 원대하기만 했다. 그는 더 이상 가능하지 않을 정도로 열정적으로 일했지만, 그의 원대한 포부를 만족시키기에는 턱없이 부족했다. 나폴레옹의 포부는 일개 정치가가 품을 만한 수준이 아니었다. 그 포부는 계속해서 방대해져만 가고, 결국 광기의 수준에 이른다. 그 환상적인 두뇌 속에는 엄청난 상념들이 소용돌이치고 있었던 것이다. 그는 "유럽은 작은 흙더미에 불과하다. 6억의 인구를 지닌 동양이 아니고서는 위대한 제국이니 위대한 혁명이니 하는 것을 논할 수 없다"고 말한 적이 있다.

이집트에서 나폴레옹은 시리아 정복을 계획했다. 콘스탄티노플에 동방제국을 다시 건설하고, 아드리아노플과 비엔나를 경유해서 파리로 개선할 수 있도록 하는 계획이었다. 동양에서는 전능한 힘을 발휘할 것만 같은 환상이 그를 유혹했다. 그는 새로운 마호메트가 되어서 종교를 창시할 수도 있을 것 같았다. 유럽에 갇혀 있을 때 나폴레옹의 꿈의 한계는 샤를마뉴 대제의 제국을 재창조하는 것이었다. 파리를 정치와 지식, 그리고 종교의 중심지가 되는 유럽의 수도로 삼고, 대공들이며 국왕들과 교황까지도 자신의 발아래에 두는 것이었다. 하지만 러시아를 통하면 그는 갠지스 강을 넘어 인도까지 복속시킬 수 있었다.

정치라는 거죽 속에 갇혀 있었던 예술가적 기질이 칼집을 떠났다. 그는 이상을 실현하고 불가능을 시도하는 영역으로 진입했던 것이다. 그야말로 단테와 미켈란젤로의 형제와도 같았다. 단지 그들이 종이와 대리석을 가지고 작업했다면, 나폴레옹의 재료는 피와 살이 살아 숨 쉬고, 감정도 있고 고통도 느끼는 인간들이었을 뿐이다.

나폴레옹은 지금 시대의 사람들과는 근본적으로 다른 성격이었다. 그는 단테와 미켈란젤로 시대의 사람들과도 달랐다. 그의 정서나 태도나 도덕은 15세기 사람의 정서와 태도와 도덕이었다. 그는 공공연하게 "나는 다른 사람들과 같지 않다. 나는 도덕이니 예의니 하는 것들에 전혀 구애받지 않는다"라고 자신의 생각을 내세웠다.

스탈 부인과 스탕달은 나폴레옹이 정신적으로 보면 스포르차나 카스트로치오 카스트라카니 등의 14세기의 소군주들과 흡사하다고 평했다. 나폴레옹은 실제로 그들과 꼭 닮아 있었다.

나폴레옹은 혁명력 1월 12일(방데미에르 13일의 쿠데타 하루 전날) 밤에 주노에게 "저 반란군들이 나를 그들의 지휘관으로 삼아준다면 나는 기꺼이 응하겠네. 두 시간이면 그들을 튈리히 궁전 안에 모셔다 놓을 수 있을 걸세. 저 버러지 같은 국민공회 놈들은 다 쓸어버리고 말일세"라고 말했다고 한다. 하지만 다섯 시간이 지난 후 바라스의 부관으로 차출하는 국민공회의 명에 부응해서, 왕당과 반란군들에게 포격을 가했던 것이다. 마치 용병대장이 자신에게 최고 몸값을 지불한 고용주의 명령을 따르는 것처럼 나폴레옹 역시 기회에 따라 움직였다.

…… 보르자 가문이나 말라테스타 가문에서조차도 나폴레옹만큼이나 신경질적이고 충동적인 인물은 찾아보기 어렵다. 그는 무슨

전기가 오는 것처럼 순식간에 충전되었다가 방전되고는 했다. ……
어떤 생각이든 그저 머릿속에만 가두어 두지 못하고 생각이 나는
대로 실행에 옮겨야 했으며, 이를 제지하려면 강제적인 힘이 필요
할 정도였다. …… 때로 그의 충동은 너무나 갑작스러워서 미처 제
지할 여유도 없었다. 이집트에서 한번은 그가 어느 귀부인의 드레
스에 물병을 엎었다. 그리고 이를 무마한다며 자신의 방으로 끌고
들어가서는 오래도록 나오지 않았다. 자리에 있던 다른 손님들은
할 수 없이 서로 얼굴만 바라보면서 하염없이 기다렸다고 한다. 또
언젠가는 루이 대공을 방 밖으로 던져 버린 일도 있고, 또 다른 때는
볼네 백작의 배를 걷어차기도 했다.

캄포르미오 조약을 체결할 때는 오스트리아 대사와의 지리멸
렬한 협상을 종료하기 위해서 도자기를 내던지기도 했다. 1813년
드레스덴에서는 메테르니히 공작의 협조가 무엇보다도 절실했다.
하지만 나폴레옹은 아랑곳없이 메테르니히에게 영국의 이익을 위
해 일하는 대가로 얼마나 받은 거냐고 위협적으로 따져 물었다고
한다.

그토록 성미가 급한 인간은 다시없었다. 옷이 몸에 맞지 않으면
바로 벽난로에 던져 넣었다. 그가 써놓은 글을 보면 알아볼 수 없이
난해한 문자들의 집합체에 불과했다. 구술하도록 시킬 때도 너무나
빨라서 비서관들이 그 속도를 따라가기가 힘들었는데, 그렇게 해서
조금이라도 뒤처진다 싶으면 오히려 속도가 더 빨라졌다. 욕설이나
감탄사가 섞이면 그나마 다행스러운 일이었다. 심장과 머리가 가득
차서 흘러넘치는 사람이었다. 그렇게 머리와 심장에서 그를 압박하

면 흥이 오른 웅변가나 흥분한 논객으로서의 모습이 정치가로서의 모습을 대신하는 것이다.

나폴레옹은 "나는 신경과민이다"라고 스스로도 말한다. 실제로 긴장이 계속되다 보면 신체적으로 경련을 일으키기도 했다. 감정이 격해지면 바로 눈물을 흘렸다. 그런데 정말 순수하게 감정이 격해져서 우는 것이라기보다는 단어 하나라도 폐부를 찌르면 그 자극으로 바로 반응이 나왔다. 드레스덴 전투 후 역시나 과민성 증상으로 구토와 기절에 시달리다가 결국 방담 장군의 부대를 잃게 된다. 조절기제가 아무리 강력하다고 한들 그의 과업이 균형을 잃고 삐걱거리게 된 데에는 이러한 요인도 무시할 수 없을 것이다.

그토록 활력이 넘치는 열정을 조정하고, 제어하고, 지배하려면 상당한 강인함을 갖추어야만 한다. 나폴레옹에게는 타고난 힘과 거친 본성이 있었다. 그는 자기중심주의가 매우 강했다. 그건 내성적인 종류가 아니라 매우 적극적이고 공격적인 형태였다. 사람들과 있으면서도 항상 자신이 더 크고 위대한 존재라는 의식이 있었다. 그는 자신이 부록 취급을 받거나 다른 존재를 위한 도구가 되는 삶을 용인하지 못했다. 심지어 어린 아이였을 때 이미 이러한 면모를 보였다. 모든 규제에 반발했고 양심 같은 것에 구애받지 않았다. 누구도 라이벌로 인정하지 않았고, 자신에게 무릎을 꿇지 않으면 때려눕히고, 자신에게 희생당한 상대에게 먼저 공격했다는 혐의를 씌웠다.

나폴레옹에게 세상은 잔칫상과 같았다. 누구에게나 열려 있지만 팔이 길어야 먼저 좋은 것을 차지하고, 나머지 사람들은 그가 남긴 것을 먹어야 하는 곳이었다.

"남을 지배하기 위해서는 오직 공포, 탐욕, 육욕, 자기애, 경쟁 등의 이기적인 열정이 필요하다."

나폴레옹이 최종적으로 이끌어 낸 결론이다. 누구도 그 생각을 뒤집을 수 없었는데, 이것이 나폴레옹의 성격을 그대로 반영한 것이기 때문이다. 그는 사람들에게서 자기가 보고 싶은 면만 봤다. 나폴레옹의 자기중심주의는 그가 품은 야망에도 반영되어 있다. 자기중심주의는 나폴레옹에게 본질적인 부분으로 그에게서 분리해 내는 것은 불가능했다. 프랑스는 그에게 기쁨을 주는 애인과 같은 존재였다. 나폴레옹이 권력을 행사할 때 중재하거나 대적하는 이가 있어서는 안 되고, 어떠한 제한이나 방해도 용납되지 않았다.

일을 진행할 때에도 열성적이고 성공적인 것만으로는 그를 만족시킬 수 없었다. 그는 특권적 존재로서의 자신의 권리들을 내세웠다. 그에게 복무하는 이들은 모두 극도의 조심성이 요구되었다. 거의 들리지 않을 만한 속삭임만으로도 황제의 권위에 도전하는 음모나 모반을 꾸민다는 의심을 받을 수 있었다. 1809년부터 1812년 사이에 추진되었던 오스트리아와 러시아 위폐를 제조하는 일에서부터, 1814년 부르봉 왕조를 분쇄하기 위해서 만들었던 무시무시한 기계를 준비하는 일까지, 나폴레옹은 작은 것 하나 놓치지 않고 모든 일을 보고하도록 신하들을 닦달했다. 그는 감사하는 법도 없었다. 더 이상 쓸모가 없다고 생각되면 누구든 가차 없이 토사구팽을 시켰다.

무도회 중에는 귀부인들 사이를 오가면서 그들에게 충격적인 이야기를 들려주며 놀라게 하는 것을 즐겼다. 나폴레옹은 또한 그들의 사생활을 캐내고는 그들이 어쩔 수 없이 제공한 이야기들을 황후에게까지 그대로 전달했다.

더욱 황당한 것은 다른 국가의 군주들과 대사들에게까지 이런 행태가 이어졌다는 것이다. 나폴레옹의 서간문이나 포고문이나 연설문 등을 보면 그 대상에 대해 매우 도발적이고, 위협적이고, 도전적이며, 공격적이다. 그는 또 그들의 연애사를 아직 확인되지 않은 추문까지 다 까발리고는 했다. 예나 전투 후의 공보문들을 보면 프러시아의 여왕과 알렉산드르 황제 사이의 염문을 기정사실화하고 있다. 나폴레옹은 또 그들에게 주요 법률의 개정을 요구하기도 했다. 기실 그는 다른 나라의 국정을 좌지우지할 만한 권한 따위는 없었는데도 말이다.

나폴레옹에 대해서 이보다 철저한 분석을 내놓은 역사가는 이제까지 없었다. 간질병 환자들의 심리 상태에 대해 정통한 사람이라면, 텐이 우리에게 심리적 간질병의 가장 정밀하고 정확한 병리학적 사례를 제시한다는 것을 알 수 있다. 과대망상증이 심하고 충동적이며 도덕성이 전혀 결여된 것 등등의 징후들을 통해서 말이다. 천재들이 간질병에 근접한 행동과 심리 상태를 보이는 것이 영감의 순간에 국한되는 것이 아니라는 것도 알 수 있다. 사도 바울의 경우도 마찬가지였다. 사도 바울은 키는 작지만 체격은 좋은 편이었다. 그런데도 항상건강이 시원치 않았는데, 그가 '살 속에 가시'가 있다고 표현하던 통증 때문이었다. 아마도 지독한 신경증이 있었을 것이다.

바울은 도덕적으로 매우 이례적인 성격이었다. 평소에는 매우 친절하고 공손했는데, 일에 열중하다 보면 그 추진 과정에서 매우 과격해지고는 했다. 바리새인 중에서 온건파였던 가말리엘의 문하에 있었지만, 바울은 온건파는 거리가 멀었다. 그는 젊은 바리새파 지도자들 중에서도 특히 열성파에 속했다. 그리고 기독교도를 박해하는 일에 누구보다도 열심이었다. …… 바울은 다마스쿠스에 사도들이 모여 있다는 소식을 듣고서 그들을 체포하기 위해 제사장의 허가서를 받아낸다. 바로 예루살렘을 출발해서 정오에는 다마스쿠스 평원을 지나는데, 그곳에서 간질병이 분명한 발작을 일으킨다. 그리고 의식을 잃고 쓰러진 그에게 예수의 환영이 나타났다.

예수는 그에게 히브리어로 "바울아, 바울아. 너는 왜 나를 이리도 핍박하는 것이냐?"하고 물었다. 그 후 사흘 동안 고열에 시달리면서 그는 먹지도 마시지도 못했다. 이때 당시 기독교 무리의 대표였던 아나니아가 병석에 찾아왔고, 바울은 거짓말처럼 바로 정상을 되찾는다. 그날 이후로 바울은 가장 열렬한 기독교도가 되었다.

그리스도가 몸소 눈앞에 나타났기 때문에 바울은 스스로를 그리스도의 사도로 간주했고, 그렇게 사도로서의 삶을 실천했다. 오만불손함으로 여러 차례 커다란 위험을 초래하기도 했지만, 그 대담하고 독창적인 행보로 기독교 사상을 전파하는 데 크게 기여했다. 바울은 기독교가 '영혼이 가난한' 소수의 신자들에게 머물러 있어서는 안 된다고 생각했다. 그렇게 해서는 종국에는 헬레니즘처럼 소멸되어 버릴 것이었다. 그는 바다 건너까지 전도에 나서게 된다. 안티오크에서 바울은 마호메트가 본 것과 유사한 환영을 경험했다. 천국으로 인도되었던 것이다. 그곳에서 방언을 듣기도 했다. 인간이 입 밖으로 소리 내는 것이 금지된 언어였다.

바울의 비정상적인 면모는 그의 글들을 보면 알 수 있다. 르낭은 바울에 대해서 다음과 같이 말했다.

그는 어떤 이상이나 주의보다도 오히려 단어들에 이끌려서 움직였다. 특정한 단어 하나가 마음에 박혀서 그에게 여러 가지 연상 작용을 일으키는 것이다. 그렇게 해서 이야기의 주제를 벗어나는 일이 허다했다. 갑작스럽게 여담을 하고, 생각의 진행이 갑자기 단절되고, 문장을 제대로 끝맺지 못하는 일도 있었다. 바울만큼 질적으로 심한 기복을 보이는 저자는 없을 것이다. 고린도서 13장보다 아름다운 문학 작품은 다시없을 것이다. 하지만 조악한 논지와 지루한 설명으로 채워 넣은 글도 그와 나란히 존재하는 것이다.

_극단적 이타주의는 병리 현상 정서의 과잉 상태

천재들에게 간질병이란 사고처럼 발생하는 현상이 아니다. 그보다는 의학적인 표현을 빌리자면 고질적인 질환이라고 할 수 있다. 여기서 천재에게 간질병적 특질이 보이는 또 다른 사례들을 살펴보도록 하자.

만약에 『백치』를 도스토예프스키의 자전적 고백이라고 본다면, 간질병적 천재의 또 다른 예를 찾은 셈이다. 사실 그의 생애를 보면 간질 병자에게 특징적인 심리를 뚜렷이 보여준다. 충동적이고, 이중인격적인 면이 있으며, 거의 유아적인 수준의 유치함을 드러낼 때도 있었다. 예언자적인 엄격함과 병적인 이타주의를 오가기도 했다. 또한 성자들에 대한 광신적인 애정도 있었다. 이 마지막 요소는 특별히 주목할 필요가 있다. 간질 환자들이 일반적으로 도덕성이 결여되었다는 점에서 성자들을 간질병과 연결을 짓는 것이 거의 금지되다시피 해왔기 때문이다.

하지만 비앙키, 톤니니, 필리피 등의 연구에 따르면, 간질병 환자 중에도 선량한 성격인 경우가 드물게 존재한다. 비율로는 약 16퍼센트에 달한다. 그들 중에는 지나치게 감정적이기는 하지만 숭고할 정도의 이타주의를 실천하는 이들도 있었다.

간질병과 밀접한 연관이 있는 히스테리는 애정결핍과도 매우 깊은 연관이 있다. 히스테리의 증상은 극단적인 자기중심주의와 과도한 이타주의를 동시에 보여준 경우가 많다. 사실 도덕적 정신이상의 정도에 따라서 다양한 양상을 보이는 것이다.

르그랑 디 솔이 관찰한 사례를 살펴보도록 하자.

교구에서 벌어지는 모든 자선행사에 유난히도 열성적으로 참여하는 부인들이 있다. 빈민들을 위해서 모금활동도 하고 보육원에 가서 봉사도 하며, 병자들을 방문하고, 기부금을 교부하고, 죽은 자들의 침상을 지키고, 다른 사람들에게도 열심히 동참하기를 권유하는 등 정말 도움이 되는 활동들을 많이 한다. 하지만 그러는 동안에 자신들의 남편들과 자식들은 돌보지 않고 집안일도 내팽개치는 것이다.

이러한 여성들은 드러내 놓고 자신들의 자선행위를 내세운다. 마치 허풍쟁이 기업가들이 엄청난 배당금을 공언하고, 말도 안 되는 사업을 선전하는 것처럼 그렇게 자선활동에 나서는 것이다.

　　그들은 본능적으로 다른 사람들에게 좋은 인상을 주려면 어떻게 행동해야 하는지 안다. 또 상황에 따라 적절하게 처신을 조절할 줄도 안다. 개인적인 비극인지 집단적인 재난인지에 따라서 그들의 대처는 달라질 수밖에 없다. 그들은 자선의 현장에서 감동받은 대상자들이나 구경꾼들의 칭송에 볼을 붉히며 겸양의 모습을 보이기도 한다. …… 그들이 상황에 대처하는 순발력은 놀라울 정도다. 하지만 점차로 냉정을 되찾고 자선의 충동도 사라진다. 돌발적인 충동이었기 때문에 지속될 수 없는 것이다.

　　'자선가적인 히스테리'는 용기가 요구되는 성과들을 내기도 한다. 따라서 사람들의 입에 오르내리고 심지어 전설로 남기도 한다. 그들은 감히 불이 난 집에서 사람들을 구해내기도 하고, 무장한 폭도들을 막아서기도 한다. 하지만 다음날에 이들을 찾아가 물어 보면 탈진 상태에서 아무것도 기억하지 못한다. 사건 당시에 위험하다는 인식도 없이 움직였던 것이다.

　　콜레라가 창궐하면 공포로 유언비어가 난무하고 의무를 방기하고 도망치는 부끄러운 모습도 볼 수 있다. 하지만 히스테리가 있는 여성들은 헌신적으로 병자들의 간호에 나서는 것이다. 그들은 구역질이 나는 현장에도 아랑곳하지 않고 단정함을 잃지 않으며 꿋꿋이 인내한다.

　　…… 이런 종류의 사람들에게는 타인을 위한 헌신이 자신을 위해

꼭 필요한 일인 것으로, 그렇게 해서 에너지를 발산해낸다. 그들은 자기들도 모르는 사이에 병리학적인 행동의 하나로 선행을 한다. 대개의 사람들은 모두 이에 속아 넘어간다. 모범이 된다는 측면에서 이대로 두어도 좋을 것이다. 하지만 다음 환자의 사례를 통해서 나는 히스테리가 치료가 필요한 질병이라는 걸 알려야 한다는 사명감을 느꼈다. 한때 정신병원에도 있었던 어떤 부인은 히스테리 환자였다. 그런데 그녀가 자신이 사는 지역에 베푼 자선의 손길은 진심으로 감동할 만한 것이었다. 꾸준히 병자들을 간호하고 그들에게 들어가는 비용도 아끼지 않았다. 자신을 위한 지출은 최소화해서 일 년 내내 계절도 없이 같은 옷을 입고 다녔다. 지금 그 부인은 온갖 히스테리 증상에 시달린다. 아주 사소한 일에도 격분하고, 잠도 제대로 못 자고, 심각한 무력증상을 보인다.

이러한 히스테리 환자들은 개인적으로 슬픈 일을 당했을 때는 그 감정을 표현하는 데 어려움을 겪는다. 어떤 여자가 아이들을 모두 잃는 사고를 당한다. 그녀는 그런 상황에서도 침착하고, 평온하며, 달관한 듯한 태도를 유지했다. 눈물도 흘리지 않았고, 대소사를 빈틈없이 관리하며, 사람들에게 지시를 내리고, 가슴 아플 수 있는 과정도 하나도 빼놓지 않았고, 장례를 마치는 순간까지 품위 있는 자세를 견지했다. 사람들은 이 어머니가 다른 사람을 능가하는 용기를 지녔을 뿐 아니라, 대단히 우수한 자질이 있는 사람이라고 생각했다. 하지만 그건 모두 오해일 뿐이었다. 그녀는 다른 사람들보다도 더욱 연약한 존재였다. 그녀는 병을 앓고 있었던 것이고, 그 모든 것이 병적 증상이었을 뿐이다.

이 역설적인 결론을 제대로 이해하기 위해서는 박애주의자들의 경우를 떠올려 보면 된다. 그들은 이웃을 사랑하지만 일정한 거리를 유지한다. 또한 가족이나 조국 등 보다 일반적인 대상을 향한 애정은 오히려 결여되어 있는 것이다. 베카리아나 하워드같이 위대한 박애주의자들도 매우 엄한 아버지에 가혹한 주군이었다. 심지어 지상 최대의 박애주의자인 예수 그리스도도 자신의 가족들에게는 박하기 그지없었다.

종교에 깊이 심취하여 가족과 이별하고 순결 서약을 지키면서 이성을 멀리하는 경우는 너무나 익숙하고 자주 볼 수 있는 일이다. 리베라타 성인은 남편이 아이들과의 이별에 슬퍼하자 몹시 화를 냈다고 한다. 전설에 의하면, 바루크의 모친은 바루크가 순교의 순간 극심한 고통으로 괴로워하며 그녀에게 물을 달라고 애원하자 "이곳에서 물을 찾아서는 안 될 것이다. 천국에 갈 때까지 참아야 한다"라고 말했다고 한다.

이러한 예들을 볼 때, 극단적인 이타주의는 오직 병리학적 현상일 뿐이다. 이런 정서적 과잉현상은 또한 다른 방향에서의 상실 또는 결여를 동반한다는 것을 알 수 있다.

후안 디 디오스, 라차레티, 로욜라, 아시시의 성 프란체스코 등의 경우 양극성 성격을 보여주는데, 그들의 성인과 같은 삶은 이전의 죄악에 물들었던 삶과는 극명한 대비를 보여준다.

이렇게 간질과 히스테리 환자들에게 빈번하게 나타나는 현상들 외에도 정신병자들에게 자주 보이는 투시력, 텔레파시, 감각의 전이, 고행, 환각, 한시적 천재성의 발현, 한 가지 생각에서 벗어나지 못하는 단일관념광 등까지 분석의 대상에 포함시킨다면, 종교적인 기적이나 성스러운 현상들이 본질적으로 히스테리의 특징에서 기인한다는 것을 입증할 수 있을 것이다.

광기에 굴복하지 않은 천재들
정상인 천재들

눈에 띄지 않는 결함들 - 리슐리외 - 세소스트리스
- 포스콜로 - 미켈란젤로 - 다윈

● 하지만 이에 대한 반론도 만만치 않다. 자신들의 지적 행로를 일탈하지 않은 채 모든 역경을 헤치고 광기에 굴복하지 않은 천재들이 극히 소수지만 엄연히 존재하는 것이다. 갈릴레이, 레오나르도 다 빈치, 볼테르, 마키아벨리, 미켈란젤로, 다윈 등이 그 예다. 각각은 뇌 용적이 크고 두개골도 대칭적으로 균형 잡힌 모양을 보인다. 그들은 욕망을 자제할 줄 알았고, 뛰어난 지적 능력을 과시했다.

그들 중 아무도 진리와 아름다움을 추구한다는 미명 하에 가족과 조국에 대한 애정을 희생하지도 않았다. 목표를 향해 초지일관했고 무슨 일이든 끝까지 책임을 다했다. 맡은 일에 있어서는 넘치는 자신감과 확고한 신념과 탁월한 능력을 보여주었다. 무엇보다도 일생 동안 매우 안정적이고 일관된 성격을 유지했다. 그들 역시 영감으로 발작을 경험했고, 무지하고 적대적인 대중들의 시기와 질시를 견뎌내야 했다. 불확실성으로 불안해 하고 모든 것이 고갈된 듯 지치고 힘든 시기도 있었다. 하지만 그들은 자신들의 경로를 이탈하는 법이 없었다. 마음속에 품은 것이 있으면 이를 인생의 목표로 삼아 흔들리지 않고 그 성취를 위해 묵묵히 전진했다. 그들은 어떠한 장애 앞에서도 불평하지 않았고 작은 실패에 넘어지지 않았다.

하지만 이 책을 시작하면서 이미 이러한 반론에 대답한 적이 있다. 간질병이나 도덕적 결함의 경우는 표면적으로 드러나지 않는 경우도 많다는 것이다. 위대한 인물들이나 특권층의 경우는 그들의 명성이나 업적에 현혹되어서 이를 미처 알아차리지 못하는 수가 많다. 그리고 범죄자들의 경우에도 그들에게서 책임을 면책해 줄 수 있다는 점에서 그에 대한 연구를 꺼리는 경향이 있다.

카보우르에게 자살충동이 있었고 리슐리외가 간질병 환자였다는 것을 그들과 막역했던 친구들의 고백이 아니었던들 누가 의심이라도 할 수 있었겠는가. 포스콜로의 병적인 충동에 대해서 주의를 기울였던 사람은 아무도 없었다. 만약에 데이비스가 그의 두개골을 검사해 보지 않았다면 그러한 충동을 이상증세라고 기록으로 남기는 일도 없었을 것이다. 어느 누가 감히 세소스트리스의 도덕성에 대해서 논하겠는가.

하지만 아비드 바린의 조사에 따르면, 그의 두개골의 형태는 범죄형 두개골의 특징과 완전히 부합한다. 앞이마가 낮고 좁으며, 눈썹 활은 높이 솟았고, 눈썹이 짙고, 두 눈 사이가 좁으며, 길쭉한 매부리코에, 관자놀이는 푹 꺼져 있었고, 광대뼈가 튀어나와 있고, 턱이 발달해 있었다. 표정은 동물적이고 사납고 오만하며 제왕다웠지만 지적으로 보인다고 할 수는 없었다. 신체에 비해서 머리는 작은 편이었다. 모두가 도덕성이 결여되었을 때 나타나는 신체적 특징들이다.

_어제 저녁에는 행복했다네 미켈란젤로

미켈란젤로에 대한 그 많은 전기들을 뒤져 보아도 이 부드럽고 강인했던 영혼의 소유자에게서 어떠한 오점도 발견할 수 없다. 그는 아름다움에 대한 심취로 전율하는 만큼 조국에 대한 비통함에도 온몸을 떨었던 것이다. 하지만 그의 서간집이 세상에 나오고 팔라그래코의 예리한 연구 결과가 발표되면서 이전에는 의심조차 하지 못했던 그의 비정상적인 면모들이 새롭게 드러나게 된다.

가장 특기할 만한 점은 미켈란젤로가 여성에게 전혀 관심이 없었다는 것이다. 이는 사실 그의 작품들을 통해서 알아볼 수 있는 면이기도 하다. 〈모세〉, 〈로렌초〉, 〈줄리아노 디 메디치〉 등 그의 걸작품들을 보면 모두가 남성이 작품의 주제다. 그는 여자 모델을 기용한 적이 한 번도 없었다. 시체들을 사용한 적은 있었지만 말이다. 하다못해 바쿠스 신의 여사제 바캉트도 그의 손을 거치면 남성적 근육을 자랑하는 여장부로 변했다. 가슴도 발달하지 않았고 여성적인 모습을 찾아볼 수 없었다. 미켈란젤로는 여러 편의 소네트를 남겼는데, 사실 당시의 유행을 따른 것일 뿐 진심으로 정열을 담아낸 것으로는 보이지 않는다. 실제 여성을 특정한 작품도 찾아 볼 수 없다. 보통 명사인 '부인donna'이 열네 번 등장하고 있을 따름이다.

반면에, 바르베라의 소장품에 들어 있는 12번, 18번 소네트에는 특정한 남성에 대한 찬탄을 담아내고 있다. 바르키는 이 소네트들이 당시 아름다운 신체의 소유자로 유명했던 카발리에리에게 바쳐진 것이라고 본다. 소장품에는 미켈란젤로가 카발리에리에게 보낸 두 편의 편지들도 있다. 그런데 내용을 보면 마치 애인에게 보내는 연애편지 같다. 자신을 비하하면서 만약에 상대의 마음에서 자신이 지워진다면 그대로 죽어버리겠다는 내용이 들어 있는 것이다. 이 비슷한 내용으로 안젤리니에게 보낸 편지도 있다.

이러한 도덕적 결함은 사실 첼리니나 소도마 등 다른 많은 예술가들에게서도 발견할 수 있었다. 미켈란젤로에게서 볼 수 있는 비정상적 면모는 이에 그치지 않는다. 팔라그래코는 다음과 같이 썼다.

그의 편지 속에서는 지속적인 모순에 시달리는 모습이 고스란히 드러나 있다. 포용성 있는 생각과 유치한 생각 사이, 의지와 내뱉어 놓은 말 사이, 생각과 행동 사이에서 그는 끊임없이 갈등했다. 그는 극단적으로 과민하고, 변덕이 심했다. 선행에 열성적이고, 쉽게 동정에 빠지기도 했다.

폭발적인 열정을 발산하거나, 극심한 공포에 떠는 일도 있었다. 때로는 자각 없이 무의식적으로 행동하기도 하고, 예술에 대해서는 놀랄 만큼 겸손한 태도를 보이면서 남에게 보이는 모습에는 터무니없이 허영을 부리는 면도 있었다. 그는 이토록 다양한 면모가 있었고, 이를 통해 나는 이 위대한 예술가가 히스테리에 가까운 신경병이 있었을 것이라고 믿었다.

미켈란젤로는 노년에 자신의 지나간 죄를 반성하며 하루하루를 보냈다. 그는 돈을 보내 자신을 위한 미사를 부탁하고, 가난한 사람들에게 구호금을 전달했다. 또 가난한 집 딸들이 결혼하는데 필요한 비용도 대주고, 수녀가 되고 싶어 하는 아이들도 후원해주었다. 모두가 자신의 영혼을 구해서 천국에 가기 위해서였는데, 이전에 본인의 입으로 다음과 같이 말한 것에 대한 속죄였다.

수도사들이 성당을 더럽히는 일이 대수인가. 어차피 그들이야 이미 온 세상을 더럽히는 일에 이력이 나 있는 인사들이지 않은가.

어느 순간에는 양심적으로 부끄러움이 없는 상태라고 느끼면서 바로 이때 죽게 된다면 더 바랄 것이 없으리라는 생각도 했다. 이후에 다시 죄악에 물들게 될 수도 있기 때문이다. 하지만 이내 다시 소심해져서 예술가로 태어난 것 자체가 죄악이라는 생각에 빠져들었다. 그는 하나님이 자신에게 장수를 허용하실 것을 믿었는데, 그가 성베드로 대성당의 건축을 완수해야 하기 때문이었다.

나이가 들어갈수록 자신의 작품에 관해서는 매우 겸손한 모습을 보였다. 그의 관심은 후손들에게 귀족으로서의 지위를 물려주는 것이었다. 그는 자신이 카노사 백작가의 직계 후손이라고 주장했다. 이

것이 사실이라 해도 그 가치는 그의 걸작품 〈모세〉의 손가락 하나의 가치에도 미치지 못할 것이다.

미켈란젤로는 가족을 정말 아꼈다. 아버지와 형제들과, 심지어 조카들에게까지 정이 깊었다. 그들이 안락한 삶을 누리도록 지원도 아끼지 않았다. 하지만 그들에게 보내는 편지들을 읽어 보면 그들을 의심하고 부당하게 대우한 적도 많았다는 것을 알 수 있다. 1544년 로마에 머무를 당시 그는 심각하게 앓고 있었다. 미켈란젤로의 조카는 당연히 서둘러 그의 문병을 왔다가 돌아갔다. 하지만 미켈란젤로는 이에 노해서 다음과 같이 써보냈다.

너는 나를 죽이러 왔겠지. 내가 가면서 무엇을 남기게 될지 보러 온 것일 게다. …… 잘 알아 두거라. 나는 이미 유언장을 작성했고 너에게 갈 것은 아무것도 없다. 그러니 이제 미련은 버리고 다시 나에게 편지를 보낼 필요도 없다.

삼 개월 후에는 또 어조가 변한다.

나는 늘 너의 뒤를 돌보아 줄 거라고 생각했고, 그 마음은 변하지 않을 것이다.

세바스티아노 델 피옴보에게 써 보낸 편지를 보면 그가 거의 병적인 우울함에 시달리고 있었다는 것을 알 수 있다.

어제 저녁에는 행복했다네. 미칠 듯이 우울한 상태에서 잠시 해방되어 있었거든.

_바보의 실험 다윈

다윈의 경우에도, 최근에 그의 아들이 출판한 원고들이 없었다면 그는 그저 허세라고는 없이 절제된 생활을 했던 모범적인 아버지이며 시민으로만 기억되었을 것이다. 아무도 그가 신경병 환자라고는 생각도 못해 봤을 것이다. 하지만 그의 아들이 전하는 것에 따르면, 다윈은 40년을 지내면서 다른 사람처럼 건강하게 보낸 시간이 채 24시간이 되지 않는다고 한다.

만각류 연구에 바친 8년 중에서도 2년은 병치레로 흘려보냈다고 다윈 자신이 기록했다. 신경병 환자들이 그러하듯이 그는 더위도 추위도 견디지 못했다. 또한 감당할 수 있는 대화 시간은 30분에 불과했다. 혹시라도 이 시간을 넘기면 바로 불면증을 겪었고, 그 다음 날 활동에 지장이 있었다. 그에게는 소화불량도 있었다. 빈혈과 현기증이 원인이었다. 현기증은 간질병의 증상이기도 하다. 그리고 일에 집중할 수 있는 시간도 하루에 3시간을 넘지 못했다.

다윈에게는 이상한 버릇이 있었다. 간식을 먹지 않겠다고 큰 소리로 외치는 것이었다. 간식을 먹는 습관이 건강에 나쁘다는 생각에 손도 대지 않겠다고 마음먹었지만, 큰 소리로 이 결심을 외치지 않으면 그 유혹을 이기지 못했다는 것이다. 그는 또 종이를 아끼는 방식이 독특했다. 편지의 초고를 쓰면서 다른 문서의 뒷장을 활용했다. 심지어 가장 중요한 원고의 뒷장도 예외가 아니었는데, 그 바람에 정작 중요한 원고를 읽기 힘든 상황이 발생하기도 했던 것이다.

다윈은 가끔씩 자신도 '바보의 실험'이라고 부르는 일을 벌이고는 했다. 예를 들면, 떡잎 단계의 식물의 옆에서 바순을 연주해주는 것이었다. 그런 실험을 할 때면 그는 내적인 힘에 끌려가는 것 같았다. 새 물건이라면 병적으로 싫어해서, 미터법이 필요하면 낡은 책에 있는 표를 참조했다. 부정확하다는 것을 알면서도 그저 익숙했기 때문이었다. 또 약을 복용할 때도 오래 되어서 믿을 수 없는 용법을 고집했다. 그는 최면술이 가능하다고 생각하지 않았고, 선사시대의 석기가 발견되었을 때도 처음에는 믿지 못했다.

그의 딸은 다윈이 문장을 도치시키는 버릇이 있었고 'w'와 같이 특정한 문자의 발음을 어려워했다고 전한다. 다윈은 스코다, 로키탄스키, 소크라테스처럼 들창코에다가 귀는 크고 길게 늘어져 있었다. 무엇보다도 그의 조상들을 보면 퇴행적 특징이 없다고 할 수 없다. 다윈은 확실히 그의 조상들 중 천재적이었던 몇몇을 떠올리게 한다.

식물학자이자 훌륭한 관찰자였던 로버트나, 동물들에 대한 세밀한 관찰로 가득한 『사냥꾼지기를 위한 지침서』를 집필한 에드워드 등이 우선 그렇다. 다윈의 부친도 관찰력이 뛰어났다. 반면에 시인이자 박물학자였던 조부 에라스무스는 매우 성미가 급하고 언어장애가 있었다. 시인이자 수집가였던 삼촌 찰스는 그런 조부를 닮았다. 마지막으로 또 다른 삼촌 에라스무스는 화폐연구가이자 통계학자였는데 광기에 사로잡혀서 자살에 이른다.

천재들이 우울증, 도덕적 결함, 편집광 등등의 다양한 정신병의 양상을 보여주고 있는 바에야, 굳이 천재들만을 대상으로 하는 정신병적 성격을 특정할 필요가 있는 것인지 반론이 있을 수 있다. 특히 그것이 간질병적 특징이어야 하는지에 대해서 더구나 의구심을 가질 수 있다. 하지만 간질병의 영역을 확장시키고 있는 최근의 연구들을 보면, 거의 대부분의 정신이상의 형태에서 간질병이 함께 나타나는 것을 볼 수 있다. 과대망상이나 도덕적 결함이 있는 경우가 특히 그렇다. 더욱이, 거의 모든 퇴행적인 정신병자들에게서 보는 것처럼, 정신병의 초기 증세나 다양한 형태의 망상들은 아주 사소한 원인으로 발현된다. 그리고 그 증상들이 뚜렷한 간질병의 증세를 보이는 것도 사실이다.

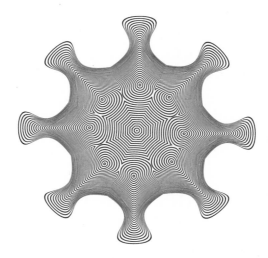

자연이 우리에게 주는 가르침
결론

● 천재들의 생리학과 미치광이들의 병리학 사이에는 많은 유사점들이 존재한다. 더 나아가서 실제적인 연관성이 존재한다고 말할 수 있다. 그런 이유로 미치광이 천재들이나 천재이면서 미치게 되는 경우들이 그렇게 많은 것이다. 그들은 또한 그들에게만 고유한 특징이 있는데, 그러한 특징들이 또 정상인 천재들의 특징을 과장한 것과 그리 다르지 않다.

그들은 다양한 퇴행적 정신 상태를 보이며 그에 따른 망상에 시달린다. 애착이 부족한 모습도 있다. 특별한 영감을 받기도 한다. 그리고 이 모든 특질들이 유전되는 경향이 있는데, 특히 백치거나 간질병인 부모에게서 태어난 아이들이 그런 특질을 타고나는 가능성이 높다. 이러한 특징들을 종합해 볼 때, 천재라는 것이 간질병 환자 집단에서 나타나는 퇴행적 정신병의 증상이라는 것을 알 수 있다. 미치광이들이 일시적으로 천재성을 보이는 현상이나 반미치광이들이 실제적인 능력 없이 천재가 가진 외형적 특성만을 지니고 있는 사례들을 보면, 이러한 추정에 더욱 힘이 실린다.

지금까지 이 책에서 다루어 온 주제들이 미술과 문학, 그리고 과학에서의 창작물들을 비평하는 데 실험적인 관점을 제공하는 계기가 되었으면 하는 희망을 가져 본다. 그러니까 예술 분야에서 세부적인 면에 과도하게 집착하고, 상징이나 암호 그리고 장식을 남용하고, 특정한 색을 선호하고, 새로운 것에 열광하는 등의 모습은 반미치광이의 병적 징후에 근접한 것이다.

문학이나 과학에서는 단어를 이용한 말장난을 즐기고, 구조화하는 것을 좋아하며, 자신에 대해서 떠벌리고, 논리보다는 표현에 집중하며, 산문을 쓸 때조차 압운이나 운율의 압박에서 벗어나지 못하는 등의 모습을 보면 병적 현상이 아닌지 의심해 볼 필요가 있다. 독창성이 과해서 황당한 수준에 이른 경우도 의심할 필요가 있다. 성경에서처럼 분절적인 문구를 작성하는 경우, 특정한 단어들을 선호하며 이를 강조하고 반복적으로 사용하는 경우, 그림으로 된 상징을 섞어 쓰거나 하는 경우 등도 마찬가지다.

그런데 자신들이 대중의 의견을 선도한다고 나서는 많은 조직들이 이러한 경향에 잠식되는 것으로 보여서 미래 세대에 대한 우려를 금할 수가 없다. 젊은 작가들을 보면 심각한 사회문제를 논하면서 정신병원에서나 볼 법한 정신 사나운 어법을 구사하고 있는데, 우리가 힘차고 남성적인 라틴민족의 표현을 감당하지 못할까 걱정이라도 하는 모양이다.

_천재는 궤도를 잃은 유성과 같은 존재

다른 한편으로 반미치광이들은 천재들과 외형적 유사성이 있다는 점에서 특별한 주의를 요한다. 그들은 천재들의 병적인 특징이 있고, 정상인의 기민함과 실용성을 갖추고 있다. 하지만 기본적으로 무능하기 때문에 추상적이고 정확성이 결여된 과학에 기반을 두는 경우가 많다. 주제에 대한 지식이 부족하고 풀어 나가는 방법론도 미천하다. 때로 독창적인 면모를 보이기도 하지만 결국은 불완전하고 모순적인 모습을 드러낸다. 학생들이 주의할 점은, 그런데도 이들이 과학적인 논리를 밀어내고 세상의 주목을 받는 경우가 있다는 것이다. 보통은 사기꾼에 불과한 이들이지만, 그들의 책이 생각보다 만연해 있는 것이 사실이다.

이러한 반미치광이들에 대해서 정치인들은 더욱 큰 주의를 필요로 한다. 지금처럼 자유로운 비평이 가능한 시대에 이런 사이비 개혁가들에게 현혹될 거라고 걱정하는 것이 아니다. 그보다는 그들을 물리치는 과정에서 그들이 더욱 위험하게 발전할 가능성을 조심해야 한다는 것이다. 그들을 자극하고 날카롭게 해서 오히려 그들이 광기에 완전히 넘어가는 결과를 초래할 수가 있다는 것이다. 그들의 무해한 망상이 실제적인 광기의 폭발로 발전할 수도 있다. 이타주의를 추구하며 활동의 범위를 공공으로 확대한 이들 중에는 국왕시해범이나 폭동의 주동자가 나오기도 한다. 그들의 신념과 지적 능력이 그들을 미치광이보다 더욱 위험한 존재로 만들 수 있다.

다른 한편으로 순수한 미치광이들이 일시적으로 천재성을 드러내는 사례를 떠올려 보자. 이러한 현상은 대중들의 경탄을 자아내고 그 경탄은 이내 숭배로 바뀐다.

그리고 이 예외적인 능력의 발현이 법학자들이나 판관들에게는 판단의 근거가 되어서, 정신이상의 가능성을 제쳐두고 그들에게 온전한 책임을 부과하는 결과를 초래하는 것이다.

이제까지 우리는 천재들의 신비에 우리 나름의 설명을 시도했다. 또한 그들이 모순적인 모습을 보이는 이유, 또 보통 사람들은 당연히 피해갈 수 있는 실수를 저지르는 이유에 대해서도 설명할 수 있었다. 그리고 미치광이나 반미치광이들이 천재적 능력이 없는 가운데서도 대중을 열광시키고, 때로는 정치적 혁명까지도 도모할 수 있었던 이유도 알 수 있었다.

더욱이 천재와 광기를 동시에 지니고 있었던 마호메트나 루터, 사보나롤라, 쇼펜하우어 같은 이들이 온갖 장애를 극복해 내고, 그 시대를 훌쩍 뛰어넘는 선각자적인 식견을 보유할 수 있었던 요인도 알게 되었다. 오히려 냉정하고 정상적인 사람들이라면 그들과 같은 시련을 맞닥뜨렸을 때 그들처럼 이겨내지 못하고 모두 무너지고 말았을 것이다. 그들이 세상을 뒤흔드는 종교와 종파의 창시자가 될 수 있었던 것도 같은 이유에서다.

미치광이들에게서 천재가, 천재에게서 미치광이들이 많이 나오는 것을 보면 역사상 국가의 흥망성쇠가 미치광이의 손에 달려 있던 때가 왜 그렇게나 많았는지 그 이유를 알 수 있다. 그리고 미치광이들이 인류의 진보에 기여한 점도 크다는 것을 알 수 있다.

천재와 정신이상의 현상은 이토록 유사하며, 또 일치하기도 한다. 이를 보면 마치 자연이 우리에게 가르침을 주는 것 같다. 최고의 불운이라고 할 광기에 대해서는 존중하는 마음을, 동시에 천재의 걸출함에 지나치게 현혹되는 것에는 경계하는 마음을 가지도록 하는 것이다. 천재는 정해진 궤도를 지키며 도는 행성이 아니라, 궤도를 잃고 지구 표면에서 산산이 흩어지는 유성과 같은 존재라고 할 수 있다.

〈끝〉

천재를 바라보는 색다른 시각

체자레 롬브로조(Cesare Lombroso)는 범죄학에 실증주의적 방법론을 도입한 이탈리아의 정신의학자로서 법의학과 범죄인류학의 창시자로 인정받고 있다. 요즘 〈CSI〉나 〈크리미널 마인드〉와 같은 미국 드라마가 크게 인기를 끌면서 법의학이나 범죄 프로파일러 등에 대한 관심이 높아졌는데, 철저한 조사와 검증에 바탕을 둔 '과학적 범죄학'이 성립하게 된 것에는 롬브로조의 공이 지대하다고 할 수 있겠다.

이에 비해 우리나라에서 그에 대한 인지도는 상대적으로 낮은 편이라고 할 수 있는데, 다행히 최근 그의 대표적인 저서가 차례로 출간되고 있다. 2013년에 출간된 『여성범죄인』과 2010년에 출간된 『범죄인의 탄생』이 바로 그 책들이다. 이중 『범죄인의 탄생(Criminal Man[L'uomo delinquente])』은 '일반인과 구별되는 범죄형 얼굴이 있을까'에 대한 해답을 제시하는 롬브로조의 기념비적인 저서로, 실증적 연구를 통해 현대 범죄학 발전에 커다란 기여를 한 것으로 평가받는다.

이번에 출간되는 『미쳤거나 천재거나(The Man of Genius[L'uomo di

genio in rapporto alla psichiatria])』는 롬브로조가 자신의 학자로서의 역량을 모두 쏟아 부어 집필한 또 하나의 역작이라고 할 수 있다. 천재성이 유전적 정신병의 형태일 수 있다는 주장을 담고 있어서 1888년 출간 당시 커다란 반향을 일으켰다. 국내에서도 1960년대에 '천재론'이라는 제목으로 출간된 적이 있지만, 안타깝게도 지금은 찾아보기 매우 힘든 형편이다. 이렇게 독자들과 새롭게 만날 수 있는 기회를 얻어 얼마나 다행스러운 일인지 모르겠다.

이 책의 번역은 내용을 이해하는 데 있어서 의학과 철학, 역사, 예술 등의 종합적 지식이 요구되는 매우 도전적인 작업이었다. 저자가 보유한 방대한 지식의 양에 경의를 표하는 한편, 번역자의 입장에서는 엄청난 수고로움을 감수해야만 했다는 것을 고백하는 바이다. 하지만 결과적으로 당대 최고 수준의 지성이 자신이 가진 모든 지식을 동원해서 내놓은 독창적인 주장을 국내 독자들에게 소개할 수 있게 되어서 무척 보람 있는 작업이었다.

_아주 독특하고 재미있는 '독서의 흥'을 돋우어 주는 책

롬브로조는 어려서부터 학문적인 자질이 뛰어났고 유럽의 여러 대학을 거치며 문학, 언어, 고고학 등의 학문을 접하며 풍부한 교양을 쌓았다. 더욱이 의학에 정진한 후로 군의관으로 복무하고 페사로 정신병자 수용시설의 책임자를 역임하며 다양한 임상경험도 축적하게 된다.

이러한 다양한 학문적 배경과 전문적 경험이 바탕이 되어 『미쳤거나 천재거나』가 나오게 된 것이다. 그가 천재에 대해 병리학적으로 접근한 것은 당시로서는 획기적인 의식의 전환이라 할 만한 것이었다. 천재에게서 정신병리학적 소인을 읽어 내는 그의 과격한 주장은 하지만 그가 법의학적 근거 자료에서부터 시작해서 다양한 사례와 연구 결과를 차례로 제시해 나감에 따라서 묘하게 설득력을 발휘한다. 물론 우리에게는 당시와는 비교할 수도 없이 진보된 의학과 과학 지식이 있다. 따라서 당시로서는 선진적인 그의 해석과 주장이 지금의 입장에서는 논박의 대상이 될 수 있다. 하지만 그와 같은 선각자들의 때로는 급진적이기까지 한 행보가 있었기 때문에 그 오류를 수정하고 발전시켜 나가는 과정에서 지금의 진보가 이루어졌으리라는 깨달음도 얻게 된다.

이 책을 읽기 위해서 롬브로조의 주장에 반드시 동조할 필요는 없다. 오히려 그의 논리에 나름의 논박을 가하는 과정에서 색다른 즐거움을 얻을 수도 있을 것이다. 또한 이 책 속에는 우리가 미처 알지 못했던 위대한 인물들과 역사적 사건들이 다채롭게 수록되어 있다. 따라서 재미있는 이야기책을 읽는 듯한 의외의 즐거움을 선사하기도 한다. 『미쳤거나 천재거나』는 요즘 우리가 맛볼 수 없었던 아주 흥미롭고 독특한 맛이 있는 독서의 색다른 재미를 선사해줄 것이다.

The Man of Genius

미쳤거나 천재거나
The Man of Genius

초판 1쇄 인쇄 | 2015년 11월 01일
초판 1쇄 발행 | 2015년 11월 11일

지은이 | 체자레 롬브로조(Cesare Lombroso) • 옮긴이 | 김은영
펴낸이 | 조선우 • 펴낸곳 | 책읽는귀족

등록 | 2012년 2월 17일 제396-2012-000041호
주소 | 경기도 고양시 일산동구 호수로 336 (백석동, 브라운스톤 103동 948호)

전화 | 031-908-6907 • 팩스 | 031-908-6908
홈페이지 | www.noblewithbooks.com   E-mail | idea444@naver.com

출판 기획 | 조선우 • 책임 편집 | 조선우
표지 & 본문 디자인 | twoesdesign

값 25,000원 • ISBN 978-89-97863-36-5 (03100)

───────

이 도서의 국립중앙도서관 출판예정도서목록(CIP)은 서지정보유통지원시스템 홈페이지
(http://seoji.nl.go.kr)와 국가자료공동목록시스템(http://www.nl.go.kr/kolisnet)에서
이용하실 수 있습니다.(CIP제어번호: CIP2015029238)